S-OIL

에쓰오일 온라인 인적성검사

시대에듀

2025 최신판 시대에듀 S-OIL(에쓰오일)
온라인 인적성검사 최신기출유형 + 모의고사 5회

Always **with you**

사람의 인연은 길에서 우연하게 만나거나 함께 살아가는 것만을 의미하지는 않습니다.
책을 펴내는 출판사와 그 책을 읽는 독자의 만남도 소중한 인연입니다.
시대에듀는 항상 독자의 마음을 헤아리기 위해 노력하고 있습니다. 늘 독자와 함께하겠습니다.

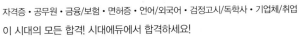

머리말 PREFACE

1976년 설립된 S-OIL은 수익성 위주의 경영 전략과 국제화 시대에 맞는 기동성 있고 진취적인 경영 체질을 배양함으로써 국내 정유업계를 선도하는 기업으로 성장하였고, 아시아 · 태평양 지역에서 가장 경쟁력 있는 정유회사가 되었다.

이러한 회사의 위상만큼 S-OIL은 연봉을 비롯하여 복리후생 등도 업계 최고 수준이라고 알려져 있다. 이에 매년 채용 인원이 많지 않음에도 불구하고 많은 지원자들이 몰려 서류전형부터 경쟁이 치열하다. 또한 서류전형을 통과해도 더 큰 난관인 인적성검사가 기다리고 있다.

S-OIL은 2016년 하반기 채용부터 인적성검사 유형을 다른 기업들과 같은 유형으로 변경 · 도입하였다. 현재는 언어력, 수리력, 도형추리 세 영역으로 나누어 온라인으로 독해 · 자료해석 · 응용수리 · 도형추리 능력을 평가하고 있다.

이에 시대에듀에서는 S-OIL에 입사하고자 하는 수험생들에게 좋은 길잡이가 되어주고자 다음과 같은 특징을 가진 본서를 출간하게 되었다.

도서의 특징

❶ 2024~2023년 S-OIL 기출복원문제를 수록하여 최신 출제경향을 파악할 수 있도록 하였다.

❷ 영역별 대표기출유형과 기출응용문제를 수록하여 단계별로 학습이 가능하도록 하였다.

❸ 최종점검 모의고사 3회분과 도서 동형 온라인 실전연습 서비스를 제공하여 실전과 같은 연습이 가능하도록 하였다.

❹ S-OIL 인재상과의 적합 여부를 판별할 수 있는 인성검사를 분석 · 수록하였다.

❺ 합격의 최종 관문인 면접에 대한 실전 대책과 면접 기출을 수록하여 S-OIL 채용에 부족함이 없도록 하였다.

끝으로 본서를 통해 S-OIL 온라인 인적성검사를 준비하는 여러분 모두에게 합격의 기쁨이 있기를 진심으로 바란다.

SDC(Sidae Data Center) 씀

S-OIL 기업분석 INTRODUCE

◇ **Mission**

더 나은 인류의 삶을 위해 자원의 가치를 끊임없이 혁신한다.

◇ **Vision 2035**

가장 경쟁력 있고 혁신적이며 신뢰받는 에너지 화학 기업을 지향한다.

◇ **Business**

정유	전체 정유 생산 시설의 최적화와 제품의 고부가 가치화를 통해 정유 사업의 미래를 이끌고 있다.
윤활	■ 윤활기유 : 국내 시장을 선도하는 국제 경쟁력을 갖춘 윤활기유 메이커로 자리 잡았다. ■ 윤활유 : 지속적인 변화와 발전을 거듭하며 다양한 시장 수요에 발맞춰 나아가고 있다.
석유화학	사업다각화를 통해 정유와 윤활 부문에 이어 석유화학 부문에서도 최고의 경쟁력을 갖추게 되었다.
연구개발	제품 생산시설과 제품 품질향상을 위하여 다양한 연구개발 활동을 하고 있다. 또한 앞으로 필요할 미래 기술에 대한 요구를 반영하여 지속적으로 연구과제를 추진해 나아가고 있다.

◇ 핵심가치(S-OIL EPICS)

외부적 환경 변화와 무관하게 우리의 의사 결정과 행동의 기반이 되는 공통적인 가치관

최고
Excellence
> 우리는 끊임없이 학습하고, 변화하고, 진보하여 기대를 뛰어넘는 최상의 품질과 서비스를 제공하고, 탁월한 수익성을 달성한다.

열정
Passion
> 우리는 무한한 에너지, 강한 의지 그리고 할 수 있다는 자신감으로 더 높은 목표와 꿈을 이루기 위해 최선을 다한다.

정도
Integrity
> 우리는 모든 일에 정직하고 공정하며, 최고 수준의 도덕적 윤리적 기준을 준수하여 진정한 성공을 이루어 낸다.

협력
Collaboration
> 우리는 한 팀으로 함께 일하며 지식과 기회, 경험을 공유하여 더 큰 성공을 이루어 낸다.

나눔
Sharing
> 우리는 책임감 있는 모범 기업시민으로서 함께 살아가는 이웃 공동체들과 우리의 성공을 나눈다.

◇ 인재상

회사 VISION 실현에 동참할 진취적인 사람

국제적 감각과 자질을 가진 사람

자율과 팀워크를 중시하는 사람

건전한 가치관과 윤리의식을 가진 사람

2024년 하반기 기출분석 ANALYSIS

총평

2024년 하반기 S-OIL 온라인 인적성검사는 상반기와 동일한 영역 및 문항 수로 출제되었다. 언어력의 경우 주제 찾기 문제의 비중이 줄어든 반면, 문단 순서 나열하기 문제의 비중이 절반 가까이 차지할 정도로 증가하였다. 수리력 20문항 중 10문항은 자료해석이, 10문항은 응용수리가 출제되었다. 자료해석의 경우 응용수리보다 평이한 수준으로 출제되었으므로, 제시된 수치를 한 번에 명확히 구분하여 시간을 단축하는 것이 중요하였다. 도형추리 15문항은 항상 높은 난도로 출제되기 때문에 철저한 대비가 필요한 영역이다.

◇ 핵심전략

언어력의 경우 지문이 긴 편이므로, 온라인 시험의 특성상 내용을 파악하는 데 시간이 오래 소요될 수 있다. 따라서 지문을 읽기 전에 문제 발문과 선택지를 먼저 확인하여 문제가 요구하는 것이 무엇인지를 정확하게 파악해야 한다. 수리력은 프로그램 내 계산기와 메모장을 효율적으로 활용하되, 수치를 잘못 입력하는 등의 실수를 줄여야 할 것이다. 도형추리는 수험생들에게 가장 악명 높은 영역으로, 초반에는 도형의 규칙이 비교적 쉽게 보이지만 후반부로 갈수록 난도가 높아지기 때문에 시간 관리가 필수이다.

S-OIL 온라인 인적성검사는 온라인으로 진행되는 만큼 시험 당일 서버나 통신 오류 등이 발생할 수 있으므로, 이러한 상황에서도 당황하지 않고 마음을 잘 가다듬는 것이 중요하다. 또한 한 문제당 1분 남짓의 시간이 주어지므로, 시간이 오래 소요될 거 같은 문제는 과감히 넘어가고 완벽하게 정답을 도출해낼 수 있는 문제에 집중하는 것이 효율적이다.

◇ 시험진행

구분		문항 수	시간
적성검사	언어력	15문항	20분
	수리력	20문항	25분
	도형추리	15문항	15분
인성검사	Part 1	261문항(87문항군)	45분
	Part 2	160문항	15분

◇ 영역별 출제비중

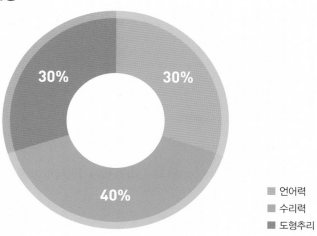

30%   30%

40%

■ 언어력
■ 수리력
■ 도형추리

◇ 영역별 출제특징

구분		출제특징
	언어력	• 주제 찾기, 나열하기 등 독해 문제 유형 • 지문이 긴 편이며, 다양한 분야의 키워드가 출제됨
적성검사	수리력 자료해석	• 표나 그래프에 나타난 수치를 계산 또는 해석하는 문제
	수리력 응용수리	• 경우의 수, 거리 · 속력 · 시간 등 기본 공식을 활용하는 문제
	도형추리	• 도형의 변화 관계를 파악하는 문제 • 주어진 도형의 배열로부터 규칙성을 발견하여 이어질 도형을 찾는 문제

신입사원 채용 안내 INFORMATION

◇ **채용시기**

수시채용으로 진행되며, 계열사별 여건에 따라 채용 일정 및 방식이 상이할 수 있음

◇ **지원접수**

S-OIL 채용 홈페이지(s-oil.recruiter.co.kr) 내 온라인 입사지원서 작성 후 제출

◇ **지원자격**

❶ 병역필 또는 군 면제자로 해외여행에 결격사유가 없는 자

❷ 대학(원) 기졸업자 및 2025년 2월 졸업 예정자

❸ 장애인 및 보훈 인력은 관계 법령에 의거하여 우대

❹ 공인영어성적(TOEIC, TOEFL, TOEIC Speaking, OPIc 등) 보유자

　※ 영어권 해외대학 졸업자(졸업 예정자 포함)의 경우 제출 면제
　※ 영어회화 능통자 우대

　　　　　❖ 모집분야별 지원자격이 상이할 수 있으므로, 반드시 채용공고를 확인하기 바랍니다.

◇ **전형절차**

| 서류전형 | 역량검사
(온라인 인적성검사) | 1차면접 | 2차면접 | 채용검진 | 최종합격 통보 | 입사 |

　　　　　❖ 전형일정은 변동될 수 있으며, 정확한 일정은 전형별 합격자에 한해 별도로 안내됩니다.

온라인 시험 Tip TEST TIP

◇ **필수 준비물**

❶ 신분증 : 주민등록증, 외국인등록증, 여권, 운전면허증 중 하나

❷ 그 외 : 휴대폰, 휴대폰 거치대, 노트북, 웹캠, 노트북/휴대폰 충전기

◇ **유의사항**

❶ 틀리면 감점이 있으므로 모르는 문제는 찍지 말고 놔두는 것이 좋다.

❷ 손목시계를 사용할 수 없으며, 모자 및 마스크 착용이 금지된다.

❸ 시험 도중에는 자리이동이 불가능하며, 물도 마실 수 없으므로 미리 대비한다.

❹ 필기도구는 사용이 불가하며, 인적성 프로그램 내의 계산기와 메모장 기능만 사용할 수 있다.

◇ **알아두면 좋은 Tip**

❶ 원활한 시험 진행을 위해 삼각대와 책상 정리가 필요하다.

❷ 시험 전 일정 기간 동안 사전점검 응시사이트를 열어주므로, 반드시 사이트에 접속하여 문제가 없는지 확인한다.

❸ 인성검사를 위해 평소 S-OIL의 인재상에 대해 숙지해둔다.

주요 대기업 적중 문제 TEST CHECK

수리 ▶ 자료계산

03 다음은 S기업 영업 A ~ D팀의 분기별 매출액과 분기별 매출액에서 각 영업팀의 구성비를 나타낸 자료이다. A ~ D팀의 연간 매출액이 많은 순서와 1위 팀이 기록한 연간 매출액을 바르게 나열한 것은?

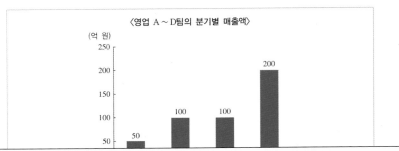

〈영업 A ~ D팀의 분기별 매출액〉

(억 원)

추리 ▶ 도식추리

※ 다음 도식에서 기호들은 일정한 규칙에 따라 문자를 변화시킨다. 물음표에 들어갈 적절한 문자를 고르시오(단, 규칙은 가로와 세로 중 한 방향으로만 적용되며, 모음은 단모음 10개를 기준으로 한다). [1~4]

		1ㅛㅡㄷ		ㅅㅏㄹㄴ	
5ㄹjㅗ →	♩ →	♪ →	♫ →	7ㅓㅓ
ㅂㅋㅓ →	♪ →	♫ →	♩ →	ㅇㅈkㅈ
		3ㄱㅏㅕ		ㅈㅂㅓ	

추리 ▶ 참 또는 거짓

※ 다음 글의 내용이 참일 때 항상 거짓인 것을 고르시오. [24~26]

24 권리와 의무의 주체가 될 수 있는 자격을 권리 능력이라 한다. 사람은 태어나면서 저절로 권리 능력을 갖게 되고 생존하는 내내 보유한다. 그리하여 사람은 재산에 대한 소유권의 주체가 되며, 다른 사람에 대하여 채권을 누리기도 하고 채무를 지기도 한다. 사람들의 결합체인 단체도 일정한 요건을 갖추면 법으로써 부여되는 권리 능력인 법인격을 취득할 수 있다. 단체 중에는 사람들이 일정한 목적을 갖고 결합한 조직체로서 구성원과 구별되어 독자적 실체로서 존재하며, 운영 기구를 두어 구성원의 가입과 탈퇴에 관계없이 존속하는 단체가 있다. 이를 사단(社團)이라 하며, 사단이 갖춘 이러한 성질을 사단성이라 한다. 사단의 구성원은 사원이라 한다. 사단은 법인(法人)으로 등기되어야 법인격이 생기는데, 법인격을 가진 사단을 사단 법인이라 부른다. 반면에 사단성을 갖추고도 법인으로 등기하지 않은 사단은 '법인이 아닌 사단'이라 한다. 사람과 법인만이 권리 능력을 가지며, 사람

SK

언어이해 ▶ 사실적 독해

03 다음 글의 내용으로 적절하지 않은 것은?

> 생물 농약이란 농작물에 피해를 주는 병이나 해충, 잡초를 제거하기 위해 자연에 있는 생물로 만든 천연 농약을 뜻한다. 생물 농약을 개발한 것은 흙 속에 사는 병원균으로부터 식물을 보호할 목적에 서였다. 뿌리를 공격하는 병원균은 땅속에 살고 있으므로 병원균을 제거하기에 어려움이 있었다. 게다가 화학 농약의 경우 그 성분이 토양에 달라붙어 제 기능을 발휘하지 못했기 때문에 식물 성장을 돕고 항균 작용을 할 수 있는 미생물에 주목하기 시작한 것이다.
>
> 식물 성장을 돕고 항균 작용을 하는 미생물 집단을 '근권미생물'이라는데, 여러 종류의 근권미생물 중 농약으로 쓰기에 가장 좋은 것은 뿌리에 잘 달라붙는 것들이다. 근권미생물의 입장에서 뿌리 주변은 사막의 오아시스와 비슷한 조건이다. 뿌리 주변은 뿌리에서 공급되는 양분과 안락한 서식 환경을 제공받지만, 뿌리 주변에서 멀리 떨어진 곳은 황량한 지역이어서 먹을 것을 찾기가 어렵기 때문이다. 따라서 뿌리 주변에서는 좋은 위치를 선점하기 위해 미생물 간에 치열한 싸움이 벌어진

자료해석 ▶ 자료추론

Hard
15 다음은 우리나라 지역별 가구 수와 1인 가구 수에 대한 자료이다. 이에 대한 설명으로 옳은 것은?

〈지역별 가구 수 및 1인 가구 수〉

(단위 : 천 가구)

구분	전체 가구	1인 가구
서울특별시	3,675	1,012
부산광역시	1,316	367
대구광역시	924	241
인천광역시	1,036	254
광주광역시	567	161
대전광역시	596	178
울산광역시	407	97
경기도	4,396	1,045
강원도	616	202
충청북도	632	201
충청남도	866	272

언어추리 ▶ 진실게임

01 S사 직원들끼리 이번 달 성과급에 대해 이야기를 나누고 있다. 성과급은 반드시 늘거나 줄어들었고, 직원 중 1명만 거짓말을 하고 있을 때, 항상 참인 것은?

> • 직원 A : 나는 이번에 성과급이 늘어났어. 그래도 B만큼은 오르지 않았네.
> • 직원 B : 맞아 난 성과급이 좀 늘어났지. D보다 조금 더 늘었어.
> • 직원 C : 좋겠다. 오~ E도 성과급이 늘어났네.
> • 직원 D : 무슨 소리야! E는 C와 같이 성과급이 줄어들었는데.
> • 직원 E : 그런 것보다 D가 A보다 성과급이 조금 올랐는데?

① 직원 A의 성과급이 오른 사람 중 가장 적다.
② 직원 B의 성과급이 가장 많이 오른다.

주요 대기업 적중 문제 TEST CHECK

LG

언어이해 ▶ 나열하기

※ 다음 문단을 논리적 순서대로 바르게 나열한 것을 고르시오. [3~4]

03

(가) 교정 중에는 치아뿐 아니라 교정장치를 부착하고 있기 때문에 교정장치까지 닦아주어야 하는 데요. 교정용 칫솔은 가운데 홈이 있어 장치와 치아를 닦을 수 있는 칫솔을 선택하게 되고, 가운데 파여진 곳을 교정장치에 위치시킨 후 옆으로 왔다 갔다 전체적으로 닦아줍니다. 그다음 칫솔을 비스듬히 하여 장치의 위아래를 꼼꼼하게 닦아줍니다.

(나) 치아를 가지런하게 하기 위해 교정하시는 분들 중에 간혹 교정 중에 칫솔질이 잘 되지 않아 충치가 생기고 잇몸이 내려가 버리는 경우를 종종 보곤 합니다. 그러므로 교정 중에는 더 신경 써서 칫솔질을 해야 하죠.

(다) 마지막으로 칫솔질을 할 때 잊지 말아야 할 것은 우리 입안에 치아만 있는 것이 아니므로 혀와 잇몸에 있는 플라그들도 제거해 주셔야 입 냄새도 예방할 수 있다는 것입니다. 올바른 칫솔질 방법으로 건강한 치아를 잘 유지하시길 바랍니다.

(라) 또 장치 때문에 닿이지 않는 부위는 치간 칫솔을 이용해 위아래 오른쪽 왼쪽 넣어 잘 닦아줍니

자료해석 ▶ 자료해석

`Hard`

11 다음은 2021 ~ 2023년 국가별 이산화탄소 배출량에 대한 자료이다. 이에 대한 설명으로 옳지 않은 것을 〈보기〉에서 모두 고르면?(단, 소수점 둘째 자리에서 반올림한다)

〈국가별 이산화탄소 배출 현황〉

구분		2021년		2022년		2023년	
		총량 (백만 톤)	1인당 (톤)	총량 (백만 톤)	1인당 (톤)	총량 (백만 톤)	1인당 (톤)
아시아	한국	582	11.4	589.2	11.5	600	11.7
	중국	9,145.3	6.6	9,109.2	6.6	9,302	6.7
	일본	1,155.7	9.1	1,146.9	9	1,132.4	8.9
북아메리카	캐나다	557.7	15.6	548.1	15.2	547.8	15
	미국	4,928.6	15.3	4,838.5	14.9	4,761.3	14.6
남아메리카	브라질	453.6	2.2	418.5	2	427.6	2
	페루	49.7	1.6	52.2	1.6	49.7	1.5
	베네수엘라	140.5	4.5	127.4	4	113.7	3.6
	체코	99.4	9.4	101.2	9.6	101.7	9.6
	프랑스	299.6	4.5	301.7	4.5	306.1	4.6
	독일	799.7	8.0	734.5	8.0	718.9	8.7

창의수리 ▶ 금액

15 원가의 20%를 추가한 금액을 정가로 하는 제품을 15% 할인해서 50개를 판매한 금액이 127,500원일 때, 이 제품의 원가는?

① 1,500원   ② 2,000원

③ 2,500원   ④ 3,000원

⑤ 3,500원

포스코

언어이해 ▶ 주제 / 맥락 이해

02 다음 글의 주제로 적절한 것은?

'새'는 하나의 범주이다. [+동물], [+날 것]과 같이 성분분석을 한다면 우리 머릿속에 떠오른 '새'의 의미를 충분히 설명했다고 보기 어렵다. 성분분석 이론의 의미자질 분석은 단순할 뿐이다. 이것이 실망스러운 이유는 성분분석 이론의 '새'에 대한 의미 기술이 고작해야 다른 범주, 즉 조류가 아닌 다른 동물 범주와 구별해 주는 정도밖에 되지 못했기 때문이다. 아리스토텔레스 이래로 하나의 범주는 경계가 뚜렷한 실재물이며 범주의 구성원은 서로 동등한 자격을 가지고 있다고 믿어왔다. 그리고 범주를 구성하는 단위는 자질들의 집합으로 설명될 수 있다고 생각해 왔다. 앞에서 보여준 성분분석 이론 역시 그런 고전적인 범주 인식에 바탕을 두고 있다. 어휘의 의미는 의미성분, 곧 의미자질들의 총화로 기술될 수 있다고 믿는 것, 그것은 하나의 범주가 필요충분조건으로 이루어져있다는 가정에 서만이 가능한 것이었다. 그러나 '새'의 범주를 떠올려 보면 범주의 구성원들끼리 결코 동등한 자격을 가지고 있지 않다. 가장 원형적인 구성원이 있는가 하면, 덜 원형적인 것, 주변적인 것도 있는

문제해결 ▶ 대안탐색 및 선택

Easy

04 다음 그림과 같이 O지점부터 D지점 사이에 운송망이 주어졌을 때, 최단 경로에 대한 설명으로 옳지 않은 것은?(단, 구간별 숫자는 거리를 나타낸다)

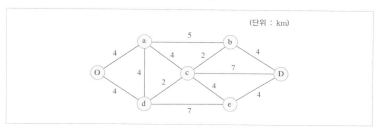

① O에서 c까지 최단거리는 6km이다.

② O에서 D까지 a를 경유하는 최단거리는 13km이다.

추리 ▶ 명제

Easy

15 P사의 A ~ F팀은 월요일부터 토요일까지 하루에 2팀씩 함께 회의를 진행한다. 다음 〈조건〉을 참고할 때, 반드시 참인 것은?(단, 월요일부터 토요일까지 각 팀의 회의 진행 횟수는 서로 같다)

조건
- 오늘은 목요일이고 A팀과 F팀이 함께 회의를 진행했다.
- B팀은 A팀과 연이은 요일에 회의를 진행하지 않는다.
- B팀은 오늘을 포함하여 이번 주에는 더 이상 회의를 진행하지 않는다.
- C팀은 월요일에 회의를 진행했다.
- D팀과 C팀은 이번 주에 B팀과 한 번씩 회의를 진행한다.
- A팀과 F팀은 이번 주에 이틀을 연이어 함께 회의를 진행한다.

① E팀은 수요일과 토요일 하루 중에만 회의를 진행한다.

② 화요일에 회의를 진행한 팀은 B팀과 F팀이다.

도서 200% 활용하기 STRUCTURES

1 최신 기출복원문제로 출제경향 파악

2024 하반기 기출복원문제

※ 정답 및 해설은 기출복원문제 바로 뒤 p.014에 있습니다.

01 언어력

01 다음 글의 내용으로 가장 적절한 것은?

세계관은 세계의 존재와 본성, 가치 등에 관한 신념들의 체계이다. 세계를 해석하고 평가하는 준거인 세계관은 곧 우리 사고와 행동의 토대가 되□□ □□□□ □□□□ □□□□ □□□□ □□□□ 해야 한다. 모순되거나 일관되지 못한 신념□ □□□ □□□□ □□□□ □□□□ □□□ 대한 관심과 검토는 중요하다. 세계관을 이루□ □□□ □□□□ □□□□ □□□□ □□ 계는 존재한다.'이다. 이 신념이 성립해야만 □□□ □□□□ □□□□ □□□□ 다든가 불변한다든가 하는 등의 신념이 성립할□ □□□□ □□□□ □□□□ □□□
실재론은 이 근본적 신념에 덧붙여 세계가 '우□ □□□□ □□□□ □□□ □□□□ □□□ 어 날린 종이비행기는 멀리 날아가 볼 수 없으□ □□□□ □□□□ □□□□ □□□ 여지가 없어 보이지만, 반실재론자는 이 상식□ □□□□ □□□□ □□□□ □□□ 독립적 존재를 부정한다. 그는 이를 바탕으로 □□□□ □□□□ □□□□ □□ 인 색깔, 소리, 냄새, 맛 등은 물론, '객관적'□ □□□□ □□□□ □□□□ □□□ 함, 운동 등의 성질도 오로지 우리가 감각할□ □□□□ □□□□ □□□□ □□□ 대상과 현상이란 이런 속성으로 구성되므로 □□□□ □□□□ □□□□ □□□ 버클리의 주장은 우리의 통념과 충돌한다. 당□ □□□□ □□□□ □□□□ □□ 반박한다!'라고 외쳤다고 한다. 그는 날아간 □□□ □□□□ □□□□ □□□ 반박하고자 한 것이다. 그러나 버클리를 비롯□ □□□□ □□□□ □□□□ 여 그 자체로 존재한다는 신념이다. 따라서 □□□□ □□□□ □□□□ □□ 수 있다.
최근까지도 새로운 형태의 반실재론이 제기되□ □□□□ □□□□ □□□□ 반실재론자는 타성에 젖은 실재론적 세계관에□ □□□□ □□□□ □□□□ 대한 도전과 응전의 반복은 그 자체로 인간 □□

① 실재론자에게 있어서 세계는 감각할 수 □□□ □□□
② 발로 찼을 때 날아간 돌은 실재론자의 주□□ □□□□ □□
③ 실재론이나 반실재론 모두 세계는 존재한□□ □□□
④ 형태나 운동 등이 객관적인 속성을 갖췄□□ □□□□ □□□ 부분이다.
⑤ 현대사회에서는 실재론이 쇠퇴하고 반실재□□ □□□□ □□□ 받아들여지고 있다.

CHAPTER 02 2023년 기출복원문제

정답 및 해설 p.005

01 언어력

01 다음 글의 핵심 내용으로 가장 적절한 것은?

판소리는 한국의 서사무가의 서술원리와 구연방식을 빌려다가 흥미 있는 설화 자료를 각색해, 굿이 아닌 세속의 저잣거리에서 일반 사람들을 상대로 노래하면서 시작되었다. 호남지역에서 대대로 무당을 세습하던 세습 무당 집안에서는 여자 무당이 굿을 담당하고 남자 무당은 여자 무당을 도와 여러 가지 잡일을 했다. 당연히 굿을 해주고 받는 굿값의 분배도 여자 무당을 중심으로 이루어졌고, 힘든 잡일을 담당한 남자 무당은 몫이 훨씬 적었다. 남자 무당이 굿에 참여하고 그 몫의 돈을 받는 경우는 노래를 할 때뿐이었다. 따라서 세습 무당 집안에서 태어난 남자들은 노래를 잘하는 것이 잘 살 수 있는 길이었고, 남자들은 노래 공부를 열심히 했고, 이 과정에서 세습 무당 집안에서는 많은 명창을 배출하였다.
이러한 호남지역의 무속적 특징은 조선 후기 사회 변화와 관련을 맺으면서 판소리의 발생을 자극했다. 조선 후기로 갈수록 지역 마을마다 행하던 주민 공동행사인 마을굿이 제사형태로 바뀌었고, 이에 따라 무당이 참여하지 않는 마을굿이 늘어났다. 정부와 양반 지배층이 유교이념에 입각하여 지속적으로 무속을 탄압하는 정책을 펴왔던 탓이었다. 또한 합리적 사고의 발달에 따라 무속이 사회적 신임을 잃은 탓이기도 하였다.
호남지역의 세습 무당들은 개인의 질병을 치료하는 굿보다는 풍년이나 풍어를 기원하는 정기적인 마을굿을 하여 생계를 유지했다. 이러한 마을굿이 점차 사라지면서 그들은 생계를 위협받게 되었다. 한편 이 시기에는 상업이 발달하면서 상행위가 활발해졌고, 생활이 풍족해짐에 따라 백성들의 문화 욕구가 커지면서 예능이 상품으로 인정받았다. 이에 따라 춤과 소리 등의 예술과 곡예가 구경거리로 부상하였다. 세습 무당 집안 출신의 노래 잘하는 남자 무당들은 무속이라는 속박을 떨쳐 버리고 돈을 벌기 위하여 소리판을 벌이게 되었다. 이들의 소리가 많은 사람에게 환영을 받자 점차 전문 직업인으로서 명창이 등장하게 되었다. 대중적 인기가 자신의 명성과 소득에 직결되었으므로 이들은 대중이 좋아할 만한 내용을 담은 소리를 발굴하고 개발하였다.

① 조선 후기 사회 변화는 유교 중심 체제의 쇠퇴와 민중 기반 무속신앙의 성장을 가져 왔다.
② 세습 무당 집안의 남자들은 상업적인 공연에 뛰어들면서 판소리 개발과 전파의 주축이 되었다.
③ 판소리의 발달은 무속신앙의 상업화와 함께 남자 무당들이 대거 성장하는 계기가 되었다.
④ 유교이념의 전파로 전통 무속신앙이 쇠퇴하면서 서사무가가 자취를 감추게 되었다.
⑤ 조선 후기에 전문 직업인으로서의 판소리 명창들이 대거 출현하면서 무속인들이 설자리를 잃었다.

▶ 2024~2023년 S-OIL 기출복원문제를 수록하여 최신 출제경향을 파악할 수 있도록 하였다.
▶ 기출복원문제를 바탕으로 학습을 시작하기 전에 자신의 실력을 판단할 수 있도록 하였다.

2 이론점검, 대표기출유형, 기출응용문제로 영역별 단계적 학습

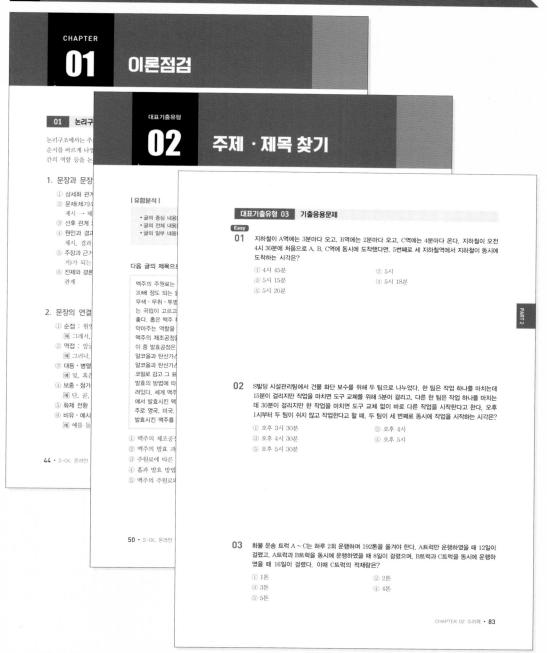

CHAPTER

01 이론점검

01 논리구...

논리구조에서는 주...
순서를 바르게 나열...
간의 역할 등을 논...

1. 문장과 문장...

① 상세화 관계...
② 문제(제기)와...
   제시 → 해...
③ 선후 관계 :...
④ 원인과 결과...
   제시, 결과...
⑤ 주장과 근거...
   기)가 논리...
⑥ 전제와 결론...
   관계

2. 문장의 연결...

① 순접 : 원인...
   예 그래서,...
② 역접 : 앞의...
   예 그러나,...
③ 대등·병렬...
   예 및, 혹은...
④ 보충·첨가...
   예 단, 곧,...
⑤ 화제 전환...
⑥ 비유·예시...
   예 예를 들...

44 · S-OIL 온라인...

대표기출유형

02 주제 · 제목 찾기

| 유형분석 |

· 글의 중심 내용...
· 글의 전체 내용...
· 글의 일부 내용...

다음 글의 제목으로...

맥주의 주원료는...
20배 정도 되는...
무색·무취·투명...
는 곡립이 고르고...
좋다. 홉은 맥주...
맛주는 역할을...
맥주의 제조공정...
이 중 발효공정은...
알코올과 탄산가스...
알코올과 탄산가스...
코일로 감고 그 표...
발효의 방법에 따...
려있다. 세계 맥주...
에서 발효시킨 맥...
주로 영국, 미국...
발효시킨 맥주를...

① 맥주의 제조공...
② 맥주의 발효 과...
③ 주원료에 따른...
④ 홉과 발효 방법...
⑤ 맥주의 주원료와...

50 · S-OIL 온라인...

대표기출유형 03 기출응용문제

Easy

01 지하철이 A역에는 3분마다 오고, B역에는 2분마다 오고, C역에는 4분마다 온다. 지하철이 오전 4시 30분에 처음으로 A, B, C역에 동시에 도착했다면, 5번째로 세 지하철역에서 지하철이 동시에 도착하는 시각은?

① 4시 45분
② 5시
③ 5시 15분
④ 5시 18분
⑤ 5시 20분

02 S빌딩 시설관리팀에서 건물 화단 보수를 위해 두 팀으로 나누었다. 한 팀은 작업 하나를 마치는데 15분이 걸리지만 작업을 마치면 도구 교체를 위해 5분이 걸리고, 다른 한 팀은 작업 하나를 마치는 데 30분이 걸리지만 한 작업을 마치면 도구 교체 없이 바로 다른 작업을 시작한다고 한다. 오후 1시부터 두 팀이 쉬지 않고 작업한다고 할 때, 두 팀이 세 번째로 동시에 작업을 시작하는 시각은?

① 오후 3시 30분
② 오후 4시
③ 오후 4시 30분
④ 오후 5시
⑤ 오후 5시 30분

03 화물 운송 트럭 A ~ C는 하루 2회 운행하며 192톤을 옮겨야 한다. A트럭만 운행하였을 때 12일이 걸렸고, A트럭과 B트럭을 동시에 운행하였을 때 8일이 걸렸으며, B트럭과 C트럭을 동시에 운행하였을 때 16일이 걸렸다. 이때 C트럭의 적재량은?

① 1톤
② 2톤
③ 3톤
④ 4톤
⑤ 5톤

CHAPTER 02 수리력 · 83

PART 2

▶ 출제되는 영역에 대한 이론점검, 대표기출유형, 기출응용문제를 수록하였다.
▶ 최근 출제되는 유형을 체계적으로 학습하고 점검할 수 있도록 하였다.

도서 200% 활용하기 STRUCTURES

3 최종점검 모의고사 + 도서 동형 온라인 실전연습 서비스로 반복 학습

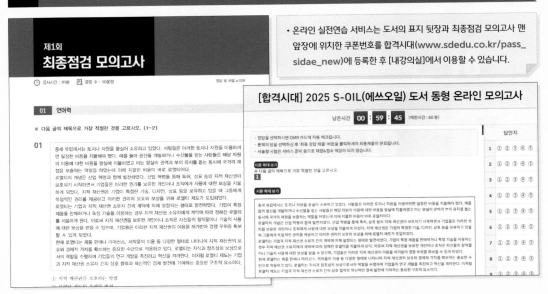

▶ 실제 시험과 유사하게 구성된 최종점검 모의고사 3회분을 통해 마무리를 하도록 하였다.
▶ 이와 동일하게 구성된 온라인 실전연습 서비스로 온라인 환경에서 실제 시험처럼 연습하도록 하였다.

4 인성검사부터 면접까지 한 권으로 대비

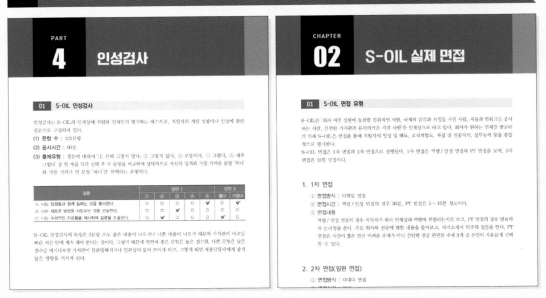

▶ 인성검사 모의연습을 통해 S-OIL 인재상에 부합하는지 판별할 수 있도록 하였다.
▶ 면접 기출 질문을 통해 실제 면접에서 나오는 질문에 미리 대비할 수 있도록 하였다.

5 Easy&Hard로 난이도별 시간 분배 연습

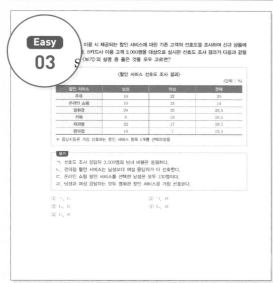

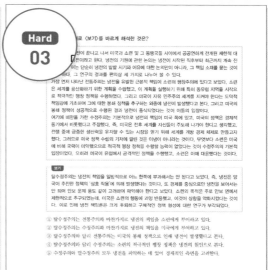

▶ Easy&Hard 표시로 문제별 난이도에 따라 시간을 적절하게 분배하여 풀이하는 연습이 가능하도록 하였다.

6 정답 및 오답분석으로 풀이까지 완벽 마무리

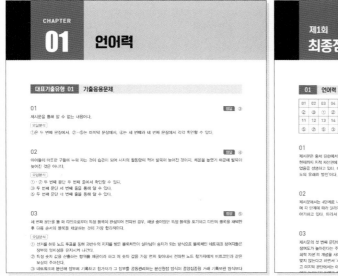

▶ 정답에 대한 상세한 해설과 오답분석을 통해 혼자서도 체계적인 학습이 가능하도록 하였다.

1주 완성 학습플랜

본서에 수록된 전 영역을 단기간에 끝낼 수 있도록 구성한 학습플랜이다. 한 번에 전 영역을 공부하지 않고, 한 영역을 집중적으로 공부할 수 있도록 하였다. 인성검사 및 필기시험에 대한 기초 학습은 되어 있으나, 학습 계획 세우기에 자신이 없는 분들이나 미리 시험에 대비하지 못해 단시간에 많은 분량을 봐야 하는 수험생에게 추천한다.

ONE WEEK STUDY PLAN			
Start!	**1일 차** ☐ _____월_____일	**2일 차** ☐ _____월_____일	**3일 차** ☐ _____월_____일
	4일 차 ☐ _____월_____일	**5일 차** ☐ _____월_____일	**6일 차** ☐ _____월_____일	**7일 차** ☐ _____월_____일

구분	1일 차	2일 차	3일 차	4일 차	5일 차	6일 차	7일 차
STUDY CHECK BOX							
PART 1							
PART 2							
제1회 최종점검 모의고사							
제2회 최종점검 모의고사							
제3회 최종점검 모의고사							
다회독							
오답분석							

스터디 체크박스 활용법

1주 완성 학습플랜에서 계획한 학습량을 어느 정도 실천하였는지 표시하여 자신의 학습량을 효율적으로 관리한다.

구분	1일 차	2일 차	3일 차	4일 차	5일 차	6일 차	7일 차
PART 2	언어력	✕	✕	완료			

이 책의 차례 CONTENTS

Add+

2024년 하반기
기출복원문제

※ 정답 및 해설은 기출복원문제 바로 뒤 p.014에 있습니다.

01 언어력

01 다음 글의 내용으로 가장 적절한 것은?

> 세계관은 세계의 존재와 본성, 가치 등에 관한 신념들의 체계이다. 세계를 해석하고 평가하는 준거인 세계관은 곧 우리 사고와 행동의 토대가 되므로, 우리는 최대한 정합성과 근거를 갖추도록 노력해야 한다. 모순되거나 일관되지 못한 신념은 우리의 사고와 행동을 혼란시킬 것이므로 세계관에 대한 관심과 검토는 중요하다. 세계관을 이루는 여러 신념 가운데 가장 근본적인 수준의 신념은 '세계는 존재한다.'이다. 이 신념이 성립해야만 세계에 관한 다른 신념, 이를테면 세계가 항상 변화한다든가 불변한다든가 하는 등의 신념이 성립하기 때문이다.
>
> 실재론은 이 근본적 신념에 덧붙여 세계가 '우리 정신과 독립적으로' 존재함을 주장한다. 내가 만들어 날린 종이비행기는 멀리 날아가 볼 수 없게 되었다 해도 여전히 존재한다. 이는 명확해서 논란의 여지가 없어 보이지만, 반실재론자는 이 상식에 도전한다. 유명한 반실재론자인 버클리는 세계의 독립적 존재를 부정한다. 그는 이를 바탕으로 세계에 관한 주장을 편다. 그에 의하면 '주관적' 성질인 색깔, 소리, 냄새, 맛 등은 물론, '객관적'으로 성립한다고 여겨지는 형태, 공간을 차지함, 딱딱함, 운동 등의 성질도 오로지 우리가 감각할 수 있을 때만 존재하는 주관적 속성이다. 세계 속의 대상과 현상이란 이런 속성으로 구성되므로 세계는 감각으로 인식될 때만 존재한다는 것이다.
>
> 버클리의 주장은 우리의 통념과 충돌한다. 당시 어떤 사람이 돌을 차면서 "나는 이렇게 버클리를 반박한다!"라고 외쳤다고 한다. 그는 날아간 돌이 엄연히 존재한다는 점을 근거로 버클리의 주장을 반박하고자 한 것이다. 그러나 버클리를 비롯한 반실재론자들이 부정한 것은 세계가 정신과 독립하여 그 자체로 존재한다는 신념이다. 따라서 돌을 찬 사람은 그들을 제대로 반박하지 못했다고 볼 수 있다.
>
> 최근까지도 새로운 형태의 반실재론이 제기되어 활발한 논의가 진행 중이다. 논증의 성패를 떠나 반실재론자는 타성에 젖은 실재론적 세계관의 토대에 대해 성찰할 기회를 제공한다. 또한 세계관에 대한 도전과 응전의 반복은 그 자체로 인간 지성이 상호 소통하면서 발전해가는 과정을 보여준다.

① 실재론자에게 있어서 세계는 감각할 수 있는 요소에 한정된다.
② 발로 찼을 때 날아간 돌은 실재론자의 주장이 옳다는 사실을 증명한다.
③ 실재론이나 반실재론 모두 세계는 존재한다는 공통적인 전제를 깔고 있다.
④ 형태나 운동 등이 객관적인 속성을 갖췄다는 사실은 실재론자나 반실재론자 모두 인정하는 부분이다.
⑤ 현대사회에서는 실재론이 쇠퇴하고 반실재론에 관한 논의가 활발하게 진행되며 거의 정론으로 받아들여지고 있다.

02 다음 글의 내용으로 적절하지 않은 것은?

> 일그러진 달항아리와 휘어진 대들보. 물론 달항아리와 대들보가 언제나 그랬던 것은 아니다. 사실인
> 즉 일그러지지 않은 달항아리와 휘어지지 않은 대들보가 더 많았을 것이다. 하지만 주목해야 할 것
> 은 한국인들은 달항아리가 일그러졌다고 해서 깨뜨려 버리거나, 대들보가 구부러졌다고 해서 고쳐
> 서 쓰거나 하지는 않았다는 것이다. 나아가 그들은 살짝 일그러진 달항아리나 그럴싸하게 휘어진
> 대들보, 입술이 약간 휘어져 삐뚜름 능청거리는 사발이 오히려 멋있다는 생각을 했던 것 같다. 일그
> 러진 달항아리와 휘어진 대들보에서 '형(形)의 어눌함'과 함께 '상(象)의 세련됨'을 볼 수 있다. 즉,
> 상의 세련됨을 머금은 형의 어눌함을 발견하게 된다. 대체로 평균치를 넘어서는 우아함을 갖춘 상은
> 어느 정도 형의 어눌함을 수반한다. 이런 형상을 가리켜 아졸하거나 고졸하다고 하는데, 한국 문화
> 는 이렇게 상의 세련됨과 형의 어눌함이 어우러진 아졸함이나 고졸함의 형상으로 넘쳐난다. 분청이
> 나 철화, 달항아리 같은 도자기 역시 예상과는 달리 균제적이거나 대칭적이지 않은 경우가 많다.
> 이 같은 비균제성이나 비대칭성은 무의식(無意識)의 산물이 아니라 '형의 어눌함을 수반하는 상의
> 세련됨'을 추구하는 미의식(美意識)의 산물이다. 이러한 미의식은 하늘과 땅, 인간을 하나의 커다란
> 유기체로 파악하는 우리 민족이 자신의 삶을 통해 천지인의 조화를 이룩하기 위해 의식적으로 노력
> 한 결과이다.

① 달항아리는 일그러진 모습, 대들보는 휘어진 모습을 한 것들이 많다.
② 한국인들은 곧은 대들보와 완벽한 모양의 달항아리를 좋아하지 않았다.
③ 상(象)의 세련됨은 형(形)의 어눌함에서도 발견할 수 있다.
④ 분청, 철화, 달항아리 같은 도자기에서는 비대칭적인 요소가 종종 발견된다.
⑤ 비대칭적 미의식은 천지인을 유기체로 파악하는 우리 민족의 의식적인 노력의 결과이다.

03 다음 글의 주제로 가장 적절한 것은?

> 우리는 주변에서 신호등 음성 안내기, 휠체어 리프트, 점자 블록 등의 장애인 편의 시설을 많이 볼
> 수 있다. 우리는 이런 편의 시설을 장애인들이 지니고 있는 국민으로서의 기본 권리를 인정한 것이
> 라는 시각에서 바라보고 있다. 물론, 장애인의 일상생활 보장이라는 측면에서 이 시각은 당연한 것
> 이다. 하지만 이를 바라보는 또 다른 시각이 필요하다. 그것은 바로 장애인만을 위한 것이 아니라
> 일상생활에서 활동에 불편을 겪는 모두를 위한 것이라는 시각이다. 편리하고 안전한 시설은 장애인
> 뿐만 아니라 우리 모두에게 유용하기 때문이다.
> 그런 의미에서 근래에 대두되고 있는 '보편적 디자인', 즉 '유니버설 디자인(Universal Design)'이
> 라는 개념은 우리에게 좋은 시사점을 제공해 준다. 보편적 디자인이란 가능한 한 모든 사람이 이용
> 할 수 있도록 제품, 건물, 공간을 디자인한다는 의미를 가지고 있기 때문이다. 이러한 시각으로 바
> 라본다면 장애인 편의 시설이 우리 모두에게 편리하고 안전한 시설로 인식될 것이다.

① 우리 주변에서는 장애인 편의 시설을 많이 볼 수 있다.
② 보편적 디자인은 근래에 대두되고 있는 중요한 개념이다.
③ 어떤 집단의 사람들이라도 이용할 수 있는 제품을 만들어야 한다.
④ 보편적 디자인이라는 관점에서 장애인 편의 시설을 바라볼 필요가 있다.
⑤ 장애인들의 기본 권리를 보장하기 위해 장애인 편의 시설을 확충해야 한다.

04

(가) 결국 이를 다시 생각하면, 과거와 현재의 문화 체계와 당시 사람들의 의식 구조, 생활상 등을 역추적할 수 있다는 말이 된다. 즉, 동물의 상징적 의미가 문화를 푸는 또 하나의 열쇠이자 암호가 되는 것이다. 그리고 동물의 상징적 의미를 통해 인류의 총체인 문화의 실타래를 푸는 것은 우리는 어떤 존재인가라는 정체성에 대한 답을 하는 과정이 될 수 있다.

(나) 인류는 선사시대부터 생존을 위한 원초적 본능에서 동굴이나 바위에 그림을 그리는 일종의 신앙 미술을 창조했다. 신앙 미술은 동물에게 여러 의미를 부여하기 시작했고, 동물의 상징적 의미는 현재까지도 이어지고 있다. 1억 원 이상 복권 당첨자의 23%가 돼지꿈을 꿨다거나, 황금돼지해에 태어난 아이는 만복을 타고난다는 속설 때문에 결혼과 출산이 줄을 이었고, 대통령 선거에서 '두 돼지가 나타나 두 뱀을 잡아 먹는다.'는 식으로 후보들이 홍보를 하기도 했다. 이렇게 동물의 상징적 의미는 우리 시대에도 여전히 유효한 관념으로 남아 있는 것이다.

(다) 동물의 상징적 의미는 시대나 나라에 따라 변하고 새로운 역사성을 담기도 했다. 예를 들면, 뱀은 다산의 상징이자 불사의 존재이기도 했지만, 사악하고 차가운 간사한 동물로 여겨지기도 했다. 하지만 그리스에서 뱀은 지혜의 신이자 아테네의 상징물이었고, 논리학의 상징이었다. 그리고 과거에 용은 숭배의 대상이었으나, 상상의 동물일 뿐이라는 현대의 과학적 사고는 지금의 용에 대한 믿음을 약화시키고 있다.

(라) 동물의 상징적 의미가 이렇게 다양하게 변하는 것은 문화가 살아 움직이기 때문이다. 문화는 인류의 지식, 신념, 행위의 총체로서, 동물의 상징적 의미 또한 문화에 속한다. 문화는 항상 현재 진행형이기 때문에 현재의 생활이 바로 문화이며, 이것은 미래의 문화로 전이된다. 문화는 과거, 현재, 미래가 따로 떨어진 게 아니라 뫼비우스의 띠처럼 연결되어 있는 것이다. 다시 말하면 그 속에 포함된 동물의 상징적 의미 또한 거미줄처럼 얽히고설켜 형성된 것으로, 그 시대의 관념과 종교, 사회·정치적 상황에 따라 의미가 달라질 수밖에 없다는 말이다.

① (가) – (다) – (라) – (나)
② (나) – (다) – (라) – (가)
③ (나) – (라) – (다) – (가)
④ (다) – (나) – (라) – (가)
⑤ (다) – (라) – (가) – (나)

05

(가) 닭 한 마리가 없어져서 뒷집 식구들이 모두 나서서 찾았다. 그런데 앞집 부엌에서 고기 삶는 냄새가 났다. 왜 우리 닭을 잡아먹었느냐고 따지자 주인은 아니라고 잡아뗐다. 부엌에서 나는 고기 냄새는 무어냐고 물었더니, 냄새가 날 리 없다고, 아마도 네가 오랫동안 고기 맛을 보지 못해서 환장했을 거라고 면박을 준다. 너희 집 두엄더미에 버려진 닭 털은 어찌된 거냐고 들이대자 오리발을 들고 나와 그것은 네 집 닭 털이 아니라 우리 집 오리털이라고 변명한다. 네 집 닭을 훔쳐 먹은 것이 아니라 우리 집 오리를 내가 잡은 것인데, 그게 무슨 죄가 되냐고 오히려 큰소리친다.

(나) 남의 닭을 훔쳐다 잡아먹고서 부인할 수는 있다. 그러나 뭐 뀐 놈이 성내는 것도 분수가 있지, 피해자를 가해자로 몰아 처벌하게 하는 데야 말문이 막힐 수밖에 없는 일이 아닌가. 적반하장도 유분수지, 도둑이 주인을 도둑으로 처벌해 달라고 고소하는 일은 별로 흔하지 않을 것이다.

(다) 뒷집 사람은 원님에게 불려가게 되었다. 뒷집이 우리 닭을 훔쳐다 잡아먹었으니 처벌해 달라고 앞집 사람이 고소했던 것이다. 이번에는 증거물이 있었다. 바로 앞집 사람이 잡아먹고 남은 닭 발이었는데, 그것을 뒷집 두엄더미에 넣어 두었던 것이다. 뒷집 사람은 앞집에서는 증조부 때 이후로 닭을 기른 적이 없다고 항변했지만 그것을 입증해 줄 만한 사람은 없었다. 뒷집 사람은 어쩔 수 없이 앞집에 닭 한 마리 값을 물어 주었다.

(라) '닭 잡아먹고 오리발 내민다.'는 속담이 있다. 제가 저지른 나쁜 일이 드러나게 되니 어떤 수단을 써서 남을 속이려 한다는 뜻이다. 남을 속임으로써 난감한 처지에서 벗어나고자 하는 약삭빠른 사람의 행위를 우리는 이렇게 비유해서 말하는 것이다.

① (라) – (가) – (나) – (다)　　② (라) – (가) – (다) – (나)
③ (라) – (나) – (가) – (다)　　④ (라) – (나) – (다) – (가)
⑤ (라) – (다) – (나) – (가)

06 다음 글을 읽고 추론할 수 있는 내용으로 가장 적절한 것은?

우리는 도구를 사용하고, 다양한 종류의 음식을 먹는 본능과 소화력을 갖췄다. 어떤 동물은 한 가지 음식만 먹는다. 이렇게 음식 하나에 모든 것을 거는 '단일 식품 식생활'은 도박이다. 그 음식의 공급이 끊기면 그 동물도 끝이기 때문이다.

400만 년 전, 우리 인류의 전 주자였던 오스트랄로피테쿠스는 고기를 먹었다. 한때 오스트랄로피테쿠스가 과일만 먹었을 것이라고 믿은 적도 있었다. 따라서 오스트랄로피테쿠스 속과 사람 속을 가르는 선을 고기를 먹는지 여부로 정했었다. 그러나 남아프리카공화국의 한 동굴에서 발견된 200만 년 된 유골 4구의 치아에서는 이와 다른 증거가 발견됐다. 인류학자 맷 스폰하이머와 줄리아 리소프는 이 유골의 치아사기질의 탄소 동위 원소 구성 중 13C의 비율이 과일만 먹은 치아보다 열대 목초를 먹은 치아와 훨씬 더 가깝다는 것을 발견했다. 식생활 동위 원소는 체내 조직에 기록되기 때문에 이 발견은 오스트랄로피테쿠스가 상당히 많은 양의 풀을 먹었거나 이 풀을 먹은 동물을 먹었다는 추측을 가능케 한다. 그런데 같은 치아에서 풀을 씹어 먹을 때 생기는 마모는 전혀 보이지 않았기 때문에 오스트랄로피테쿠스 식단에서 풀을 먹는 동물이 큰 부분을 차지했다는 결론을 내릴 수 있다.

오래 전에 멸종되어 260만 년이라는 긴 시간을 땅속에 묻혀 있던 동물의 뼈 옆에서는 석기들이 함께 발견되기도 한다. 이 뼈와 석기가 들려주는 이야기는 곧 우리의 이야기다. 어떤 뼈에는 이로 씹은 흔적 위에 도구로 자른 흔적이 겹쳐 있다. 그 반대의 흔적이 남은 뼈들도 있다. 도구로 자른 흔적 다음에 날카로운 이빨 자국이 남은 경우다. 이런 것은 무기를 가진 인간이 먼저 먹고 동물이 이빨로 뜯어 먹은 것이다.

① 오스트랄로피테쿠스는 풀을 전혀 먹지 않았다.
② 단일 식품 섭취의 위험성 때문에 단일 식품을 섭취하는 동물은 없다.
③ 오스트랄로피테쿠스는 날카로운 이빨을 이용하여 초식동물을 사냥하였다.
④ 육식 여부는 오스트랄로피테쿠스의 진화과정을 보여주는 중요한 기준이다.
⑤ 맷 스폰하이머와 줄리아 리소프의 연구는 육식 여부로 오스트랄로피테쿠스와 사람을 구분하던 방법이 잘못되었음을 보여준다.

01 다음은 A씨의 보유 반찬 및 칼로리 정보와 하루 식단에 대한 자료이다. 이에 따라 A씨가 하루에 섭취하는 총열량은?

〈A씨의 보유 반찬 및 칼로리 정보〉

구분	현미밥	미역국	고등어구이	시금치나물	버섯구이	블루베리
무게(g)	300	500	400	100	150	80
열량(kcal)	540	440	760	25	90	40
구분	우유식빵	사과잼	된장찌개	갈비찜	깍두기	연근조림
무게(g)	100	40	200	200	50	100
열량(kcal)	350	110	176	597	50	96

〈A의 하루 식단〉

구분	식단
아침	우유식빵 80g, 사과잼 40g, 블루베리 60g
점심	현미밥 200g, 갈비찜 200g, 된장찌개 100g, 버섯구이 50g, 시금치나물 20g
저녁	현미밥 100g, 미역국 200g, 고등어구이 150g, 깍두기 50g, 연근조림 50g

① 1,940kcal
② 2,120kcal
③ 2,239kcal
④ 2,352kcal
⑤ 2,520kcal

02 다음은 한 소비자단체가 시중 시리얼 제품의 열량과 함량을 비교한 자료이다. 이에 대한 설명으로 옳은 것은?

〈시중 시리얼 제품의 열량과 함량 비교(1회 제공량)〉

구분	제품명	열량(kcal)	탄수화물(g)	당류(g)	단백질(g)
일반 제품	콘프라이트	117	27.2	9.7	1.3
	콘프로스트	115	26.6	9.3	1.6
	콘프레이크	152	35.0	2.3	3.0
당 함량을 낮춘 제품	1/3 라이트	118	27.1	5.9	1.4
	라이트슈거	115	26.5	6.8	1.6
견과류 첨가 제품	프레이크	131	24.2	7.2	1.8
	크런치너트 프레이크	170	31.3	10.9	2.7
	아몬드 프레이크	164	33.2	8.7	2.5
초코맛 제품	오곡 코코볼	122	25.0	8.8	2.0
	첵스 초코	115	25.5	9.1	1.5
	초코볼 시리얼	151	34.3	12.9	2.9
체중조절용 제품	라이트업	155	31.4	6.9	6.7
	스페셜K	153	31.4	7.0	6.5
	바디랩	154	31.2	7.0	6.4
	슬림플러스	153	31.4	7.8	6.4

① 당류가 가장 많은 시리얼은 견과류 첨가 제품이다.
② 견과류 첨가 제품은 당 함량을 낮춘 제품보다 단백질 함량이 높은 편이다.
③ 일반 제품의 열량은 체중조절용 제품의 열량보다 더 높은 수치를 보이고 있다.
④ 단백질의 경우 체중조절용 제품 시리얼은 일반 제품 시리얼보다 3배 이상 많다.
⑤ 탄수화물 함량이 가장 낮은 시리얼은 당류 함량도 가장 낮은 수치를 보이고 있다.

03 0 ~ 9까지의 숫자가 적힌 카드를 3장 뽑아서 홀수인 세 자리의 수를 만들려고 할 때, 가능한 경우의 수는?

① 280가지   ② 300가지

③ 320가지   ④ 340가지

⑤ 360가지

04 세 명이 함께 가위바위보를 할 때, 세 번 안에 승자와 패자가 가려질 확률은?

① $\dfrac{1}{2}$ ② $\dfrac{1}{21}$

③ $\dfrac{1}{3}$ ④ $\dfrac{25}{27}$

⑤ $\dfrac{26}{27}$

05 철수는 오후 3시에 집에서 출발하여 평지를 지나 언덕 꼭대기까지 갔다가 같은 길을 되돌아와 그날 저녁 9시에 집에 도착했다. 평지에서는 시속 4km로 걸었고, 언덕을 올라갈 때는 시속 3km, 언덕을 내려올 때는 시속 6km로 걸었다면 철수는 총 몇 km를 걸었는가?(단, 철수는 쉬지 않고 걸었다)

① 6km   ② 12km

③ 18km   ④ 24km

⑤ 30km

06 1L 물통을 가득 채우는 데 수도 A는 15분, 수도 B는 20분이 걸린다고 한다. 수도 A, B를 동시에 사용해 30분 동안 물을 받는다면 물통 몇 개를 채울 수 있는가?

① 1개   ② 2개

③ 3개   ④ 4개

⑤ 5개

01   다음 도형의 규칙을 보고 ?에 들어갈 도형으로 알맞은 것을 고르면?

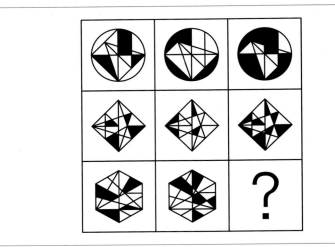

①

②

③

④

⑤

02 다음 도형은 일정한 규칙을 가지고 변화하고 있다. ?에 들어갈 도형으로 알맞은 것은?

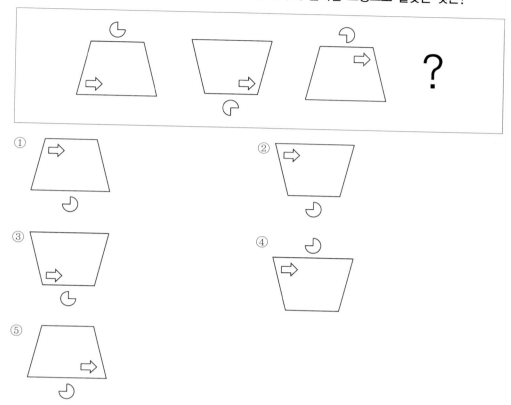

①

②

③

④

⑤

03 다음 〈보기〉에서 기호들은 일정한 규칙에 따라 도형을 변화시킨다. 기호에 해당하는 규칙을 파악하여 ?에 들어갈 도형으로 알맞은 것을 고르면?

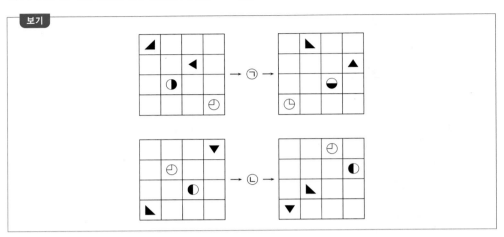

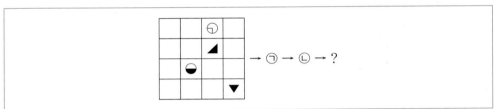

①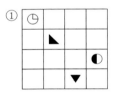

②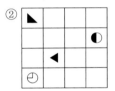

③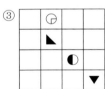

④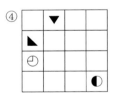

⑤

04　다음 숫자는 각각 일정한 규칙에 따라 도형을 변화시킨다. ?에 들어갈 도형으로 알맞은 것은?(단, 해당 규칙이 적용되는 사각형 내부의 사각형 또한 규칙이 적용된다)

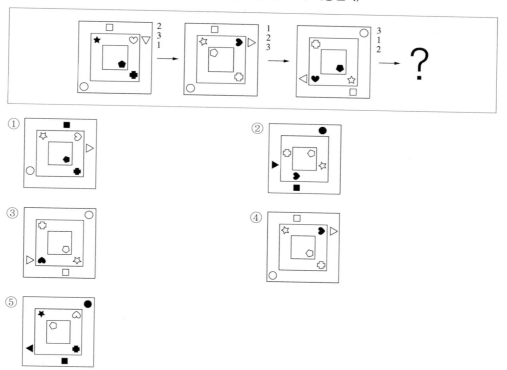

①

②

③

④

⑤

01 언어력

01	02	03	04	05	06				
③	②	④	②	②	⑤				

01
정답 ③

실재론은 세계가 정신과 독립적으로 존재함을, 반실재론은 세계가 감각적으로 인식될 때만 존재함을 주장하므로 두 이론 모두 세계는 존재한다를 전제하고 있다.

오답분석
① 세계가 감각으로 인식될 때만 존재한다는 것은 반실재론자의 입장이다.
② 세 번째 문단에서 어떤 사람이 버클리의 주장을 반박하기 위해 돌을 발로 차서 날아간 돌이 존재한다는 사실을 증명하려고 하였으나, 반실재론을 제대로 반박한 것은 아니라고 하였다. 따라서 실재론자의 주장이 옳다는 사실을 증명하는 것은 아니다.
④ 버클리는 객관적 성질이라고 여겨지는 것들도 우리가 감각할 수 있을 때만 존재하는 주관적 속성이라고 하였다.
⑤ 마지막 문단에서 새로운 형태의 반실재론이 제기되어 활발한 논의가 진행 중이라고 하였을 뿐, 반실재론이 정론으로 받아들여지고 있다는 언급은 없다.

02
정답 ②

한국인들은 달항아리가 일그러졌다고 해서 깨뜨리거나 대들보가 구부러졌다고 해서 고쳐 쓰지는 않았으나, 곧은 대들보와 완벽한 모양의 달항아리를 좋아하지 않았다는 내용은 제시문에 나타나 있지 않다.

03
정답 ④

제시문의 첫 번째 문단에서 장애인 편의 시설에 대한 새로운 시각이 필요하다고 밝히고, 장애인 편의 시설이 우리 모두에게 유용함을 강조했다. 또한 마지막 문단에서 보편적 디자인의 시각으로 바라볼 때 장애인 편의 시설은 우리 모두에게 편리하고 안전한 시설로 인식될 것이라고 하였다. 따라서 글의 주제로 가장 적절한 것은 ④이다.

04
정답 ②

제시문은 신앙 미술에 나타난 동물의 상징적 의미와 사례, 변화와 그 원인 그리고 동물의 상징적 의미가 지닌 문화적 가치에 대하여 설명하고 있다. 따라서 (나) 신앙 미술에 나타난 동물의 상징적 의미와 그 사례 – (다) 동물의 상징적 의미의 변화 – (라) 동물의 상징적 의미가 변화하는 원인 – (가) 동물의 상징적 의미가 지닌 문화적 가치 순으로 나열하는 것이 적절하다.

05
정답 ②

문맥상 먼저 속담을 제시하고 그 속담에 얽힌 이야기가 순서대로 나와야 하므로 (라) 문단이 가장 먼저 와야 한다. 다음으로는 '앞집'과 '뒷집'의 다툼이 시작되는 (가) 문단이 나오고, 뒷집이 앞집에 닭 한 마리 값을 물어주게 된 상황을 설명하는 (다) 문단이 이어지며, 글을 전체적으로 요약하고 평가하는 (나) 문단이 마지막에 위치해야 한다. 따라서 (라) – (가) – (다) – (나) 순으로 나열하는 것이 적절하다.

06
정답 ⑤

맷 스폰하이머와 줄리아 리소프의 연구는 오스트랄로피테쿠스가 육식을 하였음을 증명하였으므로, 육식 여부로 오스트랄로피테쿠스와 사람을 구분하던 과거의 방법이 잘못되었음을 증명한 것이라 볼 수 있다.

오답분석
① 두 번째 문단 마지막 문장에서 오스트랄로피테쿠스의 식단에서 풀을 먹는 동물이 큰 부분을 차지했다는 결론을 내렸다고 했을 뿐, 풀을 전혀 먹지 않았는지는 알 수 없다.
② 첫 번째 문단에서 단일 식품을 섭취하는 것이 위험하다고 했을 뿐, 단일 식품을 섭취하는 동물이 없다고 보기는 어렵다.
③ 마지막 문단에서 동물 뼈에 이로 씹은 흔적 위에 도구로 자른 흔적이 겹쳐 있고, 이는 무기를 가진 인간의 흔적이라고 한 것으로 보아 무기로 사냥을 했음을 알 수 있다.
④ 제시문에 오스트랄로피테쿠스의 진화과정과 육식의 관계를 알 수 있을 만한 부분은 없다.

01	02	03	04	05	06			
③	②	③	⑤	④	③			

01

정답 ③

A씨의 식단을 끼니별로 나누어 칼로리를 계산하면 다음과 같다. 이때, 주어진 칼로리 정보를 고려하여 무게에 비례하여 칼로리를 계산하여야 하는 것에 주의한다.

구분	식단
아침	우유식빵 280kcal, 사과잼 110kcal, 블루베리 30kcal
점심	현미밥 360kcal, 갈비찜 597kcal, 된장찌개 88kcal, 버섯구이 30kcal, 시금치나물 5kcal
저녁	현미밥 180kcal, 미역국 176kcal, 고등어구이 285kcal, 깍두기 50kcal, 연근조림 48kcal

따라서 하루에 섭취하는 총열량은 $280+110+30+360+597+88+30+5+180+176+285+50+48=2,239$kcal이다.

02

정답 ②

견과류 첨가 제품은 단백질 함량이 1.8g, 2.7g, 2.5g이고, 당 함량을 낮춘 제품은 단백질 함량이 1.4g, 1.6g이므로 옳은 설명이다.

오답분석

① 당류가 가장 많은 시리얼은 초코볼 시리얼(12.9g)로, 이것은 초코맛 제품에 속한다.
③ 일반 제품의 열량은 체중조절용 제품의 열량보다 더 낮은 수치를 보이고 있다.
④ 일반 제품 중 단백질이 가장 많은 콘프레이크의 함량은 3.0g으로, 체중조절용 제품 중 단백질이 가장 적은 바디랩 또는 슬림플러스 함량이 6.4g은 이것의 약 2배이다. 따라서 3배 이상 많다는 설명은 옳지 않다.
⑤ 탄수화물 함량이 가장 낮은 시리얼은 프레이크이며, 당류 함량이 가장 낮은 시리얼은 콘프레이크이다.

03

정답 ③

세 자리 수가 홀수가 되려면 끝자리 숫자가 홀수여야 한다. 홀수는 1, 3, 5, 7, 9로 5개이고, 백의 자리와 십의 자리 숫자의 경우의 수를 고려한다.
백의 자리에 올 수 있는 숫자는 0을 제외한 8가지, 십의 자리는 0을 포함한 8가지 숫자가 올 수 있다.
따라서 홀수인 세 자리 숫자는 모두 $8\times8\times5=320$가지가 가능하다.

04

정답 ⑤

세 번 안에 승패가 가려질 확률은 1-(세 번 모두 승패가 가려지지 않을 확률)이다.
· 한 번의 가위바위보에서 3명이 낼 수 있는 경우의 수
  : $3\times3\times3=27$가지
· 승패가 나오지 않는 경우의 수
  - 모두 같은 것을 내는 경우 : 3가지
  - 모두 다른 것을 내는 경우 : 6가지
· 한 번의 시행에서 승패가 가려지지 않을 확률 : $\dfrac{9}{27}=\dfrac{1}{3}$

따라서 세 번 안에 승자와 패자가 가려질 확률은 $1-\left(\dfrac{1}{3}\right)^3$ $=\dfrac{26}{27}$ 이다.

05

정답 ④

평지의 거리를 $x$km라고 하고, 평지에서 언덕 꼭대기까지의 거리를 $y$km라고 하면 다음 식이 성립한다.
$\dfrac{x}{4}+\dfrac{y}{3}+\dfrac{y}{6}+\dfrac{x}{4}=6$
$\rightarrow \dfrac{x}{2}+\dfrac{y}{2}=6$
$\therefore x+y=12$
따라서 철수가 걸은 거리는 평지와 언덕 꼭대기를 왕복한 거리이므로 $12\times2=24$km이다.

06

정답 ③

수도 A, B가 1분 동안 채울 수 있는 물의 양은 각각 $\dfrac{1}{15}$L, $\dfrac{1}{20}$L이다.
수도 A, B를 동시에 틀어 놓을 경우 1분 동안 채울 수 있는 물의 양은 $\dfrac{1}{15}+\dfrac{1}{20}=\dfrac{7}{60}$L이므로, 30분 동안 $\dfrac{7}{60}\times30=$ 3.5L의 물을 받을 수 있다.
따라서 수도 A, B를 동시에 사용해 30분 동안 물을 받는다면 물통 3개를 채울 수 있다.

01	02	03	04						
④	②	②	⑤						

01

정답 ④

규칙은 가로 방향으로 적용된다.
첫 번째 도형과 두 번째 도형의 색칠된 부분을 합친 도형이
세 번째 도형이다.

02

정답 ②

가장 큰 도형은 상하대칭을 하고, 외부 도형은 시계 방향으로
90° 회전하면서 가장 큰 도형의 변을 기준으로 상하로 이동한
다. 내부 도형은 가장 큰 도형의 꼭짓점을 기준으로 시계 반대
방향으로 이동하는 규칙이다.

03

정답 ②

㉠ : 모든 도형을 시계 방향으로 90° 회전 후, 오른쪽으로 1칸
씩 이동
㉡ : 모든 도형을 오른쪽으로 1칸씩 이동 후, 위쪽으로 1칸씩
이동

04

정답 ⑤

세 개의 사각형으로 구성된 도형 옆에 있는 세 개의 숫자는
규칙을 의미한다.
가장 큰 사각형을 A, 중간 사각형을 B, 작은 사각형을 C라고
할 때, 맨 위에 있는 숫자는 A, B, C에 적용하는 규칙이고,
중간에 있는 숫자는 B, C에 적용하는 규칙이며, 마지막에 있
는 숫자는 C에만 적용하는 규칙이다.
이때, 규칙은 상단 번호에서 하단 번호까지의 순서대로 도형
에 적용된다.

- 1 : 원점 대칭
- 2 : 내부 도형 시계 반대 방향으로 90° 회전
- 3 : 내부 도형 색 반전

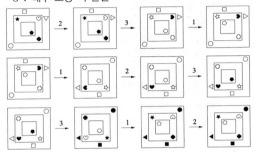

PART 1

2개년 기출복원문제

01 언어력

01 다음 글의 내용으로 적절하지 않은 것은?

> 1930년대 대공황 상황에서 케인스는 당시 영국과 미국에 만연한 실업의 원인을 총수요의 부족이라고 보았다. 그는 총수요가 증가하면 기업의 생산과 고용이 촉진되고 가계의 소득이 늘어 경기를 부양할 수 있다고 주장했다. 따라서 정부의 재정정책을 통해 총수요를 증가시킬 필요성을 제기하였다. 케인스는 총수요를 늘리기 위해서 총수요 중 많은 부분을 차지하는 가계의 소비에 주목하였고, 소비는 소득과 밀접한 관련이 있다고 생각하였다. 케인스는 절대소득가설을 내세워, 소비를 결정하는 요인들 중에서 가장 중요한 것은 현재의 소득이라고 하였다. 그리고 소득이 없더라도 생존을 위해 꼭 필요한 소비인 기초소비가 존재하며, 소득이 증가함에 따라 일정 비율로 소비도 증가한다고 주장하였다. 이러한 절대소득가설은 1950년대까지 대표적인 소비결정이론으로 사용되었다.
> 그러나 쿠즈네츠는 절대소득가설로는 설명하기 어려운 소비 행위가 이루어지고 있음에 주목하였다. 쿠즈네츠는 미국에서 장기간에 걸쳐 일어난 각 가계의 실제 소비 행위를 분석한 결과는 절대소득가설로는 명확히 설명하기 어려운 것이었다.
> 이러한 현상을 설명하기 위해 프리드먼은 장기적인 기대소득으로서의 항상소득에 의존한다는 항상소득가설을 내세웠다. 프리드먼은 실제로 측정되는 소득을 실제소득이라 하고, 실제소득은 항상소득과 임시소득으로 구성된다고 보았다. 항상소득이란 평생 동안 벌어들일 것으로 기대되는 소득의 매기 평균 또는 장기적 평균 소득이다. 임시소득은 장기적으로 예견되지 않은 일시적인 소득으로서 양(+)일 수도, 음(−)일 수도 있다. 프리드먼은 소비가 임시소득과는 아무런 상관관계가 없고 오직 항상소득에만 의존한다고 보았으며, 임시소득의 대부분은 저축된다고 설명했다. 사람들은 월급과 같이 자신이 평균적으로 벌어들이는 돈을 고려하여 소비를 하지, 예상치 못한 복권 당첨이나 주가 하락에 의한 손실을 고려하여 소비하지는 않는다는 것이다.
> 항상소득가설을 바탕으로 프리드먼은 쿠즈네츠가 발견한 현상을, 단기적인 소득의 증가는 임시소득이 증가한 것에 해당하므로 소비가 늘어나지 않은 것이라고 설명하였다. 항상소득가설에 따른다면 소비를 늘리기 위해서는 단기적인 재정정책보다 장기적인 재정정책을 펴는 것이 바람직하다. 가령 정부가 일시적으로 세금을 줄여 가계의 소득을 증가시키고 그에 따른 소비 진작을 기대한다 해도 가계는 일시적인 소득의 증가를 항상소득의 증가로 받아들이지 않아 소비를 늘리지 않기 때문이다.

① 케인스는 소득이 없어도 기초소비가 발생한다고 보았다.
② 케인스는 대공황 상황에서 총수요를 늘릴 것을 제안했다.
③ 쿠즈네츠는 미국에서 실제로 일어난 소비 행위를 분석하였다.
④ 프리드먼은 쿠즈네츠의 연구 결과를 설명하는 가설을 내놓았다.
⑤ 케인스는 가계가 미래의 소득을 예측하여 소비를 결정한다고 주장했다.

02 다음 중 글의 내용으로 가장 적절한 것은?

사람의 키는 주로 다리뼈의 길이에 의해서 결정된다. 다리뼈는 뼈대와 뼈끝판, 그리고 뼈끝으로 구성되어 있다. 막대기 모양의 뼈대는 뼈 형성세포인 조골세포를 가지고 있다. 그리고 뼈끝은 다리뼈의 양쪽 끝 부분이며 뼈끝과 뼈대의 사이에는 여러 개의 연골세포층으로 구성된 뼈끝판이 있다. 뼈끝판의 세포층 중 뼈끝과 경계면에 있는 세포층에서만 세포분열이 일어난다.

연골세포의 세포분열이 일어날 때, 뼈대 쪽에 가장 가깝게 있는 연골세포의 크기가 커지면서 뼈끝판이 두꺼워진다. 크기가 커진 연골세포는 결국 죽으면서 빈 공간을 남기고 이렇게 생긴 공간이 뼈대에 있는 조골세포로 채워지면서 뼈가 형성된다. 이 과정을 되풀이하면서 뼈끝판이 두꺼워지는 만큼 뼈대의 길이 성장이 일어나는데, 이는 연골세포의 분열이 계속되는 한 지속된다.

사춘기 동안 뼈의 길이 성장에는 여러 호르몬이 관여하는데, 이 중 뇌에서 분비하는 성장호르몬은 직접 뼈에 작용하여 뼈를 성장시킨다. 또한 성장호르몬은 간세포에 작용하여 뼈의 길이 성장 과정 전체를 촉진하는 성장인자를 분비하도록 한다. 이외에도 갑상샘 호르몬과 남성호르몬인 안드로겐도 뼈의 길이 성장에 영향을 미친다. 성장호르몬이 뼈에 작용하기 위해서는 갑상샘 호르몬의 작용이 있어야 하기 때문에 갑상샘 호르몬은 뼈의 성장에 중요한 요인이다. 안드로겐은 뼈의 성장을 촉진함으로써 사춘기 남자의 급격한 성장에 일조한다. 부신에서 분비되는 안드로겐은 이 시기에 나타나는 뼈의 길이 성장에 관여한다. 하지만 사춘기가 끝날 때, 안드로겐은 뼈끝판 전체에서 뼈가 형성되도록 하여 뼈의 길이 성장을 정지시킨다. 결국 사춘기 이후에는 호르몬에 의한 뼈의 길이 성장이 일어나지 않는다.

① 사춘기 이후에 뼈의 길이가 성장하였다면, 호르몬이 그 원인이다.
② 사람의 키를 결정짓는 다리뼈는 연골세포의 분열로 인해 성장하게 된다.
③ 뼈끝판의 세포층 중 뼈대와 경계면에 있는 세포층에서만 세포분열이 일어난다.
④ 뼈의 성장을 촉진시키는 호르몬인 안드로겐은 남성호르몬으로서, 여자에게서는 생성되지 않는다.
⑤ 성장호르몬은 간세포에 작용하여 뼈 성장을 촉진하는 성장인자를 분비하는 등 뼈 성장에 간접적으로 도움을 준다.

03 다음 글의 주제로 가장 적절한 것은?

현재 우리나라의 진료비 지불제도 중 가장 주도적으로 시행되는 지불제도는 행위별수가제이다. 행위별수가제는 의료기관에서 의료인이 제공한 의료서비스(행위, 약제, 치료 재료 등)에 대해 서비스별로 가격(수가)을 정하여 사용량과 가격에 의해 진료비를 지불하는 제도로, 의료보험 도입 당시부터 채택하고 있는 지불제도이다. 그러나 최근 관련 전문가들로부터 이러한 지불제도를 개선해야 한다는 목소리가 많이 나오고 있다.

조사에 의하면 우리나라의 국민의료비를 증대시키는 주요 원인은 고령화로 인한 진료비 증가와 행위별수가제로 인한 비용의 무한 증식이다. 현재 우리나라의 국민의료비는 OECD 회원국 중 최상위를 기록하고 있으며 앞으로 더욱 심화될 것으로 예측된다. 특히 행위별수가제는 의료행위를 할수록 지불되는 진료비가 증가하므로 CT, MRI 등 영상검사를 중심으로 의료 남용이나 과다 이용 문제가 발생하고 있고, 병원의 이익 증대를 위하여 환자에게는 의료비 부담을, 의사에게는 업무 부담을, 건강보험에는 재정 부담을 증대시키고 있다.

이러한 행위별수가제의 문제점을 개선하기 위해 일부 질병군에서는 환자가 입원해서 퇴원할 때까지 발생하는 진료에 대하여 질병마다 미리 정해진 금액을 내는 제도인 포괄수가제를 시행 중이며 요양병원, 보건기관에서는 입원 환자의 질병, 기능 상태에 따라 입원 1일당 정액수가를 적용하는 정액수가제를 병행하여 실시하고 있지만 비용 산정의 경직성, 의사 비용과 병원 비용의 비분리 등 여러 가지 문제점이 있어 현실적으로 효과를 내지 못하고 있다는 지적이 나오고 있다.

기획재정부와 보건복지부는 시간이 지날수록 건강보험 적자가 계속 증대되어 머지않아 고갈될 위기에 있다고 발표하였다. 당장 행위별수가제를 전면적으로 폐지할 수는 없으므로 기존의 다른 수가제의 문제점을 개선하여 확대하는 등 의료비 지불방식의 다변화가 구조적으로 진행되어야 할 것이다.

① 신포괄수가제의 정의
② 건강보험의 재정 상황
③ 행위별수가제의 한계점
④ 의료비 지불제도의 역할
⑤ 다양한 의료비 지불제도 소개

04 다음 문단을 논리적 순서대로 바르게 나열한 것은?

> (가) 이러한 수평적 연결은 사물인터넷 서비스로 새로운 성장 동력을 모색할 수 있다. 예를 들어, 스마트 컵인 프라임베실(개인에게 필요한 수분 섭취량을 알려줌), 스마트 접시인 탑뷰(음식의 양을 측정함), 스마트 포크인 해피포크(식사 습관개선을 돕는 스마트 포크. 식사 속도와 시간, 1분간 떠먹는 횟수 등을 계산해 식사 습관을 분석함)를 연결하면 식생활 습관을 관리할 수 있을 것이다. 이를 식당, 병원, 헬스케어 센터에서 이용하면 고객의 식생활을 부가 서비스로 관리할 수 있다.
>
> (나) 마치 100m 달리기를 하듯 각자의 트랙에서 목표를 향해 전력 질주하던 시대가 있었다. 선택과 집중의 논리로 수직 계열화를 통해 효율을 확보하고, 성능을 개선하고자 했었다. 그런데 세상이 변하고 있다. 고객 혹은 사용자를 중심으로 기존의 제품과 서비스가 재정의되고 있는 것이다. 이러한 산업의 패러다임적 전환을 신성장 동력이라 말한다.
>
> (다) 기존의 가스 경보기를 만들려면 미세한 가스도 놓치지 않는 센서의 성능, 오래 지속되는 배터리, 크게 알릴 수 있는 알람 소리, 인테리어에 잘 어울리는 멋진 제품 디자인이 필요하다. 그런데 아무리 좋은 가스 경보기를 만들어도 사람의 안전을 담보하지는 못한다. 만약 집에서 가스 경보기가 울리면 아마 창문을 열어 환기시키고, 가스 밸브를 잠그고, 119에 신고를 해야 할 것이다. 사람의 안전을 담보하는, 즉 연결 지배성이 높은 가스 경보기는 이런 일을 모두 해내야 한다. 이런 가스 경보기를 만들려면 전기, 전자, 통신, 기계, 인테리어, 디자인 등의 도메인들이 사용자 경험을 중심으로 연결돼야 한다. 이를 수평적 연결이라 부른다.
>
> (라) 똑똑한 사물인터넷은 점점 더 다양해진다. S텔레콤의 '누구'나 A사의 '에코' 같은 스마트 스피커는 사용자가 언제 어디든, 일상에서 인공 비서로 사용되는 시대가 되었다. 그리고 K사 보일러의 사물인터넷 서비스는 보일러 쪽으로 직접 가지 않아도 스마트폰 전용 앱으로 보일러를 관리한다. 이제 보일러가 언제, 얼마나, 어떻게 쓰이는지, 그리고 보일러의 상태는 어떠한지, 사용하는 방식과 에너지 소모 등의 정보도 얻을 수 있다. 4차 산업혁명의 전진기지 역할을 하는 사물인터넷 서비스는 이제 거스를 수 없는 대세이다.

① (나) – (가) – (다) – (라)
② (나) – (다) – (가) – (라)
③ (다) – (가) – (라) – (나)
④ (다) – (나) – (가) – (라)
⑤ (라) – (다) – (나) – (가)

05 다음 글의 주장에 대해 반박하는 내용으로 적절하지 않은 것은?

> 프랑크푸르트학파는 대중문화의 정치적 기능을 중요하게 본다. 20세기 들어 서구 자본주의 사회에서 혁명이 불가능하게 된 이유 가운데 하나는 바로 대중문화가 대중들을 사회의 권위에 순응하게 함으로써 사회를 유지하는 기능을 하고 있기 때문이라는 것이다. 이 순응의 기능은 두 방향으로 진행된다. 한편으로 대중문화는 대중들에게 자극적인 오락거리를 제공함으로써 정신적인 도피를 유도하여 정치에 무관심하도록 만든다는 것이다. 유명한 3S(Sex, Screen, Sports)는 바로 현실도피와 마취를 일으키는 대표적인 도구들이다. 다른 한편으로 대중문화는 자본주의적 가치관과 이데올로기를 은연 중에 대중들이 받아들이게 하는 적극적인 세뇌 작용을 한다. 영화나 드라마, 광고나 대중음악의 내용이 규격화되어 현재의 지배적인 가치관을 지속해서 주입함으로써, 대중은 현재의 문제를 인식하고 더 나은 상태로 생각할 수 있는 부정의 능력을 상실한 일차원적 인간으로 살아가게 된다는 것이다. 프랑크푸르트학파의 대표자 가운데 한 사람인 아도르노(Adorno)는 특별히 「대중음악에 대하여」라는 글에서 대중음악이 어떻게 이러한 기능을 수행하는지 분석했다. 그의 분석에 따르면, 대중음악은 우선 규격화되어 누구나 쉽고 익숙하게 들을 수 있는 특징을 가진다. 그리고 이런 익숙함은 어려움 없는 수동적인 청취를 조장하여 자본주의 안에서의 지루한 노동의 피난처 구실을 한다. 그리고 나아가 대중 음악의 소비자들이 기존 질서에 심리적으로 적응하게 함으로써 사회적 접착제의 역할을 한다.

① 대중문화의 영역은 지배계급이 헤게모니를 얻고자 하는 시도와 이에 대한 반대 움직임이 서로 얽혀 있는 곳으로 보아야 한다.

② 대중문화를 소비하는 대중이 문화 산물을 생산한 사람이 의도하는 그대로 문화 산물을 소비하는 존재에 불과하다는 생각은 현실과 맞지 않는다.

③ 발표되는 음악의 80%가 인기를 얻는 데 실패하고, 80% 이상의 영화가 엄청난 광고에도 불구하고 흥행에 실패한다는 사실은 대중이 단순히 수동적인 존재가 아니라는 것을 단적으로 드러내 보여주는 예이다.

④ 대중의 평균적 취향에 맞추어 높은 질을 유지하는 것이 어렵다 하더라도 19세기까지의 대중이 즐겼던 문화에 비하면 현대의 대중문화는 훨씬 수준 높고 진보된 것으로 평가할 수 있다.

⑤ 대중문화는 지배 이데올로기를 강요하는 지배문화로만 구성되는 것도 아니고, 이에 저항하여 자발적으로 발생한 저항문화로만 구성되는 것도 아니다.

06 다음 글의 내용에서 추론할 수 없는 것은?

초기의 독서는 소리 내어 읽는 음독 중심이었다. 고대 그리스인들은 쓰인 글이 완전해지려면 소리 내어 읽는 행위가 필요하다고 생각했다. 또한 초기의 두루마리 책은 띄어쓰기나 문장부호 없이 이어 쓰는 연속 기법으로 표기되어 어쩔 수 없이 독자가 자기 목소리로 문자의 뜻을 더듬어가며 읽어봐야 글을 이해할 수 있었다. 흡사 종교의식을 치르듯 성서나 경전을 진지하게 암송하는 낭독이나, 필자나 전문 낭독가가 낭독하는 것을 들음으로써 간접적으로 책을 읽는 낭독 – 듣기가 보편적이었다. 그러던 12세기 무렵 독서 역사에 큰 변화가 일어나는데, 그것은 유럽 수도원의 필경사들 사이에서 시작된 '소리를 내지 않고 읽는 묵독'의 발명이었다. 공동생활에서 소리를 최대한 낮춰 읽는 것이 불가피했던 것이다. 비슷한 시기에 두루마리 책을 완전히 대체하게 된 책자형 책은 주석을 참조하거나 앞부분을 다시 읽는 것을 가능하게 하여 묵독을 도왔다. 묵독이 시작되자 낱말의 간격이나 문장의 경계 등을 표시할 필요성이 생겨 띄어쓰기와 문장부호가 발달했다. 이와 함께 반체제, 에로티시즘, 신앙심 등 개인적 체험을 기록한 책도 점차 등장했다. 이러한 묵독은 꼼꼼히 읽는 분석적 읽기를 가능하게 했다.

음독과 묵독이 공존하던 18세기 중반에 새로운 독서 방식으로 다독이 등장했다. 금속활자와 인쇄술의 보급으로 책 생산이 이전의 3 ~ 4배로 증가하면서 다양한 장르의 책들이 출판되었다. 이전에 책을 접하지 못했던 여성들이 독자로 대거 유입되었고, 독서 조합과 대출 도서관 등 독서 기관이 급격히 증가했다. 이전 시대에는 제한된 목록의 고전을 여러 번 정독하는 집중형 독서가 주로 행해졌던 반면, 이제는 분산형 독서가 행해졌다. 이것은 필독서인 고전의 권위에 대항하여 자신이 읽고 싶은 것을 골라 읽는 자유로운 선택적 읽기를 뜻한다. 이처럼 오늘날 행해지는 다양한 독서 방식들은 장구한 시간의 흐름 속에서 하나씩 등장했다. 그래서 거기에는 당대의 지식사를 이끌었던 흔적들이 남아 있다.

① 다양한 내용의 책을 읽는 데에는 분산형 독서가 효과적이다.
② 분산형 독서는 고전이 전에 가졌던 권위를 약화시켰다.
③ 18세기 중반 이전에는 여성 독자의 수가 제한적이었다.
④ 책의 형태가 변화하면 독서의 방식도 따라서 변화한다.
⑤ 책자형 책의 출현으로 인해 낭독의 확산이 가능해졌다.

01   다음은 S센터의 2015 ~ 2023년 공연예술 행사 추이를 나타낸 자료이다. 이에 대한 설명으로 옳은 것은?

〈공연예술 행사 추이〉

(단위 : 건)

구분	2015년	2016년	2017년	2018년	2019년	2020년	2021년	2022년	2023년
양악	250	260	270	300	315	380	395	415	460
국악	68	110	100	113	135	145	180	187	238
무용	60	60	70	105	150	135	미집계	140	138
연극	60	45	55	70	140	117	130	195	180

① 이 기간 동안 매년 국악 공연 건수가 연극 공연 건수보다 많았다.

② 연극 공연 건수가 무용 공연 건수보다 많아진 것은 2022년부터였다.

③ 2015년 대비 2023년 공연 건수의 증가율이 가장 높은 장르는 국악이다.

④ 2022년에 비해 2023년에 공연 건수가 가장 많이 증가한 장르는 양악이다.

⑤ 이 기간 동안 매년 양악 공연 건수가 국악, 무용, 연극 공연 건수의 합보다 많았다.

02   다음은 S은행의 분기별 모바일 뱅킹 서비스 이용 실적에 대한 자료이다. 이에 대한 설명으로 옳지 않은 것은?

〈모바일 뱅킹 서비스 이용 실적〉

(단위 : 천 건, %)

구분	2023년				2024년
	1/4분기	2/4분기	3/4분기	4/4분기	1/4분기
조회 서비스	817	849	886	1,081	1,100
자금 이체 서비스	25	16	13	14	25
합계	842(18.6)	865(2.7)	899(3.9)	1,095(21.8)	1,125(2.7)

※ (   )는 전 분기 대비 증가율

① 조회 서비스 이용 실적은 매 분기 계속 증가하였다.

② 자금 이체 서비스 이용 실적은 2023년 2/4분기에 감소하였다가 다시 증가하였다.

③ 2023년 2/4분기의 조회 서비스 이용 실적은 전 분기보다 3만 2천 건 증가하였다.

④ 2024년 1/4분기의 조회 서비스 이용 실적은 자금 이체 서비스 이용 실적의 40배 이상이다.

⑤ 모바일 뱅킹 서비스 이용 실적의 전 분기 대비 증가율이 가장 높은 분기는 2023년 4/4분기이다.

03 다음은 한국, 미국, 일본, 프랑스가 화장품산업 경쟁력 4대 분야에서 획득한 점수에 대한 자료이다. 이에 대한 설명으로 옳은 것은?

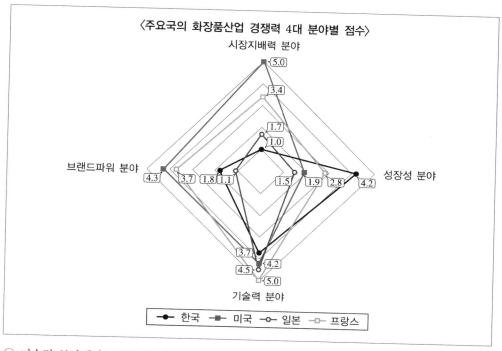

① 기술력 분야에서는 한국의 점수가 가장 높다.
② 시장지배력 분야의 점수는 일본이 프랑스보다 높지만 미국보다는 낮다.
③ 브랜드파워 분야에서 각국 점수 중 최댓값과 최솟값의 차이는 3 이하이다.
④ 성장성 분야에서 점수가 가장 높은 국가는 시장지배력 분야에서도 점수가 가장 높다.
⑤ 미국이 4대 분야에서 획득한 점수의 합은 프랑스가 4대 분야에서 획득한 점수의 합보다 높다.

04 아이스링크장에서 2종목의 경기가 열리고 있다. 참가자는 피겨 스케이팅 4명, 쇼트트랙 8명이다. 모든 경기가 토너먼트 방식으로 진행된다고 할 때, 두 경기의 가능한 대진표의 경우의 수의 합은?

① 100가지   ② 102가지

③ 108가지   ④ 115가지

⑤ 120가지

05 철수가 각각 1개의 주사위와 동전을 2번씩 던진다. 이때, 주사위의 눈의 합이 7이 나오면서 동전이 둘 다 앞면이 나올 확률은?

① $\dfrac{1}{20}$ ② $\dfrac{1}{22}$

③ $\dfrac{1}{24}$ ④ $\dfrac{1}{26}$

⑤ $\dfrac{1}{28}$

06 갑, 을, 병 3명에게 같은 양의 물건을 한 사람씩 똑같이 나누어 주면 각각 30일, 60일, 40일 동안 사용할 수 있다고 한다. 만약 세 사람에게 나누어 줄 물건의 양을 모두 합하여 세 사람이 함께 사용한다면, 세 사람이 함께 모든 물건을 사용하는 데 걸리는 시간은?

① 20일   ② 30일

③ 35일   ④ 40일

⑤ 45일

01 다음 제시된 도형의 규칙을 보고 ?에 들어갈 도형으로 가장 알맞은 것을 고르면?

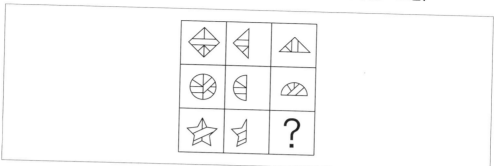

①

②

③

④

⑤

02 다음 도형들은 일정한 규칙으로 변화하고 있다. ?에 들어갈 도형으로 알맞은 것을 고르면?

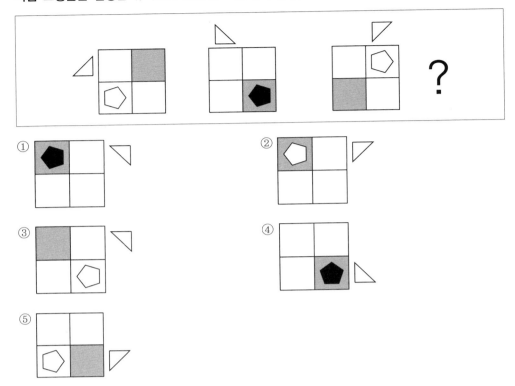

03 다음 기호들은 일정한 규칙에 따라 도형을 변화시킨다. 기호에 해당하는 규칙을 파악하여 ?에 들어
갈 알맞은 도형을 고르면?

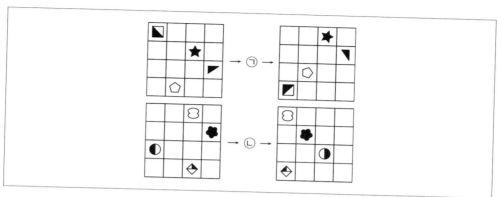

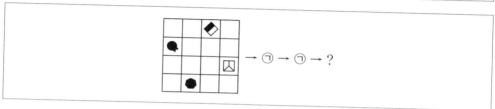

①

②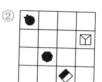

③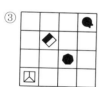

④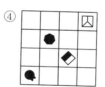

⑤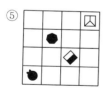

04 다음 도식의 기호들은 일정한 규칙에 따라 도형을 변화시킨다. 〈보기〉의 규칙을 찾고 ?에 들어갈 알맞은 도형을 고르면?(단, 주어진 조건 두 가지 이상일 때, 모두 일치해야 YES로 이동한다)

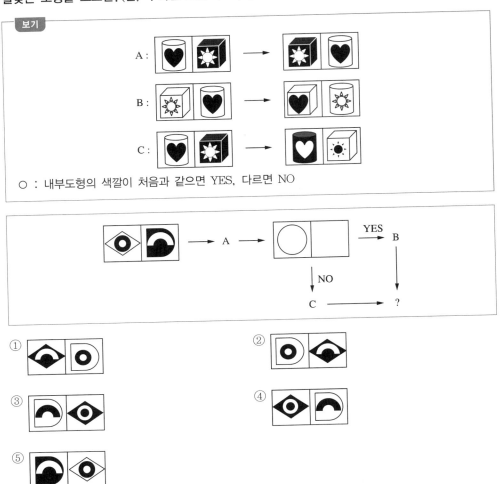

①

②

③

④

⑤

정답 및 해설 p.005

01 언어력

01 다음 글의 핵심 내용으로 가장 적절한 것은?

> 판소리는 한국의 서사무가의 서술원리와 구연방식을 빌려다가 흥미 있는 설화 자료를 각색해, 굿이 아닌 세속의 저잣거리에서 일반 사람들을 상대로 노래하면서 시작되었다. 호남지역에서 대대로 무당을 세습하던 세습 무당 집안에서는 여자 무당이 굿을 담당하고 남자 무당은 여자 무당을 도와 여러 가지 잡일을 했다. 당연히 굿을 해주고 받는 굿값의 분배도 여자 무당을 중심으로 이루어졌고, 힘든 잡일을 담당한 남자 무당은 몫이 훨씬 적었다. 남자 무당이 굿에 참여하고 그 몫의 돈을 받는 경우는 노래를 할 때뿐이었다. 따라서 세습 무당 집안에서 태어난 남자들은 노래를 잘하는 것이 잘 살 수 있는 길이었다. 남자들은 노래 공부를 열심히 했고, 이 과정에서 세습 무당 집안에서는 많은 명창을 배출하였다.
> 이러한 호남지역의 무속적 특징은 조선 후기 사회 변화와 관련을 맺으면서 판소리의 발생을 자극했다. 조선 후기로 갈수록 지역 마을마다 행하던 주민 공동행사인 마을굿이 제사형태로 바뀌었고, 이에 따라 무당이 참여하지 않는 마을굿이 늘어났다. 정부와 양반 지배층이 유교이념에 입각하여 지속적으로 무속을 탄압하는 정책을 펴왔던 탓이었다. 또한 합리적 사고의 발달에 따라 무속이 사회적 신임을 잃은 탓이기도 하였다.
> 호남지역의 세습 무당들은 개인의 질병을 치료하는 굿보다는 풍년이나 풍어를 기원하는 정기적인 마을굿을 하여 생계를 유지했다. 이러한 마을굿이 점차 사라지면서 그들은 생계를 위협받게 되었다. 한편 이 시기에는 상업이 발달하면서 상행위가 활발해졌고, 생활이 풍족해짐에 따라 백성들의 문화 욕구가 커지면서 예능이 상품으로 인정받았다. 이에 따라 춤과 소리 등의 예술과 곡예가 구경거리로 부상하였다. 세습 무당 집안 출신의 노래 잘하는 남자 무당들은 무속이라는 속박을 떨쳐 버리고 돈을 벌기 위하여 소리판을 벌이게 되었다. 이들의 소리가 많은 사람에게 환영을 받자 점차 전문 직업인으로서 명창이 등장하게 되었다. 대중적 인기가 자신의 명성과 소득에 직결되었으므로 이들은 대중이 좋아할 만한 내용을 담은 소리들을 발굴하고 개발하였다.

① 조선 후기 사회 변화는 유교 중심 체제의 쇠퇴와 민중 기반 무속신앙의 성장을 가져 왔다.
② 세습 무당 집안의 남자들이 상업적인 공연에 뛰어들면서 판소리 개발과 전파의 주축이 되었다.
③ 판소리의 발달은 무속신앙의 상업화와 함께 남자 무당들이 대거 성장하는 계기가 되었다.
④ 유교이념의 전파로 전통 무속신앙이 쇠퇴하면서 서사무가가 자취를 감추게 되었다.
⑤ 조선 후기에 전문 직업인으로서의 판소리 명창들이 대거 출현하면서 무속인들이 설자리를 잃었다.

02 다음 글의 주제로 가장 적절한 것은?

2023년 6월부터 민법과 행정 분야에서 나이를 따질 때 기존 계산하는 방식에 따라 1 ~ 2살까지 차이가 났던 우리나라 특유의 나이 계산법이 국제적으로 통용되는 '만 나이'로 일원화된다. 이는 태어난 해를 0살로 보고 정확하게 1년이 지날 때마다 한 살씩 더하는 방식을 말한다.

이에 대해 여론은 대체적으로 긍정적이나, 다만 일각에서는 모두에게 익숙한 관습을 벗어나 새로운 방식에 적응해야 한다는 점을 우려하고 있다. 특히 지금 받고 있는 행정서비스에 급격한 변화가 일어나 혹시라도 손해를 보거나 미리 따져봐야 할 부분이 있는 건 아닌지, 또 다른 혼선이 야기되는 건 아닌지 하는 것들이 이에 해당한다.

이처럼 국회가 법적 나이 규정을 만 나이로 정비한 이유는 한국의 나이 기준이 우리가 관습적으로 쓰는 '세는 나이'와 민법 등에서 법적으로 규정한 '만 나이', 일부 법령이 적용하고 있는 '연 나이' 등 세 가지로 되어있기 때문에 한 사람의 나이가 계산 방식에 따라 최대 2살이 달라져 이러한 '나이 불일치'로 각종 행정서비스 이용과 계약체결 과정에서 혼선과 법적 다툼이 발생했기 때문이다.

더군다나 법적 나이를 규정한 민법에서조차 표현상으로 만 나이와 일반 나이가 혼재되어 있어 문구를 통일해야 한다는 지적이 나왔다. 표현상 '만 ○○세'로 되어 있지 않아도 기본적으로 만 나이로 보는 게 관례이지만 법적 분쟁 발생 시 이는 다른 해석의 여지를 줄 수 있기 때문이다. 다른 법에서 특별히 나이의 기준을 따로 두지 않았다면 민법의 나이 규정을 따르도록 되어 있는데 실상은 민법의 규정도 명확하지 않았던 것이다.

정부는 내년부터 개정된 법이 시행되면 우선 그동안 문제로 지적됐던 법적·사회적 분쟁이 크게 줄어들 것으로 기대하고 있지만 국민 전체가 일상적으로 체감하는 변화는 크지 않을 것으로 보고 있다. 이번 법 개정의 취지 자체가 나이 계산법 혼용에 따른 분쟁을 해소하는 데 맞춰져 있고, 오랜 세월 확립된 나이에 대한 사회적 인식이 법 개정으로 단번에 바뀔 수 있는 건 아니기 때문이다. 또한 여야와 정부는 연 나이를 채택해 또래 집단과 동일한 기준을 적용하는 것이 오히려 혼선을 막을 수 있으며 법 집행의 효율성이 담보된다고 합의한 병역법, 청소년보호법, 민방위기본법 등 52개 법령에 대해서는 연 나이 규정 필요성이 크다면 굳이 만 나이 적용을 하지 않겠다고 밝혔다.

① 연 나이 계산법 유지의 필요성
② 우리나라 나이 계산법의 문제점
③ 기존 나이 계산법 개정의 필요성
④ 나이 계산법 혼용에 따른 분쟁 해소 방안
⑤ 나이 계산법의 변화로 달라지는 행정 서비스

※ 다음 중 글의 내용으로 가장 적절한 것을 고르시오. [3~5]

03

조선 후기의 대표적인 관료 선발 제도 개혁론인 유형원의 공거제 구상은 능력주의적, 결과주의적 인재 선발의 약점을 극복하려는 의도와 함께 신분적 세습의 문제점도 의식한 것이었다. 중국에서는 17세기 무렵 관료 선발에서 세습과 같은 봉건적인 요소를 부분적으로 재도입하려는 개혁론이 등장했다. 고염무는 관료제의 상층에는 능력주의적 제도를 유지하되, 지방관인 지현들은 어느 정도의 검증 기간을 거친 이후 그 지위를 평생 유지시켜 주고 세습의 길까지 열어 놓는 방안을 제안했다. 황종희는 지방의 관료가 자체적으로 관리를 초빙해서 시험한 후에 추천하는 '벽소'와 같은 옛 제도를 되살리는 방법으로 과거제를 보완하자고 주장했다.

이러한 개혁론은 갑작스럽게 등장한 것이 아니었다. 과거제를 시행했던 국가들에서는 수백 년에 걸쳐 과거제를 개선하라는 압력이 있었다. 시험 방식이 가져오는 부작용들은 과거제의 중요한 문제였다. 치열한 경쟁은 학문에 대한 깊이 있는 학습이 아니라 합격만을 목적으로 하는 형식적 학습을 하게 만들었고, 많은 인재들이 수험 생활에 장기간 매달리면서 재능을 낭비하는 현상도 낳았다. 또한 학습 능력 이외의 인성이나 실무 능력을 평가할 수 없다는 이유로 시험의 익명성에 대한 회의도 있었다.

과거제의 부작용에 대한 인식은 과거제를 통해 임용된 관리들의 활동에 대한 비판적 시각으로 연결되었다. 능력주의적 태도는 시험뿐 아니라 관리의 업무에 대한 평가에도 적용되었다. 세습적이지 않으면서 몇 년의 임기마다 다른 지역으로 이동하는 관리들은 승진을 위해서 빨리 성과를 낼 필요가 있었기에, 지역 사회를 위해 장기적인 전망을 가지고 정책을 추진하기보다 가시적이고 단기적인 결과만을 중시하는 부작용을 가져왔다. 개인적 동기가 공공성과 상충되는 현상이 나타났던 것이다. 공동체 의식의 약화 역시 과거제의 부정적 결과로 인식되었다. 과거제 출신의 관리들이 공동체에 대한 소속감이 낮고 출세 지향적이기 때문에 세습엘리트나 지역에서 천거된 관리에 비해 공동체에 대한 충성심이 약했던 것이다.

① 과거제 출신의 관리들은 공동체에 대한 소속감이 낮고 출세 지향적이었다.
② 고염무는 관료제의 상층에는 세습제를 실시하고, 지방관에게는 능력주의적 제도를 실시하자는 방안을 제안했다.
③ '벽소'는 과거제를 없애고자 등장한 새로운 제도이다.
④ 과거제는 학습 능력 이외의 인성이나 실무 능력까지 정확하게 평가할 수 있는 제도였다.
⑤ 과거제를 통해 임용된 관리들은 지역 사회를 위해 장기적인 전망을 가지고 정책을 추진하였다.

04

많은 것들이 글로 이루어진 세상에서 읽지 못한다는 것은 생활하는 데에 큰 불편함을 준다. 난독증이 바로 그 예이다. 난독증(Dyslexia)은 그리스어로 불충분, 미성숙을 뜻하는 접두어 dys에 말과 언어를 뜻하는 lexis가 합쳐져 만들어진 단어이다.

난독증은 지능에는 문제가 없으며, 단지 언어활동에만 문제가 있는 질환이다. 특히 영어권에서 많이 나타나는데, 이는 비교적 복잡한 발음체계 때문이다. 인구의 5 ～ 10% 정도가 난독증이 있으며, 피카소, 톰 크루즈, 아인슈타인 등이 난독증을 극복하고 자신의 분야에서 성공한 사례이다.

난독증은 단순히 읽지 못하는 것뿐만 아니라 여러 가지 증상으로 나타난다. 단어의 의미를 다른 것으로 바꾸어 해석하거나 글자를 섞어서 보는 경우가 그중 하나이다. 또한 문자열을 전체로는 처리하지 못하고 하나씩 취급하여 전체 문맥을 이해하지 못하기도 한다.

지금까지 난독증의 원인은 흔히 두뇌의 역기능이나 신경장애와 연관된 것이라고 여겨졌으며, 유전적인 원인이나 청각의 왜곡 등이 거론되기도 하였다. 우리나라에서는 실제 아동의 2 ～ 8% 정도가 난독증을 경험하는 것으로 알려져 있으며, 지능과 시각, 청각이 모두 정상임에도 경험하는 경우가 있다.

난독증을 유발하는 원인은 많지만 그중 하나는 바로 '얼렌 증후군'이다. 미국의 교육심리학자 얼렌(Helen L.Irlen)이 먼저 발견했다고 해서 붙여진 이름으로, 광과민 증후군으로도 알려져 있다. 이는 시신경 세포와 관련이 있는 난독증 유발 원인이다.

유전적인 원인으로 발생하는 경우가 많은 얼렌 증후군은 시신경 세포가 정상인보다 적거나 미성숙해서 망막으로 들어오는 정보를 뇌에 제대로 전달하지 못하는 질환이다. 이로 인해 집중력이 떨어지기 때문에 능률이 저하되며, 독서의 경우에는 속독이 어렵다.

얼렌 증후군의 경우, 사물이 흐릿해지면서 두세 개로 보이는 것과 같은 시각적 왜곡이 생기기 때문에 책을 보고 있으면 눈이 쉽게 충혈되고, 두통이나 어지러움증 등 신체에 다른 영향을 미치기도 한다. 그래서 얼렌 증후군 환자들은 어두운 곳에서 책을 보고 싶어 하는 경우가 많다.

얼렌 증후군의 치료를 위해서는 원인이 되는 색조합을 찾아서 얼렌필터 렌즈를 착용하는 것이 일반적이다. 특정 빛의 파장을 걸러주면서 이 질환을 교정하는 것이다. 얼렌 증후군은 교정이 된 후에 글씨가 뚜렷하게 보여 읽기가 편해지고, 난독증이 어느 정도 치유되기 때문에 증상을 보이면 안과를 찾아 정확한 검사를 받는 것이 중요하다.

① 난독증은 주로 지능에 문제가 있는 사람들에게서 나타난다.
② 단순히 전체 문맥을 이해하지 못하는 것은 난독증에 해당하지 않는다.
③ 시각과 청각이 모두 정상이라면 난독증을 경험하지 않는다.
④ 시신경 세포가 적어서 생기는 난독증의 경우 환경의 요인을 많이 받는다.
⑤ 얼렌 증후군 환자들은 밝은 곳에서 난독증을 호소하는 경우가 더 많다.

05

정치 갈등의 중심에는 불평등과 재분배의 문제가 자리하고 있다. 이 문제로 좌파와 우파는 오랫동안 대립해 왔다. 두 진영이 협력하여 공동의 목표를 이루려면 두 진영이 일치하지 않는 지점을 찾아 이 지점을 올바르고 정확하게 분석해야 한다. 바로 이것이 우리가 논증하고자 하는 바이다.

우파는 시장 원리, 개인 주도성, 효율성이 장기 관점에서 소득 수준과 생활환경을 실제로 개선할 수 있다고 주장한다. 따라서 정부 개입을 통한 재분배는 그 규모가 크지 않아야 한다. 이 점에서 이들은 선순환 메커니즘을 되도록 방해하지 않는 원천징수나 근로장려세 같은 조세 제도만을 사용해야 한다고 주장한다.

반면, 19세기 사회주의 이론과 노동조합 운동을 이어받은 좌파는 사회 및 정치 투쟁이 극빈자의 불행을 덜어주는 더 좋은 방법이라고 주장한다. 이들은 불평등을 누그러뜨리고 재분배를 이루려면 우파가 주장하는 조세 제도만으로는 부족하고, 생산수단을 공유화하거나 노동자의 급여 수준을 강제하는 등 보다 강력한 정부 개입이 있어야 한다고 주장한다. 정부의 개입이 생산 과정의 중심에까지 영향을 미쳐야 시장원리의 실패와 이 때문에 생긴 불평등을 해소할 수 있다는 것이다.

좌파와 우파의 대립은 두 진영이 사회정의를 바라보는 시각이 다른 데서 비롯된 것이 아니다. 오히려 불평등이 왜 생겨났으며 그것을 어떻게 해소할 것인가를 다루는 사회경제 이론이 다른 데서 비롯되었다. 사실 좌우 진영은 이미 사회정의의 몇 가지 기본 원칙에 합의했다.

행운으로 얻었거나 가족에게 물려받은 재산의 불평등은 개인이 통제할 수 없다. 개인이 통제할 수 없는 요인 때문에 생겨난 불평등을 그런 재산의 수혜자에게 책임을 지우는 것은 옳지 않다. 이 점에서 행운과 상속의 혜택을 받은 이들에게 이런 불평등 문제를 해결하라고 요구하는 것은 바람직하지 않다. 혜택 받지 못한 이들, 즉 매우 불리한 형편에 부닥친 이들의 처지를 개선하려고 애써야 할 당사자는 당연히 국가이다. 정의로운 국가라면 국가가 사회 구성원 모두 평등권을 되도록 폭넓게 누리도록 보장해야 한다는 정의의 원칙은 좌파와 우파 모두에게 널리 받아들여진 생각이다.

불리한 형편에 놓인 이들의 삶을 덜 나쁘게 하고 불평등을 누그러뜨려야 하는 국가의 목표를 이루는 데 두 진영이 협력하는 첫걸음이 무엇인지는 이제 거의 분명해졌다.

① 사회정의를 위한 기본 원칙에 대해 좌파와 우파는 합의하지 않는다.
② 상속으로 생겨난 재산의 불평등 문제는 상속의 혜택을 받은 이들이 해결해야 한다.
③ 우파는 불평등과 재분배의 문제에 정부의 강력한 개입이 필요하다고 주장한다.
④ 사회정의를 바라보는 시각이 다른 데서 좌파와 우파의 대립이 비롯되었다.
⑤ 좌우 진영은 모두 국가가 사회 구성원 모두의 평등권을 보장해야 한다는 데 동의한다.

06 다음 중 '반(反)본질주의'의 견해로 볼 수 있는 것은?

흔히 어떤 대상이 반드시 가져야만 하고 그것을 다른 대상과 구분해 주는 속성을 본질이라고 한다. X의 본질이 무엇인지 알고 싶으면 X에 대한 필요 충분한 속성을 찾으면 된다. 다시 말해서 모든 X에 대해 그리고 오직 X에 대해서만 해당하는 것을 찾으면 된다. 예컨대 모든 까투리가 그리고 오직 까투리만이 꿩이면서 동시에 암컷이므로, '암컷인 꿩'은 까투리의 본질이라고 생각된다. 그러나 암컷인 꿩은 애초부터 까투리의 정의라고 우리가 규정한 것이므로 그것을 본질이라고 말하기에는 허망하다. 다시 말해서 본질은 따로 존재하여 우리가 발견한 것이 아니라 까투리라는 낱말을 만들면서 사후적으로 구성된 것이다.

서로 다른 개체를 동일한 종류의 것으로 판단하고 의사소통에 성공하기 위해서는 개체들이 공유하는 무엇인가가 필요하다. 본질주의는 그것이 우리와 무관하게 개체 내에 본질로서 존재한다고 주장한다. 반면에 반(反)본질주의는 그런 본질이란 없으며, 인간이 정한 언어 약정이 본질주의에서 말하는 본질의 역할을 충분히 달성할 수 있다고 주장한다. 이른바 본질은 우리가 관습적으로 부여하는 의미를 표현한 것에 불과하다는 것이다.

'본질'이 존재론적 개념이라면 거기에 언어적으로 상관하는 것은 '정의'이다. 그런데 어떤 대상에 대해서 약정적이지 않으면서 완벽하고 정확한 정의를 내리기 어렵다는 사실은 반본질주의의 주장에 힘을 실어 준다. 사람을 예로 들어 보자. 이성적 동물은 사람에 대한 정의로 널리 알려졌다. 그러면 이성적이지 않은 갓난아이를 사람의 본질에 반례로 제시할 수 있다. 이번에는 '사람은 사회적 동물이다.'라고 정의를 제시할 수도 있다. 그러나 사회를 이루고 산다고 해서 모두 사람인 것은 아니다. 개미나 벌도 사회를 이루고 살지만 사람은 아니다.

서양의 철학사는 본질을 찾는 과정이라고 말할 수 있다. 본질주의는 사람뿐만 아니라 자유나 지식 등의 본질을 찾는 시도를 계속해 왔지만, 대부분의 경우 아직 본질적인 것을 명확히 찾는 데 성공하지 못했다. 그래서 숨겨진 본질을 밝히려는 철학적 탐구는 실제로는 부질없는 일이라고 반본질주의로부터 비판을 받는다. 우리가 본질을 명확히 찾지 못하는 까닭은 우리의 무지 때문이 아니라 그런 본질이 있다는 잘못된 가정에서 출발했기 때문이라는 것이다. 사물의 본질이라는 것은 단지 인간의 가치가 투영된 것에 지나지 않는다는 것이 반본질주의의 주장이다.

① 어떤 대상이라도 그 개념을 언어로 약정할 수 없다.
② 개체의 본질은 인식 여부와 상관없이 개체에 내재하고 있다.
③ 어떤 대상이든지 다른 대상과 구분되는 불변의 고유성이 있다.
④ 어떤 대상에 의미가 부여됨으로써 그 대상은 다른 대상과 구분된다.
⑤ 같은 종류에 속하는 개체들이 공유하는 속성은 객관적으로 실재한다.

07

파리기후변화협약은 2020년 만료 예정인 교토의정서를 대체하여 2021년부터의 기후변화 대응을 담은 국제협약으로, 2015년 12월 프랑스 파리에서 열린 제21차 유엔기후변화협약(UNFCCC) 당사국총회(COP21)에서 채택되었다.

파리기후변화협약에서는 산업화 이전 대비 지구의 평균기온 상승을 2℃보다 상당히 낮은 수준으로 유지하고, 1.5℃ 이하로 제한하기 위한 노력을 추구하기로 하였다. 또 국가별 온실가스 감축량은 각국이 제출한 자발적 감축 목표를 인정하되, 5년마다 상향된 목표를 제출하도록 하였다. 차별적인 책임 원칙에 따라 선진국의 감축 목표 유형은 절대량 방식을 유지하며, 개발도상국은 자국 여건을 고려해 절대량 방식과 배출 전망치 대비 방식 중 채택하도록 하였다. 미국은 2030년까지 온실가스 배출량을 2005년 대비 26 ~ 65%까지 감축하겠다고 약속했고, 우리나라도 2030년 배출 전망치 대비 37%를 줄이겠다는 내용의 감축 목표를 제출했다. 이 밖에도 온실가스 배출량을 꾸준히 감소시켜 21세기 후반에는 이산화탄소의 순 배출량을 0으로 만든다는 내용에 합의하고, 선진국들은 2020년부터 개발도상국 등의 기후변화 대처를 돕는 데 매년 최소 1,000억 달러(약 118조 원)를 지원하기로 했다.

파리기후변화협약은 사실상 거의 모든 국가가 이 협약에 서명했을 뿐 아니라 환경 보존에 대한 의무를 전 세계의 국가들이 함께 부담하도록 하였다. 즉, 온실가스 감축 의무가 선진국에만 있었던 교토의정서와 달리 195개의 당사국 모두에게 구속력 있는 보편적인 첫 기후 합의인 것이다.

그런데 2017년 6월, 미국의 트럼프 대통령은 환경 보호를 위한 미국의 부담을 언급하며 파리기후변화협약 탈퇴를 유엔에 공식 통보하였다. 그러나 발효된 협약은 3년간 탈퇴를 금지하고 있어 2019년 11월 3일까지는 탈퇴 통보가 불가능하였다. 이에 따라 미국은 다음날인 11월 4일 유엔에 협약 탈퇴를 통보했으며, 통보일로부터 1년이 지난 뒤인 2020년 11월 4일 파리기후변화협약에서 공식 탈퇴했다. 서명국 중에서 탈퇴한 국가는 미국이 유일하다.

① 교토의정서는 2020년 12월에 만료된다.
② 파리기후변화협약은 2015년 12월 3일 발효되었다.
③ 파리기후변화협약에서 우리나라는 개발도상국에 해당한다.
④ 현재 미국을 제외한 194개국이 파리기후변화협약에 합의한 상태이다.
⑤ 파리기후변화협약에 따라 선진국과 개발도상국 모두에게 온실가스 감축 의무가 발생하였다.

08

정치 철학자로 알려진 아렌트 여사는 우리가 보통 '일'이라 부르는 활동을 '작업(作業, Work)'과 '고역(苦役, Labor)'으로 구분한다. 이 두 가지 모두 인간의 노력, 땀과 인내를 수반하는 활동이며, 어떤 결과를 목적으로 하는 활동이다. 그러나 전자가 자의적인 활동인 데 반해서 후자는 타의에 의해 강요된 활동이다. 전자의 활동을 창조적이라 한다면 후자의 활동은 기계적이다. 창조적 활동의 목적이 작품 창작에 있다면, 후자의 활동 목적은 상품 생산에만 있다.

전자, 즉 '작업'이 인간적으로 수용될 수 있는 물리적 혹은 정신적 조건하에서 이루어지는 '일'이라면 '고역'은 그 정반대의 조건에서 행해진 '일'이라는 것이다.

인간은 언제 어느 곳에서든지 '일'이라고 불리는 활동에 땀을 흘리며 노력해 왔고, 현재도 그렇고, 아마도 앞으로도 영원히 그럴 것이다. 구체적으로 어떤 종류의 일이 '작업'으로 불릴 수 있고 어떤 일이 '고역'으로 분류될 수 있느냐는 그리 쉬운 문제가 아니다. 그러나 일을 작업과 고역으로 구별하고 그것들을 위와 같이 정의할 때 노동으로서 일의 가치는 부정되어야 하지만 작업으로서 일은 전통적으로 종교 혹은 철학을 통해서 모든 사회가 늘 강조해 온 대로 오히려 찬미되고, 격려되며 인간으로부터 빼앗아 가서는 안 될 귀중한 가치라고 봐야 한다.

··· (중략) ···

'작업'으로서의 일의 내재적 가치와 존엄성은 이런 뜻으로서 일과 인간의 인간됨과 뗄 수 없는 필연적 관계를 갖고 있다는 사실에서 생긴다. 분명히 일은 노력과 아픔을 필요로 하고, 생존을 위해 물질적으로는 물론 정신적으로도 풍요한 생활을 위한 도구적 기능을 담당한다.

땀을 흘리고 적지 않은 고통을 치러야만 하는 정말 일로서의 일, 즉 작업은 그것이 어떤 것이든 간에 언제나 엄숙하고 거룩하고 귀해 보인다. 땀을 흘리며 대리석을 깎는 조각가에게서, 밤늦게까지 책상 앞에 앉아 창작에 열중하는 작가에게서, 무더운 공장에서 쇠를 깎는 선반공에게서, 땡볕에 지게질을 하고 밭을 가는 농부에게서 다 똑같이 흐뭇함과 거룩함을 발견하며 그래서 머리가 숙여진다.

그러나 앞서 봤듯이 모든 일이 '작업'으로서의 일은 아니다. 어떤 일은 부정적인 뜻으로서의 '고역'이기도 하다. 회초리를 맞으며 노예선을 젓는 노예들의 피땀 묻은 활동은 인간의 존엄성을 높이기는커녕 그들을 짓밟은 '고역'이다. 위생적으로나 육체적으로 견디기 어려운 조건하에 타당치 않게 박한 보수를 받고 무리한 노동을 팔아야만 하는 일은 마땅히 없어져야 할 고역이다.

작업으로서의 일과 고역으로서의 일의 구별은 단순히 지적 노고와 육체적 노고의 차이에 의해서 결정되지 않는다. 한 학자가 하는 지적인 일도 경우에 따라 고역의 가장 나쁜 예가 될 수 있다. 반대로 육체적으로 극히 어려운 일도 경우에 따라 작업의 가장 좋은 예가 될 수 있다. 작업으로서의 일과 고역으로서의 일을 구별하는 근본적 기준은 그것이 인간의 존엄성을 높이는 것이냐, 아니면 타락시키는 것이냐에 있다.

– 박이문, 「일」

① 작업과 고역은 생산 활동이라는 목적을 지닌 노동이다.
② 작업은 자의적 노동이고, 고역은 타의적 노동이다.
③ 작업은 창조적 노동이고, 고역은 기계적 노동이다.
④ 작업은 인간의 존엄성을 높이고, 고역은 인간의 존엄성을 타락시킨다.
⑤ 작업은 지적 노동이고, 고역은 육체적 노동이다.

09 다음 중 '스마트미터'에 대한 내용으로 적절하지 않은 것은?

스마트미터는 소비자가 사용한 전력량만을 일방적으로 보고하는 게 아니라, 발전사로부터 전력 공급 현황을 받을 수 있는 양방향 통신, AMI로 나아간다. 때문에 부가적인 설비를 더하지 않고 소프트웨어 설치만으로 통신이 가능한 집안의 각종 전자기기를 제어하는 기능까지 더할 수 있어 에너지를 더욱 효율적으로 관리하게 해주는 전력 시스템이기도 하다.

스마트미터는 신재생에너지가 보급되기 위해 필요한 스마트그리드의 기초가 되는 부분으로 그 시작은 자원 고갈에 대한 걱정과 환경 보호 협약 때문이었다. 하지만 스마트미터가 촉구되었던 더 큰 이유는 안정적으로 전기를 이용할 수 있느냐 하는 두려움 때문이었다.

21세기가 되었어도 천재지변으로 인한 시설 훼손이나, 전력 과부하로 인한 블랙아웃 등은 선진국에서도 어쩔 도리가 없었다. 태풍과 홍수, 산사태 등으로 막대한 피해를 보았던 2000년대 초반 미국을 기점으로, 전력 정보의 신뢰도를 위해 스마트미터 산업은 크게 주목받기 시작했다. 대중은 비상시 전력 보급 현황을 알기 원했고, 미 정부는 전력 사용 현황을 파악함은 물론, 소비자의 전력 사용량을 제공해서 스스로 전력 사용을 줄이길 바랐다.

스마트미터는 기존의 전력 계량기를 교체해야 하는 수고와 비용이 들지만, 실시간으로 에너지 사용량을 알 수 있기 때문에 이용하는 순간부터 공급자인 발전사와 소비자 모두가 전력 정보를 편이하게 접할 수 있는 데에서 그치지 않고, 효율적으로 관리가 가능해진다.

앞으로는 소비처로부터 멀리 떨어진 대규모 발전 시설에서 생산하는 전기뿐만 아니라, 스마트 그린 시티에 설치된 발전설비를 통한 소량의 전기들까지의 전기 가격을 하나의 정보로 규합하여 소비자는 필요에 맞게 전기를 소비할 수 있게 된다. 또한 소형 설비로 생산하거나, 에너지 저장 시스템에 사용하다 남은 소량의 전기는 전력 시장에 역으로 제공해 보상을 받을 수도 있게 된다.

미래 에너지는 신재생에너지로의 완전한 전환이 중요하지만, 산업체는 물론 개개인이 에너지를 절약하는 것 또한 중요하다. 앞서 미국이 의도했던 것처럼, 스마트미터를 보급하면 일상에서 쉽게 에너지 운용을 파악할 수 있게 되고, 에너지 절약을 습관화하는 데 도움이 될 것이다.

① 소비자가 사용한 전력량뿐만 아니라 발전사로부터 공급 현황도 받을 수 있다.
② 에너지 공급자와 사용자를 양방향 통신으로 연결해 정보제공 역할을 한다.
③ 스마트미터는 자원 고갈과 환경보호를 대체할 수 있는 발전효율이 높은 신재생에너지이다.
④ 소비자 개개인의 에너지 절약도 중요하며, 스마트미터는 에너지 절약의 습관화에 도움을 준다.
⑤ 공급자로부터 받은 전력 사용량을 바탕으로 소비자 스스로 전력 사용을 제어할 수 있다.

10 다음 글에 대한 반론으로 가장 적절한 것은?

> 사회복지는 소외 문제를 해결하고 예방하기 위하여, 사회 구성원들이 각자의 사회적 기능을 원활하게 수행하게 하고, 삶의 질을 향상시키는 데 필요한 제반 서비스를 제공하는 행위와 그 과정을 의미한다. 현대 사회가 발전함에 따라 계층간·세대간의 갈등 심화, 노령화와 가족 해체, 정보 격차에 의한 불평등 등의 사회 문제가 다각적으로 생겨나고 있는데, 이들 문제는 때로 사회 해체를 우려할 정도로 심각한 양상을 띠기도 한다. 이러한 문제의 기저에는 경제 성장과 사회 분화 과정에서 나타나는 불평등과 불균형이 있으며, 이런 점에서 사회 문제는 대부분 소외 문제와 관련되어 있음을 알 수 있다.
>
> 사회복지 찬성론자들은 이러한 문제들의 근원에 자유 시장 경제의 불완전성이 있으며, 이러한 사회적 병리 현상을 해결하기 위해서는 국가의 역할이 더 강화되어야 한다고 주장한다. 예컨대 구조 조정으로 인해 대량의 실업 사태가 생겨나는 경우를 생각해 볼 수 있다. 이 과정에서 생겨난 희생자들을 방치하게 되면 사회 통합은 물론 지속적 경제 성장에 막대한 지장을 초래할 것이다. 따라서 사회가 공동의 노력으로 이들을 구제할 수 있는 안전망을 만들어야 하며, 여기서 국가의 주도적 역할은 필수적이라 할 것이다. 현대 사회에 들어와 소외 문제가 사회 전 영역으로 확대되고 있는 상황을 감안할 때, 국가와 사회가 주도하여 사회복지 제도를 체계적으로 수립하고 그 범위를 확대해 나가야 한다는 이들의 주장은 충분한 설득력을 갖는다.

① 사회복지는 소외 문제 해결을 통해 구성원들의 사회적 기능 수행을 원활하게 한다.
② 사회복지는 제공 행위뿐만 아니라 과정까지를 의미한다.
③ 사회 복지의 확대는 근로 의욕의 상실과 도덕적 해이를 불러일으킬 수 있다.
④ 사회가 발전함에 따라 불균형이 심해지고 있다.
⑤ 사회 병리 현상 과정에서 생겨나는 희생자들을 그대로 두면 악영향을 불러일으킬 수 있다.

11 다음 글을 읽고 추론할 수 있는 내용으로 가장 적절한 것은?

조건화된 환경의 영향을 중시하는 스키너와 같은 행동주의와는 달리, 로렌츠는 동물 행동의 가장 중요한 특성들은 타고나는 것이라고 보았다. 인간을 진화의 과정을 거친 동물의 하나로 보는 그는 공격성은 동물의 가장 기본적인 본능의 하나이기에, 인간에게도 자신의 종족을 향해 공격적인 행동을 하는 생득적인 충동이 있다는 것이다. 진화의 과정에서 가장 단합된 형태로 공격성을 띤 종족이 생존에 유리했으며, 이것이 인간이 호전성에 대한 열광을 갖게 된 이유라고 로렌츠는 설명한다. 로렌츠의 관찰에 따르면 치명적인 발톱이나 이빨을 가진 동물들이 같은 종의 구성원을 죽이는 경우는 드물다. 이는 중무장한 동물의 경우 그들의 자체 생존을 위해서는 자기 종에 대한 공격을 제어할 억제 메커니즘이 필요했고, 그것이 진화의 과정에 반영되었기 때문이라고 로렌츠는 설명한다. 그에 비해서 인간을 비롯한 신체적으로 미약한 힘을 지닌 동물들은, 자신의 힘만으로 자기 종을 죽인다는 것이 매우 어려운 일이었기 때문에, 이들의 경우 억제 메커니즘에 대한 진화론적인 요구가 없었다는 것이다. 그런데 기술이 발달함에 따라 인간은 살상 능력을 지니게 되었고, 억제 메커니즘을 지니지 못한 인간에게 내재된 공격성은 자기 종을 살육할 수 있는 상황에 이르게 된 것이다.

그렇다면 인간에 내재된 공격성을 제거하면 되지 않을까? 이 점에 대해서 로렌츠는 회의적이다. 우선 인간의 공격적인 본능은 긍정적인 측면과 부정적인 측면을 모두 포함해서 오늘날 인류를 있게 한 중요한 요소 중의 하나이기에 이를 제거한다는 것이 인류에게 어떤 영향을 끼칠지 알 수 없으며, 또 공격성을 최대한 억제시킨다고 해도 공격성의 본능은 여전히 배출구를 찾으려고 하기 때문이다.

① 늑대 등은 진화 과정에 반영된 공격 억제 메커니즘을 통해 자기 종에 대한 공격을 억제할 수 있다.
② 인간은 본능적인 공격성을 갖고 있지만, 학습을 통해 공격성을 억제한다.
③ 인간은 동물에 비해 지능이 뛰어나기 때문에 같은 종의 구성원을 공격하지 않는다.
④ 인간의 공격적인 본능을 억제해야 하는 이유는 부정적인 측면이 더 크기 때문이다.
⑤ 인간은 환경의 요구에 따라 같은 종의 구성원을 공격할 수 있도록 진화하였다.

12 다음 글을 읽고 추론할 수 있는 내용으로 적절하지 않은 것은?

과학자들은 알코올이 뇌에 흡수됐을 때에도 유사한 상황이 전개된다고 보고 있다. 알코올이 뇌의 보상중추 안의 신경세포를 자극해 신경전달물질인 도파민을 분출하게 한다는 것. 도파민은 보상을 담당하고 있는 화학 물질이다. 이 '기쁨의 화학 물질'은 술을 마시고 있는 사람의 뇌에 지금 보상을 받고 있다는 신호를 보내 음주 행위를 계속하도록 만든다. 이 신호가 직접 전달되는 곳은 뇌의 보상중추 인 복측 피개영역(VTA: Ventral Tefmental Area)이다. 과학자들은 VTA에 도파민이 도달하면 신경 세포 활동이 급격히 증가하면서 활발해지는 것을 발견했다. 그러나 도파민이 '어떤 경로'를 거쳐 VTA에 도달하는지는 아직 밝혀내지 못하고 있었다. 이 경로를 일리노이대 후성유전학 알코올 연구센터에서 밝혀냈다. 연구팀은 쥐 실험을 통해 VTA에 있는 칼륨채널과 같은 기능이 작동하는 것을 알아냈다. 칼륨채널이란 세포막에 있으면서 칼륨이온을 선택적으로 통과시키는 일을 하고 있는 것으로 생각되고 있는 경로를 말한다. 연구 결과에 따르면 뇌에 들어간 알코올 성분이 'KNOCK13'이란 명칭이 붙여진 이 채널에 도달해 도파민 분비를 촉진하도록 압박을 가하는 것으로 밝혀졌다. 일리노이 의과대학의 마크 브로디 교수는 "알코올에 의해 강하게 압력을 받은 'KCNK13채널'이 신경세포들로 하여금 더 많은 도파민을 분비하도록 촉진하는 일을 하고 있었다."며 "이 활동을 차단할 수 있다면 폭음을 막을 수 있을 것"이라고 말했다. 일리노이대 연구팀은 이번 연구를 위해 'KCNK13 채널'의 크기와 활동량을 보통 쥐보다 15% 축소한 쥐를 유전자 복제했다. 그리고 알코올을 제공한 결과 보통의 쥐보다 30%나 더 많은 양의 알코올을 폭음하기 시작했다. 브로디 교수는 "이 동물 실험을 통해 'KCNK13 채널'의 활동량이 작은 쥐일수록 도파민 분비로 인한 더 많은 보상을 획득하기 위해 더 많은 알코올을 원하고 있다는 사실을 확인할 수 있었다."라고 말했다.

① 뇌는 알코올을 보상으로 인식한다.
② KCNK13채널의 크기와 활동량을 15% 축소하면 쥐가 더 많은 알코올을 폭음한다.
③ 일리노이대에서 밝혀내기 이전에는 도파민이 VTA에 도달하는 경로를 알지 못했다.
④ VTA에 도파민이 도달하면 음주 행위를 계속할 가능성이 높다.
⑤ KCNK13채널이 도파민을 촉진하는 활동을 차단할 수 있는 약을 개발하였다.

01 다음은 A시즌 K리그 주요 구단의 공격력을 분석한 자료이다. 이에 대한 설명으로 가장 적절한 것은?

〈A시즌 K리그 주요 구단 공격력 통계〉

(단위 : 개)

구단	경기	슈팅	유효슈팅	골	경기당 평균 슈팅	경기당 평균 유효슈팅
울산	6	90	60	18	15	10
전북	6	108	72	27	18	12
상주	6	78	30	12	13	5
포항	6	72	48	9	12	8
대구	6	84	42	12	14	7
서울	6	42	18	10	7	3
성남	6	60	36	12	10	6

① 상위 3개 구단의 슈팅과 유효슈팅 개수는 같다.

② 경기당 평균 슈팅 개수가 가장 많은 구단과 가장 적은 구단의 차이는 경기당 평균 유효슈팅 개수가 가장 많은 구단과 가장 적은 구단의 차이보다 작다.

③ 골의 개수가 적은 하위 두 팀의 골 개수의 합은 전체 골 개수의 15% 이하이다.

④ 유효슈팅 대비 골의 비율은 상주가 울산보다 높다.

⑤ 전북과 성남의 슈팅 대비 골의 비율의 차이는 10%p 이상이다.

02 다음은 두 국가의 월별 이민자 수에 대한 자료이다. 이에 대한 설명으로 옳은 것은?

〈A, B국의 이민자 수 추이〉

(단위 : 명)

년 / 월 \ 국가	A국	B국
2022년 12월	3,400	2,600
2023년 1월	3,800	2,800
2023년 2월	4,000	2,800

① 2022년 12월 B국 이민자 수는 A국 이민자 수의 75% 미만이다.

② 2023년 1월 A국과 B국 이민자 수의 차이는 A국 이민자 수의 33% 이상이다.

③ 2023년 2월 A국 이민자 수는 A, B국의 이민자 수의 평균보다 800명 더 많다.

④ A국 이민자 수에 대한 B국 이민자 수의 비는 2022년 12월이 가장 크다.

⑤ 월별 이민자 수 차이는 2022년 12월이 가장 크다.

03 다음은 5가지 커피에 대한 소비자 선호도 조사를 정리한 자료이다. 조사는 541명의 동일한 소비자를 대상으로 1차와 2차 구매를 통해 이루어졌다. 이에 대한 〈보기〉의 설명 중 옳은 것을 모두 고르면?

〈커피에 대한 소비자 선호도 조사〉

(단위 : 명)

1차 구매	2차 구매					합계
	A	B	C	D	E	
A	93	17	44	7	10	171
B	9	46	11	0	9	75
C	17	11	155	9	12	204
D	6	4	9	15	2	36
E	10	4	12	2	27	55
합계	135	82	231	33	60	541

보기

ㄱ. 대부분의 소비자들이 취향에 맞는 커피를 꾸준히 선택하고 있다.
ㄴ. 1차에서 A를 구매한 소비자가 2차 구매에서 C를 구입하는 경우가 그 반대의 경우보다 더 적다.
ㄷ. 전체적으로 C를 구입하는 소비자가 제일 많다.

① ㄱ
② ㄴ, ㄷ
③ ㄷ
④ ㄱ, ㄷ
⑤ ㄱ, ㄴ, ㄷ

04 다음은 A, B, C학과의 입학 및 졸업자 인원 현황에 대한 자료이다. 빈칸에 들어갈 값으로 가장 적절한 것은?(단, 각 수치는 매년 일정한 규칙으로 변화한다)

〈학과별 입학 및 졸업자 추이〉

(단위 : 명)

구분	A학과		B학과		C학과	
	입학	졸업	입학	졸업	입학	졸업
2019년	70	57	63	50	52	39
2020년	79	66	65	52	56	43
2021년	90	77	58		60	47
2022년	85	72	60	47	50	37
2023년	95	82	62	49	53	40

① 37
② 45
③ 46
④ 47
⑤ 49

05 반도체 부품 회사에서 근무하는 S사원은 월별 매출 현황에 대한 보고서를 작성 중이었다. 그런데 실수로 파일이 삭제되어 기억나는 매출액만 다시 작성하였다. S사원이 기억하는 월평균 매출액은 35억 원이고, 상반기의 월평균 매출액은 26억 원이었다. 다음 중 남아 있는 매출 현황을 통해 상반기 평균 매출 대비 하반기 평균 매출의 증감액을 바르게 구하면?

〈월별 매출 현황〉

(단위 : 억 원)

1월	2월	3월	4월	5월	6월	7월	8월	9월	10월	11월	12월	평균
	10	18	36				35	20	19			35

① 12억 원 증가

② 12억 원 감소

③ 18억 원 증가

④ 18억 원 감소

⑤ 20억 원 증가

06 연도별 1분기 S국립공원 방문객 수가 다음과 같을 때, 2023년 1분기 S국립공원 방문객 수와 방문객 수 비율을 바르게 짝지은 것은?(단, 방문객 수는 천의 자리 수에서 반올림하고 방문객 수 비율은 소수점 이하는 버림하며, 증감률은 소수점 둘째 자리에서 반올림한다)

〈연도별 1분기 S국립공원 방문객 수〉

구분	방문객 수(명)	방문객 수 비율	증감률(%)
2019년	1,580,000	90	－
2020년	1,680,000	96	6.3
2021년	1,750,000	100	4.2
2022년	1,810,000	103	3.4
2023년			−2.8

※ 방문객 수 비율은 2021년을 100으로 함

	방문객 수	방문객 수 비율
①	1,760,000명	103
②	1,760,000명	101
③	1,760,000명	100
④	1,780,000명	101
⑤	1,780,000명	100

07 다음은 1인 1일 이메일과 휴대전화 스팸 수신량을 나타낸 자료이다. 이에 대한 설명으로 옳은 것은?

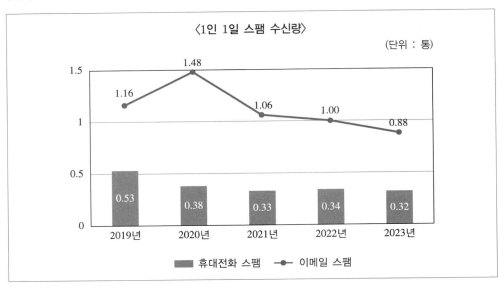

〈1인 1일 스팸 수신량〉

(단위 : 통)

① 2021년부터 2023년까지 휴대전화 스팸 수신량과 이메일 스팸 수신량 증감 추이는 같다.
② 전년 대비 2022년도 휴대전화 스팸 증가량과 2021년 대비 2023년도 휴대전화 스팸 감소량은 같다.
③ 전년 대비 2021년 이메일 스팸 감소율은 전년 대비 2022년 감소율의 4배 이하이다.
④ 이메일 스팸 수신량이 가장 많은 해는 2020년이고, 휴대전화 스팸 수신량이 가장 적은 해는 2022년이다.
⑤ 이메일 스팸 수신량은 같은 해의 휴대전화 스팸 수신량보다 항상 2.5배 이상이다.

08 다음은 X고등학교와 Y고등학교의 A ～ E대학 진학률에 대한 그래프이다. 이에 대한 설명으로 옳지 않은 것은?(단, 소수점 이하는 버림한다)

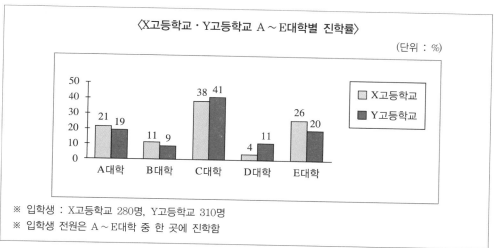

〈X고등학교・Y고등학교 A ～ E대학별 진학률〉

(단위 : %)

※ 입학생 : X고등학교 280명, Y고등학교 310명
※ 입학생 전원은 A ～ E대학 중 한 곳에 진학함

① X고등학교와 Y고등학교의 진학률 1위 대학은 동일하다.
② X고등학교와 Y고등학교의 진학률 5위 대학은 다르다.
③ X고등학교가 Y고등학교에 비해 진학률이 낮은 대학은 C대학뿐이다.
④ X고등학교와 Y고등학교의 E대학교 진학률 차이는 10%p 미만이다.
⑤ Y고등학교 대학 진학률 중 가장 높은 대학의 진학률과 가장 낮은 대학의 진학률 차이는 30%p 이상이다.

09 흰 구슬 4개, 검은 구슬 6개가 들어 있는 주머니에서 연속으로 2개의 구슬을 꺼낼 때, 흰 구슬, 검은 구슬을 각각 1개씩 뽑을 확률은?(단, 꺼낸 구슬은 다시 넣지 않는다)

① $\dfrac{2}{15}$ 　　　　　② $\dfrac{4}{15}$

③ $\dfrac{7}{15}$ 　　　　　④ $\dfrac{8}{15}$

⑤ $\dfrac{11}{15}$

10 A, B, C 세 사람은 주기적으로 집 청소를 한다. A는 6일마다, B는 8일마다, C는 9일마다 청소할 때, 세 명이 9월 10일에 모두 같이 청소를 했다면 다음에 같은 날 청소하는 날은?

① 11월 5일   ② 11월 12일

③ 11월 16일   ④ 11월 21일

⑤ 11월 29일

11 S사의 해외사업부, 온라인 영업부, 영업지원부에서 각각 2명, 2명, 3명이 대표로 회의에 참석하기로 하였다. 자리 배치는 원탁 테이블에 같은 부서 사람이 옆자리로 앉는다고 할 때, 7명이 앉을 수 있는 경우의 수는?

① 48가지   ② 36가지

③ 27가지   ④ 24가지

⑤ 16가지

12 혜영이가 자전거를 타고 300m를 달리는 동안 지훈이는 자전거를 타고 400m를 달린다고 한다. 두 사람이 둘레가 1,800m인 원 모양의 연못 둘레를 같은 지점에서 같은 방향으로 동시에 출발하여 15분 후 처음으로 만날 때, 혜영이와 지훈이가 이동한 거리의 합은?

① 7,200m   ② 8,800m

③ 9,400m   ④ 12,600m

⑤ 16,800m

※ 다음 제시된 도형의 규칙을 보고 ?에 들어갈 도형으로 알맞은 것을 고르시오. **[1~4]**

01

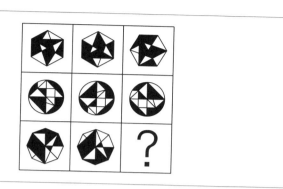

①

②

③

④

⑤

02

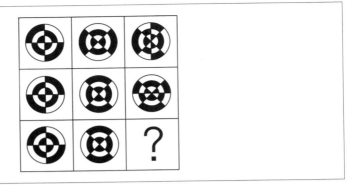

①

②

③

④

⑤

03

①   ②

③   ④

⑤

04

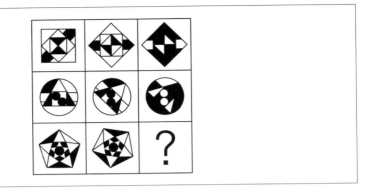

①

②

③

④

⑤

※ 다음 도형들은 일정한 규칙으로 변화하고 있다. ?에 들어갈 알맞은 도형을 고르시오. [5~6]

05

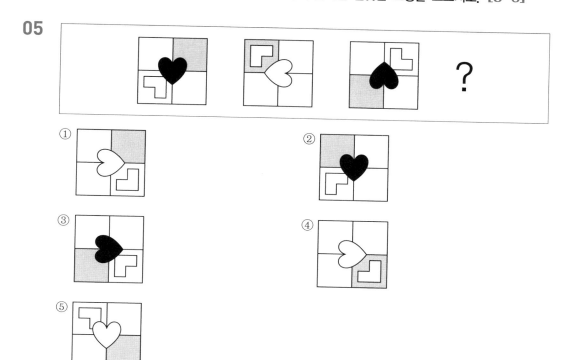

① ② ③ ④ ⑤

06

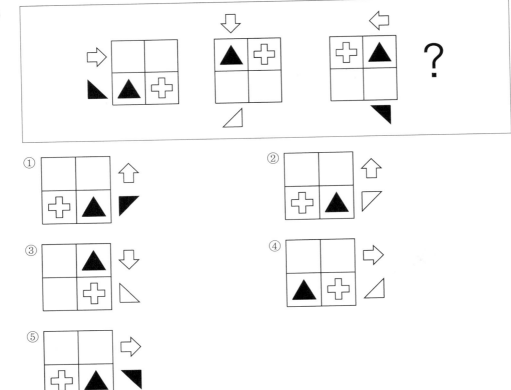

※ 다음 기호들은 일정한 규칙에 따라 도형을 변화시킨다. 기호에 해당하는 규칙을 파악했을 때, ?에 들어갈 도형으로 알맞은 것을 고르시오. [7~8]

07

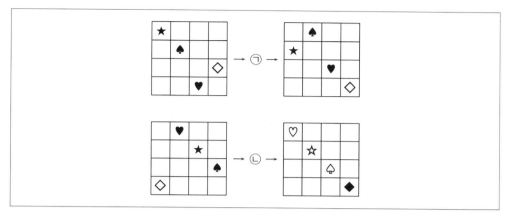

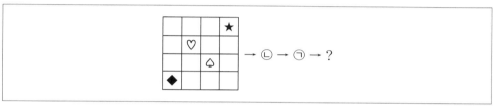

①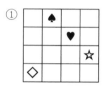

②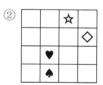

③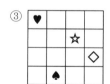

④

⑤

08

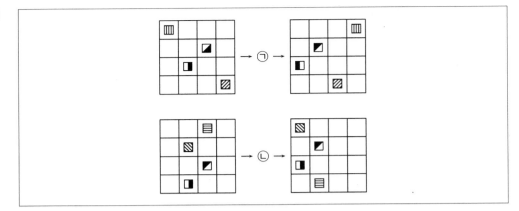

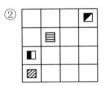

①
②
③
④
⑤

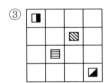

PART 2

대표기출유형

CHAPTER 01

언어력

합격 CHEAT KEY

글에 대한 이해력과 분석력을 평가하는 독해 유형으로 출제되며 글의 주제, 제시문과의 일치·불일치 여부, 글의 내용을 통한 추론, 문장의 흐름과 구성, 논리적 순서에 따른 문장 나열하기 등 다양한 형태의 문제가 주어진다. 문제를 정확히 이해하고 각 문단의 요지와 글 전체의 구조를 빠르게 파악하는 훈련이 필요하다.

독해는 글에 대한 이해력과 분석력을 평가하는 유형이다. 제시문과의 내용 일치 여부나 주제 / 제목, 빈칸 추론 등의 문제가 출제되며, 글의 흐름 및 내용을 파악하고 제시되지 않은 부분을 추론하는 능력 등을 평가한다.

┤ 학습 포인트 ├

- 다양한 분야의 지문이 제시되므로 평소에 여러 분야의 도서나 신문 기사 등을 읽어둔다.
- 사실적·비판적·추론적 독해의 경우 무작정 제시문을 읽고 문제를 풀기보다는 문제와 선택지를 먼저 읽고 제 시문에서 찾아야 할 내용이 무엇인지를 파악한 후 글을 읽는다.
- 빈칸 추론의 경우 지문을 처음부터 끝까지 다 읽기보다는 빈칸의 앞뒤 문장만으로 그 사이에 들어가 내용을 유추하는 연습을 해야 한다. 선택지를 읽으며 빈칸에 들어갈 답을 고른 후 해설과 비교하면서 왜 틀렸는지 파악하고 놓친 부분을 반드시 체크하는 습관을 들인다.

01 논리구조

논리구조에서는 주로 단락과 문장 간의 관계나 글 전체의 논리적 구조를 정확히 파악했는지를 묻는다. 글의 순서를 바르게 나열하는 유형이 출제되고 있다. 제시문의 전체적인 흐름을 바탕으로 각 문단의 특징, 단락 간의 역할 등을 논리적으로 구조화할 수 있는 능력을 길러야 한다.

1. 문장과 문장 간의 관계

① **상세화 관계** : 주지 → 구체적 설명(비교, 대조, 유추, 분류, 분석, 인용, 예시, 비유, 부연, 상술 등)
② **문제(제기)와 해결 관계** : 한 문장이 문제를 제기하고, 다른 문장이 그 해결책을 제시하는 관계(과제 제시 → 해결 방안, 문제 제기 → 해답 제시)
③ **선후 관계** : 한 문장이 먼저 발생한 내용을 담고, 다음 문장이 나중에 발생한 내용을 담고 있는 관계
④ **원인과 결과 관계** : 한 문장이 원인이 되고, 다른 문장이 그 결과가 되는 관계(원인 제시 → 결과 제시, 결과 제시 → 원인 제시)
⑤ **주장과 근거 관계** : 한 문장이 필자가 말하고자 하는 바(주지)가 되고, 다른 문장이 그 문장의 증거(근거)가 되는 관계(주장 제시 → 근거 제시, 의견 제안 → 의견 설명)
⑥ **전제와 결론 관계** : 앞 문장에서 조건이나 가정을 제시하고, 뒤 문장에서 이에 따른 결론을 제시하는 관계

2. 문장의 연결 방식

① **순접** : 원인과 결과, 부연 설명 등의 문장 연결에 쓰임
  예 그래서, 그리고, 그러므로 등
② **역접** : 앞글의 내용을 전면적 또는 부분적으로 부정
  예 그러나, 그렇지만, 그래도, 하지만 등
③ **대등・병렬** : 앞뒤 문장의 대비와 반복에 의한 접속
  예 및, 혹은, 또는, 이에 반하여 등
④ **보충・첨가** : 앞글의 내용을 보다 강조하거나 부족한 부분을 보충하기 위해 다른 말을 덧붙이는 문맥
  예 단, 곧, 즉, 더욱이, 게다가, 왜냐하면 등
⑤ **화제 전환** : 앞글과는 다른 새로운 내용을 이야기하기 위한 문맥
⑥ **비유・예시** : 앞글에 대해 비유적으로 다시 말하거나 구체적인 예를 보임
  예 예를 들면, 예컨대, 마치 등

3. 원리 접근법

앞뒤 문장의 중심 의미 파악		앞뒤 문장의 중심 내용이 어떤 관계인지 파악		문장 간의 접속어, 지시어의 의미와 기능		문장의 의미와 관계성 파악
각 문장의 의미를 어떤 관계로 연결해서 글을 전개하는지 파악해야 한다.	→	지문 안의 모든 문장은 서로 논리적 관계성이 있다.	→	접속어와 지시어를 음미하는 것은 독해의 길잡이 역할을 한다.	→	문단의 중심 내용을 알기 위한 기본 분석 과정이다.

02 논리적 이해

1. 전제의 추론

전제의 추론은 원칙적으로 주어진 내용의 이면에 내포되어 있는 이미 옳다고 인정된 사실을 유추하는 유형이다.
① 먼저 주장이 무엇인지 명확하게 파악해야 한다.
② 주장이 성립하기 위해서 논리적으로 필요한 요건이 무엇인지 생각해 본다.
③ 선택지 중 주장과 논리적으로 인과 관계를 형성할 수 있는 조건을 찾아낸다.

2. 결론의 추론

주어진 내용을 명확히 이해한 다음, 이를 근거로 이끌어 낼 수 있는 올바른 결론이나 관련 사항을 논리적인 관점에서 찾는 문제 유형이다. 이와 같은 문제는 평상시 비판적이고 논리적인 관점으로 글을 읽는 연습을 충분히 해두어야 유리하다고 볼 수 있다.

3. 주제의 추론

주제와 관련된 추론 문제는 적성검사에서 자주 출제되는 유형으로서, 글의 표제, 부제, 주제, 주장, 의도를 파악하는 형태의 문제와 같은 유형이다. 이러한 유형의 문제는 주제를 글의 첫 문단이나 마지막 문단을 통해서 찾을 수 있으며, 그렇지 않더라도 문단의 병렬·대등 관계를 파악하면 쉽게 찾을 수 있다. 여러 문단에서 공통된 주제를 추론할 때는, 각각의 제시문을 먼저 요약한 뒤, 핵심 키워드를 찾은 다음 이를 토대로 주제문을 가려내어 하나의 주제를 유추하면 된다. 따라서 평소에 글을 읽고, 핵심 키워드를 찾아 문장을 구성하는 연습을 많이 해두어야 한다. 또한 겉으로 드러난 주제나 정보를 찾는 데 그치지 않고 글 속에 숨겨진 의도나 정보를 찾기 위해 꼼꼼히 관찰하는 태도가 필요하다.

유형분석

- 글의 전체적인 주제뿐 아니라 세부적인 내용까지도 제대로 이해할 수 있는지 평가하는 유형이다.
- 경제·경영·철학·역사·예술·과학 등 다양한 분야와 관련된 지문이 제시되므로 평소 폭넓은 독서를 하는 것이 도움이 된다.

다음 글의 내용으로 가장 적절한 것은?

김치는 자연 발효에 의해 익어가기 때문에 미생물의 작용에 따라 맛이 달라진다. 김치가 발효되기 위해서는 효모와 세균 등 여러 미생물의 증식이 일어나야 하는데, 이를 위해 김치를 담글 때 찹쌀가루나 밀가루로 풀을 쑤어 넣어 준다. 이는 풀에 들어 있는 전분을 비롯한 여러 가지 물질이 김칫소에 있는 미생물을 쉽게 자랄 수 있도록 해주는 영양분의 역할을 하기 때문이다. 김치는 배추나 무에 있는 효소뿐만 아니라 그 사이에 들어가는 김칫소에 포함된 효소의 작용에 의해서도 발효가 일어날 수 있다.

김치의 발효 과정에 관여하는 미생물에는 여러 종류의 효모, 호기성 세균 그리고 유산균을 포함한 혐기성 세균이 있다. 갓 담근 김치의 발효가 시작될 때 호기성 세균과 혐기성 세균의 수가 두드러지게 증가하지만, 김치가 익어갈수록 호기성 세균의 수는 점점 줄어들어 나중에는 그 수가 완만하게 증가하는 효모의 수와 거의 비슷해진다. 그러나 혐기성 세균의 수는 김치가 익어갈수록 증가하며 결국 많이 익어서 시큼한 맛이 나는 김치에 있는 미생물 중 대부분을 차지한다. 김치를 익히는 데 관여하는 균과 매우 높은 산성의 환경에서도 잘 살 수 있는 유산균이 그 예이다.

김치를 익히는 데 관여하는 세균과 유산균뿐만 아니라 김치의 발효 초기에 증식하는 호기성 세균도 독특한 김치 맛을 내는 데 도움을 준다. 김치에 들어 있는 효모는 세균보다 그 수가 훨씬 적지만 여러 종류의 효소를 가지고 있어서 김치 안에 있는 여러 종류의 탄수화물을 분해할 수 있다. 또한 김치를 발효시키는 유산균은 당을 분해해서 시큼한 맛이 나는 젖산을 생산하는데, 김치가 익어가면서 김치 국물의 맛이 시큼해지는 것은 바로 이런 이유 때문이다.

김치가 익는 정도는 재료나 온도 등의 조건에 따라 달라지는데, 이는 유산균의 발효 정도가 달라지기 때문이다. 특히 이 미생물들이 만들어 내는 여러 종류의 향미 성분이 더해지면서 특색 있는 김치 맛이 만들어진다. 김치가 익는 기간에 따라 여러 가지 맛을 내는 것도 모두 유산균의 발효 정도가 다른 데서 비롯된다.

① 김치를 담글 때 넣는 풀은 효모에 의해 효소로 바뀐다.
② 강한 산성 조건에서도 생존할 수 있는 혐기성 세균이 있다.
③ 김치 국물의 시큼한 맛은 호기성 세균의 작용에 의한 것이다.
④ 특색 있는 김치 맛을 만드는 것은 효모가 만든 향미 성분 때문이다.
⑤ 시큼한 맛이 나는 김치에 있는 효모의 수는 호기성 세균이나 혐기성 세균보다 훨씬 많다.

②

제시문을 통해 알 수 있다.

오답분석

① 풀에 들어 있는 여러 가지 물질이 김칫소에 있는 미생물을 쉽게 자랄 수 있도록 해주는 영양분의 역할을 한다.

③ 김치 국물의 맛이 시큼해지는 것은 유산균이 당을 분해해 시큼한 맛이 나는 젖산을 생산하기 때문이다.

④ 미생물들이 만들어 내는 여러 종류의 향미 성분이 더해지면서 특색 있는 김치 맛이 만들어진다.

⑤ 호기성 세균의 수는 김치가 익어갈수록 점점 줄어들어 나중에는 효모의 수와 비슷해진다. 하지만 혐기성 세균의 수는 김치가 익어갈수록 증가하며 결국 많이 익어서 시큼한 맛이 나는 김치에 있는 미생물 중 대부분을 차지한다.

30초 컷 풀이 Tip

제시문의 내용과 일치하는 것 또는 일치하지 않는 것을 고르는 문제의 경우 지문을 읽기 전에 문제와 선택지를 먼저 읽어보는 것이 좋다. 이를 통해 지문 속에서 찾아내야 할 정보가 무엇인지를 먼저 인지한 후 제시문을 읽어야 문제 푸는 시간을 단축할 수 있다.

PART 2

※ 다음 중 글의 내용으로 적절하지 않은 것을 고르시오. [1~3]

01

> 간디는 절대로 몽상가는 아니다. 그가 말한 것은 폭력을 통해서는 인도의 해방도, 보편적인 인간
> 해방도 없다는 것이었다. 민족 해방은 단지 외국 지배자의 퇴각을 의미하는 것일 수는 없다. 참다운
> 해방은 지배와 착취와 억압의 구조를 타파하고 그 구조에 길들여져 온 심리적 습관과 욕망을 뿌리로
> 부터 변화시키는 일 – 다시 말하여 일체의 '칼의 교의(敎義)' – 로부터의 초월을 실현하는 것이다.
> 간디의 관점에서 볼 때, 무엇보다 큰 폭력은 인간의 근원적인 영혼의 요구에 대해서는 조금도 고려
> 하지 않고, 물질적 이득의 끊임없는 확대를 위해 착취와 억압의 구조를 제도화한 서양의 산업 문명
> 이었다.

① 간디는 비폭력주의자이다.
② 간디는 산업 문명에 부정적이었다.
③ 간디는 반외세 사회주의자이다.
④ 간디는 외세가 인도를 착취하였다고 보았다.
⑤ 간디는 서양의 산업 문명을 큰 폭력이라고 보았다.

Easy

02

> 우리 민족은 고유한 주거문화로 바닥 난방 기술인 구들을 발전시켜 왔는데, 구들은 우리 민족에 다
> 양한 영향을 주었다. 우선 오랜 구들 생활은 우리 민족의 인체에 적지 않은 변화를 초래하였다. 태어
> 나면서부터 따뜻한 구들에 누워 자는 것이 습관이 된 우리 아이들은 사지의 활동량이 적어 발육이
> 늦어졌다. 구들에서 자란 우리 아이들은 다른 어떤 민족의 아이들보다 따뜻한 곳에서 안정감을 느꼈
> 으며, 우리 민족은 아이들에게 따뜻함을 만들어주기 위해 여러 가지를 고안하여 발전시켰다.
> 구들은 농경을 주업으로 하는 우리 민족의 생산도구의 제작과 사용에 많은 영향을 주었다. 구들에
> 앉아 오랫동안 활동하는 습관은 하반신보다 상반신의 작업량을 증가시켰고 상반신의 움직임이 상대
> 적으로 정교하게 되었다. 구들 생활에 익숙해진 우리 민족은 방 안에서의 작업뿐만 아니라 농사를
> 비롯한 야외의 많은 작업에서도 앉아서 하는 습관을 갖게 되었는데 이는 큰 농기구를 이용하여 서서
> 작업을 하는 서양과는 완전히 다른 방식이었다.

① 우리 민족은 하반신 활동보다 상반신 활동이 많은 대신 상반신 작업이 정교한 특징이 있다.
② 구들의 영향으로 우리 민족은 앉아서 하는 작업방식이 일반화되었다.
③ 구들은 실내뿐 아니라 실외활동에도 영향을 끼쳤다.
④ 구들은 아이들의 체온을 높여 발육을 방해한다.
⑤ 우리 민족은 앉아서 작업하는 습관이 있다.

블록체인이 무엇일까. 일반적으로 블록체인은 '분산화된 거래장부' 방식의 시스템으로 거래 정보를 개인 간 거래(P2P) 네트워크에 분산해 장부에 기록하고 참가자가 그 장부를 공동관리 함으로써 중앙집중형 거래 기록보관 방식보다 보안성이 높은 시스템이라고 정의한다. 보통 사람들은 모든 사용자가 동일한 장부를 보유하고 거래가 일어나면 한쪽에서 고친 내용이 네트워크를 타고 전체에 전파된다는 사실까지는 쉽게 이해하지만, 왜 이런 분산원장 방식이 중앙집중형 관리 방식보다 안전한지까지는 쉽사리 납득하지 못하고 있다. 이는 블록체인에 대한 중요한 특성 한 가지를 간과했기 때문인데, 이것이 바로 합의(Consensus) 알고리즘이다. 블록체인 네트워크에서 '합의'는 모든 네트워크 참여자가 같은 결과값을 결정해 나아가는 과정을 뜻한다. 블록체인은 탈중앙화된, 즉 분산된 원장을 지니고 있는 개개인이 운영해나가는 시스템으로 개인들이 보유하고 있는 장부에 대한 절대 일치성(Conformity)이 매우 중요하며, 이를 위해 블록체인은 작업증명(Proof of Work)이라는 합의 알고리즘을 사용한다.

작업증명은 컴퓨터의 계산 능력을 활용하여 거래 장부(블록)를 생성하기 위한 특정 숫자 값을 산출하고 이를 네트워크에 참여한 사람에게 전파함으로써 장부를 확정한다. 여기서 특정 숫자 값을 산출하는 행위를 채굴이라 하고 이 숫자 값을 가장 먼저 찾아내서 전파한 노드 참가자에게 비트코인과 같은 보상이 주어진다. 네트워크 참여자들은 장부를 확정하기 위한 특정 숫자 값을 찾아내려는 목적으로 지속적으로 경쟁하며, 한 명의 채굴자가 해답을 산출하여 블록을 생성 전파하면 타 채굴자는 해당 블록에 대한 채굴을 멈추고 전파된 블록을 연결하는 작업을 수행한다. 그렇다면 동시에 여러 블록들이 완성되어 전파되고 있다면 어떤 일이 발생할까?

예를 들어 내가 100번 블록까지 연결된 체인을 가지고 있고, 101번째 블록을 채굴하고 있던 도중 이웃으로부터 101번(a)이라는 블록을 받아 채택한 후 102번째 블록을 채굴하고 있었다. 그런데 타 참가자로부터 101번(b)이라는 블록으로부터 생성된 102번째 블록이 완성되어 전파되었다. 이런 경우, 나는 102번째 블록과 103번째 블록을 한꺼번에 채굴하여 전파하지 않는 이상 101번(a)을 포기하고 101번(b)과 102번째 블록을 채택, 103번째 블록을 채굴하는 것이 가장 합리적이다.

블록체인의 일치성은 이처럼 개별 참여자가 자기의 이익을 최대로 얻기 위해 더 긴 블록체인으로 갈아타게 되면서 유지되는 것이다. 마치 선거를 하듯 노드 투표를 통해 과반수의 지지를 받은 블록체인이 살아남아 승자가 되는 방식으로 블록체인 네트워크 참여자들은 장부의 일치성을 유지시켜 나간다. 이 점 때문에 블록체인 네트워크에서 이미 기록이 완료된 장부를 조작하려면, 과반수 이상의 참여자가 가지고 있는 장부를 동시에 조작해야 하는데 실질적으로 이는 거의 불가능에 가까워 "분산원장 방식이 중앙집중형 방식보다 보안에 강하다."라는 주장이 도출되는 것이다.

① 과반수의 지지를 받은 블록체인이 살아남아 장부의 일치성을 유지시킨다.

② 작업증명에서 특정 숫자 값을 먼저 찾아내서 전파할 경우 보상이 주어진다.

③ 거래장부 기록 방식은 분산원장 방식이 중앙집중형 관리 방식보다 안전하다.

④ 블록체인의 일치성은 개별 참여자가 더 긴 블록체인으로 갈아타게 되면서 유지된다.

⑤ 타인으로부터 특정 블록이 완성되어 전파된 경우, 특정 블록에 대해 경쟁하는 것이 합리적이다.

02 주제 · 제목 찾기

| 유형분석 |

- 글의 중심 내용을 정확히 판단할 수 있는지 평가하는 유형이다.
- 글의 전체 내용을 포괄할 수 있는 제목이나 주제를 골라야 한다.
- 글의 일부 내용의 주제만을 담은 보기가 오답으로 섞여있을 수도 있으므로 주의하도록 한다.

다음 글의 제목으로 가장 적절한 것은?

맥주의 주원료는 양조용수·보리·홉 등이다. 맥주를 양조하기 위해서는 일반적으로 맥주생산량의 10 ~ 20배 정도 되는 물이 필요하며, 이것을 양조용수라고 한다. 양조용수는 맥주의 종류와 품질을 좌우하므로, 무색·무취·투명해야 한다. 보리를 싹틔워 맥아로 만든 것을 사용하여 맥주를 제조하는데, 맥주용 보리로 는 곡립이 고르고 녹말질이 많으며 단백질이 적은 것, 그리고 곡피(穀皮)가 얇으며 발아력이 왕성한 것이 좋다. 홉은 맥주 특유의 쌉쌀한 향과 쓴맛을 만들어 내는 주요 첨가물이며, 맥주를 맑게 하고 잡균의 번식을 막아주는 역할을 한다.

맥주의 제조공정을 살펴보면 맥아제조, 담금, 발효, 저장, 여과의 다섯 단계로 나눌 수 있다.

이 중 발효공정은 맥즙이 발효되어 술이 되는 과정을 말하는데, 효모가 발효탱크 속에서 맥즙에 있는 당분을 알코올과 탄산가스로 분해한다. 이 공정은 1주일간 이어지며, 그동안 맥즙 안에 있던 당분은 점점 줄어들고 알코올과 탄산가스가 늘어나 맥주가 되는 것이다. 이때 발효 중 맥즙의 온도 상승을 막기 위해 탱크를 냉각 코일로 감고 그 표면을 하얀 폴리우레탄으로 단열시키는데, 그 모습이 마치 남극의 이글루처럼 보이기도 한다. 발효의 방법에 따라 하면발효 맥주와 상면발효 맥주로 구분되는데, 이는 어떤 온도에서 발효시키느냐에 달 려있다. 세계 맥주 생산량의 70%를 차지하는 하면발효 맥주는 발효 중 밑으로 가라앉는 효모를 사용해 저온 에서 발효시킨 맥주를 말한다. 요즘 유행하는 드래프트비어가 바로 여기에 속한다. 반면, 상면발효 맥주는 주로 영국, 미국, 캐나다, 벨기에 등에서 생산되며 발효 중 표면에 떠오르는 효모로 비교적 높은 온도에서 발효시킨 맥주를 말한다. 에일, 스타우트 등이 상면발효 맥주에 포함된다.

① 맥주의 제조공정
② 맥주의 발효 과정
③ 주원료에 따른 맥주의 발효 방법 분류
④ 홉과 발효 방법의 종류에 따른 맥주 구분법
⑤ 맥주의 주원료와 발효 방법에 따른 맥주의 종류

⑤

제시문의 내용은 크게 두 부분으로 나눌 수 있다. 처음부터 두 번째 문단까지는 맥주의 주원료에 대해서 설명하고, 그 이후부터 글의 마지막 부분까지는 맥주의 제조공정 중 발효에 대해 설명하며 이에 따른 맥주의 종류에 대해 설명하고 있다.

30초 컷 풀이 Tip

글의 중심이 되는 내용은 주로 글의 맨 앞이나 맨 뒤에 위치한다. 따라서 글의 맨 첫 문단과 마지막 문단을 먼저 확인해보고 필요한 경우 그 문단을 보충해주는 부분을 읽어가면서 주제를 파악해 나간다.

01 다음 글의 중심 내용으로 가장 적절한 것은?

전국의 많은 근대건축물은 그동안 제도적 지원과 보호로부터 배제되고 대중과 소유주의 무관심 등으로 방치되어 왔다. 일부를 제외한 다수의 근대건축물이 철거와 멸실의 위기에 처해 있는 것이 사실이다.

국민이 이용하기 편리한 공간으로 용도를 바꾸면서도, 물리적인 본 모습은 유지하려는 노력을 일반적으로 '보전 가치'로 규정한다. 근대건축물의 보전 가치를 높이기 위해서는 자산의 상태를 합리적으로 진단하고, 소유자 및 이용자가 건물을 효율적으로 활용할 수 있도록 지원하는 관리체계가 필수적이다.

하지만 지금까지 건축자산의 등록, 진흥계획 수립 등을 통해 관리주체를 공공화 하려는 노력은 있었으나 구체적인 관리 기법이나 모니터링에 대한 고민은 부족했다. 즉, 기초조사를 통해 현황을 파악하고 기본적인 관리를 하는 수준에만 그치고 있었던 것이다. 그중에는 오랜 시간이 지나 기록도 없이 건물만 존재하는 경우가 많다.

근대건축물은 현대 건물과는 다른 건축양식과 특성을 지니고 있어 단순 정보의 수집으로는 건물의 현황을 제대로 관리하기가 어렵다. 그렇다면 보전 가치를 높이기 위해서는 어떤 대책이 필요할까? 먼저 일반인이 개별 소유하고 있는 건축물의 현황정보를 통합하여 관리하기 위해서는 중립적이고 객관적인 공공의 참여와 지속적인 지원이 전제되어야 한다. 특히, 근대건축물은 현행 건축·도시 관련 법률 등과 관련되어 다양한 민원과 행정업무가 수반되므로 법률 위반과 재정 지원 여부 등을 판단하는데 있어 객관성과 중립성이 요구된다. 또한 근대건축물 관리는 도시재생, 문화관광 등의 분야에서 개별 사업으로 추진될 가능성이 높아 일원화된 관리기준도 필요하다. 만약 그렇지 못하면 사업이 일회성으로 전개될 우려가 크기 때문이다. 근대건축물이 그 정체성을 유지하고 가치를 증진하기 위해서는 공공이 주축이 된 체계화·선진화된 관리방법론이 요구되는 이유이다

① 근대건축물의 정의와 종류
② 근대건축물의 가치와 중요성
③ 현시대에 근대건축물이 지니고 있는 문제점
④ 현대 시민에게 요구되는 근대건축물에 대한 태도
⑤ 근대건축물을 공공에 의해 체계적으로 관리해야 하는 이유

02 다음 글의 주제로 가장 적절한 것은?

유전학자들의 최종 목표는 결함이 있는 유전자를 정상적인 유전자로 대체하는 것이다. 이렇게 가장 기본적인 세포 내 차원에서 유전병을 치료하는 것을 '유전자 치료'라 일컫는다. '유전자 치료'를 하기 위해서는 이상이 있는 유전자를 찾아야 한다. 이를 위해 과학자들은 DNA의 특성을 이용한다. DNA는 두 가닥이 나선형으로 꼬여 있는 이중 나선 구조로 이루어진 분자이다. 그런데 이 두 가닥에 늘어서 있는 염기들은 임의적으로 배열되어 있는 것이 아니다. 한쪽에 늘어선 염기에 따라 다른 쪽 가닥에 늘어선 염기들의 배열이 결정되는 것이다. 즉 한쪽에 A염기가 존재하면 거기에 연결되는 반대쪽에는 반드시 T염기가, 그리고 C염기에 대응해서는 반드시 G염기가 존재하게 된다. 염기들이 짝을 지을 때 나타나는 이러한 선택적 특성을 이용하여 유전병을 일으키는 유전자를 찾아낼 수 있다. 유전자를 찾기 위해 사용하는 첫 번째 도구는 DNA 한 가닥 중 극히 일부이다. '프로브(Probe)'라 불리는 이 DNA 조각은, 염색체상의 위치가 알려져 있는 이십여 개의 염기들로 이루어진다. 한 가닥으로 이루어져 있는 특성으로 인해, 프로브는 자신의 염기 배열에 대응하는 다른 쪽 가닥의 DNA 부분에 가서 결합할 것이다. 대응하는 두 가닥의 DNA가 이렇게 결합하는 것을 '교잡'이라고 일컫는다. 조사 대상인 염색체로부터 추출한 많은 한 가닥의 염색체 조각들과 프로브를 섞어 놓았을 때, 프로브는 신비스러울 정도로 자신의 짝을 정확하게 찾아 교잡한다. 두 번째 도구는 '겔 전기영동'이라는 방법이다. 생물을 구성하고 있는 단백질·핵산 등 많은 분자들은 전하를 띠고 있어서 전기장 속에서 각 분자마다 독특하게 이동을 한다. 이러한 성질을 이용해 생물을 구성하고 있는 물질의 분자량, 각 물질의 전하량이나 형태의 차이를 이용하여 물질을 분리하는 것이 전기영동법이다. 이를 활용하여 DNA를 분리하려면 우선 DNA 조각들을 전기장에서 이동시키고, 이것을 젤라틴 판을 통과하게 함으로써 분리하면 된다.

이러한 조사 도구들을 갖추고서, 유전학자들은 유전병을 일으키는 유전자를 추적하는 데 나섰다. 유전학자들은 먼저 겔 전기영동법으로 유전병을 일으키는 유전자로 의심되는 부분과 동일한 부분에 존재하는 프로브를 건강한 사람에게서 떼어내었다. 그리고 건강한 사람에게서 떼어낸 프로브에 방사성이나 형광성을 띠게 하였다. 그 후에 유전병 환자들에게서 채취한 DNA 조각들과 함께 교잡 실험을 반복하였다. 유전병과 관련된 유전 정보가 담긴 부분의 염기 서열이 정상인과 다르므로 이 부분은 프로브와 교잡하지 않는다는 점을 이용하는 것이다. 교잡이 일어난 후 프로브가 위치하는 곳은 X선 필름을 통해 쉽게 찾아낼 수 있고, 이로써 DNA의 특정 조각은 염색체상에서 프로브와 같은 위치에 존재한다는 것을 알 수 있다.

언뜻 보기에는 대단한 진보를 이룬 것 같지 않지만, 유전자 치료는 최근 들어 공상 과학을 방불케 하는 첨단 의료 기술의 대표적인 주자로 부각되고 있다. DNA 연구 결과로 인해 우리는 지금까지 절망적이라고 여겨 온 질병들을 치료할 수 있다는 희망을 갖게 되었다.

① 유전자의 종류와 기능
② 유전자 추적의 도구와 방법
③ 유전자 치료의 의의와 한계
④ 유전자 치료의 상업적 가치
⑤ 유전 질환의 종류와 발병 원인

Easy

03

사회보장제도는 사회구성원에게 생활의 위험이 발생했을 때 사회적으로 보호하는 대응체계를 가리키는 포괄적 용어로 크게 사회보험, 공공부조, 사회서비스가 있다. 예를 들면 실직자들이 구직활동을 포기하고 다시 노숙자가 되지 않도록 지원하는 것 등이 있다.

사회보험은 보험의 기전을 이용하여 일반주민들을 질병, 상해, 폐질, 실업, 분만 등으로 인한 생활의 위협으로부터 보호하기 위하여 국가가 법에 의하여 보험가입을 의무화하는 제도로 개인적 필요에 따라 가입하는 민간보험과 차이가 있다.

공공부조는 극빈자, 불구자, 실업자 또는 저소득계층과 같이 스스로 생계를 영위할 수 없는 계층의 생활을 그들이 자립할 수 있을 때까지 국가가 재정기금으로 보호하여 주는 일종의 구빈제도이다.

사회서비스는 복지사회를 건설할 목적으로 법률이 정하는 바에 의하여 특정인에게 사회보장 급여를 국가 재정부담으로 실시하는 제도로 군경, 전상자, 배우자 사후, 고아, 지적 장애아 등과 같은 특별한 사유가 있는 자나 노령자 등이 해당된다.

① 사회보험제도와 민간보험제도의 차이
② 사회보장제도의 의의
③ 우리나라의 사회보장제도
④ 사회보장제도의 대상자
⑤ 사회보장제도와 소득보장의 차이점

일반적으로 소비자들은 합리적인 경제 행위를 추구하기 때문에 최소 비용으로 최대 효과를 얻으려 한다는 것이 소비의 기본 원칙이다. 그들은 '보이지 않는 손'이라고 일컬어지는 시장 원리 아래에서 생산자와 만난다. 그러나 이러한 일차적 의미의 합리적 소비가 언제나 유효한 것은 아니다. 생산보다는 소비가 화두가 된 소비 자본주의 시대에 소비는 단순히 필요한 재화, 그리고 경제학적으로 유리한 재화를 구매하는 행위에 머물지 않는다. 최대 효과 자체에 정서적이고 사회 심리학적인 요인이 개입하면서, 이제 소비는 개인이 세계와 만나는 다분히 심리적인 방법이 되어버린 것이다. 곧 인간의 기본적인 생존 욕구를 충족시켜 주는 합리적 소비 수준에 머물지 않고, 자신을 표현하는 상징적 행위가 된 것이다. 이처럼 오늘날의 소비문화는 물질적 소비 차원이 아닌 심리적 소비 형태를 띠게 된다.

소비 자본주의의 화두는 과소비가 아니라 '과시 소비'로 넘어간 것이다. 과시 소비의 중심에는 신분의 논리가 있다. 신분의 논리는 유용성의 논리, 나아가 시장의 논리로 설명되지 않는 것들을 설명해 준다. 혈통으로 이어지던 폐쇄적 계층 사회는 소비 행위에 대해 계급에 근거한 제한을 부여했다. 먼 옛날 부족 사회에서 수장들만이 걸칠 수 있었던 장신구에서부터, 제아무리 권문세가의 정승이라도 아흔아홉 칸을 넘을 수 없던 집이 좋은 예이다. 권력을 가진 자는 힘을 통해 자기의 취향을 주위 사람들과 분리시킴으로써 경외감을 강요하고, 그렇게 자기 취향을 과시함으로써 잠재적 경쟁자들을 통제한 것이다.

가시적 신분 제도가 사라진 현대 사회에서도 이러한 신분의 논리는 여전히 유효하다. 이제 개인은 소비를 통해 자신의 물질적 부를 표현함으로써 신분을 과시하려 한다.

① '보이지 않는 손'에 의한 합리적 소비의 필요성
② 소득을 고려하지 않은 무분별한 과소비의 폐해
③ 계층별 소비 규제의 필요성
④ 신분사회에서 의복 소비와 계층의 관계
⑤ 소비가 곧 신분이 되는 과시 소비의 원리

| 유형분석 |

- 글에 드러나지 않은 부분을 추론하여 답을 도출해야 하는 유형이다.
- 글의 '주장'에 대한 반박을 찾는 경우, '근거'에 대한 반박을 찾지 않도록 주의해야 한다.
- 자신의 주관적인 판단보다는 글의 세부적 내용에 대한 이해를 기반으로 문제를 풀어야 한다.

다음 글을 읽고 추론할 수 있는 내용으로 가장 적절한 것은?

지식의 본성을 다루는 학문인 인식론은 흔히 지식의 유형을 나누는 데에서 이야기를 시작한다. 지식의 유형은 '안다'는 말의 다양한 용례들이 보여주는 의미 차이를 통해서 드러나기도 한다. 예컨대 '그는 자전거를 탈 줄 안다.'와 '그는 이 사과가 둥글다는 것을 안다.'에서 '안다'가 바로 그런 경우이다. 전자의 '안다'는 능력의 소유를 의미하는 것으로 '절차적 지식'이라 부르고, 후자의 '안다'는 정보의 소유를 의미하는 것으로 '표상적 지식'이라고 부른다.

어떤 사람이 자전거에 대해서 많은 정보를 갖고 있다고 해서 자전거를 탈 수 있게 되는 것은 아니며, 자전거를 탈 줄 알기 위해서 반드시 자전거에 대해서 많은 정보를 갖고 있어야 하는 것도 아니다. 아무 정보 없이 그저 넘어지거나 다치거나 하는 과정을 거쳐 자전거를 탈 줄 알게 될 수도 있다. 자전거 타기와 같은 절차적 지식을 갖기 위해서는 훈련을 통하여 몸과 마음을 특정한 방식으로 조직화해야 한다. 그러나 정보를 마음에 떠올릴 필요는 없다.

반면, '이 사과는 둥글다.'는 것을 알기 위해서는 둥근 사과의 이미지가 되었건 '이 사과는 둥글다.'는 명제가 되었건 어떤 정보를 마음 속에 떠올려야 한다. '마음속에 떠올린 정보'를 표상이라고 할 수 있으므로, 이러한 지식을 표상적 지식이라고 부른다. 그런데 어떤 표상적 지식을 새로 얻게 됨으로써 이전에 할 수 없었던 어떤 것을 하게 될지는 분명하지 않다. 이런 점에서 표상적 지식은 절차적 지식과 달리 특정한 일을 수행하는 능력과 직접 연결되어 있지 않다.

① 인식론은 머릿속에서 처리되는 정보의 유형만을 다루는 학문이다.

② 표상적 지식은 특정 능력의 습득에 전혀 도움을 주지 못한다.

③ '이 사과는 둥글다.'라는 지식은 이미지 정보에만 해당한다.

④ 절차적 지식을 통해 표상적 지식을 얻는 것이 가능하다.

⑤ 절차적 지식은 정보가 없이도 습득할 수 있다.

두 번째 문단 마지막 문장에서, 절차적 지식을 갖기 위해 정보를 마음에 떠올릴 필요가 없다고 하였다.

① 인식론에서 나눈 지식의 유형에는 능력의 소유를 의미하는 절차적 지식과 정보의 소유를 의미하는 표상적 지식이 모두 포함된다.

② 마지막 문단에서 표상적 지식은 절차적 지식과 달리 특정한 일을 수행하는 능력과 직접 연결되어 있지 않다고 하였으나, 특정 능력의 습득에 전혀 도움을 줄 수 없는지 아닌지는 제시문의 내용을 통해서는 알 수 없다.

③ 마지막 문단에 따르면 '이 사과는 둥글다.'라는 지식은 둥근 사과의 이미지일 수도, '이 사과는 둥글다.'는 명제일 수도 있다.

④ 절차적 지식을 통해 표상적 지식을 얻는다는 내용은 제시문에 나와있지 않다.

01 다음 글을 읽고 추론할 수 있는 내용으로 가장 적절한 것은?

> 비자발적인 행위는 강제나 무지에서 비롯된 행위이다. 반면에 자발적인 행위는 그것의 실마리가 행위자 자신 안에 있다. 행위자 자신 안에 행위의 실마리가 있는 경우에는 행위를 할 것인지 말 것인지가 행위자 자신에게 달려 있다.
>
> 욕망이나 분노에서 비롯된 행위들을 모두 비자발적이라고 할 수는 없다. 그것들이 모두 비자발적이라면 인간 아닌 동물 중 어떤 것도 자발적으로 행위를 하는 게 아닐 것이며, 아이들조차 그럴 것이기 때문이다. 우리가 욕망하는 것 중에는 마땅히 욕망해야 할 것이 있는데, 그러한 욕망에 따른 행위는 비자발적이라고 할 수 없다. 실제로 우리는 어떤 것들에 대해서는 마땅히 화를 내야하며, 건강이나 배움과 같은 것은 마땅히 욕망해야 한다. 따라서 욕망이나 분노에서 비롯된 행위를 모두 비자발적인 것으로 보아서는 안 된다.
>
> 합리적 선택에 따르는 행위는 모두 자발적인 행위지만 자발적인 행위의 범위는 더 넓다. 왜냐하면 아이들이나 동물들도 자발적으로 행위를 하긴 하지만 합리적 선택에 따라 행위를 하지는 못하기 때문이다. 또한 욕망이나 분노에서 비롯된 행위는 어떤 것도 합리적 선택을 따르는 행위가 아니다. 이성이 없는 존재는 욕망이나 분노에 따라 행위를 할 수 있지만, 합리적 선택에 따라 행위를 할 수는 없기 때문이다. 또 자제력이 없는 사람은 욕망 때문에 행위를 하지만 합리적 선택에 따라 행위를 하지는 않는다. 반대로 자제력이 있는 사람은 합리적 선택에 따라 행위를 하지, 욕망 때문에 행위를 하지는 않는다.

① 욕망에 따른 행위는 모두 자발적인 것이다.
② 자제력이 있는 사람은 자발적으로 행위를 한다.
③ 자제력이 없는 사람은 비자발적으로 행위를 한다.
④ 자발적인 행위는 모두 합리적 선택에 따른 것이다.
⑤ 마땅히 욕망해야 할 것을 하는 행위는 모두 합리적 선택에 따른 것이다.

02 다음 글을 읽고 추론할 수 있는 내용으로 적절하지 않은 것은?

> 사회 구성원들이 경제적 이익을 추구하는 과정에서 불법 행위를 감행하기 쉬운 상황일수록 이를 억제하는 데에는 금전적 제재 수단이 효과적이다.
>
> 현행법상 불법 행위에 대한 금전적 제재 수단에는 민사적 수단인 손해 배상, 형사적 수단인 벌금, 행정적 수단인 과징금이 있으며, 이들은 각각 피해자의 구제, 가해자의 징벌, 법 위반 상태의 시정을 목적으로 한다. 예를 들어 기업들이 담합하여 제품 가격을 인상했다가 적발된 경우, 그 기업들은 피해자에게 손해 배상 소송을 제기당하거나 법원으로부터 벌금형을 선고받을 수 있고 행정 기관으로부터 과징금도 부과받을 수 있다. 이처럼 하나의 불법 행위에 대해 세 가지 금전적 제재가 내려질 수 있지만 제재의 목적이 서로 다르므로 중복 제재는 아니라는 것이 법원의 판단이다.
>
> 그런데 우리나라에서는 기업의 불법 행위에 대해 손해 배상 소송이 제기되거나 벌금이 부과되는 사례는 드물어서 과징금 등 행정적 제재 수단이 억제 기능을 수행하는 경우가 많다. 이런 상황에서는 과징금 등 행정적 제재의 강도를 높임으로써 불법 행위의 억제력을 끌어올릴 수 있다. 그러나 적발 가능성이 매우 낮은 불법 행위의 경우에는 과징금을 올리는 방법만으로는 억제력을 유지하는 데 한계가 있다. 또한 피해자에게 귀속되는 손해 배상금과는 달리 벌금과 과징금은 국가에 귀속되므로 과징금을 올려도 피해자에게는 직접적인 도움이 되지 못한다.

① 금전적 제재 수단은 불법 행위를 억제하기 위해서 사용된다.
② 과징금은 가해자를 징벌하기 위해 부과된다.
③ 기업의 불법 행위에 대해 벌금과 과징금 모두 부과 가능하다.
④ 우리나라에서 주로 사용하는 방법은 행정적 제재이다.
⑤ 행정적 제재는 피해자에게 직접적인 도움이 되지 못한다.

다음 글을 토대로 〈보기〉를 바르게 해석한 것은?

> 제2차 세계대전이 끝나고 나서 미국과 소련 및 그 동맹국들 사이에서 공공연하게 전개된 제한적 대결 상태를 냉전이라고 한다. 냉전의 기원에 관한 논의는 냉전이 시작된 직후부터 최근까지 계속 진행되었다. 이는 단순히 냉전의 발발 시기와 이유에 대한 논의만이 아니라, 그 책임 소재를 묻는 것이기도 하다. 그 연구의 결과를 편의상 세 가지로 나누어 볼 수 있다.
>
> 가장 먼저 나타난 전통주의는 냉전을 유발한 근본적 책임이 소련의 팽창주의에 있다고 보았다. 소련은 세계를 공산화하기 위한 계획을 수립했고, 이 계획을 실행하기 위해 특히 동유럽 지역을 시작으로 적극적인 팽창 정책을 수행하였다. 그리고 미국이 자유 민주주의 세계를 지켜야 한다는 도덕적 책임감에 기초하여 그에 대한 봉쇄 정책을 추구하는 와중에 냉전이 발생했다고 본다. 그리고 미국의 봉쇄 정책이 성공적으로 수행된 결과 냉전이 종식되었다는 것이 이들의 입장이다.
>
> 여기에 비판을 가한 수정주의는 기본적으로 냉전의 책임이 미국 쪽에 있고, 미국의 정책은 경제적 동기에서 비롯했다고 주장했다. 즉, 미국은 전후 세계를 자신들이 주도해 나가야 한다고 생각했고, 전쟁 중에 급증한 생산력을 유지할 수 있는 시장을 얻기 위해 세계를 개방 경제 체제로 만들고자 했다. 그러므로 미국 정책 수립의 기저에 깔린 것은 이념이 아니라는 것이다. 무엇보다 소련은 미국에 비해 국력이 미약했으므로 적극적 팽창 정책을 수행할 능력이 없었다는 것이 수정주의의 기본적 입장이었다. 오히려 미국이 유럽에서 공격적인 정책을 수행했고, 소련은 이에 대응했다는 것이다.

> **보기**
>
> 탈수정주의는 냉전의 책임을 일방적으로 어느 한쪽에 부과해서는 안 된다고 보았다. 즉, 냉전은 양국이 추진한 정책의 '상호 작용'에 의해 발생했다는 것이다. 또 경제를 중심으로만 냉전을 보아서는 안 되며 안보 문제 등도 같이 고려하여 파악해야 한다고 보았다. 소련의 목적은 주로 안보 면에서 제한적으로 추구되었는데, 미국은 소련의 행동에 과잉 반응했고, 이것이 상황을 악화시켰다는 것이다. 이로 인해 냉전 책임론은 크게 후퇴하고 구체적인 정책 형성에 대한 연구가 부각되었다.

① 탈수정주의는 전통주의와 마찬가지로 냉전의 책임을 소련에게 부여하고 있다.
② 탈수정주의는 수정주의와 마찬가지로 냉전의 책임을 미국에게 부여하고 있다.
③ 탈수정주의와 달리 전통주의는 미국의 봉쇄 정책으로 인해 냉전이 발생했다고 본다.
④ 탈수정주의와 달리 수정주의는 소련의 적극적인 팽창 정책을 냉전의 원인으로 본다.
⑤ 수정주의와 탈수정주의 모두 냉전을 파악하는 데 있어 경제적인 측면을 고려한다.

04 다음 글의 필자가 '아재 개그'에 대해 가지고 있는 견해로 옳지 않은 것은?

아재 개그는 '아재'가 하는 개그입니다. 아재의 의미가 '아저씨의 낮춤말' 정도로 해석이 되니, 나이가 좀 있는 남자가 실없는 농담, 웃긴 이야기를 하는 것이라 할 수 있습니다. 일본에서는 비슷한 상황에서 '오야지 개그'라는 표현을 합니다. 오야지가 아버지라는 의미이니까 '아버지의 농담'이라는 뜻입니다. 나이 든 남자의 농담은 국경을 초월해서 어색한 것 같습니다.

아재 개그를 보면 하는 사람은 무지 웃긴데 듣는 사람의 반응은 제각각입니다. 보통은 헛웃음을 웃는 경우가 많고, 얼굴 표정이 잠시 굳어 있는 경우도 있습니다. 어이가 없다는 반응이지요. 하지만 대부분의 경우는 어떤 모습으로든 서로 웃게 됩니다. 싱겁다는 반응도 나옵니다. 그래서일까요? 아재 개그는 여러 번 생각하면 웃긴 경우도 많습니다. 어이없다고 이야기해 놓고서는 다른 사람에게 전달하는 경우도 있습니다. 누가 이렇게 어이없는 아재 개그를 했다고 말입니다. 뜻밖에도 아재 개그는 이렇게 파급력도 있습니다.

아재 개그의 주요 소재는 말장난입니다. 한자로 이야기할 때는 언어유희(言語遊戲)라고도 합니다. 비슷한 발음의 단어를 이용해서 웃기는 거죠. 동음이의어는 오래 전부터 개그의 소재가 되었습니다. '친구가 군대에서 전역했어요.'라는 아들의 이야기를 듣고, '점심은 안 했냐?'라고 반응하면 아재 개그가 됩니다. 처음에는 무슨 이야기인지 몰라 어리둥절하다가 표정이 잠시 굳는 거죠.

예측이 되는 말장난은 아재 개그에도 속하지 못합니다. 그렇게 말할 줄 알았다는 게 아재 개그에서는 가장 치명적인 반응입니다. 청자의 허점을 찌르는 빠른 말장난이 핵심입니다. 어이없지만 웃어줄 만한 개그여야 합니다. 그런 의미에서라면 아재 개그는 언어 감각이 좋아야 할 수 있습니다. 타고난 거라고도 할 수 있습니다. 아재 개그에 천재적인 사람도 있습니다. 그런 사람은 예능계로 나가거나 글을 써야 할 겁니다.

물론 아재 개그는 노력도 필요합니다. 아재 개그를 하는 사람에게 물어보면 생각나는 아재 개그를 다 말하는 게 아닙니다. 고민 끝에 열 개 중 몇 개만 입 밖으로 내 놓는 겁니다. 너무 많이 아재 개그를 하면 사람들의 반응이 차갑습니다. 아재 개그계에서 퇴출될 수도 있습니다. 아재들의 피나는 노력이 아재 개그를 오래 가게 합니다. 치고 빠질 줄도 알아야 합니다.

① 아재 개그는 실없는 농담이나 어느 정도의 파급력도 가지고 있다.
② 아재 개그 중에서는 몇 번 생각해야 웃긴 것들이 있다.
③ 아재 개그를 너무 많이 하는 것은 오히려 분위기를 굳게 만들 수 있다.
④ 아재 개그에는 동음이의어나 발음의 유사성을 활용한 말장난이 많다.
⑤ 아재 개그를 잘하기 위해서는 노력이 중요하지, 타고나는 능력이 중요하지는 않다.

| 유형분석 |

- 글의 흐름과 내용을 잘 파악할 수 있는지를 평가하는 유형이다.
- 주어진 선택지와 빈칸의 앞뒤 문장을 읽으며 각각 어떤 내용이 들어갈지 유추해 본다.

다음 글의 밑줄 친 빈칸에 들어갈 내용으로 가장 적절한 것은?

포논(Phonon)이라는 용어는 소리(Pho-)라는 접두어에 입자(-non)라는 접미어를 붙여 만든 단어로, 실제로 포논이 고체 안에서 소리를 전달하기 때문에 이런 이름이 붙었다. 어떤 고체의 한쪽을 두드리면 포논이 전파해 반대쪽에서 소리를 들을 수 있다.

아인슈타인이 새롭게 만든 고체의 비열 공식(아인슈타인 모형)은 실험결과와 상당히 잘 맞았다. 그런데 그의 성공은 고체 내부의 진동을 포논으로 해석한 데에만 있지 않다. 그는 포논이 보존(Boson) 입자라는 사실을 간파하고, 고체 내부의 세상에 보존의 물리학(보즈 – 아인슈타인 통계)을 적용했다. 비로소 고체의 비열이 온도에 따라 달라진다는 결론을 얻을 수 있었다.

양자역학의 세계에서 입자는 스핀 상태에 따라 분류된다. 스핀이 1/2의 홀수배(1/2, 3/2, …)인 입자들은 원자로를 개발한 유명한 물리학자 엔리코 페르미의 이름을 따 '페르미온'이라고 부른다. 오스트리아의 이론 물리학자 볼프강 파울리는 페르미온들은 같은 에너지 상태를 가질 수 없고 서로 배척한다는 사실을 알아냈다(즉, 같은 에너지 상태에서는 + / − 반대의 스핀을 갖는 페르미온끼리만 같이 존재할 수 있다). 이를 '파울리의 배타원리'라고 한다. 페르미온은 대개 양성자, 중성자, 전자 같은 물질을 구성하며, 파울리의 배타원리에 따라 페르미온 입자로 이뤄진 물질은 우리가 손으로 만질 수 있다.

스핀이 0, 1, 2, … 등 정수 값인 입자도 있다. 바로 보존이다. 인도의 무명 물리학자였던 사티엔드라 나트 보즈의 이름을 본 땄다. 보즈는 페르미가 개발한 페르미 통계를 공부하고 보존의 물리학을 만들었다. 당시 그는 박사학위도 없는 무명의 물리학자여서 논문을 작성한 뒤 아인슈타인에게 편지로 보냈다. 다행히 아인슈타인은 그 논문을 쓰레기통에 넣지 않고 꼼꼼히 읽어본 뒤 자신의 생각을 첨가하고 독일어로 번역해 학술지에 제출했다. 바로 보존 입자의 물리학(보즈 – 아인슈타인 통계)이다. 이에 따르면, 보존 입자는 페르미온과 달리 파울리의 배타원리를 따르지 않는다. 따라서 같은 에너지 상태를 지닌 입자라도 서로 겹쳐서 존재할 수 있다. 만져지지 않는 에너지 덩어리인 셈이다. 이들 보존 입자는 대개 힘을 매개한다.

빛 알갱이, 즉 _____ 빛은 실험을 해보면 입자의 특성을 보이지만, 질량이 없고 물질을 투과하며 만져지지 않는다. 포논은 어떨까? 원자 사이의 용수철 진동을 양자화 한 것이므로 물질이 아니라 단순한 에너지의 진동으로서 파울리의 배타원리를 따르지 않는다. 즉, 포논은 광자와 마찬가지로 스핀이 0인 보존 입자다.

① 광자는 보존의 대표적인 예다.
② 광자는 페르미온의 대표적인 예다.
③ 광자는 파울리의 배타원리를 따른다.
④ 광자는 스핀 상태에 따라 분류할 수 없다.
⑤ 광자는 스핀이 1/2의 홀수배인 입자의 대표적인 예다.

정답 ①

빈칸의 전 문단에서 '보존 입자는 페르미온과 달리 파울리의 배타원리를 따르지 않는다. 따라서 같은 에너지 상태를 지닌 입자라도 서로 겹쳐서 존재할 수 있다. 만져지지 않는 에너지 덩어리인 셈이다.'라고 하였고, 빈칸 다음 문장에서 '빛은 실험을 해보면 입자의 특성을 보이지만, 질량이 없고 물질을 투과하며 만져지지 않는다.'라고 하였다. 또한 마지막 문장에서 '포논은 광자와 마찬가지로 스핀이 0인 보존 입자다.'라고 하였으므로 광자는 스핀이 0인 보존 입자라는 것을 알 수 있다. 따라서 빈칸에 들어갈 내용으로는 ①이 가장 적절하다.

오답분석

③ 광자가 파울리의 배타원리를 따른다면, 파울리의 배타원리에 따라 페르미온 입자로 이뤄진 물질은 우리가 손으로 만질 수 있어야 한다. 그러나 광자는 질량이 없고 물질을 투과하며 만져지지 않는다고 하였으므로 적절하지 않은 내용이다.
④ '포논은 광자와 마찬가지로 스핀이 0인 보존 입자다.'라는 문장에서 광자는 스핀 상태에 따라 분류할 수 있는 입자임을 알 수 있으므로 적절하지 않은 내용이다.
⑤ 스핀이 1/2의 홀수배인 입자들은 페르미온이라고 하였고, 광자는 스핀이 0인 보존 입자이므로 적절하지 않은 내용이다.

30초 컷 풀이 Tip

제시문을 모두 읽고 풀기에는 시간이 부족하다. 따라서 빈칸의 전후 문장만을 통해 내용을 파악할 수 있어야 한다. 주어진 문장을 각각 빈칸에 넣었을 때 그 흐름이 어색하지 않은지 살펴보는 것도 좋은 방법이다.

※ 다음 글의 밑줄 친 빈칸에 들어갈 내용으로 가장 적절한 것을 고르시오. [1~4]

01

과거, 민화를 그린 사람들은 정식으로 화업을 전문으로 하는 사람이 아니었다. 대부분 타고난 그림 재주를 밑천으로 그림을 그려 가게에 팔거나 필요로 하는 사람에게 그려주고 그 대가로 생계를 유지 했던 사람들이었던 것이다. 그들은 민중의 수요를 충족시키기 위해 정형화된 내용과 상투적 양식의 그림을 반복적으로 그렸다.

민화는 당초부터 세련된 예술미 창조를 목표로 하는 그림이 아니었다. 단지 이 세상을 살아가는 데 필요한 진경(珍景)의 염원과 장식 욕구를 충족할 수만 있으면 그것으로 족한 그림이었던 것이다. 그래서 표현 기법이 비록 유치하고, 상투적이라 해도 화가나 감상자(수요자) 모두에게 큰 문제가 되지 않았던 것이다. _____ 다시 말해 민화는 필력보다 소재와 그것에 담긴 뜻이 더 중요한 그림이었던 것이다. 문인 사대부들이 독점 향유해 온 소재까지도 서민들은 자기 식으로 해석, 번안하고 그 속에 현실적 욕망을 담아 생활 속에 향유했다. 민화에 담은 주된 내용은 세상에 태어나 죽을 때까지 많은 자손을 거느리고 부귀를 누리면서 편히 오래 사는 것이었다.

① '어떤 기법을 쓰느냐.'에 따라 민화는 색채가 화려하거나 단조로울 수 있다.

② '어떤 기법을 쓰느냐.'보다 '무엇을 어떤 생각으로 그리느냐.'를 중시하는 것이 민화였다.

③ '어떤 기법을 쓰느냐.'보다 '감상자가 작품에 만족을 하는지.'를 중시하는 것이 민화였다.

④ '어떤 기법을 쓰느냐.'에 따라 세련된 그림이 나올 수도 있고, 투박한 그림이 나올 수 있다.

⑤ '어떤 기법을 쓰느냐.'와 '무엇을 어떤 생각으로 그리느냐.'를 모두 중시하는 것이 민화였다.

최근 경제·시사분야에서 빈번하게 등장하는 단어인 탄소배출권(CER; Certified Emission Reduction)에 대한 개념을 이해하기 위해서는 먼저 교토메커니즘(Kyoto Mechanism)과 탄소배출권거래제(Emission Trading)를 알아둘 필요가 있다.

교토메커니즘은 지구 온난화의 규제 및 방지를 위한 국제 협약인 기후변화협약의 수정안인 교토 의정서에서, 온실가스를 보다 효과적이고 경제적으로 줄이기 위해 도입한 세 유연성체제인 '공동이행제도', '청정개발체제', '탄소배출권거래제'를 묶어 부르는 것이다.

이 중 탄소배출권거래제는 교토의정서 6대 온실가스인 이산화탄소, 메테인, 아산화질소, 과불화탄소, 수소불화탄소, 육불화황의 배출량을 줄여야 하는 감축의무국가가 의무감축량을 초과 달성하였을 경우에 그 초과분을 다른 국가와 거래할 수 있는 제도로, _____

결국 탄소배출권이란 현금화가 가능한 일종의 자산이자 가시적인 자연보호성과인 셈이며, 이에 따라 많은 국가 및 기업에서 탄소배출을 줄임과 동시에 탄소감축활동을 통해 탄소배출권을 획득하기 위해 동분서주하고 있다. 특히 기업들은 탄소배출권을 확보하는 주요 수단인 청정개발체제 사업을 확대하는 추세인데, 청정개발체제 사업은 개발도상국에 기술과 자본을 투자해 탄소배출량을 줄였을 경우에 이를 탄소배출량 감축목표달성에 활용할 수 있도록 한 제도이다.

① 다른 국가를 도왔을 때 그로 인해 줄어든 탄소배출량을 감축목표량에 더할 수 있는 것이 특징이다.

② 교토메커니즘의 세 유연성체제 중에서도 가장 핵심이 되는 제도라고 할 수 있다.

③ 6대 온실가스 중에서도 특히 이산화탄소를 줄이기 위해 만들어진 제도이다.

④ 의무감축량을 준수하지 못한 경우에도 다른 국가로부터 감축량을 구입할 수 있는 것이 특징이다.

⑤ 다른 감축의무국가를 도움으로써 획득한 탄소배출권이 사용되는 배경이 되는 제도이다.

03

미세먼지와 황사는 여러모로 비슷하면서도 뚜렷한 차이점을 지니고 있다. 삼국사기에도 기록되어 있는 황사는 중국 내륙 내몽골 사막에 강풍이 불면서 날아오는 모래와 흙먼지를 일컫는데, 장단점이 존재했던 과거와 달리 중국 공업지대를 지난 황사에 미세먼지와 중금속 물질이 더해지며 심각한 환경문제로 대두되었다. 이와 달리 미세먼지는 일반적으로는 대기오염물질이 공기 중에 반응하여 형성된 황산염이나 질산염 등 이온 성분, 석탄·석유 등에서 발생한 탄소화합물과 검댕, 흙먼지 등 금속화합물의 유해성분으로 구성된다.

미세먼지의 경우 통념적으로는 먼지를 미세먼지와 초미세먼지로 구분하고 있지만, 대기환경과 환경보전을 목적으로 하는 환경정책기본법에서는 미세먼지를 PM(Particulate Matter)이라는 단위로 구분한다. 즉, 미세먼지(PM_{10})의 경우 입자의 크기가 $10\mu m$ 이하인 먼지이고, 미세먼지($PM_{2.5}$)는 입자의 크기가 $2.5\mu m$ 이하인 먼지로 정의하고 있다. 이에 비해 황사는 통념적으로는 입자 크기로 구분하지 않으나 주로 지름 $20\mu m$ 이하의 모래로 구분하고 있다. 때문에 _____

① 황사 문제를 해결하기 위해서는 근본적으로 황사의 발생 자체를 억제할 필요가 있다.

② 황사와 미세먼지의 차이를 입자의 크기만으로 구분 짓긴 어렵다.

③ 미세먼지의 역할 또한 분명히 존재함을 기억해야 할 것이다.

④ 황사와 미세먼지의 근본적인 구별법은 그 역할에서 찾아야 할 것이다.

⑤ 초미세먼지를 차단할 수 있는 마스크라 해도 황사와 초미세먼지를 동시에 차단하긴 어렵다.

오늘날 인류가 왼손보다 오른손을 선호하는 경향은 어디서 비롯되었을까? 오른손을 귀하게 여기고 왼손을 천대하는 현상은 어쩌면 산업화 이전 사회에서 배변 후 사용할 휴지가 없었다는 사실과 관련이 있을 법하다. 맨손으로 배변 뒤처리를 하는 것은 불쾌할 뿐더러 병균을 옮길 위험을 수반하는 일이었다. 이런 위험성을 낮추는 간단한 방법은 음식을 먹거나 인사할 때 다른 손을 사용하는 것이었다. 기술 발달 이전의 사회는 대개 왼손을 배변 뒤처리에, 오른손을 먹고 인사하는 일에 사용했다. 나는 이런 배경이 인간 사회에 널리 나타나는 '오른쪽'에 대한 긍정과 '왼쪽'에 대한 반감을 어느 정도 설명해 줄 수 있으리라고 생각했다. 그러나 이 설명은 왜 애초에 오른손이 먹는 일에, 그리고 왼손이 배변 처리에 사용되었는지 설명해주지 못한다. _____ 따라서 근본적인 설명은 다른 곳에서 찾아야 할 것 같다.

한쪽 손을 주로 쓰는 경향은 뇌의 좌우반구의 기능 분화와 관련되어 있는 것으로 보인다. 보고된 증거에 따르면, 왼손잡이는 읽기와 쓰기, 개념적·논리적 사고 같은 좌반구 기능에서 오른손잡이보다 상대적으로 미약한 대신 상상력, 패턴 인식, 창의력 등 전형적인 우반구 기능에서는 상대적으로 기민한 경우가 많다.

나는 이성 대 직관의 힘겨루기, 뇌의 두 반구 사이의 힘겨루기가 오른손과 왼손의 힘겨루기로 표면화된 것이 아닐까 생각한다. 즉 오른손이 원래 왼손보다 더 능숙했기 때문이 아니라 뇌의 좌반구가 인간의 행동을 지배하는 권력을 갖게 되었기 때문에 오른손 선호에 이르렀다는 생각이다.

① 동서양을 막론하고 왼손잡이 사회는 확인된 바 없기 때문이다.
② 기능적으로 왼손이 오른손보다 섬세하기 때문이다.
③ 모든 사람들이 오른쪽을 선호하는 것이 아니기 때문이다.
④ 양손의 기능을 분담시키지 않는 사람이 존재할 수도 있기 때문이다.
⑤ 현대사회에 들어서 왼손잡이가 늘어나고 있기 때문이다.

CHAPTER 02

수리력

합격 CHEAT KEY

수리력은 응용수리, 자료해석을 평가하기 위한 영역으로 응용수리는 방정식이나 경우의 수 등의 일반적인 응용수리 유형이 출제되고 있으며, 자료해석은 일반적인 표와 그래프를 해석하고 이를 활용하여 풀이하는 문제가 출제된다.

01 응용수리

수의 관계에 대해 알고 미지수를 구하기 위해 필요한 계산식을 세울 수 있는지를 평가하는 유형이다. 농도·시간·거리·속도·일(작업시간) 등과 관련된 방정식 문제가 주로 출제되며, 기타 방정식, 경우의 수·확률 문제도 출제된다. 따라서 이와 관련된 기본 공식을 외워두어야 한다.

┤ 학습 포인트 ├
- 정형화된 유형을 풀어보고 숙지하여 기본을 튼튼히 해야 한다.
- 경우의 수나 확률과 같은 유형은 고등학교 수준의 문제를 풀어보는 것이 도움이 될 수 있다.

표나 그래프 등 주어진 자료를 보고 필요한 정보를 빠르게 찾아 해석할 수 있는지를 평가하는 유형이다. 자료해석은 모든 기업의 인적성검사에서 출제되고 있는 영역이므로 꾸준히 연습한다면 충분히 좋은 결과를 얻을 수 있다.

┤ 학습 포인트 ├

- 표, 꺾은선 그래프, 막대 그래프, 원 그래프 등 다양한 형태의 자료를 눈에 익힌다. 그래야 실제 시험에서 자료가 제시되었을 때 중점을 두고 파악해야 할 부분이 빠르게 보일 것이다.
- 한 문제당 제시되는 정보의 양이 매우 많으므로 시간을 절약하기 위해서는 문제를 읽고 바로 풀이에 들어가는 것보다는, 선택지를 먼저 읽고 필요한 정보만 추출하여 답을 찾는 것이 좋다.
---

01 응용수리

1. 수의 관계

(1) 약수와 배수

a가 b로 나누어떨어질 때, a는 b의 배수, b는 a의 약수

(2) 소수

1과 자기 자신만을 약수로 갖는 수. 즉, 약수의 개수가 2개인 수

(3) 합성수

1과 자신 이외의 수를 약수로 갖는 수. 즉, 소수가 아닌 수 또는 약수의 개수가 3개 이상인 수

(4) 최대공약수

2개 이상의 자연수의 공통된 약수 중에서 가장 큰 수

(5) 최소공배수

2개 이상의 자연수의 공통된 배수 중에서 가장 작은 수

(6) 서로소

1 이외에 공약수를 갖지 않는 두 자연수. 즉, 최대공약수가 1인 두 자연수

(7) 소인수분해

주어진 합성수를 소수의 거듭제곱의 형태로 나타내는 것

(8) 약수의 개수

자연수 $N = a^m \times b^n$에 대하여, N의 약수의 개수는 $(m+1) \times (n+1)$개

(9) 최대공약수와 최소공배수의 관계

두 자연수 A, B에 대하여, 최소공배수와 최대공약수를 각각 L, G라고 하면 A×B＝L×G가 성립한다.

2. 방정식의 활용

(1) 날짜 · 요일 · 시계

① 날짜 · 요일

㉠ 1일＝24시간＝1,440분＝86,400초

㉡ 날짜 · 요일 관련 문제는 대부분 나머지를 이용해 계산한다.

② 시계

㉠ 시침이 1시간 동안 이동하는 각도 : 30°

㉡ 시침이 1분 동안 이동하는 각도 : 0.5°

㉢ 분침이 1분 동안 이동하는 각도 : 6°

(2) 시간 · 속력 · 거리

① $(시간)=\dfrac{(거리)}{(속력)}$

② $(속력)=\dfrac{(거리)}{(시간)}$

㉠ 흐르는 물에서 배를 타는 경우

- (하류로 내려갈 때의 속력)＝(배 자체의 속력)＋(물의 속력)

- (상류로 올라갈 때의 속력)＝(배 자체의 속력)－(물의 속력)

③ (거리)＝(속력)×(시간)

㉠ 기차가 터널을 통과하거나 다리를 지나가는 경우

- (기차가 움직인 거리)＝(기차의 길이)＋(터널 또는 다리의 길이)

㉡ 두 사람이 반대 방향 또는 같은 방향으로 움직이는 경우

- (두 사람 사이의 거리)＝(두 사람이 움직인 거리의 합 또는 차)

(3) 나이 · 인원 · 개수

구하고자 하는 것을 미지수로 놓고 식을 세운다. 동물의 경우 다리의 개수에 유의해야 한다.

(4) 원가 · 정가

① (정가)＝(원가)＋(이익), (이익)＝(정가)－(원가)

② a원에서 $b\%$ 할인한 가격＝$a\times\left(1-\dfrac{b}{100}\right)$원

(5) 일률·톱니바퀴

① 일률

전체 일의 양을 1로 놓고, 시간 동안 한 일의 양을 미지수로 놓고 식을 세운다.

- $(일률) = \dfrac{(작업량)}{(작업기간)}$

- $(작업기간) = \dfrac{(작업량)}{(일률)}$

- $(작업량) = (일률) \times (작업기간)$

② 톱니바퀴

$(톱니 \ 수) \times (회전수) = (총 \ 맞물린 \ 톱니 \ 수)$

즉, A, B 두 톱니에 대하여, (A의 톱니 수)×(A의 회전수)=(B의 톱니 수)×(B의 회전수)가 성립한다.

(6) 농도

① $(농도) = \dfrac{(용질의 \ 양)}{(용액의 \ 양)}$

② $(용질의 \ 양) = \dfrac{(농도)}{100} \times (용액의 \ 양)$

(7) 수 Ⅰ

① 연속하는 세 자연수 : $x-1$, x, $x+1$
② 연속하는 세 짝수(홀수) : $x-2$, x, $x+2$

(8) 수 Ⅱ

① 십의 자릿수가 x, 일의 자릿수가 y인 두 자리 자연수 : $10x+y$
   이 수에 대해, 십의 자리와 일의 자리를 바꾼 수 : $10y+x$
② 백의 자릿수가 x, 십의 자릿수가 y, 일의 자릿수가 z인 세 자리 자연수 : $100x+10y+z$

(9) 증가·감소에 관한 문제

① x가 $a\%$ 증가 : $\left(1+\dfrac{a}{100}\right)x$
② y가 $b\%$ 감소 : $\left(1-\dfrac{b}{100}\right)y$

3. 경우의 수 · 확률

(1) 경우의 수

① 경우의 수 : 어떤 사건이 일어날 수 있는 모든 가짓수

② 합의 법칙

　　㉠ 두 사건 A, B가 동시에 일어나지 않을 때, A가 일어나는 경우의 수를 m, B가 일어나는 경우의 수를 n이라고 하면, 사건 A 또는 B가 일어나는 경우의 수는 $m+n$이다.

　　㉡ '또는', '~이거나'라는 말이 나오면 합의 법칙을 사용한다.

③ 곱의 법칙

　　㉠ A가 일어나는 경우의 수를 m, B가 일어나는 경우의 수를 n이라고 하면, 사건A와 B가 동시에 일어나는 경우의 수는 $m \times n$이다.

　　㉡ '그리고', '동시에'라는 말이 나오면 곱의 법칙을 사용한다.

④ 여러 가지 경우의 수

　　㉠ 동전 n개를 던졌을 때, 경우의 수 : 2^n

　　㉡ 주사위 m개를 던졌을 때, 경우의 수 : 6^m

　　㉢ 동전 n개와 주사위 m개를 던졌을 때, 경우의 수 : $2^n \times 6^m$

　　㉣ n명을 한 줄로 세우는 경우의 수 : $n! = n \times (n-1) \times (n-2) \times \cdots \times 2 \times 1$

　　㉤ n명 중, m명을 뽑아 한 줄로 세우는 경우의 수 : $_n\mathrm{P}_m = n \times (n-1) \times \cdots \times (n-m+1)$

　　㉥ n명을 한 줄로 세울 때, m명을 이웃하여 세우는 경우의 수 : $(n-m+1)! \times m!$

　　㉦ 0이 아닌 서로 다른 한 자리 숫자가 적힌 n장의 카드에서, m장을 뽑아 만들 수 있는 m자리 정수의 개수 : $_n\mathrm{P}_m$

　　㉧ 0을 포함한 서로 다른 한 자리 숫자가 적힌 n장의 카드에서, m장을 뽑아 만들 수 있는 m자리 정수의 개수 : $(n-1) \times {_{n-1}\mathrm{P}_{m-1}}$

　　㉨ n명 중, 자격이 다른 m명을 뽑는 경우의 수 : $_n\mathrm{P}_m$

　　㉩ n명 중, 자격이 같은 m명을 뽑는 경우의 수 : $_n\mathrm{C}_m = \dfrac{_n\mathrm{P}_m}{m!}$

　　㉪ 원형 모양의 탁자에 n명을 앉히는 경우의 수 : $(n-1)!$

⑤ 최단거리 문제 : A에서 B 사이에 P가 주어져 있다면, A와 P의 최단거리, B와 P의 최단거리를 각각 구하여 곱한다.

(2) 확률

① (사건 A가 일어날 확률)=$\dfrac{\text{(사건 A가 일어나는 경우의 수)}}{\text{(모든 경우의 수)}}$

② 여사건의 확률

　㉠ 사건 A가 일어날 확률이 p일 때, 사건 A가 일어나지 않을 확률은 $(1-p)$이다.

　㉡ '적어도'라는 말이 나오면 주로 사용한다.

③ 확률의 계산

　㉠ 확률의 덧셈

　　두 사건 A, B가 동시에 일어나지 않을 때, A가 일어날 확률을 p, B가 일어날 확률을 q라고 하면,
　　사건 A 또는 B가 일어날 확률은 $p+q$이다.

　㉡ 확률의 곱셈

　　A가 일어날 확률을 p, B가 일어날 확률을 q라고 하면, 사건 A와 B가 동시에 일어날 확률은 $p \times q$
　　이다.

④ 여러 가지 확률

　㉠ 연속하여 뽑을 때, 꺼낸 것을 다시 넣고 뽑는 경우 : 처음과 나중의 모든 경우의 수는 같다.

　㉡ 연속하여 뽑을 때, 꺼낸 것을 다시 넣지 않고 뽑는 경우 : 나중의 모든 경우의 수는 처음의 모든
　　경우의 수보다 1만큼 작다.

　㉢ (도형에서의 확률)=$\dfrac{\text{(해당하는 부분의 넓이)}}{\text{(전체 넓이)}}$

(1) 꺾은선(절선)그래프

① 시간적 추이(시계열 변화)를 표시하는 데 적합하다.

　예 연도별 매출액 추이 변화 등

② 경과·비교·분포를 비롯하여 상관관계 등을 나타낼 때 사용한다.

<중학교 장학금, 학비감면 수혜현황>

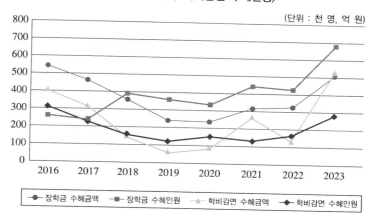

(2) 막대그래프

① 비교하고자 하는 수량을 막대 길이로 표시하고, 그 길이를 비교하여 각 수량 간의 대소 관계를 나타내는 데 적합하다.

　예 영업소별 매출액, 성적별 인원분포 등

② 가장 간단한 형태로 내역·비교·경과·도수 등을 표시하는 용도로 사용한다.

<연도별 암 발생 추이>

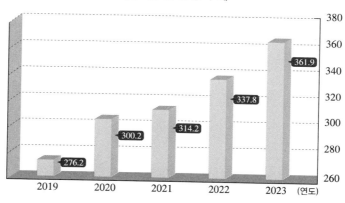

(3) 원그래프

① 내역이나 내용의 구성비를 분할하여 나타내는 데 적합하다.

　예 제품별 매출액 구성비 등

② 원그래프를 정교하게 작성할 때는 수치를 각도로 환산해야 한다.

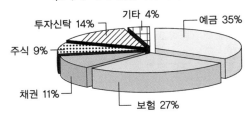

〈C국의 가계 금융자산 구성비〉

(4) 점그래프

① 지역분포를 비롯하여 도시, 지방, 기업, 상품 등의 평가나 위치, 성격을 표시하는 데 적합하다.

　예 광고비율과 이익률의 관계 등

② 종축과 횡축에 두 요소를 두고, 보고자 하는 것이 어떤 위치에 있는가를 알고자 할 때 사용한다.

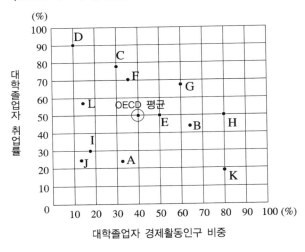

〈OECD 국가의 대학졸업자 취업률 및 경제활동인구 비중〉

(5) 층별그래프

① 합계와 각 부분의 크기를 백분율로 나타내고 시간적 변화를 보는 데 적합하다.
② 합계와 각 부분의 크기를 실수로 나타내고 시간적 변화를 보는 데 적합하다.
　　예 상품별 매출액 추이 등
③ 선의 움직임보다는 선과 선 사이의 크기로써 데이터 변화를 나타내는 그래프이다.

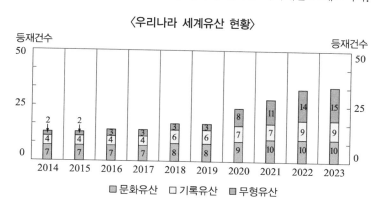

〈우리나라 세계유산 현황〉

(6) 레이더 차트(거미줄그래프)

① 다양한 요소를 비교할 때, 경과를 나타내는 데 적합하다.
　　예 매출액의 계절변동 등
② 비교하는 수량을 직경, 또는 반경으로 나누어 원의 중심에서의 거리에 따라 각 수량의 관계를 나타내는 그래프이다.

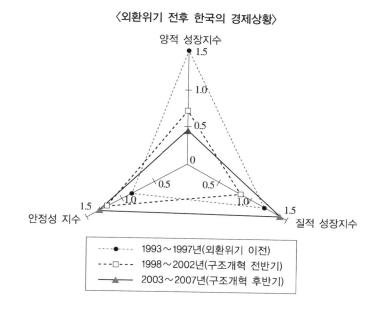

〈외환위기 전후 한국의 경제상황〉

01 거리 · 속력 · 시간

| 유형분석 |

- (거리)=(속력)×(시간) 공식을 활용한 문제이다.

  $(속력)=\dfrac{(거리)}{(시간)}$, $(시간)=\dfrac{(거리)}{(속력)}$
- 기차와 터널의 길이, 물과 같이 속력이 있는 장소 등 추가적인 거리나 속력, 시간에 대한 조건과 결합하여 난이도 높은 문제로 출제된다.

S사원은 지하철을 타고 출근한다. 속력이 60km/h인 지하철에 이상이 생겨 평소 속력의 0.4배로 운행하게 되었다. 지하철이 평소보다 45분 늦게 도착하였다면, S사원이 출발하는 역부터 도착하는 역까지 지하철의 이동거리는 얼마인가?

① 20km
② 25km
③ 30km
④ 35km
⑤ 40km

정답 ③

지하철의 이동거리를 $x$km라 하자.

이상이 생겼을 때 지하철의 속력은 $60 \times 0.4 = 24$km/h이고, 평소보다 45분 늦게 도착하였으므로 다음과 같은 식이 성립한다.

$\dfrac{x}{24} - \dfrac{x}{60} = \dfrac{45}{60}$

→ $5x - 2x = 90$

→ $3x = 90$

∴ $x = 30$

따라서 지하철의 이동거리는 30km이다.

30초 컷 풀이 Tip

1. 미지수를 정할 때에는 문제에서 묻는 것을 정확하게 파악해야 한다.
2. 속력과 시간의 단위를 처음에 정리하여 계산하면 계산 실수 없이 풀이할 수 있다.
   - 1시간=60분=3,600초
   - 1km=1,000m=100,000cm

Hard

01 철도 길이가 570m인 터널이 있다. A기차는 터널을 완전히 빠져나갈 때까지 50초가 걸리고, 기차 길이가 A기차의 길이보다 60m 짧은 B기차는 23초가 걸렸다. 두 기차가 터널 양 끝에서 동시에 출발하면 $\frac{1}{3}$ 지점에서 만난다고 할 때, A기차의 길이는?(단, 기차 속력은 일정하다)

① 150m
② 160m
③ 170m
④ 180m
⑤ 190m

02 둘레가 6km인 공원에서 나래는 자전거를 타기로 했고, 진혁이는 걷기로 했다. 같은 방향으로 돌면 1시간 30분 후에 다시 만나고, 서로 반대 방향으로 돌면 1시간 후에 만난다. 나래의 속도는?(단, 나래의 속력이 더 빠르다)

① 4.5km/h
② 5km/h
③ 5.5km/h
④ 6km/h
⑤ 6.5km/h

03 운송업체에서 택배 기사로 일하고 있는 S씨는 5곳에 배달을 할 때, 첫 배송지에서 마지막 배송지까지 총 1시간 20분이 걸린다. 이와 같은 속도로 12곳에 배달을 하려고 할 때, 첫 배송지에서 출발해서 마지막 배송지까지 택배를 마치는 데까지 걸리는 시간은?(단, 배송지에서 머무는 시간은 고려하지 않는다)

① 3시간 12분
② 3시간 25분
③ 3시간 36분
④ 3시간 40분
⑤ 3시간 52분

| 유형분석 |

- (농도)=$\dfrac{\text{(용질의 양)}}{\text{(용액의 양)}}\times100$ 공식을 활용한 문제이다.
- (소금물의 양)=(물의 양)+(소금의 양)이라는 것에 유의하고, 더해지거나 없어진 것을 미지수로 두고 풀이한다.

9%의 소금물 800g이 있다. 이 소금물을 증발시켜 16%의 소금물을 만들려면 몇 g을 증발시켜야 하는가?

① 300g
② 325g
③ 350g
④ 375g
⑤ 400g

정답 ③

증발시킬 물의 양을 xg이라고 하자.

$$\frac{9}{100}\times800=\frac{16}{100}\times(800-x)$$

$\rightarrow 7,200=12,800-16x$

$\therefore x=350$

따라서 16%의 소금물을 만들기 위해 350g의 물을 증발시켜야 한다.

30초 컷 풀이 Tip

간소화

숫자의 크기를 최대한 간소화해야 한다. 특히, 농도의 경우 분수와 정수가 같이 제시되고, 최근에는 비율을 활용한 문제가 많이 출제되고 있으므로 통분이나 약분을 통해 수를 간소화시켜 계산 실수를 줄일 수 있도록 한다.

주의사항

항상 미지수를 구해서 그 값을 계산하여 풀이해야 하는 것은 아니다. 문제에서 원하는 값은 정확한 미지수를 구하지 않아도 풀이과정에서 답이 제시되는 경우가 있으므로 문제에서 묻는 것을 명확히 해야 한다.

01 5% 설탕물 500g에서 설탕물을 덜어내 버린 후, 12% 설탕물 300g에 넣었더니 8%의 설탕물이 되었다. 처음에 덜어내 버린 설탕물의 양은?

① 80g

② 100g

③ 120g

④ 140g

⑤ 160g

02 S씨는 25% 농도의 코코아 700mL를 즐겨 마신다. S씨가 마시는 코코아에 들어간 코코아 분말의 양은?(단, 1mL=1g이다)

① 170g

② 175g

③ 180g

④ 185g

⑤ 190g

`Hard`

03 농도가 15%인 소금물을 5% 증발시킨 후 농도가 30%인 소금물 200g을 섞어서 농도가 20%인 소금물을 만들었다. 증발 전 농도가 15%인 소금물의 양은?

① 350g

② 400g

③ 450g

④ 500g

⑤ 550g

| 유형분석 |

- 전체 일의 양을 1로 두고 풀이하는 유형이다.
- 분이나 초 단위 계산이 가장 어려운 유형으로 출제되고 있다.
- $(일률)=\dfrac{(작업량)}{(작업기간)}$, $(작업기간)=\dfrac{(작업량)}{(일률)}$, $(작업량)=(일률)\times(작업기간)$

현재 A, B, C, D는 각각 7천 원, 2천 원, 5천 원, 9천 원을 보유하고 있으며 이 돈과 함께 매일 각각 100원, 500원, 400원, 200원씩 저축을 하려고 한다. B와 C가 모은 총금액이 A와 D가 모은 총금액 이상이 되는 날은 며칠 후인가?

① 12일 후

② 13일 후

③ 14일 후

④ 15일 후

⑤ 16일 후

정답 ④

기간을 x일이라고 하자.

$2000+500x+5000+400x \ge 7000+100x+9000+200x$

$\to 70+9x \ge 160+3x \to 6x \ge 90$

$\therefore x \ge 15$

따라서 B와 C가 모은 총금액이 A와 D가 모은 총금액 이상이 되는 것은 15일 후이다.

30초 컷 풀이 Tip

1. 전체의 값을 모르는 상태에서 비율을 묻는 문제의 경우 전체를 1이라고 하면 쉽게 풀이할 수 있다.

   예 S가 1개의 빵을 만드는 데 3시간이 걸린다. 1개의 빵을 만드는 일의 양을 1이라고 하면 S는 한 시간에 $\dfrac{1}{3}$ 만큼의 빵을 만든다.

2. 난이도가 있는 일의 양 문제를 접근할 때 전체 일의 양을 막대 그림으로 표현하면서 풀이하면 한눈에 파악할 수 있다.

   예

$\dfrac{1}{2}$ 수행됨	A기계로 4시간 동안 작업	A, B 두 기계를 모두 동원해 작업

Easy

01 지하철이 A역에는 3분마다 오고, B역에는 2분마다 오고, C역에는 4분마다 온다. 지하철이 오전 4시 30분에 처음으로 A, B, C역에 동시에 도착했다면, 5번째로 세 지하철역에서 지하철이 동시에 도착하는 시각은?

① 4시 45분

② 5시

③ 5시 15분

④ 5시 18분

⑤ 5시 20분

02 S빌딩 시설관리팀에서 건물 화단 보수를 위해 두 팀으로 나누었다. 한 팀은 작업 하나를 마치는데 15분이 걸리지만 작업을 마치면 도구 교체를 위해 5분이 걸리고, 다른 한 팀은 작업 하나를 마치는데 30분이 걸리지만 한 작업을 마치면 도구 교체 없이 바로 다른 작업을 시작한다고 한다. 오후 1시부터 두 팀이 쉬지 않고 작업한다고 할 때, 두 팀이 세 번째로 동시에 작업을 시작하는 시각은?

① 오후 3시 30분

② 오후 4시

③ 오후 4시 30분

④ 오후 5시

⑤ 오후 5시 30분

03 화물 운송 트럭 A ~ C는 하루 2회 운행하며 192톤을 옮겨야 한다. A트럭만 운행하였을 때 12일이 걸렸고, A트럭과 B트럭을 동시에 운행하였을 때 8일이 걸렸으며, B트럭과 C트럭을 동시에 운행하였을 때 16일이 걸렸다. 이때 C트럭의 적재량은?

① 1톤

② 2톤

③ 3톤

④ 4톤

⑤ 5톤

04 금액

| 유형분석 |

- 원가, 정가, 할인가, 판매가 등의 개념을 명확히 한다.

  (정가)=(원가)+(이익)

  (이익)=(정가)-(원가)

  a원에서 $b\%$ 할인한 가격$=a\times\left(1-\dfrac{b}{100}\right)$원

- 난이도가 어려운 편은 아니지만 비율을 활용한 계산 문제이기 때문에 실수하기 쉽다.
- 최근에는 경우의 수와 결합하여 출제되기도 했다.

대학 서적을 도서관에서 빌리면 10일간 무료이고 그 이상은 하루에 100원의 연체료가 부과되며 연체료가 부과되는 시점부터 한 달 단위마다 연체료는 두 배로 늘어난다. 1학기 동안 대학 서적을 도서관에서 빌려 사용하는 데 얼마의 비용이 드는가?(단, 1학기의 기간은 15주이고, 한 달은 30일이다)

① 18,000원

② 20,000원

③ 23,000원

④ 25,000원

⑤ 28,000원

정답 ④

- 1학기의 기간 : $15\times7=105$일
- 연체료가 부과되는 기간 : $105-10=95$일
- 연체료가 부과되는 시점에서부터 한 달 동안의 연체료 : $30\times100=3,000$원
- 두 번째 달 동안의 연체료 : $30\times(100\times2)=6,000$원
- 세 번째 달 동안의 연체료 : $30\times(100\times2\times2)=12,000$원
- 95일(3개월 5일) 연체료 : $3,000+6,000+12,000+\{5\times(100\times2\times2\times2)\}=25,000$원

Easy

01 주희는 용돈 중 40%는 저금을 하고, 나머지의 50%는 교통비에 사용한다. 남는 돈이 60,000원일 때, 주희의 용돈은?

① 180,000원
② 200,000원
③ 220,000원
④ 240,000원
⑤ 250,000원

02 철수는 친구들을 초대하여 생일 파티를 열기로 했다. 10,000원짜리 피자와 7,000원짜리 치킨, 그리고 5,000원짜리 햄버거를 주문하려고 하며 피자와 치킨, 햄버거의 총 개수는 10개이다. 각 음식마다 적어도 1개 이상 주문해야 하고 피자는 치킨의 2배 개수를 주문할 때, 총 주문 금액이 가장 큰 경우와 가장 적은 경우의 금액 차이는?

① 6,000원
② 8,000원
③ 12,000원
④ 24,000원
⑤ 36,000원

03 세희네 가족의 올해 여름 휴가비용은 작년 대비 교통비는 15%, 숙박비는 24% 증가하여 전체 휴가비용이 20% 증가하였다. 작년 전체 휴가비용이 36만 원일 때, 올해 숙박비는?(단, 전체 휴가비는 교통비와 숙박비의 합이다)

① 160,000원
② 184,000원
③ 200,000원
④ 248,000원
⑤ 268,000원

| 유형분석 |

- 순열(P)과 조합(C)을 활용한 문제이다.

$$_n\mathrm{P}_m = n \times (n-1) \times \cdots \times (n-m+1)$$

$$_n\mathrm{C}_m = \frac{_n\mathrm{P}_m}{m!} = \frac{n \times (n-1) \times \cdots \times (n-m+1)}{m!}$$

- 벤다이어그램을 활용한 문제가 출제되기도 한다.

A, B 두 명이 호텔에 묵으려고 한다. 선택할 수 있는 호텔 방이 301, 302, 303호 3개일 때, 호텔 방을 선택할 수 있는 경우의 수는?(단, 한 명당 한 방만 선택할 수 있고, 둘 중 한 명이 방을 선택하지 않거나 두 명 모두 방을 선택하지 않을 수도 있다)

① 10가지
② 11가지
③ 12가지
④ 13가지
⑤ 14가지

정답 ④

ⅰ) 둘 다 호텔 방을 선택하는 경우 : $_3\mathrm{P}_2 = 3 \times 2 = 6$가지

ⅱ) 둘 중 한 명만 호텔 방을 선택하는 경우 : 호텔 방을 선택하는 사람은 A, B 둘 중에 한 명이고, 한 명이 호텔 방을 선택할 수 있는 경우의 수는 3가지이므로 $2 \times 3 = 6$가지

따라서 두 명이 호텔 방을 선택하는 경우의 수는 두 명 다 선택 안 하는 경우까지 포함한 $6+6+1=13$가지이다.

30초 컷 풀이 Tip

확률과 경우의 수 문제는 빠르게 계산할 수 있는 방법을 생각해야 한다. 특히 '이상'과 같은 표현이 사용됐다면 전체(1)에서 나머지를 빼는 방법이 편리하다.

Easy

01 할아버지와 할머니, 아버지와 어머니, 그리고 3명의 자녀로 이루어진 가족이 있다. 이 가족이 일렬로 서서 가족사진을 찍으려고 한다. 할아버지가 맨 앞, 할머니가 맨 뒤에 위치할 때, 나머지 가족들이 일렬로 서서 가족사진을 찍는 경우의 수는?

① 120가지   ② 125가지

③ 130가지   ④ 135가지

⑤ 140가지

02 S유치원에 다니는 남자아이 2명과 여자아이 3명에게 고무공을 나누어 주려고 한다. 고무공은 빨간색 5개, 노란색 5개가 있으며 빨간색 공은 남자아이들에게 적어도 1개씩 나누어 주고, 노란색 공은 여자아이들에게 적어도 1개 이상의 같은 개수를 나누어 주기로 하였다. 이때 나누어 줄 수 있는 경우의 수는?

① 85가지   ② 90가지

③ 95가지   ④ 100가지

⑤ 105가지

03 어느 대학교 동아리에서 테니스 경기를 토너먼트 방식으로 진행하려고 한다. 총 16명의 참가자들이 참여했을 때, 최종 우승자가 나올 때까지 진행되는 경기의 수는?(단, 동점자는 없다)

① 11번   ② 12번

③ 13번   ④ 14번

⑤ 15번

| 유형분석 |

- 순열(P)과 조합(C)을 활용한 문제이다.
- 조건부 확률 문제가 출제되기도 한다.

0, 1, 2, 3, 4가 적힌 5장의 카드가 있다. A와 B는 이 중 3장의 카드를 뽑아 큰 숫자부터 나열하여 가장 큰 세 자리 숫자를 만든 사람이 이기는 게임을 하기로 했다. A가 0, 2, 3을 뽑았을 때, B가 이길 확률은?

① 60%

② 65%

③ 70%

④ 75%

⑤ 80%

정답 ③

A는 0, 2, 3을 뽑았으므로 만들 수 있는 가장 큰 세 자리 숫자는 320이다. 이처럼 5장 중 3장의 카드를 뽑을 때 카드의 순서를 고려하지 않고 뽑는 전체 경우의 수는 $_5C_3=10$가지이다.

B가 이기려면 4가 적힌 카드를 뽑거나 1, 2, 3이 적힌 카드를 뽑아야 한다.

4가 적힌 카드를 뽑는 경우의 수는 4를 제외하고 나머지 2장의 카드를 뽑아야 하므로 $_4C_2=6$가지이고, 1, 2, 3이 적힌 카드를 뽑는 경우는 1가지이다.

따라서 B가 이길 확률은 $\dfrac{6+1}{10} \times 100 = 70\%$이다.

30초 컷 풀이 Tip

여사건의 확률
㉠ 사건 A가 일어날 확률이 p일 때, 사건 A가 일어나지 않을 확률은 $(1-p)$이다.
㉡ '적어도'라는 말이 나오면 주로 사용한다.

확률의 덧셈
두 사건 A, B가 동시에 일어나지 않을 때, A가 일어날 확률을 p, B가 일어날 확률을 q라고 하면, 사건 A 또는 B가 일어날 확률은 $p+q$이다.

확률의 곱셈
A가 일어날 확률을 p, B가 일어날 확률을 q라고 하면, 사건 A와 B가 동시에 일어날 확률은 $p \times q$이다.

Hard

01 두 자연수 a, b에 대하여 a가 짝수일 확률은 $\dfrac{2}{3}$, b가 짝수일 확률은 $\dfrac{3}{5}$이다. 이때 a와 b의 곱이 짝수일 확률은?

① $\dfrac{11}{15}$ ② $\dfrac{4}{5}$

③ $\dfrac{13}{15}$ ④ $\dfrac{14}{15}$

⑤ $\dfrac{1}{3}$

02 같은 회사에 다니는 A사원과 B사원이 건물 맨 꼭대기인 9층에서 엘리베이터를 함께 탔다. 두 사원이 서로 다른 층에 내릴 확률은?(단, 두 사원 모두 지하에서는 내리지 않는다)

① $\dfrac{5}{27}$ ② $\dfrac{8}{27}$

③ $\dfrac{2}{3}$ ④ $\dfrac{8}{9}$

⑤ $\dfrac{77}{81}$

03 어느 학교의 학생은 A과목과 B과목 중 한 과목만을 선택하여 수업을 받는다고 한다. A과목과 B과목을 선택한 학생의 비율이 각각 전체의 40%, 60%이고, A과목을 선택한 학생 중 여학생은 30%, B과목을 선택한 학생 중 여학생은 40%라고 하자. 이 학교의 3학년 학생 중에서 임의로 뽑은 학생이 여학생일 때, 그 학생이 B과목을 선택한 학생일 확률은?

① $\dfrac{1}{3}$ ② $\dfrac{2}{3}$

③ $\dfrac{1}{4}$ ④ $\dfrac{3}{4}$

⑤ $\dfrac{2}{5}$

07 자료추론

| 유형분석 |

- 자료를 보고 해석하거나 추론한 내용을 고르는 문제가 출제된다.
- 증감 추이를 판단하거나 증감률, 증감폭 등의 간단한 계산이 포함되어 있다.
- %와 %p의 차이점을 알고 적용할 수 있어야 한다.

다음은 성별 국민연금 가입자 현황이다. 이에 대한 설명으로 가장 적절한 것은?

〈성별 국민연금 가입자 수〉

(단위 : 명)

구분	사업장 가입자	지역 가입자	임의 가입자	임의계속 가입자	합계
남성	8,059,994	3,861,478	50,353	166,499	12,138,324
여성	5,775,011	3,448,700	284,127	296,644	9,804,482
합계	13,835,005	7,310,178	334,480	463,143	21,942,806

① 가입자 수가 많은 순서대로 나열하면 '사업장 가입자 - 지역 가입자 - 임의 가입자 - 임의계속 가입자' 순서이다.
② 여성 사업장 가입자 수는 나머지 여성 가입자 수를 모두 합친 것보다 적다.
③ 전체 지역 가입자 수는 전체 사업장 가입자 수의 50% 미만이다.
④ 남성 사업장 가입자 수는 남성 지역 가입자 수의 2배 미만이다.
⑤ 전체 가입자 중 여성 가입자 수의 비율은 40% 이상이다.

정답 ⑤

전체 가입자 중 여성 가입자 수의 비율은 $\frac{9,804,482}{21,942,806} \times 100 = 44.7\%$이다.

오답분석

① 가입자 수가 많은 집단 순서는 '사업장 가입자 - 지역 가입자 - 임의계속 가입자 - 임의 가입자' 순서이다.
② 여성 가입자 전체 수인 9,804,482명에서 여성 사업장 가입자 수인 5,775,011명을 빼면 4,029,471명이므로 여성 사업장 가입자 수가 나머지 여성 가입자 수를 모두 합친 것보다 많다.
③ 전체 지역 가입자 수는 전체 사업장 가입자 수의 $\frac{7,310,178}{13,835,005} \times 100 = 52.8\%$이다.
④ 남성 사업장 가입자 수는 8,059,994명으로 남성 지역 가입자 수의 2배인 3,861,478×2=7,722,956명보다 많다.

30초 컷 풀이 Tip

계산이 필요 없거나 생각하지 않아도 되는 선택지부터 먼저 해결하여 시간을 단축한다.

Easy

01 S사원은 본사 이전으로 인해 집과 회사가 멀어져 회사 근처로 집을 구하려고 한다. ○○시에 있는 아파트와 빌라 총 세 곳의 월세를 알아본 S사원이 월세와 교통비를 생각해 집을 결정한다고 할 때, 옳은 설명은?

구분	월세	거리(편도)
A빌라	280,000원	2.8km
B빌라	250,000원	2.1km
C아파트	300,000원	1.82km

※ 월 출근일 : 20일
※ 교통비 : 1km당 1,000원

① C아파트의 교통비가 가장 많이 든다.

② 월 예산 40만 원으로는 세 집 모두 불가능하다.

③ C아파트는 A빌라보다 한 달 금액이 20,000원 덜 든다.

④ B빌라에 살 때 회사와 집만 왕복하면 한 달에 33만 4천 원으로 살 수 있다.

⑤ B빌라에 두 달 살 경우, A빌라와 C아파트의 한 달 금액을 합친 것보다 비싸다.

02 다음은 2017 ~ 2023년 우리나라 지진 발생 현황에 대한 자료이다. 이에 대한 설명으로 가장 적절한 것은?

〈우리나라 지진 발생 현황〉

구분	지진 횟수	최고 규모
2017년	42회	3.3
2018년	52회	4.0
2019년	56회	3.9
2020년	93회	4.9
2021년	49회	3.8
2022년	44회	3.9
2023년	492회	5.8

① 지진 횟수가 증가할 때 지진의 최고 규모도 커진다.
② 2020년에는 2019년보다 지진이 44회 더 발생했다.
③ 2017년 이후 지진 발생 횟수가 꾸준히 증가하고 있다.
④ 2023년에 발생한 지진은 2017년부터 2022년까지의 평균 지진 발생 횟수에 비해 약 8.8배 급증했다.
⑤ 2020년에 일어난 규모 4.9의 지진은 2017년 이후 우리나라에서 발생한 지진 중 가장 강력한 규모이다.

03 S카드사는 카드 이용 시 제공되는 할인 서비스에 대한 기존 고객의 선호도를 조사하여 신규 상품에 적용하고자 한다. S카드사 이용 고객 2,000명을 대상으로 실시한 선호도 조사 결과가 다음과 같을 때, 이에 대한 〈보기〉의 설명 중 옳은 것을 모두 고르면?

〈할인 서비스 선호도 조사 결과〉

(단위 : %)

할인 서비스	남성	여성	전체
주유	18	22	20
온라인 쇼핑	10	18	14
영화관	24	23	23.5
카페	8	13	10.5
제과점	22	17	19.5
편의점	18	7	12.5

※ 응답자들은 가장 선호하는 할인 서비스 항목 1개를 선택하였음

보기

ㄱ. 선호도 조사 응답자 2,000명의 남녀 비율은 동일하다.
ㄴ. 편의점 할인 서비스는 남성보다 여성 응답자가 더 선호한다.
ㄷ. 온라인 쇼핑 할인 서비스를 선택한 남성은 모두 130명이다.
ㄹ. 남성과 여성 응답자는 모두 영화관 할인 서비스를 가장 선호한다.

① ㄱ, ㄴ   ② ㄱ, ㄹ
③ ㄴ, ㄷ   ④ ㄴ, ㄹ
⑤ ㄷ, ㄹ

04 다음은 S연구소에서 제습기 A∼E의 습도별 연간소비전력량을 측정한 자료이다. 이에 대한 〈보기〉의 설명 중 옳은 것을 모두 고르면?

〈제습기 A∼E의 습도별 연간소비전력량〉

(단위 : kWh)

제습기＼습도	40%	50%	60%	70%	80%
A	550	620	680	790	840
B	560	640	740	810	890
C	580	650	730	800	880
D	600	700	810	880	950
E	660	730	800	920	970

보기

ㄱ. 습도가 70%일 때, 연간소비전력량이 가장 적은 제습기는 A이다.

ㄴ. 각 습도에서 연간소비전력량이 많은 제습기부터 순서대로 나열하면, 습도 60%일 때와 습도 70%일 때의 순서는 동일하다.

ㄷ. 습도가 40%일 때 제습기 E의 연간소비전력량은 습도가 50%일 때 제습기 B의 연간소비전력량보다 많다.

ㄹ. 제습기 각각에서 연간소비전력량은 습도가 80%일 때가 40%일 때의 1.5배 이상이다.

① ㄱ, ㄴ

② ㄱ, ㄷ

③ ㄴ, ㄹ

④ ㄱ, ㄷ, ㄹ

⑤ ㄴ, ㄷ, ㄹ

자료계산

| 유형분석 |

- 자료상에 주어진 공식을 활용하는 계산 문제와 증감률, 비율, 합, 차 등을 활용한 문제가 출제된다.
- 많은 문제가 출제되지는 않지만, 숫자가 큰 경우가 많으므로 정확한 수치와 제시된 조건을 꼼꼼히 확인하여 실수를 하지 않는 것이 중요하다.
- 단위를 반드시 확인한다.

다음은 방송통신위원회가 발표한 2023년 지상파방송의 프로그램 수출입 현황이다. 프로그램 수입에서 영국이 차지하는 비율은?(단, 비율은 소수점 둘째 자리에서 반올림한다)

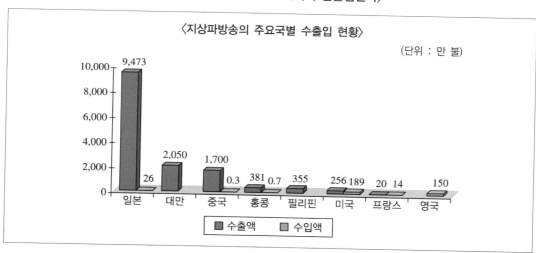

〈지상파방송의 주요국별 수출입 현황〉

(단위 : 만 불)

① 45.2%
② 43.8%
③ 41.1%
④ 39.5%
⑤ 37.7%

정답 ④

도표에 나타난 프로그램 수입비용을 모두 합하면 380만 불이며, 이 중 영국에서 수입하는 액수는 150만 불이므로 그 비중은 약 39.47%에 달한다.

30초 컷 풀이 Tip

기준 값이 동일한 경우에는 정확한 수치를 계산하지 않고, 비율로 계산해도 동일한 결과를 얻을 수 있다.

01 다음은 A중학교 여름방학 방과 후 학교 신청 학생 중 과목별 학생 수를 비율로 나타낸 그래프이다. 방과 후 학교를 신청한 전체 학생이 200명일 때, 수학을 선택한 학생은 미술을 선택한 학생보다 몇 명이 더 적은가?

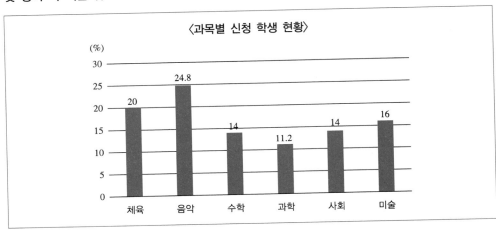

〈과목별 신청 학생 현황〉

① 3명
② 4명
③ 5명
④ 6명
⑤ 7명

Easy

02 다인이와 5명의 친구들이 몸무게와 키를 측정하였다. 다음 6명 중 두 번째로 키가 큰 사람은 누구이며, 그 사람의 몸무게는 몇 번째로 가벼운가?

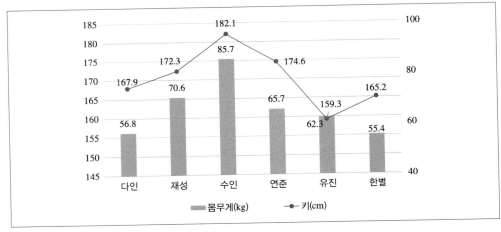

① 연준, 4번째
② 연준, 3번째
③ 재성, 4번째
④ 재성, 3번째
⑤ 재성, 2번째

03   다음은 의약품 종류별 가격 및 상자 수에 대한 자료이다. 종류별 상자 수를 가중치로 적용하여 가격에 대한 가중평균을 구하면 66만 원이다. 이때 빈칸에 들어갈 알맞은 수는?

〈의약품 종류별 가격 및 상자 수〉

(단위 : 만 원, 개)

구분	A	B	C	D
가격	( )	70	60	65
상자 수	30	20	30	20

① 60   ② 65

③ 70   ④ 75

⑤ 80

04   다음은 S마트의 과자 종류에 따른 가격 및 할인율에 대한 자료이다. S마트는 A ~ C과자에 기획 상품 할인을 적용하여 팔고 있다. 모든 과자를 정상가로 각각 2봉지씩 구매할 수 있는 금액을 가지고 할인율이 적용된 가격으로 각각 2봉지씩 과자를 구매했다. 남은 돈으로 A과자를 더 산다고 할 때, A과자를 몇 봉지를 더 살 수 있는가?

〈과자별 가격 및 할인율〉

구분	A	B	C
정상가	1,500원	1,200원	2,000원
할인율	20%		40%

① 5봉지   ② 4봉지

③ 3봉지   ④ 2봉지

⑤ 1봉지

CHAPTER 03
도형추리

합격 CHEAT KEY

S-OIL의 도형추리 영역은 지원자의 형태지각 능력 및 공간지각 능력을 평가한다. 매 시험마다 다른 유형의 문제가 번갈아 출제되는데, 크게는 도형의 변화를 보고 적용된 규칙을 유추하여 빈칸을 채우는 유형과 여러 가지 규칙이 적용된 결과물을 찾는 유형으로 나눌 수 있다. 그러나 적용되는 규칙은 크게 벗어나지 않고 있으므로 지난 기출문제 등을 통해 다양한 유형을 학습하는 것이 가장 효과적이다.

01 도형추리

주어진 도형의 배열로부터 규칙성을 발견해내거나 도형의 변화 관계를 파악하여 문제에 제시된 도형이 어떻게 변화하는지 신속하고 정확하게 유추하는 유형으로 실제 시험에서는 문제를 풀기 전 예제 문제를 통해 유형을 파악할 시간이 주어진다. 다양한 도형추리 문제를 풀어보면서 일정한 규칙을 파악하고 빠른 시간 내에 규칙을 인지해야 하며, 정답을 찾는 연습을 통해 실제 연습에서 효과적으로 대처할 수 있다.

┤ 학습 포인트 ├

- 색 반전, 회전, 대칭, 교환 등 모든 문제에 적용되는 규칙은 한정되어 있다. 따라서 최대한 기출 유형을 모두 풀어보면서 다양한 규칙을 익혀 두면 실제 시험에서 규칙을 빠르게 찾아내는 데 유리할 것이다.
- 조건이 여러 번 적용되어 한 번이라도 규칙을 잘못 적용하면 결과가 전혀 달라질 수 있다. 단계별로 정확히 흐름을 따라가며 실수하지 않도록 주의해야 한다.

01 도형추리 ①

| 유형분석 |

- 3×3의 칸에 나열된 각 도형들 사이의 규칙을 찾아 ?에 들어갈 알맞은 도형을 찾는 유형이다.
- 이때 규칙은 가로 또는 세로로 적용되며, 회전, 색 반전, 대칭, 겹치는 부분 지우기 / 남기기 / 색 반전 등 다양한 규칙이 적용된다.

다음 제시된 도형의 규칙을 보고 ?에 들어갈 도형으로 알맞은 것을 고르면?

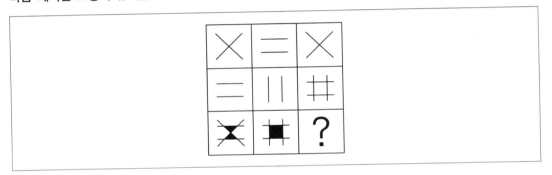

①   ②

③   ④

⑤

정답 ①

규칙은 세로로 적용된다.

첫 번째 도형과 두 번째 도형을 합쳤을 때, 만들어지는 면에 색을 칠한 도형이 세 번째 도형이다.

※ 다음 제시된 도형의 규칙을 보고 ?에 들어갈 도형으로 알맞은 것을 고르시오. [1~3]

01

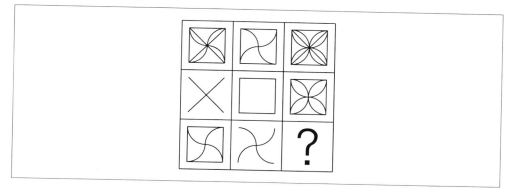

①

②

③

④

⑤

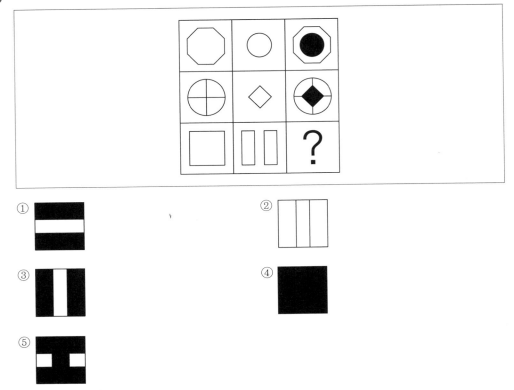

①

②

③

④

⑤

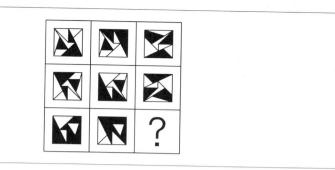

①

②

③

④

⑤

| 유형분석 |

- 평면도형에 대한 형태지각 능력과 추리 능력을 평가하는 유형이다.
- 내부 도형 이동, 색 반전, 회전 등 다양한 규칙이 적용된다.

다음 도형 또는 내부의 기호들은 일정한 규칙으로 변화하고 있다. 다음 중 ?에 들어갈 도형으로 가장 알맞은 것은?

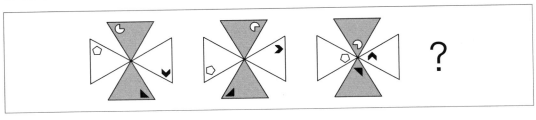

①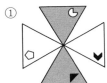

②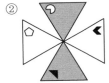

③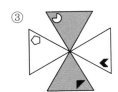

④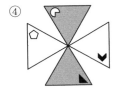

⑤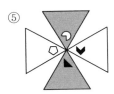

정답 ③

가장 큰 4개의 정삼각형 도형 안에서 회색 정삼각형 안의 작은 도형의 경우 모서리 쪽으로 시계 방향으로 이동하고 있으며, 흰색 정삼각형 안의 작은 도형의 경우 모서리 쪽으로 시계 반대 방향으로 이동하고 있다. 작은 도형들 중 흰색 도형은 시계 방향으로 90° 회전하고 있으며, 검은색 도형은 시계 반대 방향으로 90° 회전하고 있다.

※ 다음 도형 또는 내부의 기호들은 일정한 규칙을 가지고 변화한다. 다음 중 ?에 들어갈 도형으로 가장
　알맞은 것을 고르시오. [1~3]

01

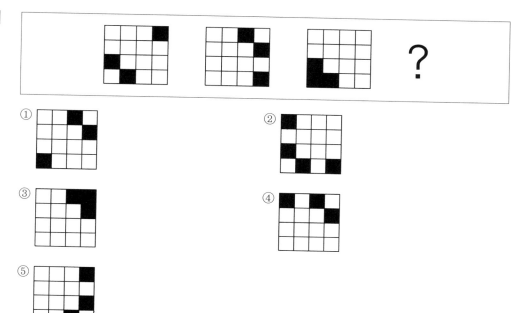

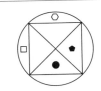

①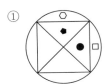

②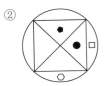

③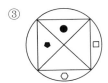

④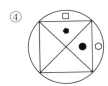

⑤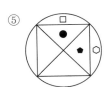

03

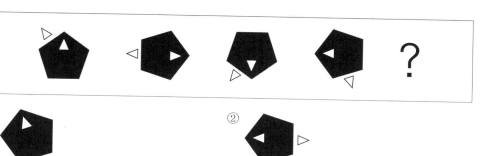

①

②

③

④

⑤

| 유형분석 |

- 제시된 도형을 보고 규칙을 찾는 유형이다.
- 내부 도형 이동, 색 반전, 회전 등 다양한 규칙이 적용된다.

다음 기호들은 일정한 규칙에 따라 도형을 변화시킨다. 기호에 해당하는 규칙을 파악하여 ?에 들어갈 도형으로 알맞은 것은?

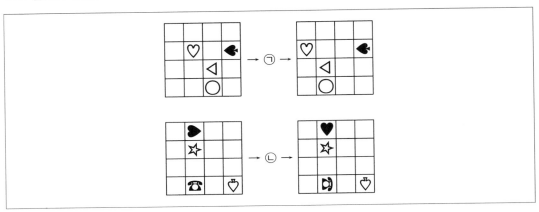

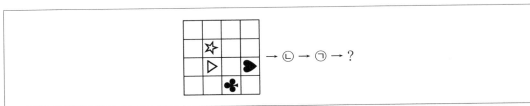

①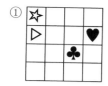

②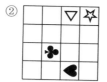

③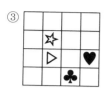

④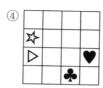

⑤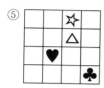

정답 ④

• ㉠ : 흰색 도형만 왼쪽으로 한 칸 이동
• ㉡ : 검은색 도형만 시계 방향으로 90° 회전

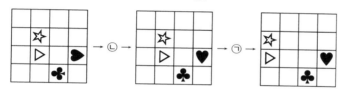

※ 다음 기호들은 일정한 규칙에 따라 도형을 변화시킨다. 기호에 해당하는 규칙을 파악하여 물음표에 들어갈 도형으로 알맞은 것을 고르시오. [1~2]

01

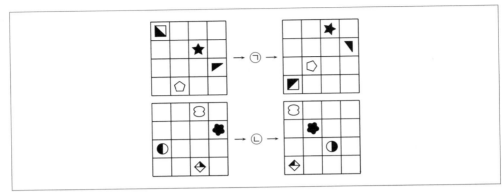

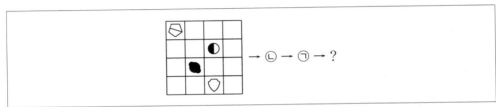

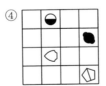

①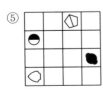

②

③

④

⑤

02

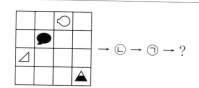

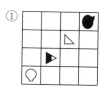 ①

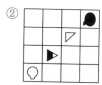 ②

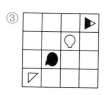 ③

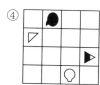 ④

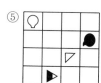 ⑤

실패는 성공의 첫걸음이다.

– 월트 디즈니 –

PART 3
최종점검 모의고사

S-OIL 온라인 인적성검사	
도서 동형 온라인 실전연습 서비스	ASUN-00000-9D8A0

S-OIL 온라인 인적성검사		
영역	문항 수	제한시간
언어력	15문항	20분
수리력	20문항	25분
도형추리	15문항	15분

01	언어력

※ 다음 글의 제목으로 가장 적절한 것을 고르시오. [1~2]

01

중세 유럽에서는 토지나 자원을 왕실이 소유하고 있었다. 사람들은 이러한 토지나 자원을 이용하려면 일정한 비용을 지불해야 했다. 예를 들어 광산을 개발하거나 수산물을 얻는 사람들은 해당 자원의 이용에 대한 비용을 왕실에 지불하였고 이는 왕실의 권력과 부의 유지를 돕는 동시에 국가의 재정을 보충하는 역할을 하였는데 이때 지불한 비용이 바로 로열티이다.

로열티의 개념은 산업 혁명과 함께 발전하였다. 산업 혁명을 통해 특허, 상표 등의 지적 재산권이 보호되기 시작하면서 기업들은 이러한 권리를 보유한 개인이나 조직에게 사용에 대한 보상을 지불하게 되었다. 지적 재산권은 기업이 특정한 기술, 디자인, 상표 등을 보유하고 있을 때 그들에게 독점적인 권리를 제공하고 이러한 권리의 보호와 보상을 위해 로열티 제도가 도입되었다.

로열티는 기업과 지적 재산권 소유자 간의 계약에 의해 설정되는 형태로 발전하였다. 기업이 특정 제품을 판매하거나 특정 기술을 이용하는 경우 지적 재산권 소유자에게 계약에 따라 정해진 로열티를 지불하게 된다. 이로써 지적 재산권을 보유한 개인이나 조직은 자신들의 창작물이나 기술의 사용에 대한 보상을 받을 수 있으며, 기업들은 이러한 지적 재산권의 이용을 허가받아 경쟁 우위를 확보할 수 있게 되었다.

현재 로열티는 제품 판매나 라이선스, 저작물의 이용 등 다양한 형태로 나타나며 지적 재산권의 보호와 경제적 가치를 확보하는 중요한 수단으로 작용하고 있다. 로열티는 지식과 창조성의 보상으로서의 역할을 수행하며 기업들의 연구 개발을 촉진하고 혁신을 격려한다. 이처럼 로열티 제도는 기업과 지적 재산권 소유자 간의 상호 협력과 혁신적인 경제 발전에 기여하는 중요한 구조적 요소이다.

① 지적 재산권을 보호하는 방법
② 로열티 제도의 유래와 발전
③ 로열티 지급 시 유의사항
④ 지적 재산권의 정의
⑤ 로열티 제도의 모순

2020년 2월 코로나19의 지역 감염이 확산됨에 따라 감염병 위기경보 수준이 '경계'에서 '심각'으로 격상되었다. 이처럼 감염병 위기 단계가 높아지면 무엇이 달라질까?

감염병 위기경보 수준은 '관심', '주의', '경계', '심각'의 4단계로 나뉘며, 각 단계에 따라 정부의 주요 대응 활동이 달라진다. 먼저, 해외에서 신종감염병이 발생하여 유행하거나 국내에서 원인불명 또는 재출현 감염병이 발생하면 '관심' 단계의 위기경보가 발령된다. '관심' 단계에서 질병관리본부는 대책반을 운영하여 위기 징후를 모니터링하고, 필요할 경우 현장 방역 조치와 방역 인프라를 가동한다. 해외에서의 신종감염병이 국내로 유입되거나 국내에서 원인불명 또는 재출현 감염병이 제한적으로 전파되면 '주의' 단계가 된다. '주의' 단계에서는 질병관리본부의 중앙방역대책본부가 설치되어 운영되며 유관기관은 협조체계를 가동한다. 또한 '관심' 단계에서 가동된 현장 방역 조치와 방역 인프라, 모니터링 및 감시 시스템은 더욱 강화된다. 국내로 유입된 해외의 신종감염병이 제한적으로 전파되거나 국내에서 발생한 원인불명 또는 재출현 감염병이 지역 사회로 전파되면 '경계' 단계로 격상된다. '경계' 단계에서는 중앙방역대책본부의 운영과 함께 보건복지부 산하에 중앙사고수습본부가 설치된다. 필요할 경우 총리 주재하에 범정부 회의가 개최되고, 행정안전부는 범정부 지원본부의 운영을 검토한다. 마지막으로 해외의 신종감염병이 국내에서 지역사회 전파 및 전국 확산을 일으키거나 국내 원인불명 또는 재출현 감염병이 전국적으로 확산되면 위기경보의 가장 높은 단계인 '심각' 단계로 격상된다. 이 단계에서는 범정부적 총력 대응과 함께 필요할 경우 중앙재난안전대책본부를 운영하게 된다. 이때 '경계' 단계에서의 총리 주재하에 범정부 회의가 이루어지던 방식은 중앙재난안전대책본부가 대규모 재난의 예방·대비·대응·복구 등에 대한 사항을 총괄하고 조정하는 방식으로 달라진다.

① 코로나19 감염 확산에 따른 대응 방안
② 시간에 따른 감염병 위기경보 단계의 변화
③ 감염병 위기경보 단계에 따른 정부의 대응 변화
④ 위기경보 '심각' 단계 상향에 따른 정부의 특별 지원
⑤ 감염병 위기경보 단계 상향에 따른 국민 행동수칙 변화

PART 3

다음 글의 주제로 가장 적절한 것은?

최근에 사이버공동체를 중심으로 한 시민의 자발적 정치 참여 현상이 많은 관심을 끌고 있다. 이러한 현상과 관련하여 A의 연구가 새삼 주목 받고 있다. A의 연구에 따르면 공동체의 구성원이 됨으로써 얻게 되는 '사회적 자본'이 시민사회의 성숙과 민주주의 발전을 가져오는 원동력이다. A의 이론에서는 공동체에 대한 자발적 참여를 통해 사회 구성원 간의 상호 의무감과 신뢰, 구성원들이 공유하는 규칙과 관행, 사회적 유대 관계와 같은 사회적 자본이 늘어나면, 사회 구성원 간의 협조적인 행위가 가능하게 된다고 보았다. 더 나아가 A는 자원봉사자와 같이 공동체 참여도가 높은 사람이 투표할 가능성이 높고 정부 정책에 대한 의견 개진도 활발해지는 등 정치 참여도가 높아진다고 주장하였다.

몇몇 학자들은 A의 이론을 적용하여 면대면 접촉에 따른 인간관계의 산물인 사회적 자본이 사이버공동체에서도 충분히 형성될 수 있다고 보았다. 그리고 사이버공동체에서 사회적 자본의 증가는 곧 정치 참여도 활성화시킬 것으로 기대했다. 하지만 이러한 기대와는 달리 정치 참여가 활성화되지 않았다. 요즘 젊은이들을 보면 각종 사이버공동체에 자발적으로 참여하는 수준은 높지만 투표나 다른 정치 활동에는 무관심하거나 심지어 정치를 혐오하기도 한다. 이런 측면에서 A의 주장은 사이버공동체가 활성화된 오늘날에는 잘 맞지 않는다.

이러한 이유 때문에 오늘날 사이버공동체를 중심으로 한 정치 참여를 더 잘 이해하기 위해서 '정치적 자본' 개념의 도입이 필요하다. 정치적 자본은 사회적 자본의 구성 요소와는 달리 정치 정보의 습득과 이용, 정치적 토론과 대화, 정치적 효능감 등으로 구성된다. 정치적 자본은 사회적 자본과 마찬가지로 공동체 참여를 통해서 획득되지만, 정치 과정에의 관여를 촉진한다는 점에서 사회적 자본과는 구분될 필요가 있다. 사회적 자본만으로 정치 참여를 기대하기 어렵고, 사회적 자본과 정치 참여 사이를 정치적 자본이 매개할 때 비로소 정치 참여가 활성화된다.

① 사이버공동체를 통해 축적된 사회적 자본에 정치적 자본이 더해질 때 정치 참여가 활성화된다.
② 사회적 자본은 정치적 자본을 포함하기 때문에 그 자체로 정치 참여의 활성화를 가져온다.
③ 사회적 자본이 많은 사회는 정치 참여가 활발하기 때문에 민주주의가 실현된다.
④ 사이버공동체의 특수성으로 인해 시민들의 정치 참여가 어렵게 되었다.
⑤ 사이버공동체에의 자발적 참여 증가는 정치 참여를 활성화시킨다.

04 다음 문단을 논리적 순서대로 바르게 나열한 것은?

> (가) 개념사를 역사학의 한 분과로 발전시킨 독일의 역사학자 코젤렉은 '개념은 실재의 지표이자 요소'라고 하였다. 이 말은 실타래처럼 얽혀 있는 개념과 정치·사회적 실재, 개념과 역사적 실재의 관계를 정리하기 위한 중요한 지침으로 작용한다. 그에 의하면 개념은 정치적 사건이나 사회적 변화 등의 실재를 반영하는 거울인 동시에 정치·사회적 사건과 변화의 실제적 요소이다.
>
> (나) 개념은 정치적 사건과 사회적 변화 등에 직접 관련되어 있거나 그것을 기록, 해석하는 다양한 주체들에 의해 사용된다. 이러한 주체들, 즉 역사 행위자들이 사용하는 개념은 여러 의미가 포개어진 층을 이룬다. 개념사에서는 사회·역사적 현실과 관련하여 이러한 층들을 파헤치면서 개념이 어떻게 사용되어 왔는가, 이 과정에서 그 의미가 어떻게 변화했는가, 어떤 함의들이 거기에 투영되었는가, 그 개념이 어떠한 방식으로 작동했는가 등에 대해 탐구한다.
>
> (다) 이상에서 보듯이 개념사에서는 개념과 실재를 대조하고 과거와 현재의 개념을 대조함으로써, 그 개념이 대응하는 실재를 정확히 드러내고 있는가, 아니면 실재의 이해를 방해하고 더 나아가 왜곡하는가를 탐구한다. 이를 통해 코젤렉은 과거에 대한 '단 하나의 올바른 묘사'를 주장하는 근대 역사학의 방법을 비판하고, 과거의 역사 행위자가 구성한 역사적 실재와 현재 역사가가 만든 역사적 실재를 의미있게 소통시키고자 했다.
>
> (라) 사람들이 '자유', '민주', '평화' 등과 같은 개념들을 사용할 때, 그 개념이 서로 같은 의미를 갖는 것은 아니다. '자유'의 경우, '구속받지 않는 상태'를 강조하는 개념으로 쓰이는가 하면, '자발성'이나 '적극적인 참여'를 강조하는 개념으로 쓰이기도 한다. 이러한 정의와 해석의 차이로 인해 개념에 대한 논란과 논쟁이 늘 있어 왔다. 바로 이러한 현상에 주목하여 출현한 것이 코젤렉의 '개념사'이다.
>
> (마) 또한 개념사에서는 '무엇을 이야기 하는가.'보다는 '어떤 개념을 사용하면서 그것을 이야기하는가.'에 관심을 갖는다. 개념사에서는 과거의 역사 행위자가 자신이 경험한 현재를 서술할 때 사용한 개념과 오늘날의 입장에서 과거의 역사 서술을 이해하기 위해 사용한 개념의 차이를 밝힌다. 그리고 과거의 역사를 현재의 역사로 번역하면서 양자가 어떻게 수렴될 수 있는가를 밝히는 절차를 밟는다.

① (가) – (나) – (다) – (라) – (마)
② (라) – (가) – (나) – (마) – (다)
③ (라) – (나) – (가) – (다) – (마)
④ (나) – (마) – (가) – (다) – (라)
⑤ (나) – (라) – (마) – (다) – (가)

05 다음 제시된 문단을 읽고, 이어질 문단을 논리적 순서대로 바르게 나열한 것은?

> 연금 제도의 금융 논리와 관련하여 결정적으로 중요한 원리는 중세에서 비롯된 신탁 원리다. 12세기 영국에서는 미성년 유족(遺族)에게 토지에 대한 권리를 합법적으로 이전할 수 없었다. 그럼에도 불구하고 영국인들은 유언을 통해 자식에게 토지 재산을 물려주고 싶어 했다.

> (가) 이런 상황에서 귀족들이 자신의 재산을 미성년 유족이 아닌, 친구나 지인 등 제3자에게 맡기기 시작하면서 신탁 제도가 형성되기 시작했다. 여기서 재산을 맡긴 성인 귀족, 재산을 물려받은 미성년 유족, 그리고 미성년 유족을 대신해 그 재산을 관리·운용하는 제3자로 구성되는 관계, 즉 위탁자, 수익자, 그리고 수탁자로 구성되는 관계가 등장했다.
>
> (나) 연금 제도가 이 신탁 원리에 기초해 있는 이상, 연금 가입자는 연기금 재산의 운용에 대해 영향력을 행사하기 어렵게 된다. 왜냐하면 신탁의 본질상 공·사 연금을 막론하고 신탁 원리에 기반을 둔 연금 제도에서는 수익자인 연금 가입자의 적극적인 권리 행사가 허용되지 않기 때문이다.
>
> (다) 이 관계에서 주목해야 할 것은 미성년 유족은 성인이 될 때까지 재산권을 온전히 인정받지는 못했다는 점이다. 즉 신탁 원리 하에서 수익자는 재산에 대한 운용 권리를 모두 수탁자인 제3자에게 맡기도록 되어 있었기 때문에 수익자의 지위는 불안정했다.
>
> (라) 결국 신탁 원리는 수익자의 연금 운용 권리를 현저히 약화시키는 것을 기본으로 한다. 그 대신 연금 운용을 수탁자에게 맡기면서 '수탁자 책임'이라는, 논란이 분분하고 불분명한 책임이 부과된다. 수탁자 책임 이행의 적절성을 어떻게 판단할 수 있는가에 대해 많은 논의가 있었지만, 수탁자 책임의 내용에 대해서 실질적인 합의가 이루어지지는 못했다.

① (가) – (나) – (라) – (다)
② (가) – (다) – (나) – (라)
③ (나) – (가) – (다) – (라)
④ (나) – (라) – (가) – (다)
⑤ (다) – (가) – (나) – (라)

Hard

06

> 어떻게 그 공이 세 가지가 있다고 말하는가. 그 하나는 직통(直通)이요 다른 하나는 합통(合通)이요 또 다른 하나는 추통(推通)이다. 직통(直通)이라는 것은 많은 여러 물건을 일일이 취하되 순수하고, 섞이지 않는 것이다. 합통(合通)이라는 것은 두 물건을 화합하여 아울러서 거두되 그렇고 그렇지 않은 것을 분별한다. 추통(推通)이라는 것은 이 물건으로써 전 물건에 합하고 또 다른 물건에 유추하는 것이다. 직통(直通)은 모두 참되고 오류가 없으니 하나의 사물이 스스로 하나의 사물이 되기 때문이다. 합통(合通)과 추통(推通)은 참도 있고 오류도 있으니 이것으로써 저것에 합하고, 맞는 것도 있고 맞지 않은 것도 있다. _____ 더욱 많으면 맞지 않은 경우가 있기 때문이다.
>
> — 최한기, 『기학』

① 이것으로 저것에 합하는 것은 참이고, 이것으로 저것을 분별하는 것은 거짓이니

② 이것으로써 저것에 합하고 또 다른 것을 유추하는 데는 위험이 더욱 많으니

③ 이것으로써 저것에 합하는 것은 맞지 않는 것보다 맞는 것이 더욱 많으니

④ 무릇 추통은 다만 사람만이 가능하고 유추하는 데는 위험이 더욱 적으니

⑤ 무릇 추통은 다만 사람은 가능하지만 금수는 추통을 하지 못하니

07

> 아리스토텔레스는 인간은 그 스스로 결정하는 일에 참여할 뿐만 아니라 그런 기회를 실제로 가짐으로써 비로소 결정하는 법을 배우게 되는 사회적 동물이라고 했다. 따라서 도덕적 결정을 어떻게 하는지 알기 위해서는 _____ 훌륭한 시민은 태어나는 것이 아니다. 사회 교육적으로 만들어지는 것이다. 그리스 도시는 그리스 청소년에게 전인격적 인간을 만들어 주는 사회 교육의 장이었으며, 문명의 장이었던 것이다. 물론 도시를 학교화시키는 그리스의 사회 교육적 노력은 궁극적으로는 소수 시민이나 정치적 지배자를 양성하기 위한 정치 교육적 노력이었다는 점은 비판되어야 하지만, 사회가 교실이라는 논리만큼은 현대의 산업 사회에서도 적용될 수 있다고 판단된다.

① 그와 관계되는 교육적 프로그램을 다양하게 개발해야 한다.

② 그런 일에 직접 참여해 보는 경험보다 더 중요한 것은 없다.

③ 그 방면의 권위자의 견해를 학습하는 것이 선행되어야 한다.

④ 그와 관계되는 적절한 학습 동기를 부여하는 것이 중요하다.

⑤ 우선 사회와 개인에 대한 깊은 이해가 선행되어야 할 것이다.

PART 3

※ 다음 글의 내용으로 적절하지 않은 것을 고르시오. [8~9]

08

최근 국내 건설업계에서는 3D 프린팅 기술을 건설 분야와 접목하고자 노력하고 있다. 해외 건설사들도 3D 프린팅 기술을 이용한 건축 시장을 선점하기 위한 경쟁이 활발히 이루어지고 있으며 이미 미국 텍사스 지역에서 3D 프린팅 기술을 이용하여 주택 4채를 1주일 만에 완공한 바 있다. 또한 우리나라에서도 인공 조경 벽 등 건설 현장에서 3D 프린팅 건축물을 차차 도입해가고 있다.

왜 건설업계에서는 3D 프린팅 기술을 주목하게 되었을까? 3D 프린팅 건축 방식은 전통 건축 방식과 비교하여 비용을 절감할 수 있고 공사 기간이 단축되는 점을 장점으로 꼽을 수 있다. 특히 공사 기간이 짧은 점은 천재지변으로 인한 이재민 등을 위한 주거시설을 빠르게 준비할 수 있다는 점에서 호평받고 있다. 또한 전통 건축 방식으로는 구현하기 힘든 다양한 디자인을 구현할 수 있는 점과 건축 폐기물 감소 및 CO_2 배출량 감소 등 환경보호 면에서도 긍정적인 평가를 받고 있으며 각 국가 간 이해관계 충돌로 인한 직·간접적 자재 수급난을 해결할 수 있는 점도 긍정적 평가를 받는 요인이다.

어떻게 3D 프린터로 건축물을 세우는 것일까? 먼저 일반적인 3D 프린팅의 과정을 알아야 한다. 일반적인 3D 프린팅은 컴퓨터로 물체를 3D 형태로 모델링한 후 용융성 플라스틱이나 금속 등을 3D 프린터 노즐을 통해 분사하여 아래부터 층별로 겹겹이 쌓는 과정을 거친다.

3D 프린팅 건축 방식도 마찬가지이다. 컴퓨터를 통해 건축물을 모델링 후 모델링한 정보에 따라 콘크리트, 금속, 폴리머 등의 건축자재를 노즐을 통해 분사시켜 층층이 쌓아 올리면서 컴퓨터로 설계한 대로 건축물을 만든다. 기계가 대신 건축물을 만든다는 점에서 사람의 힘으로 한계가 있는 기존 건축방식의 보완은 물론 코로나19 사태로 인한 인건비 상승 및 전문인력 수급난을 해결할 수 있다는 점 또한 호평받고 있다.

하지만 아쉽게도 우리나라에서의 3D 프린팅 건설 사업은 관련 인증 및 안전 규정 미비 등의 제도적 한계와 기술적 한계가 있어 상용화 단계가 이루어지기는 힘들다. 특히 3D 프린터로 구조물을 적층하여 구조물을 쌓아 올리는 데에는 로봇 팔이 필요한데 아직은 5층 이하의 저층 주택 준공이 한계이고 현 대한민국 주택시장은 고층 아파트 등 고층 건물이 주력이므로 3D 프린터 고층 건축물 제작 기술을 개발해야 한다는 주장도 더러 나오고 있다.

① 3D 프린터 건축 기술로 인해 대량의 실업자가 발생할 것이다.
② 이미 해외에서는 3D 프린터를 이용하여 주택을 시공한 바 있다.
③ 3D 프린터 건축 기술은 인력난을 해소할 수 있는 새로운 기술이다.
④ 3D 프린터 건축 기술은 전통 건축 기술과는 달리 환경에 영향을 덜 끼친다.
⑤ 현재 우리나라는 3D 프린터 건축 기술의 제도적 장치 및 기술적 한계를 해결해야만 하는 과제가 있다.

09

헤로도토스의 앤드로파기(식인종)나 신화나 전설적 존재들인 반인반양, 켄타우루스, 미노타우로스 등은 아무래도 역사적인 구체성이 크게 결여된 편이다. 반면에 르네상스의 야만인 담론에 등장하는 야만인들은 서구의 전통 야만인관에 의해 각색되었지만, 이전과는 달리 현실적 구체성을 띠고 나타난다. 하지만 이때도 문명의 시각이 작동하여 야만인이 저질 인간으로 인식되는 것은 마찬가지이다. 다만 이런 인식이 서구 중심의 세계체제 형성과 관련을 맺는다는 점이 이전과의 차이점이다. 르네상스 야만인상은 서구인의 문명건설 과업과 관련하여 만들어진 것이다. '신대륙 발견'과 더불어 '문명'과 '야만'의 접촉이 빈번해지자 야만인은 더는 신화적·상징적·문화적 이해 대상이 아니다. 이제 그는 실제 경험의 대상으로서 서구인의 일상생활에까지 모습을 드러내는 존재이다.

특히 주목해야 할 점은 콜럼버스의 '신대륙 발견' 이후로 야만인 담론은 유럽인이 '발견'한 지역의 원주민들과 집단으로 직접 만나는 실제 체험과 관련되어 있다는 사실이다. 르네상스 이전이라고 해서 이방의 원주민들을 만나지 않았을 리 없겠지만 그때에는 원주민에 대한 정보가 직접 경험에 의한 것이라기보다는 뜬소문에 근거하거나 아니면 순전히 상상의 산물인 경우가 많았다. 반면에 르네상스 시대 야만인은 그냥 원주민이 아니다. 이때 원주민은 식인종이며 바로 이 점 때문에 문명인의 교화를 받거나 정복과 절멸의 대상이 된다. 이 점은 코르테스가 정복한 아스테카 제국인 멕시코를 생각하면 쉽게 이해할 수 있다.

멕시코는 당시 거대한 제국으로서 유럽에서도 유례를 찾아보기 힘들 정도로 인구 25만의 거대한 도시를 건설한 '문명국'이었다. 하지만 멕시코 정벌에 참여한 베르날 디아즈는 나중에 이 경험을 토대로 한 회고록 『뉴 스페인 정복사』에서 멕시코 원주민들을 지독한 식인습관을 가진 것으로 매도한다. 멕시코 원주민들이 식인종으로 규정되고 나면 그들이 아무리 스페인 정복군이 눈이 휘둥그레질 정도로 발달된 문화를 가지고 있어도 소용이 없다. 그들은 집단으로 '식인 야만'으로 규정됨으로써 정복의 대상이 되고 또 이로 말미암아 세계사의 흐름에 큰 변화가 오게 된다. 거대한 대륙의 주인이 바뀌는 것이다.

① 고대에 형성된 야만인 이미지들은 경험에 의한 것이기보다 허구의 산물이었다.
② 르네상스 이후 서구인의 야만인 담론은 전통적인 야만인관과 단절을 이루었다.
③ 르네상스 이후 야만인은 서구의 세계제패 전략의 관점에서 인식되고 평가되었다.
④ 스페인 정복군에 의한 아즈테카 문명의 정복은 서구 야만인 담론을 통해 합리화되었다.
⑤ 콜럼버스 신대륙 발견 이후 야만인은 문명에 의해 교화되거나 정복되어야 할 잔인한 존재로 매도되었다.

※ 다음 글의 내용으로 가장 적절한 것을 고르시오. [10~11]

10

지진해일은 지진, 해저 화산폭발 등으로 바다에서 발생하는 파장이 긴 파도이다. 지진에 의해 바다 밑바닥이 솟아오르거나 가라앉으면 바로 위의 바닷물이 갑자기 상승 또는 하강하게 된다. 이 영향으로 지진해일파가 빠른 속도로 퍼져나가 해안가에 엄청난 위험과 피해를 일으킬 수 있다.

전 세계의 모든 해안 지역이 지진해일의 피해를 받을 수 있지만, 우리에게 피해를 주는 지진해일의 대부분은 태평양과 주변해역에서 발생한다. 이는 태평양의 규모가 거대하고 이 지역에서 대규모 지진이 많이 발생하기 때문이다. 태평양에서 발생한 지진해일은 발생 하루 만에 발생지점에서 지구의 반대편까지 이동할 수 있으며, 수심이 깊을 경우 파고가 낮고 주기가 길기 때문에 선박이나 비행기에서도 관측할 수 없다.

먼 바다에서 지진해일 파고는 해수면으로부터 수십 cm 이하이지만 얕은 바다에서는 급격하게 높아진다. 수심이 6,000m 이상인 곳에서 지진해일은 비행기의 속도와 비슷한 시속 800km로 이동할 수 있다. 지진해일은 얕은 바다에서 파고가 급격히 높아짐에 따라 그 속도가 느려지며 지진해일이 해안가의 수심이 얕은 지역에 도달할 때 그 속도는 시속 45~60km까지 느려지면서 파도가 강해진다. 이것이 해안을 강타함에 따라 파도의 에너지는 더 짧고 더 얕은 곳으로 모여 무시무시한 파괴력을 가져 우리의 생명을 위협하는 파도로 발달하게 된다. 최악의 경우, 파고가 15m 이상으로 높아지고 지진의 진앙 근처에서 발생한 지진해일의 경우 파고가 30m를 넘을 수도 있다. 파고가 3~6m 높이가 되면 많은 사상자와 피해를 일으키는 아주 파괴적인 지진해일이 될 수 있다.

지진해일의 파도 높이와 피해 정도는 에너지의 양, 지진해일의 전파 경로, 앞바다와 해안선의 모양 등으로 결정될 수 있다. 또한 암초, 항만, 하구나 해저의 모양, 해안의 경사 등 모든 것이 지진해일을 변형시키는 요인이 된다.

① 바다가 얕을수록 지진해일의 파고가 높아진다.
② 해안의 경사는 지진해일에 아무런 영향을 주지 않는다.
③ 지진해일은 파장이 짧으며, 화산폭발 등으로 인해 발생한다.
④ 지진해일이 해안가에 도달할수록 파도가 강해지며 속도는 시속 800km에 달한다.
⑤ 태평양 인근에서 발생한 지진해일은 대부분 한 달에 걸쳐 지구 반대편으로 이동하게 된다.

11

보름달 중에 가장 크게 보이는 보름달을 슈퍼문이라고 한다. 이때 보름달이 크게 보이는 이유는 달이 평소보다 지구에 가까이 있기 때문이다. 슈퍼문이 되려면 보름달이 되는 시점과 달이 지구에 가장 가까워지는 시점이 일치하여야 한다. 달의 공전 궤도가 완벽한 원이라면 지구에서 달까지의 거리가 항상 똑같을 것이다. 하지만 실제로는 타원 궤도여서 달이 지구에 가까워지거나 멀어지는 현상이 생긴다. 유독 달만 그런 것은 아니고 태양계의 모든 행성이 태양을 중심으로 타원 궤도로 돈다. 이것이 바로 그 유명한 케플러의 행성운동 제1법칙이다.

지구와 달의 평균 거리는 약 38만km인 반면 슈퍼문일 때는 그 거리가 35만 7,000km 정도로 가까워진다. 달의 반지름은 약 1,737km이므로, 지구와 달의 거리가 평균 정도일 때 지구에서 보름달을 바라보는 시각도*는 0.52도 정도인 반면, 슈퍼문일 때는 시각도가 0.56도로 커진다. 반대로 보름달이 가장 작게 보일 때, 다시 말해 보름달이 지구에서 제일 멀 때는 그 거리가 약 40만km여서 보름달을 보는 시각도가 0.49도로 작아진다.

밀물과 썰물이 생기는 원인은 지구에 작용하는 달과 태양의 중력 때문인데, 달이 태양보다는 지구에 훨씬 더 가깝기 때문에 더 큰 영향을 미친다. 달이 지구에 가까워지면 평소 달이 지구를 당기는 힘보다 더 강하게 지구를 당긴다. 그리고 달의 중력이 더 강하게 작용하면, 달을 향한 쪽의 해수면은 평상시보다 더 높아진다. 실제 우리나라에서도 슈퍼문일 때 제주도 등 해안가에 바닷물이 평소보다 더 높게 밀려 들어와서 일부 지역이 침수 피해를 겪기도 했다.

한편 달의 중력 때문에 높아진 해수면이 지구와 함께 자전을 하다보면 지구의 자전을 방해하게 된다. 일종의 브레이크가 걸리는 셈이다. 이 때문에 지구의 자전 속도가 느려지게 되고 그 결과 하루의 길이에 미세하게 차이가 생긴다. 실제 연구 결과에 따르면 100만 년에 17초 정도씩 길어지는 효과가 생긴다고 한다.

*시각도 : 물체의 양끝에서 눈의 결합점을 향하여 그은 두 선이 이루는 각

① 해수면의 높이는 지구와 달의 거리와 관계가 없다.
② 지구에서 태양까지의 거리는 1년 동안 항상 일정하다.
③ 달의 중력 때문에 지구가 자전하는 속도는 점점 빨라지고 있다.
④ 달이 지구에서 멀어지면 궤도에서 벗어나지 않기 위해 평소보다 더 강하게 지구를 잡아당긴다.
⑤ 지구와 달의 거리가 36만km 정도인 경우, 지구에서 보름달을 바라보는 시각도는 0.49도보다 크다.

12 다음 글의 주장에 대한 비판으로 적절하지 않은 것은?

> 동물실험이란 교육, 시험, 연구 및 생물학적 제제의 생산 등 과학적 목적을 위해 동물을 대상으로 실시하는 실험 또는 그 과학적 절차를 말한다. 전 세계적으로 매년 약 6억 마리의 동물들이 실험에 쓰이고 있다고 추정되며, 대부분의 동물들은 실험이 끝난 뒤 안락사를 시킨다.
>
> 동물실험은 대개 인체실험의 전 단계로 이루어지는데, 검증되지 않은 물질을 바로 사람에게 주입하여 발생하는 위험을 줄일 수 있다는 점에서 필수적인 실험이라고 말할 수 있다. 물론 살아있는 생물을 대상으로 하는 실험이기 때문에 대체(Replacement), 감소(Reduction), 개선(Refinement)으로 요약되는 3R 원칙에 입각하여 실험하는 것이 당연하다. 다른 방법이 있다면 그 방법을 채택할 것이며, 희생이 되는 동물의 수를 최대한 줄이고, 필수적인 실험 조건 외에는 자극을 주지 않아야 한다.
>
> 하지만 그럼에도 보다 안전한 결과를 도출해내기 위한 동물실험은 필요악이며, 이러한 필수적인 의약실험조차 금지하려 한다는 것은 기술 발전 속도를 늦춰 약이 필요한 누군가의 고통을 감수하자는 이기적인 주장과 같다고 할 수 있다.

① 3R 원칙과 같은 윤리적 강령이 법적인 통제력을 지니지 않은 이상 실제로 얼마나 엄격하게 지켜질 것인지는 알 수 없다.

② 화장품 업체들의 동물실험과 같은 사례를 통해, 생명과 큰 연관이 없는 실험은 필요악이라고 주장할 수 없다.

③ 아무리 엄격하게 통제된 실험이라고 해도 동물 입장에서 바라본 실험이 비윤리적이며 생명체의 존엄성을 훼손하는 행위라는 사실을 벗어날 수는 없다.

④ 과거와 달리 현대에서는 인공 조직을 배양하여 실험의 대상으로 삼을 수 있으므로 동물실험 자체를 대체하는 것이 가능하다.

⑤ 동물실험에서 안전성을 검증받은 이후 인체에 피해를 준 약물의 사례가 존재한다.

13 다음 글의 주장에 대한 반박으로 가장 적절한 것은?

> 인간은 사회 속에서만 자신을 더 나은 존재로 느낄 수 있기 때문에 자신을 사회화하고자 한다. 인간은 사회 속에서만 자신의 자연적 소질을 실현할 수 있는 것이다. 그러나 인간은 자신을 개별화하거나 고립시키려는 성향도 강하다. 이는 자신의 의도에 따라서만 행동하려는 반사회적인 특성을 의미한다. 그리고 저항하려는 성향이 자신뿐만 아니라 다른 사람에게도 있다는 사실을 알기 때문에, 그 자신도 곳곳에서 저항에 부딪히게 되리라 예상한다.
>
> 이러한 저항을 통하여 인간은 모든 능력을 일깨우고, 나태해지려는 성향을 극복하며 명예욕이나 지배욕, 소유욕 등에 따라 행동하게 된다. 그리하여 동시대인들 가운데에서 자신의 위치를 확보하게 된다. 이렇게 하여 인간은 야만의 상태에서 벗어나 문화를 이룩하기 위한 진정한 진보의 첫걸음을 내딛게 된다. 이때부터 모든 능력이 점차 계발되고, 아름다움을 판정하는 능력도 형성된다. 나아가 자연적 소질에 의해 도덕성을 어렴풋하게 느끼기만 하던 상태에서 벗어나 지속적인 계몽을 통하여 구체적인 실천 원리를 명료하게 인식할 수 있는 성숙한 단계로 접어든다. 그 결과 자연적인 감정을 기반으로 결합된 사회를 도덕적인 전체로 바꿀 수 있는 사유 방식이 확립된다.
>
> 인간에게 이러한 반사회성이 없다면, 인간의 모든 재능은 꽃피지 못하고 만족감과 사랑으로 가득찬 목가적인 삶 속에서 영원히 묻혀 버리고 말 것이다. 그리고 양처럼 선량한 기질의 사람들은 가축 이상의 가치를 자신의 삶에 부여하기 힘들 것이다. 자연 상태에 머물지 않고 스스로의 목적을 성취하기 위해 자연적 소질을 계발하여 창조의 공백을 메울 때, 인간의 가치는 상승되기 때문이다.

① 인간의 자연적인 성질은 사회화를 방해한다.
② 반사회성만으로는 자신의 재능을 계발하기 어렵다.
③ 사회성만으로도 충분히 목가적 삶을 영위할 수 있다.
④ 인간은 타인과의 갈등을 통해서도 사회성을 기를 수 있다.
⑤ 인간은 사회성만 가지고도 자신의 재능을 키워나갈 수 있다.

14 다음 글을 읽고 추론할 수 있는 내용으로 적절하지 않은 것은?

태양 빛은 흰색으로 보이지만 실제로는 다양한 파장의 가시광선이 혼합되어 나타난 것이다. 프리즘을 통과시키면 흰색 가시광선은 파장에 따라 붉은빛부터 보랏빛까지의 무지갯빛으로 분해된다. 가시광선의 파장 범위는 390 ~ 780nm* 정도인데 보랏빛이 가장 짧고 붉은빛이 가장 길다. 빛의 진동수는 파장과 반비례하므로 진동수는 보랏빛이 가장 크고 붉은빛이 가장 작다. 태양 빛이 대기층에 입사하여 산소나 질소 분자와 같은 공기 입자(직경 0.1 ~ 1nm 정도), 먼지 미립자, 에어로졸**(직경 1 ~ 100,000nm 정도) 등과 부딪치면 여러 방향으로 흩어지는데 이러한 현상을 산란이라 한다. 산란은 입자의 직경과 빛의 파장에 따라 '레일리(Rayleigh) 산란'과 '미(Mie) 산란'으로 구분된다. 레일리 산란은 입자의 직경이 파장의 1/10보다 작을 경우에 일어나는 산란을 말하는데 그 세기는 파장의 네제곱에 반비례한다. 대기의 공기 입자는 직경이 매우 작아 가시광선 중 파장이 짧은 빛을 주로 산란시키며, 파장이 짧을수록 산란의 세기가 강하다. 따라서 맑은 날에는 주로 공기 입자에 의한 레일리 산란이 일어나서 보랏빛이나 파란빛이 강하게 산란되는 반면 붉은빛이나 노란빛은 약하게 산란된다. 산란되는 세기로는 보랏빛이 가장 강하겠지만, 우리 눈은 보랏빛보다 파란빛을 더잘 감지하기 때문에 하늘은 파랗게 보이는 것이다. 만약 태양 빛이 공기 입자보다 큰 입자에 의해 레일리 산란이 일어나면 공기 입자만으로는 산란이 잘되지 않던 긴 파장의 빛까지 산란되어 하늘의 파란빛은 상대적으로 엷어진다.

미 산란은 입자의 직경이 파장의 1/10보다 큰 경우에 일어나는 산란을 말하는데 주로 에어로졸이나 구름 입자 등에 의해 일어난다. 이때 산란의 세기는 파장이나 입자 크기에 따른 차이가 거의 없다. 구름이 흰색으로 보이는 것은 미 산란으로 설명된다. 구름 입자(직경 20,000nm 정도)처럼 입자의 직경이 가시광선의 파장보다 매우 큰 경우에는 모든 파장의 빛이 고루 산란된다. 이 산란된 빛이 동시에 우리 눈에 들어오면 모든 무지갯빛이 혼합되어 구름이 하얗게 보인다. 이처럼 대기가 없는 달과 달리 지구는 산란 효과에 의해 파란 하늘과 흰 구름을 볼 수 있다.

*나노미터 : 물리학적 계량 단위(1nm=10^{-9}m)
**에어로졸 : 대기에 분산된 고체 또는 액체 입자

① 가시광선의 파란빛은 보랏빛보다 진동수가 작다.
② 프리즘으로 분해한 태양 빛을 다시 모으면 흰색이 된다.
③ 파란빛은 가시광선 중에서 레일리 산란의 세기가 가장 크다.
④ 빛의 진동수가 2배가 되면 레일리 산란의 세기는 16배가 된다.
⑤ 달의 하늘에서는 공기 입자에 의한 태양 빛의 산란이 일어나지 않는다.

15 다음 글을 읽고 추론할 수 있는 내용으로 가장 적절한 것은?

핀테크는 금융과 기술의 합성어로, 은행, 카드사 등의 금융기관이 기존 금융서비스에 ICT를 결합한 것으로 금융 전반에 나타난 디지털 혁신이다. 은행은 직접 방문하지 않아도 스마트폰 등을 이용하여 은행 업무를 처리할 수 있는 것이 대표적이다.

테크핀은 ICT 기업이 자신들의 기술을 통해 특색 있는 금융 서비스를 만드는 것으로, 핀테크와 비교했을 때, 기술을 금융보다 강조하는 점이 특징이다. ○○페이 등의 간편결제, 송금 서비스, 인터넷 전문은행 등이 대표적이다.

한국은 주로 금융기관이 주축이 되어 금융서비스를 개선하고 있었지만, 최근에는 비금융회사의 금융업 진출이 확대되고 있다. 국내의 높은 IT 인프라와 전자상거래 확산으로 인해 소비자들이 현재보다 편한 서비스를 필요하다고 생각하는 것이 원인이다. 또한 공인인증서 의무사용 폐지와 같은 규제가 완화되는 것 또한 ICT 기업이 금융으로 진출할 수 있는 좋은 상황으로 평가된다.

테크핀의 발전은 핀테크의 발전 역시 야기하였다. 테크핀으로 인한 위기를 느낀 금융기관은 이와 경쟁하기 위해 서비스를 개선하고 있다. 금융기관도 공인인증서, 보안카드 등이 필요 없는 서비스 등을 개선하고 모바일 뱅킹도 더 편리하게 개선하고 있다.

핀테크와 테크핀이 긍정적인 영향만을 가진 것은 아니다. 금융서비스 이용실태 조사에 따르면 금융 혁신이 이루어지고 이에 대한 혜택을 받는 사람이 저연령층이나 고소득층이 높은 비율을 차지하고 있다. 따라서 핀테크와 테크핀을 발전시키는 동시에 모든 사람이 혜택을 누릴 수 있는 방안도 같이 찾아야 한다.

① 핀테크가 발전하면 저소득층부터 고소득층 모두 혜택을 누린다.
② IT 인프라가 높으면 테크핀이 발전하기 쉬워진다.
③ 핀테크는 비금융기관이 주도한 금융혁신이다.
④ 핀테크와 테크핀은 동시에 발전할 수 없다.
⑤ 테크핀은 기술보다 금융을 강조한다.

01 다음은 주요 곡물별 수급 현황에 대한 자료이다. 이에 대한 설명으로 옳지 않은 것은?

〈주요 곡물별 수급 현황〉

(단위 : 백만 톤)

구분		2021년	2022년	2023년
소맥	생산량	695	650	750
	소비량	697	680	735
옥수수	생산량	885	865	950
	소비량	880	860	912
대두	생산량	240	245	260
	소비량	237	240	247

① 전체적으로 2023년에 생산과 소비가 가장 활발하였다.
② 2023년 생산량 대비 소비량의 비중이 가장 낮았던 곡물은 대두이다.
③ 2021년부터 2023년까지 대두의 생산량과 소비량이 지속적으로 증가하였다.
④ 2022년에 옥수수는 다른 곡물에 비해 전년 대비 소비량의 변화가 가장 작았다.
⑤ 2021년 전체 곡물 생산량과 2023년 전체 곡물 생산량의 차이는 140백만 톤이다.

Easy
02 어느 도서관에서 일정 기간 도서 대여 횟수를 작성한 자료이다. 이에 대한 설명으로 옳지 않은 것은?

〈도서 대여 횟수〉

(단위 : 회)

구분	비소설		소설	
	남자	여자	남자	여자
40세 미만	20	10	40	50
40세 이상	30	20	20	30

① 40세 미만보다 40세 이상의 전체 대여 횟수가 더 적다.
② 소설을 대여한 전체 횟수가 비소설을 대여한 전체 횟수보다 많다.
③ 남자가 소설을 대여한 횟수는 여자가 소설을 대여한 횟수의 70% 이하이다.
④ 40세 이상의 전체 대여 횟수에서 소설 대여 횟수가 차지하는 비율은 40% 이상이다.
⑤ 40세 미만의 전체 대여 횟수에서 비소설 대여 횟수가 차지하는 비율은 20%를 넘는다.

03 다음은 병역자원 현황에 대한 자료이다. 총 지원자 수에 대한 2016·2017년 평균과 2022·2023년 평균과의 차이는?

〈병역자원 현황〉

(단위 : 만 명)

구분	2016년	2017년	2018년	2019년	2020년	2021년	2022년	2023년
징·소집 대상	135.3	128.6	126.2	122.7	127.2	130.2	133.2	127.7
보충역 복무자 등	16.0	14.3	11.6	9.5	8.9	8.6	8.6	8.9
병력동원 대상	675.6	664.0	646.1	687.0	694.7	687.4	654.5	676.4
합계	826.9	806.9	783.9	819.2	830.8	826.2	796.3	813.0

① 11.25만 명
② 11.75만 명
③ 12.25만 명
④ 12.75만 명
⑤ 13.25만 명

04 다음은 A ~ E과제에 대해 전문가 5명이 평가한 점수이다. 최종점수와 평균점수가 같은 과제로만 짝지어진 것은?

〈과제별 점수 현황〉

(단위 : 점)

구분	A과제	B과제	C과제	D과제	E과제
전문가 1	100	80	60	80	100
전문가 2	70	60	50	100	40
전문가 3	60	40	100	90	( )
전문가 4	50	60	90	70	70
전문가 5	80	60	60	40	80
평균점수	( )	( )	( )	( )	70

※ 최종점수는 가장 낮은 점수와 가장 높은 점수를 제외한 평균점수임

① A, B
② B, C
③ B, D
④ B, E
⑤ D, E

05 다음 자료에 대한 〈보기〉의 설명 중 옳은 것을 모두 고르면?

〈결혼할 의향이 없는 1인 가구의 비중〉

(단위 : %)

구분	2022년		2023년	
	남자	여자	남자	여자
20대	8.2	4.2	15.1	15.5
30대	6.3	13.9	18.8	19.4
40대	18.6	29.5	22.1	35.5
50대	24.3	45.1	20.8	44.9

〈1인 생활 지속기간〉

• 향후 10년 이상 1인 생활 지속 예상

(단위 : %)

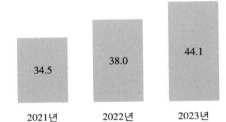

• 2년 이내 1인 생활 종료 예상

(단위 : %)

보기

ㄱ. 20대 남성은 30대 남성보다 1인 가구의 비중이 더 높다.

ㄴ. 30대 이상에서 결혼할 의향이 없는 1인 가구의 비중은 여성이 더 높다.

ㄷ. 2023년도에서는 40대 남성이 남성 중 제일 높은 1인 가구 비중을 차지한다.

ㄹ. 2년 이내 1인 생활을 종료하는 1인 가구의 비중은 2021년도부터 꾸준히 증가하였다.

① ㄱ
② ㄹ
③ ㄱ, ㄴ
④ ㄴ, ㄷ
⑤ ㄷ, ㄹ

06 다음은 2014 ~ 2023년 물이용부담금 총액에 대한 자료이다. 이에 대한 〈보기〉의 설명 중 옳지 않은 것을 모두 고르면?

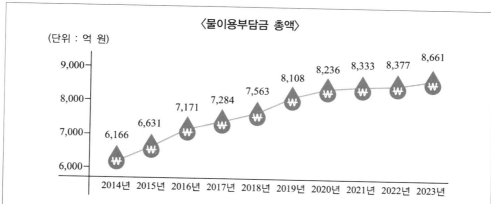

〈물이용부담금 총액〉

(단위 : 억 원)

※ 상수원 상류지역에서의 수질개선 및 주민지원 사업을 효율적으로 추진하기 위한 재원 마련을 위해 최종수요 자에게 물 사용량에 비례하여 물이용부담금 부과함
※ 한강, 낙동강, 영ㆍ섬유역의 물이용부담금 단가는 170원/m³, 금강유역은 160원/m³임

보기

ㄱ. 물이용부담금 총액은 지속적으로 증가하는 추세를 보이고 있다.
ㄴ. 2015 ~ 2023년 중 물이용부담금 총액이 전년 대비 가장 많이 증가한 해는 2016년이다.
ㄷ. 2023년 물이용부담금 총액에서 금강유역 물이용부담금 총액이 차지하는 비중이 20%라면, 2023년 금강유역에서 사용한 물의 양은 약 10.83억m³이다.
ㄹ. 2023년 물이용부담금 총액은 전년 대비 약 3.2% 이상 증가했다.

① ㄱ   ② ㄴ
③ ㄷ   ④ ㄱ, ㄹ
⑤ ㄴ, ㄷ

07 다음은 청소년의 경제의식에 대한 설문조사 결과를 정리한 자료이다. 이에 대한 설명으로 옳은 것은?(단, 복수응답과 무응답은 없다)

〈경제의식에 대한 설문조사 결과〉

(단위 : %)

설문 내용	구분	전체	성별		학교별	
			남	여	중학교	고등학교
용돈을 받는지 여부	예	84	83	86	88	80
	아니요	16	17	14	12	20
월간 용돈 금액	5만 원 미만	75	74	76	90	60
	5만 원 이상	25	26	24	10	40
금전출납부 기록 여부	기록한다	30	23	36	31	28
	기록 안 한다	70	77	64	69	72

① 금전출납부는 기록하는 비율이 기록 안 하는 비율보다 높다.
② 용돈을 받는 남학생의 비율이 용돈을 받는 여학생의 비율보다 높다.
③ 월간 용돈을 5만 원 미만으로 받는 비율은 중학생이 고등학생보다 높다.
④ 용돈을 받지 않는 중학생 비율이 용돈을 받지 않는 고등학생 비율보다 높다.
⑤ 고등학생 전체 인원을 100명이라고 한다면, 월간 용돈을 5만 원 이상 받는 학생은 40명이다.

08 다음은 2019 ~ 2023년 S사의 경제 분야 투자규모에 대한 자료이다. 이에 대한 설명으로 옳지 않은 것은?

〈S사의 경제 분야 투자규모〉

(단위 : 억 원, %)

구분	2019년	2020년	2021년	2022년	2023년
경제 분야 투자규모	16	20	15	12	16
총지출 대비 경제 분야 투자규모 비중	6.5	7.5	8	7	5

① 2023년 총지출은 300억 원 이상이다.
② 2020년 경제 분야 투자규모의 전년 대비 증가율은 25%이다.
③ 2019 ~ 2023년 동안 경제 분야에 투자한 금액은 79억 원이다.
④ 2021년과 2022년의 경제 분야 투자규모의 전년 대비 감소율의 차이는 3%p이다.
⑤ 2020 ~ 2023년 동안 경제 분야 투자규모와 총지출 대비 경제 분야 투자규모 비중의 전년 대비 증감 추이는 동일하지 않다.

09 다음은 19세 이상 성별 흡연율에 대한 그래프이다. 이에 대한 설명으로 적절하지 않은 것은?

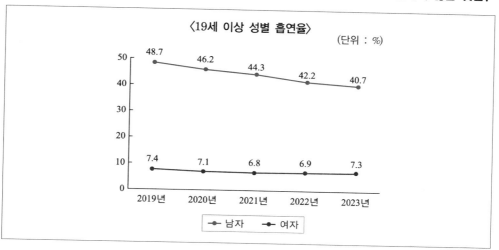

① 남자의 흡연율은 감소하고 있다.
② 여자의 흡연율은 감소에서 증가로 바뀌었다.
③ 남자와 여자의 흡연율 차이는 감소하고 있다.
④ 남자의 흡연율이 전년도와 가장 많은 차이를 보이는 해는 2020년이다.
⑤ 여자의 흡연율이 전년도와 가장 많은 차이를 보이는 해는 2021년이다.

10 S씨는 퇴직 후 네일아트 전문 뷰티숍을 개점하려고 평소 눈여겨본 지역의 고객 분포를 알아보기 위해 지난 1개월간 네일아트를 받아본 20 ~ 35세 여성 120명을 대상으로 뷰티숍 방문횟수와 직업에 대해 조사하였다. 설문조사 결과가 다음과 같을 때, S씨가 이해한 내용으로 옳은 것은?(단, 복수응답과 무응답은 없다)

〈응답자의 연령대별 방문횟수〉

(단위 : 명)

방문횟수 ＼ 연령대	20 ~ 25세	26 ~ 30세	31 ~ 35세	합계
1회	22	12	3	37
2 ~ 3회	30	30	4	64
4 ~ 5회	7	5	2	14
6회 이상	1	3	1	5
합계	60	50	10	120

〈응답자의 직업 분포〉

(단위 : 명)

직업	학생	회사원	공무원	전문직	자영업	가정주부	합계
응답자 수	49	47	5	7	9	3	120

① 31 ~ 35세 응답자의 1인당 평균 방문횟수는 2회 미만이다.

② 전체 응답자 중 20 ~ 25세 응답자가 차지하는 비율은 50% 미만이다.

③ 26 ~ 30세 응답자 중 4회 이상 방문한 응답자가 차지하는 비율은 10% 이상이다.

④ 전체 응답자 중 직업이 학생 또는 공무원인 응답자가 차지하는 비율은 50% 이상이다.

⑤ 31 ~ 35세 응답자 중 1회 방문한 응답자가 차지하는 비율은 26 ~ 30세 응답자 중 1회 방문한 응답자가 차지하는 비율보다 5%p 높다.

11 올림픽 양궁 시합에서 우리나라 선수가 10점 만점 중 10점을 쏠 확률은 $\frac{1}{5}$ 이다. 4번의 화살을 쐈을 때 4번 중 2번은 10점, 남은 2번은 10점을 쏘지 못할 확률은?

① $\frac{16}{125}$ ② $\frac{24}{125}$

③ $\frac{16}{625}$ ④ $\frac{96}{625}$

⑤ $\frac{98}{625}$

Easy

12 민석이의 지갑에는 1,000원, 5,000원, 10,000원짜리 지폐가 각각 8장씩 있다. 거스름돈 없이 물건 값 23,000원을 내려고 할 때, 돈을 낼 수 있는 경우의 수는?

① 2가지   ② 3가지

③ 4가지   ④ 5가지

⑤ 6가지

13 연경이와 효진이와 은이가 동시에 회사를 출발하여 식당까지 걸었다. 은이는 시속 3km로 걷고, 연경이는 시속 4km로 걷는다. 연경이가 은이보다 식당에 10분 일찍 도착하였고, 효진이는 은이보다 5분 일찍 식당에 도착했다고 할 때, 효진이의 속력은?

① $\frac{7}{2}$ km/h   ② $\frac{10}{3}$ km/h

③ $\frac{13}{4}$ km/h   ④ $\frac{18}{5}$ km/h

⑤ $\frac{24}{7}$ km/h

14 세빈이는 이번 주말에 등산을 하였다. 올라갈 때에는 시속 4km로 걷고 내려올 때에는 올라갈 때보다 2km 더 먼 거리를 시속 6km의 속력으로 걸어 내려왔다. 올라갈 때와 내려올 때 걸린 시간이 같았다면 내려올 때 걸린 시간은?

① 1시간   ② 1.5시간

③ 2시간   ④ 2.5시간

⑤ 3시간

15 농도가 20%인 소금물 100g을 50g 덜어낸 뒤, 남아있는 소금물에 물을 더 넣어 10%의 소금물을 만들려고 한다. 이때, 필요한 물의 양은?

① 10g

② 20g

③ 30g

④ 40g

⑤ 50g

16 서로 다른 8개의 컵 중에서 4개만 식탁 위에 원형으로 놓는 경우의 수는?

① 400가지

② 410가지

③ 420가지

④ 430가지

⑤ 440가지

17 작년 S사의 일반 사원 수는 400명이었다. 올해 진급하여 직책을 단 사원은 작년 일반 사원 수의 12%이고, 20%는 퇴사를 하였다. 올해 전체 일반 사원 수가 작년보다 6% 증가했을 때, 올해 채용한 신입사원의 수는?

① 144명

② 146명

③ 148명

④ 150명

⑤ 152명

18 남학생 4명과 여학생 3명을 원형 모양의 탁자에 앉힐 때, 여학생 3명이 이웃해서 앉을 확률은?

① $\dfrac{1}{21}$

② $\dfrac{1}{7}$

③ $\dfrac{1}{5}$

④ $\dfrac{1}{15}$

⑤ $\dfrac{1}{20}$

19 A와 B가 같이 일을 하면 12일이 걸리고, B와 C가 같이 일을 하면 6일, C와 A가 같이 일을 하면 18일이 걸리는 일이 있다. 만약 A~C 모두 함께 72일 동안 일을 하면 기존에 했던 일의 몇 배의 일을 할 수 있는가?

① 9배

② 10배

③ 11배

④ 12배

⑤ 13배

20 S사에서 판매 중인 두 제품 A와 B의 원가의 합은 50,000원이다. 각각 10%, 12% 이익을 붙여서 5개씩 팔았을 때 마진이 28,200원이라면 B의 원가는?

① 12,000원

② 17,000원

③ 22,000원

④ 27,000원

⑤ 32,000원

※ 다음 제시된 도형의 규칙을 보고 ?에 들어갈 알맞은 것을 고르시오. [1~5]

01

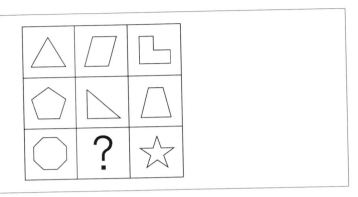

①

②

③

④

⑤

02

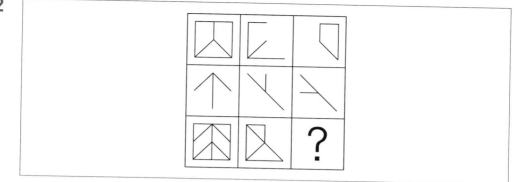

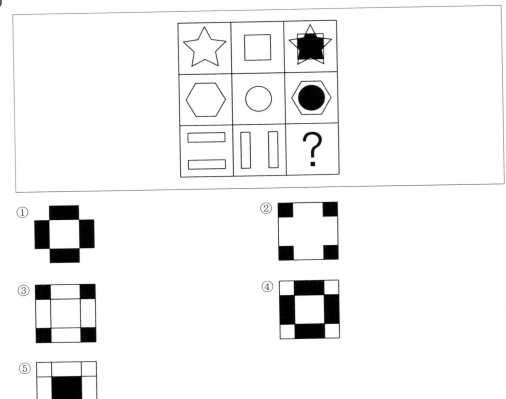

①

②

③

④

⑤

04

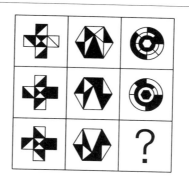

①

②

③

④

⑤

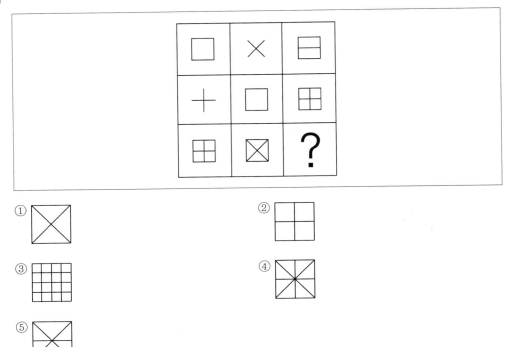

①

②

③

④

⑤

※ 다음 도형들은 일정한 규칙으로 변화하고 있다. ?에 들어갈 알맞은 도형을 고르시오. **[6~8]**

06

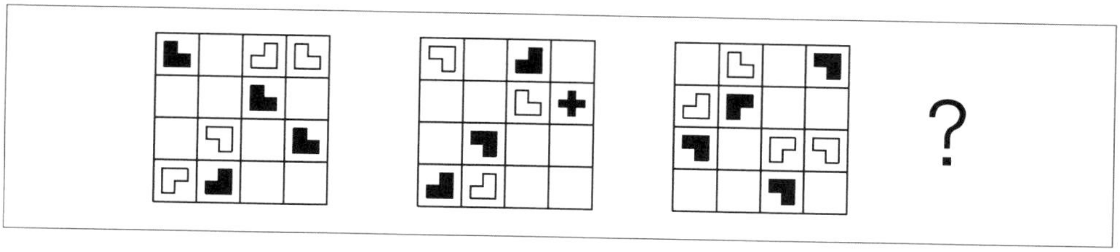

①

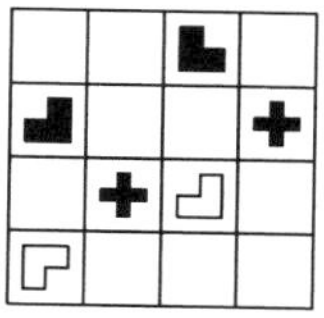

②

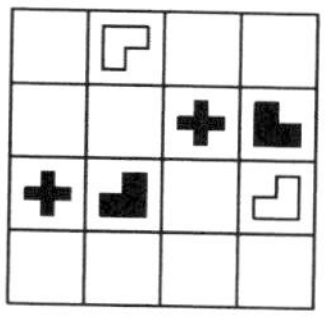

③

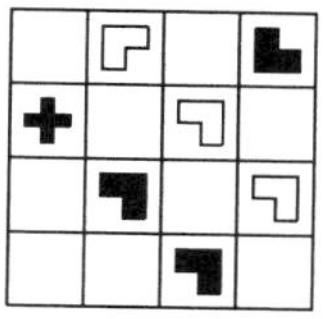

④

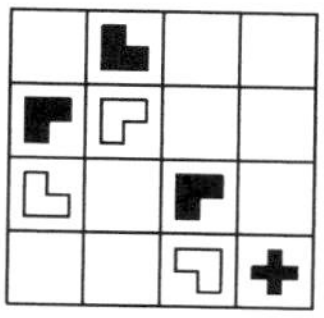

⑤

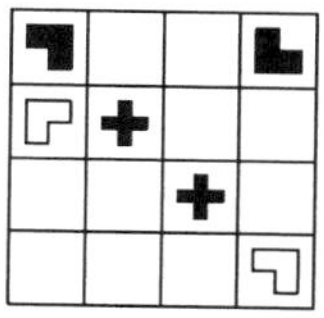

07

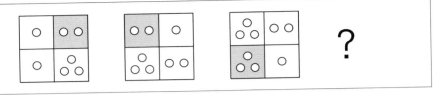

①
②
③
④
⑤

08

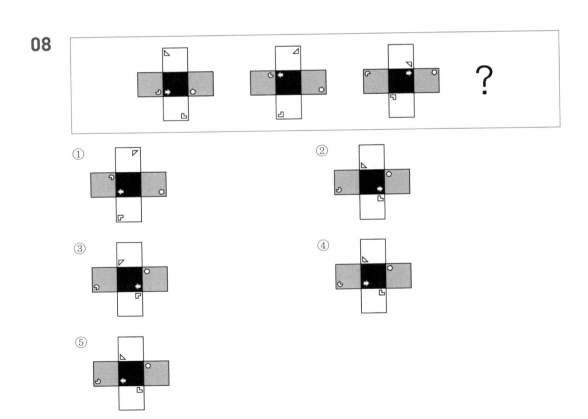

다음 기호들은 일정한 규칙에 따라 도형을 변화시킨다. ?에 들어갈 도형으로 알맞은 것은?

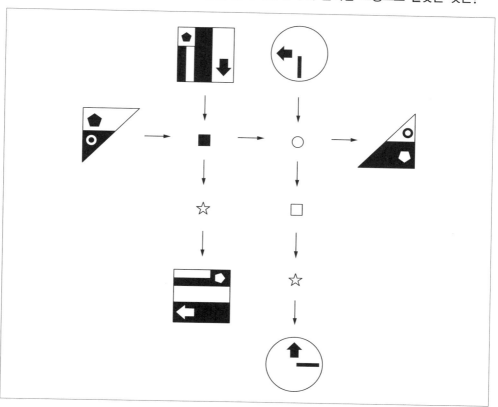

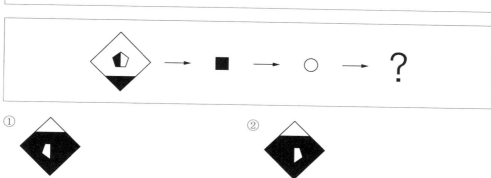

①

②

③

④

⑤

※ 다음 기호들은 일정한 규칙에 따라 도형을 변화시킨다. 기호에 해당하는 규칙을 파악하여 ?에 들어갈 알맞은 도형을 고르시오. [10~11]

10

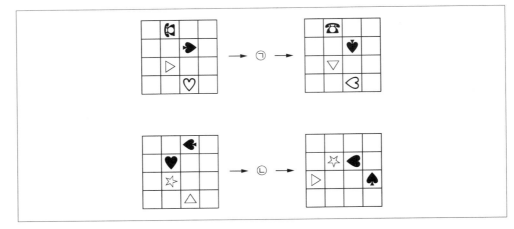

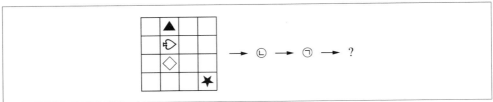

①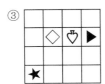

②

③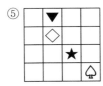

④

⑤

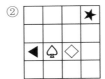

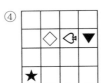

11

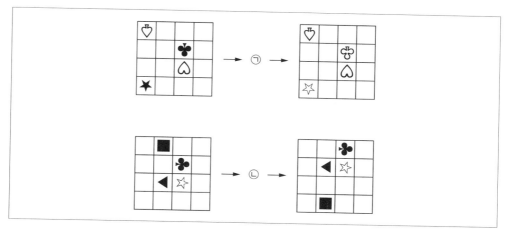

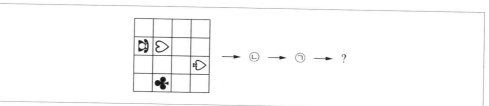

①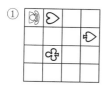

②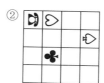

③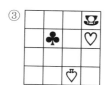

④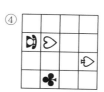

⑤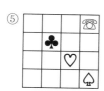

12 다음 도식의 기호들은 일정한 규칙에 따라 도형을 변화시킨다. 〈보기〉의 규칙을 찾고 ?에 들어갈 도형으로 알맞은 것을 고르면?(단, 규칙은 A, B, C 각각의 4개의 칸에 동일하게 적용된 것을 말하며, A, B, C 규칙은 서로 다르다)

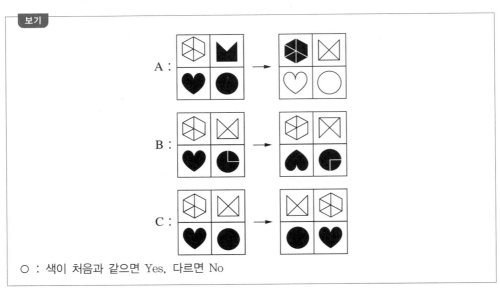

○ : 색이 처음과 같으면 Yes, 다르면 No

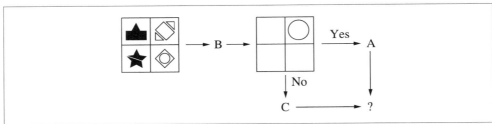

① 　　　②

③ 　　　④

⑤

13 다음 기호들은 일정한 규칙에 따라 도형을 변화시킨다. 〈보기〉의 도식에 따라 주어진 도형을 변화시켰을 때의 결과로 옳은 것을 고르면?(단, 주어진 조건이 두 가지 이상일 때, 모두 일치해야 Yes로 이동한다)

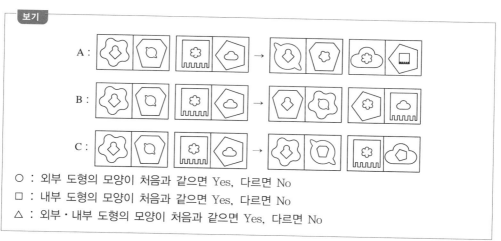

○ : 외부 도형의 모양이 처음과 같으면 Yes, 다르면 No
□ : 내부 도형의 모양이 처음과 같으면 Yes, 다르면 No
△ : 외부·내부 도형의 모양이 처음과 같으면 Yes, 다르면 No

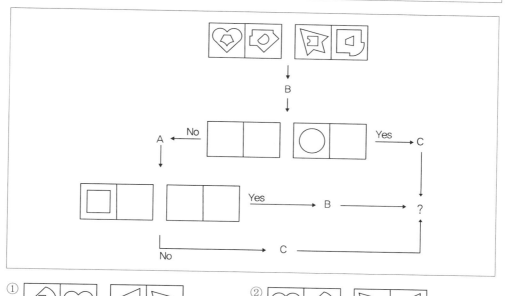

①

②

③

④

⑤

14 다음 두 도형이 겹쳐지면 완전한 검은색이 된다. ?에 들어갈 도형으로 알맞은 것을 고르면?(단, 각 도형은 회전이 가능하다)

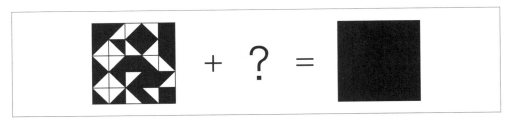

①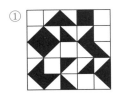

②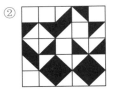

③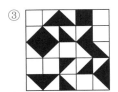

④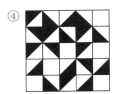

⑤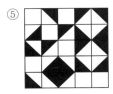

15 다음 제시된 도형의 규칙을 이용하여 (A), (B)에 들어갈 도형으로 알맞은 것을 고르면?

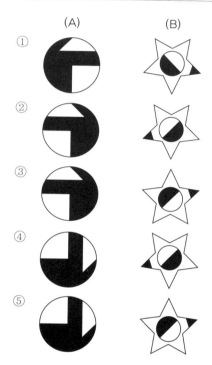

| 01 | 언어력 |

※ 다음 글의 내용으로 가장 적절한 것을 고르시오. [1~2]

01

> 인류가 남긴 수많은 미술 작품을 살펴보다 보면 다양한 동물들이 등장하고 있음을 알 수 있다. 미술 작품 속에 등장하는 동물에는 일상에서 흔히 접할 수 있는 개나 고양이, 꾀꼬리 등도 있지만 해태나 봉황 등 인간의 상상에서 나온 동물도 적지 않음을 알 수 있다.
> 미술 작품에 등장하는 동물은 그 성격에 따라 나누어 보면 종교적·주술적인 동물, 신을 위한 동물, 인간을 위한 동물로 구분할 수 있다. 물론 이 구분은 엄격한 것이 아니므로 서로의 개념을 넘나들기도 하며, 여러 뜻을 동시에 갖기도 한다.
> 종교적·주술적인 성격의 동물은 가장 오랜 연원을 가진 것으로, 사냥 미술가들의 미술에 등장하거나 신앙을 목적으로 형성된 토템 등에서 확인할 수 있다. 여기에 등장하는 동물들은 대개 초자연적인 강대한 힘을 가지고 인간 세계를 지배하거나 수호하는 신적인 존재이다. 인간의 이지가 발달함에 따라 이들의 신적인 기능은 점차 감소하여, 결국 이들은 인간에게 봉사하는 존재로 전락하고 만다. 동물은 절대적인 힘을 가진 신의 위엄을 뒷받침하고 신을 도와 치세(治世)의 일부를 분담하기 위해 이용되기도 한다. 이 동물들 역시 현실 이상의 힘을 가지며 신성시되는 것이 보통이지만, 이는 어디까지나 신의 권위를 강조하기 위한 것에 지나지 않는다. 이들은 신에게 봉사하기 위해서 많은 동물 중에서 특별히 선택된 것들이다. 그리하여 그 신분에 알맞은 모습으로 조형화되었다.

① 미술 작품 속에는 일상에서 흔히 접할 수 있는 개나 고양이, 꾀꼬리 등이 주로 등장하고, 해태나 봉황 등은 찾아보기 어렵다.

② 미술 작품에 등장하는 동물은 성격에 따라 종교적·주술적인 동물, 신을 위한 동물, 인간을 위한 동물로 엄격하게 구분한다.

③ 종교적·주술적 성격의 동물은 초자연적인 강대한 힘으로 인간 세계를 지배하거나 수호하는 신적인 존재로 나타난다.

④ 인간의 이지가 발달함에 따라 신적인 기능이 감소한 종교적·주술적 동물은 신에게 봉사하는 존재로 전락한다.

⑤ 신의 위엄을 뒷받침하고 신을 도와 치세의 일부를 분담하기 위해 이용되는 동물은 별다른 힘을 지니지 않는다.

대나무는 전 세계에 500여 종이 있으며 한국, 중국, 일본 등 아시아의 전 지역에 고루 분포하는 쉽게 볼 수 있는 대상이다. 우리나라에선 신라의 만파식적과 관련한 설화에서 알 수 있듯이 대나무는 예로부터 주변에서 쉽게 볼 수 있지만 영험함이 있는, 비범한 대상으로 여겨졌다. 이러한 전통은 계속 이어져서 붓, 책, 부채, 죽부인, 악기, 약용, 식용, 죽공예품 등 생활용품으로 사용됨과 동시에 세한삼우, 사군자에 동시에 꼽히며 여러 문학작품과 미술작품에서 문인들의 찬미의 대상이 되기도 한다. 나아가 냉전시대에 서방에서는 중국을 '죽의 장막(Bamboo Curtain)'이라고 불렀을 만큼 동아시아권 문화에서 빼놓을 수 없는 존재이며 상징하는 바가 크다. 예로부터 문인들에게 사랑받던 대나무는 유교를 정치철학으로 하는 조선에 들어오면서 그 위상이 더욱 높아진다. "대쪽 같은 기상"이란 표현에서도 알 수 있듯이, 대나무는 의연한 선비의 기상을 나타낸다. 늙어도 시들지 않고, 차가운 서리가 내려도 폭설이 와도 대나무는 의젓이 홀로 일어난 모습을 유지한다. 눈서리를 이겨내고 사계절을 통해 올곧게 서서 굽히지 않는 모습은 선비가 지향하는 모습과 매우 닮았기에, 문학작품과 미술작품에서 대나무는 쉽게 찾아 볼 수 있다.

① 조선은 대나무의 위상을 높게 여겨 '죽의 장막'이라는 별명을 얻었다.
② 대나무는 아시아 지역에서도 특히 우리나라에 많이 분포하고 있다.
③ 우리 조상들은 대나무의 청초한 자태와 은은한 향기를 사랑했다.
④ 우리나라는 대나무의 원산지이다.
⑤ 대나무는 약재로 쓰이기도 한다.

03 다음 글의 내용으로 적절하지 않은 것은?

현대 우주론의 출발점은 1917년 아인슈타인이 발표한 정적우주론이다. 아인슈타인은 우주는 팽창하지도 수축하지도 않는다고 주장했다. 그런데 위 이론의 토대가 된 아인슈타인의 일반상대성이론을 면밀히 살핀 러시아의 수학자 프리드먼과 벨기에의 신부 르메트르의 생각은 아인슈타인과 달랐다. 프리드먼은 1922년 "우주는 극도의 고밀도 상태에서 시작돼 점차 팽창하면서 밀도가 낮아졌다."라는 주장을, 르메트르는 1927년 "우주가 원시 원자들의 폭발로 시작됐다."라는 주장을 각각 논문으로 발표했다. 그러나 아인슈타인은 그들의 논문을 무시해 버렸다.

① 프리드먼의 이론과 르메트르의 이론은 양립할 수 없는 관계이다.
② 정적우주론은 일반상대성이론의 연장선상에 있는 이론이다.
③ 아인슈타인의 정적우주론에 대한 반론이 제기되었다.
④ 아인슈타인의 이론과 프리드먼의 이론은 양립할 수 없는 관계이다.
⑤ 아인슈타인은 프리드먼과 르메트르의 주장을 받아들이지 않았다.

대부분의 동물에게 후각은 생존에 필수적인 본능으로 진화되었다. 수컷 나비는 몇 km 떨어진 곳에 있는 암컷 나비의 냄새를 맡을 수 있고, 돼지는 15cm 깊이의 땅속에 숨어있는 송로버섯의 냄새를 맡을 수 있다. 그중에서도 가장 예민한 후각을 가진 동물은 개나 다람쥐처럼 냄새분자가 가라앉은 땅에 코를 바짝 댄 채 기어 다니는 짐승이다. 때문에 지구상의 거의 모든 포유류의 공통점은 '후각'의 발달이라고 할 수 있다.

여기서 주목할 만한 점은 만물의 영장이라 하는 인간이 후각기능만큼은 대부분의 포유류보다 한참 뒤떨어진 수준이라는 사실이다. 개는 2억 2,000만 개의 후각세포를 갖고 있고, 토끼는 1억 개를 갖고 있는 반면, 인간은 500만 개의 후각세포를 갖고 있을 뿐이며, 그마저도 실제로 기능하는 것은 평균 375개 정도라고 알려져 있다.

이처럼 인간의 진화과정에서 유독 후각이 퇴화한 이유는 무엇일까? 새는 지면에서 멀리 떨어진 곳에 활동 영역이 있기 때문에 맡을 수 있는 냄새가 제한적이다. 자연스레 그들은 후각기관을 퇴화시키는 대신 시각기관을 발달시켰다. 인간 역시 직립보행 이후에는 냄새를 맡고 구별하는 능력보다는 시야의 확보가 생존에 더 중요해졌고, 점차 시각정보에 의존하기 시작하면서 후각은 자연스레 퇴화한 것이다.

인간의 후각정보를 관장하는 후각중추는 이처럼 대폭 축소된 후각기능을 반영이라도 하듯 아주 작다. 뇌 전체의 0.1% 정도에 지나지 않는 후각중추는 감정을 관장하는 변연계의 일부이고, 언어중추가 있는 대뇌지역과는 직접적인 연결이 없다. 따라서 후각은 시각이나 청각을 통해 감지한 요소에 비해 언어로 분석해서 묘사하기가 어려우며, 감정이 논리적 사고와 같이 정밀하고 체계적이지 못한 것처럼 후각도 체계적이지 않다. 인간이 후각을 언어로 표현하는 것은 시각을 언어로 표현하는 것보다 세밀하지 못하며, 동일한 냄새에 대한 인지도 현저히 떨어진다는 사실은 이미 다양한 연구를 통해 증명되었다.

그러나 후각과 뇌변연계의 연결고리는 여전히 제법 강력하다. 냄새는 감정과 욕망을 넌지시 암시하고 불러일으킨다. 또한 냄새는 일단 우리의 뇌 속에 각인되면 상당히 오랫동안 지속되고, 이와 관련된 기억들을 상기시킨다. 언어로 된 기억은 기록의 힘을 빌리지 않고는 오래 남겨두기 어렵지만, 냄새로 이루어진 기억은 작은 단서만 있으면 언제든 다시 꺼낼 수 있다. 뿐만 아니라 후각은 청각이나 시각과 달리, 차단할 수 없는 유일한 감각이기도 하다. 하루에 2만 번씩 숨을 쉴 때마다 후각은 계속해서 작동하고 있고, 지금도 우리에게 영향을 끼치고 있다.

① 후각은 다른 모든 감각을 지배하는 상위 기능을 담당한다.
② 인간은 선천적인 뇌구조로 인해 후각이 발달하지 못했다.
③ 모든 동물은 정밀한 감각을 두 가지 이상 갖기 어렵다.
④ 인간은 진화하면서 필요에 따라 후각을 퇴화시켰다.
⑤ 인간은 후각이 가져다주는 영향으로부터 조금도 벗어날 수 없다.

05 다음 글의 제목으로 가장 적절한 것은?

> 20세기 한국 사회는 내부 노동시장에 의존한 평생직장 개념을 갖고 있었으나, 1997년 외환위기 이후 인력 관리의 유연성이 향상되면서 그것은 사라지기 시작하였다. 기업은 필요한 우수 인력을 외부 노동시장에서 적기에 채용하고, 저숙련 인력은 주변화하여 비정규직을 계속 늘려간다는 전략을 구사하고 있다. 이러한 기업의 인력 관리 방식에 따라서 실업률은 계속 하락하는 동시에 주당 18시간 미만으로 일하는 불완전 취업자가 많이 증가하고 있다.
>
> 이러한 현상은 우리나라의 경제가 지식 기반 산업 위주로 점차 바뀌고 있음을 말해 준다. 지식 기반 산업이 주도하는 경제 체제에서는 고급 지식을 갖거나 숙련된 노동자는 더욱 높은 임금을 받게 된다. 다시 말해, 지식 기반 경제로의 이행은 지식 격차에 의한 소득 불평등의 심화를 의미한다. 우수한 기술과 능력을 갖춘 핵심 인력은 능력 개발 기회를 얻게 되어 '고급 기술 → 높은 임금 → 양질의 능력 개발 기회'의 선순환 구조를 갖지만, 비정규직·장기 실업자 등 주변 인력은 악순환을 겪을 수밖에 없다. 이러한 '양극화' 현상을 국가가 적절히 통제하지 못할 경우, 사회 계급 간의 간극은 더욱 확대될 것이다. 결국 고도 기술 사회가 온다고 해도 자본주의 사회 체제가 지속되는 한, 사회 불평등 현상은 여전히 계급 간 균열선을 따라 존재하게 될 것이다. 국가가 포괄적 범위에서 강력하게 사회 정책적 개입을 추진하면 계급 간 차이를 현재보다는 축소시킬 수 있겠지만 아주 없어지는 못할 것이다.
>
> 사회 불평등 현상은 나라들 사이에서도 발견된다. 각국 간 발전 격차가 지속 확대되면서 전 지구적 생산의 재배치는 이미 20세기 중엽부터 진행됐다. 정보통신 기술은 지구의 자전 주기와 공간적 거리를 '장애물'에서 '이점'으로 변모시켰다. 그 결과, 전 지구적 노동시장이 탄생하였다. 기업을 비롯한 각 사회 조직은 국경을 넘어 인력을 충원하고, 재화와 용역을 구매하고 있다. 개인들도 인터넷을 통해 이러한 흐름에 동참하고 있다. 생산 기능은 저개발국으로 이전되고, 연구·개발·마케팅 기능은 선진국으로 모여드는 경향이 지속·강화되어, 나라 간 정보 격차가 확대되고 있다. 유비쿼터스 컴퓨팅 기술에 의거하여 전 지구 사회를 잇는 지역 간 분업은 앞으로 더욱 활발해질 것이다. 나라 간의 경제적 불평등 현상은 국제 자본 이동과 국제 노동 이동으로 표출되고 있다. 노동 집약적 부문의 국내 기업이 해외로 생산 기지를 옮기는 현상에서 나아가, 초국적 기업화 현상이 본격적으로 대두되고 있다. 전 지구에 걸친 외부 용역 대치가 이루어지고, 콜센터를 외국으로 옮기는 현상도 보편화될 것이다.

① 국가 간 노동 인력의 이동이 가져오는 폐해
② 사회 계급 간 불평등 심화 현상의 해소 방안
③ 지식 기반 산업 사회에서의 노동시장의 변화
④ 선진국과 저개발국 간의 격차 축소 정책의 필요성
⑤ 저개발국에서 나타나는 사회 불평등 현상

대개 우리는 그림을 볼 때 당연히 '무엇을 그린 것인가?'라고 묻게 된다. 우리의 일상적인 언어 습관에 따르면, '그리다'라는 동사 자체가 이미 그려지는 대상을 함축하고 있기 때문이다. 이어서 우리는 그림을 현실 혹은 허구 속의 대상과 동일시한다. 아리스토텔레스는 이것만으로도 '재인식'의 기쁨을 맛볼 수 있다고 했다. 하지만 미로의 「회화」와 같은 작품에는 우리가 그림을 볼 때 당연히 기대하는 것, 즉 식별 가능한 대상이 빠져 있다. 도대체 무엇을 그린 것인지 아무리 찾아봐도 알 수가 없다. '대상성의 파괴'로 지칭되는 이러한 예술 행위는 형태와 색채의 해방을 가져온다. 이제 형태와 색채는 대상을 재현할 의무에서 해방되어 자유로워진다. 대상성에서 해방되어 형태와 색채의 자유로운 배열이 이루어질수록 회화는 점점 더 음악을 닮아간다. 왜냐하면 음악 역시 전혀 현실을 묘사하지 않는 음표들의 자유로운 배열이기 때문이다. 실제로 「지저귀는 기계」와 같은 클레의 작품은 음악성을 띠고 있어, 섬세한 감성을 가진 사람은 그림의 형태와 색채에서 미묘한 음조를 느낄 수 있다고 한다. 시인 릴케는 어느 편지에서 "그가 바이올린을 연주한다고 얘기하지 않았더라도, 나는 여러 가지 점에서 클레의 그림들이 음악을 옮겨 적은 것임을 알 수 있었다."라고 말한 바 있다.

대상을 재현하려 했던 고전적 회화는 재현 대상을 가리키는 일종의 '기호'였지만 재현을 포기한 현대 미술은 더 이상 그 무언가의 기호이기를 거부한다. 기호의 성격을 잃은 작품이 논리적으로 일상적 사물과 구별되지 않고 그 자체가 하나의 아름다운 사물이 되어 버리는 경우도 존재하며, 여기서 현대 예술의 오브제화가 시작된다. '오브제'란 예술에 일상적 사물을 그대로 끌어들이는 것을 말한다. 예술 자체가 하나의 사물이 되어 작품과 일상적 사물의 구별은 이제 사라지게 된 것이다.

현대 미술은 그림 밖의 어떤 사물을 지시하지 않는다. 지시하는 게 있다면 오직 자기 자신뿐이다. 여기서 의미 정보에서 미적 정보로의 전환이 시작된다. 미술 작품의 정보 구조를 둘로 나눌 수 있는데, 미술 작품의 내용이나 주제에 관련된 것이 '의미 정보'에 해당한다면 색과 형태라는 형식 요소 자체가 가진 아름다움은 '미적 정보'에 해당한다. 고전 회화에서는 의미 정보를 중시하는 데 반해, 현대 회화에서는 미적 정보를 중시한다. 현대 미술 작품을 보고 '저게 뭘 그린 거야?'라고 물으면 실례가 되는 것은 이 때문이다.

① 현대 회화가 지닌 특징 – 구체적 대상의 재현에서 벗어나
② 현대 미술의 동향 – 음악이 그림에 미친 영향, 헤아릴 수 없어
③ 현대 미술의 철학적 의미 – 가상현실에 몰입하는 경향을 보여
④ 현대 미술의 모든 것 – 새로운 실험 정신, 아직 더 검증받아야
⑤ 현대 미술과 음악의 결합 – 다양한 장르의 결합이 대세인 예술계

Hard

07

세계적으로 기후 위기의 심각성이 커지면서 '탄소 중립'은 거스를 수 없는 흐름이 되고 있다. 이에 맞춰 정부의 에너지정책도 기존 화석연료 발전 중심의 전력공급체계를 태양광과 풍력 등 재생 에너지 중심으로 빠르게 재편하는 작업이 추진되고 있다. 이러한 재생 에너지 보급 확대는 기존 전력 설비 부하의 가중으로 이어질 수밖에 없다. 재생 에너지 사용 확대에 앞서 송배전 시스템의 확충이 필수적인 이유다.

K전력은 재생 에너지 발전사업자의 접속지연 문제를 해소하기 위해 기존 송배전 전력 설비의 재생 에너지 접속용량을 확대하는 특별대책을 시행하고 나섰다. K전력은 그동안 재생 에너지 발전설비 밀집 지역을 중심으로 송배전 설비의 접속가능용량이 부족할 경우 설비 보강을 통해 문제를 해결해 왔다. 2016년 10월부터 1MW 이하 소규모 신재생 에너지 발전사업자가 전력계통 접속을 요청하면 K전력이 비용을 부담해 공용전력망을 보강하고 접속을 보장해주는 방식이었다. 덕분에 신재생 에너지 발전사업자들의 참여가 늘어났지만 재생 에너지 사용량이 기하급수적으로 늘면서 전력계통 설비의 연계용량 부족 문제가 뒤따랐다.

이에 K전력은 산업통상자원부가 운영하는 '재생 에너지 계통접속 특별점검단'에 참여해 대책을 마련했다. 배전선로에 상시 존재하는 최소부하를 고려한 설비 운영 개념을 도입해 변전소나 배전선로 증설 없이 재생 에너지 접속용량을 확대하는 방안이다. 재생 에너지 발전 시 선로에 상시 존재하는 최소부하 용량만큼 재생 에너지 발전량이 상쇄되고, 잔여 발전량이 전력계통으로 유입되기 때문에 상쇄된 발전량만큼 재생 에너지의 추가접속을 가능케 하는 방식이다. K전력은 현장 실증을 통해 최소부하가 1MW를 초과하는 경우 배전선로별 재생 에너지 접속허용용량을 기존 12MW에서 13MW로 확대했다. 또 재생 에너지 장기 접속지연이 발생한 변전소에 대해서는 최소부하를 고려해 재생 에너지 접속허용용량을 200MW에서 평균 215MW로 상향했다. 이 같은 개정안이 전기위원회 심의를 통과하면서 변전소 및 배전선로 보강 없이도 재생 에너지 317MW의 추가 접속이 가능해졌다.

① 기존의 화석 연료 중심의 에너지 발전은 탄소 배출량이 많아 환경에 악영향을 주었다.
② 태양광 에너지는 고갈 염려가 없다고 볼 수 있기 때문에 주목받는 신재생 에너지이다.
③ 재생 에너지 사업 확충에 노후화된 송전 설비는 걸림돌이 된다.
④ 현재까지는 재생 에너지 사업 확충에 따른 문제의 해결책으로 설비 보강이 가장 효과적이다.
⑤ 별도로 설비를 보강하지 않아도 재생 에너지 과부하 문제를 해결할 수 있는 방안이 제시되었다.

PART 3

커피 찌꺼기를 일컫는 커피박이라는 단어는 우리에게 생소한 편이다. 하지만 외국에서는 커피 웨이스트(Coffee Waste), 커피 그라운드(Coffee Ground) 등 다양한 이름으로 불린다. 커피박은 커피 원두로부터 액을 추출한 후 남은 찌꺼기를 말하는데 이는 유기물뿐만 아니라 섬유소, 리그닌, 카페인 등 다양한 물질을 풍부하게 함유하고 있어 재활용 가치가 높은 유기물 자원으로 평가받고 있다. 특히 우리나라는 높은 커피 소비국으로 2007년부터 2010년까지의 관세청 자료에 의하면 매년 지속적으로 커피 원두 및 생두 수입이 증가한 것으로 나타났다. 1인당 연간 커피 소비량은 2019년 기준 평균 328잔 정도에 달하며 커피 한 잔에 사용되는 커피콩은 0.2%로 나머지 99.8%는 커피박이 되어 생활폐기물 혹은 매립지에서 소각처리된다.

이렇게 커피 소비량이 증가하고 있는 가운데 커피를 마시고 난 후 생기는 부산물인 커피박도 연평균 12만 톤 이상 발생하고 있는 것으로 알려져 있다. 이렇듯 막대한 양의 커피박은 폐기물로 분류되며 폐기처리만 해도 큰 비용이 발생된다.

따라서 우리나라와 같이 농업분야의 유기성 자원이 절대적으로 부족한 곳에서는 비료 원자재 대부분을 수입산에 의존하고 있는데, 원재료 매입비용이 적은 반면 부가가치를 창출할 수 있는 수익성이 매우 높은 재료인 고가로 수입된 커피박 자원을 재활용할 수 있다면 자원절감과 비용절감 두 마리 토끼를 잡을 수 있을 것으로 기대된다.

또한 커피박은 부재료 선택에 신경을 쓴다면 분명 더 나은 품질의 퇴비가 가능하다고 전문가들은 지적한다. 그 가운데 톱밥, 볏짚, 버섯 폐배지, 한약재 찌꺼기, 쌀겨, 스테비아분말, 채종유박, 깻묵 등의 부재료 화학성 pH는 4.9 ~ 6.4, 총탄소 4 ~ 54%, 총질소 0.08 ~ 10.4%, 탈질률 7.8 ~ 680으로 매우 다양했다. 그중에서 한약재 찌꺼기의 질소 함량이 가장 높았고, 유기물 함량은 톱밥이 가장 높았다.

유기물 퇴비를 만들기 위한 조건은 수분 함량, 공기, 탄질비, 온도 등이 중요하다. 흔히 유기퇴비의 원료로는 농가에서 쉽게 찾아볼 수 있는 볏짚, 나무껍질, 깻묵, 쌀겨 등이 있다. 그밖에 낙엽이나 산야초를 베어 퇴비를 만들어도 되지만 일손과 노동력이 다소 소모된다는 단점이 있다. 무엇보다 양질의 퇴비를 만들기 위해서는 재료로 사용되는 자재가 지닌 기본적인 탄소와 질소의 비율이 중요한데 탄질률은 20 ~ 30 : 1인 것이 가장 이상적이다. 농촌진흥청 관계자는 이에 대해 "탄질률은 퇴비의 분해 속도와 관련이 있어 지나치게 질소가 많거나 탄소 성분이 많을 경우 양질의 퇴비를 얻을 수 없다. 또한 퇴비재료에 미생물이 첨가되면서 자연 분해되면 열이 발생하는데 이는 유해 미생물을 죽일 수 있어 양질의 퇴비를 얻기 위해서는 퇴비 더미의 온도를 50℃ 이상으로 유지하는 것이 바람직하다."고 밝혔다.

① 퇴비 재료에 있는 유해 미생물은 50℃ 이상의 고온 유지를 통해 없앨 수 있다.

② 비료에서 중요한 성분인 질소가 많이 함유되어 있을수록 좋은 비료라고 할 수 있다.

③ 커피박을 이용하여 유기농 비료를 만드는 것은 환경 보호뿐만 아니라 경제적으로도 이득이다.

④ 커피박과 함께 비료에 들어갈 부재료를 고를 때에는 질소나 유기물이 얼마나 들어있는지가 중요한 기준이다.

⑤ 커피박을 이용하여 유기 비료를 만들 때, 질소 보충이 필요한 사람이라면 한약재 찌꺼기를 첨가하는 것이 좋다.

소크라테스와 플라톤은 파르메니데스를 존경스럽고 비상한 능력을 지닌 인물로 높이 평가했다. 그러나 그의 사상은 지극히 난해하다고 했다. 유럽 철학사에서 파르메니데스의 중요성은 그가 최초로 '존재'의 개념을 정립했다는 데 있다. 파르메니데스는 아르케, 즉 근원적인 원리에 대한 근본적인 질문을 이오니아의 자연철학자들과는 다른 방식으로 다룬다. 그는 원천의 개념에서 일체의 시간적·물리적 성질을 제거하고 오로지 존재론적인 문제만을 남겨놓는다. 이 위대한 엘레아 사람은 지성을 기준으로 내세웠고, 예리한 인식에는 감각적 지각이 필요 없다고 주장했다. 경험적 인식과는 무관한 논리학이 사물의 본질을 파악할 수 있는 능력이라고 전제함으로써 그는 감각적으로 지각할 수 있는 세계 전체를 기만적인 것으로 치부하고 유일하게 실재하는 것은 '존재'라고 생각했다.

그리고 이 존재는 로고스에 의해 인식되며, 로고스와 같은 것이라고 했다. 파악함과 존재는 같은 것이므로 존재하는 것은 파악될 수 있다. 그리고 파악될 수 있는 것만이 존재한다. 파르메니데스는 '존재자'라는 근본적인 존재론적 개념을 유럽 철학에 최초로 도입한 인물일 뿐만 아니라, 경험세계와는 전적으로 무관하게 오로지 논리적 근거만을 사용하여 순수한 이론적 체계를 성립시킨 최초의 인물이기도 했다.

① 파르메니데스 사상의 업적은 존재란 개념을 이성적 파악의 대상으로 본 것이다.
② 플라톤의 이데아 개념은 파르메니데스의 이론에 영향을 받았을 것이다.
③ 파르메니데스는 감성보다 지성에 높은 지위를 부여했을 것이다.
④ 파르메니데스에게 예리한 인식이란 로고스로 파악하는 존재일 것이다.
⑤ 경험론자들의 주장과 파르메니데스의 주장은 일맥상통할 것이다.

10 다음 글의 집필 의도로 가장 적절한 것은?

한글 맞춤법의 원리는 '한글 맞춤법은 표준어를 소리대로 적되, 어법에 맞도록 함을 원칙으로 한다.'라는 「한글 맞춤법」 총칙 제1항에 나타나 있다. 이 조항은 한글 맞춤법을 적용하여 표기하는 대상이 표준어임을 분명히 하고 있다. 따라서 표준어가 정해지면 맞춤법은 이를 어떻게 적을지 결정하는 구실을 한다.

그런데 표준어를 글자로 적는 방식에는 두 가지가 있을 수 있다. 하나는 '소리 나는 대로' 적는 방식이요, 또 하나는 소리 나는 것과는 다소 멀어지더라도 눈으로 보아 '의미가 잘 드러나도록' 적는 방식이다. '소리대로 적되, 어법에 맞도록'이라는 제1항의 구절은 바로 이 두 방식의 절충을 의미하는 것이다.

그렇다면 어법에 맞게 적는다는 것은 무슨 뜻인가? 뜻을 파악하기 쉽도록 적는다는 것이다. 그런데 어떻게 적는 것이 뜻을 파악하기 쉽도록 적는 것인가? 그것은 문장에서 뜻을 담당하는 실사(實辭)를 밝혀 적는 방식일 것이다. 예컨대 '꼬치, 꼬츨, 꼳또'처럼 적기보다는 실사인 '꽃'을 밝혀 '꽃이, 꽃을, 꽃도'처럼 적는 것이다. '꼬치'와 같이 적는 방식은 소리 나는 대로 적어서 글자로 적기에는 편할 수 있다. 그러나 뜻을 담당하는 실사가 드러나지 않아 눈으로 뜻을 파악하기에는 큰 불편이 따른다. 실사를 밝혀 뜻을 파악하기 쉽도록 적는다는 것은 체언과 조사를 구별해서 적고, 용언의 어간과 어미를 구별해서 적는다는 것이다. 바로 이러한 내용을 포괄하는 내용을 담고 있는 것이 '어법에 맞게' 적는다는 것이다.

정리하면, 제1항의 '소리대로 적되, 어법에 맞도록'이란 구절을 바르게 적용하는 방법은 다음과 같다. 첫째, 어느 쪽으로 적는 것이 뜻을 파악하기 쉬운지 살펴 그에 따라 적고, 둘째, 어느 쪽으로 적든지 뜻을 파악하는 데에 별 차이가 없을 때에는 소리대로 적는다. 예컨대 '붙이다(우표를 ~)'와 '부치다(힘이 ~)'에서 전자는 동사 어간 '붙-'과 의미상의 연관성이 뚜렷하여 '붙이-'처럼 적어 줄 때 그 뜻을 파악하기 쉬운 이점이 있으므로 소리와 달리 '붙이다'로 적고, 후자는 전자와 달리 굳이 소리와 다르게 적을 필요가 없으므로 '소리대로'의 원칙에 따라 '부치다'로 적는 것이다.

① 한글 맞춤법의 문제점을 구체적으로 비판하고자 한다.
② 한글 맞춤법의 제정 배경을 역사적으로 살펴보고자 한다.
③ 한글 맞춤법 규정에 대한 다양한 평가를 소개하고자 한다.
④ 한글 맞춤법 규정을 바탕으로 맞춤법의 원리를 설명하고자 한다.
⑤ 한글 맞춤법 규정을 해설하면서 우리말의 우수성을 드러내고자 한다.

11 다음 중 비효율적인 일중독자의 사례로 적절하지 않은 것은?

일중독자란 일을 하지 않으면 초조해하거나 불안해하는 증상이 있는 사람을 지칭한다. 이는 1980년 대 초부터 사용하기 시작한 용어로, 미국의 경제학자 W. 오츠의 저서 『워커홀릭』에서도 확인할 수 있다. 일중독에는 여러 원인이 있지만 보통 경제력에 대해 강박관념을 가지고 있는 사람, 완벽을 추구하거나 성취지향적인 사람, 자신의 능력을 과장되게 생각하는 사람, 배우자와 가정으로부터 도 피하려는 성향이 강한 사람, 외적인 억압으로 인하여 일을 해야만 한다고 정신이 변한 사람 등에게 나타나는 경향이 있다.

일중독 증상을 가진 사람들의 특징은 일을 하지 않으면 불안해하고 외로움을 느끼며 자신의 가치가 떨어진다고 생각한다는 것이다. 따라서 일에 지나치게 집착하는 모습을 보이고, 이로 인해 사랑하는 연인 또는 가족과 소원해지며 인간관계에 문제를 겪는 모습을 볼 수 있다. 하지만 모든 일중독이 이렇듯 부정적인 측면만 있는 것은 아니다. 노는 것보다 일하는 것이 더욱 즐겁다고 여기는 경우도 있다. 예를 들어, 자신의 관심사를 직업으로 삼은 사람들이 이에 해당한다. 이 경우 일 자체에 흥미 를 느끼게 된다.

일중독에도 다양한 유형이 있다. 그중 계획적이고 합리적인 관점에서 업무를 수행하는 일중독자가 있는 반면 일명 '비효율적인 일중독자'라 일컬어지는 일중독자도 있다. 비효율적인 일중독자는 크게 '지속적인 일중독자', '주의결핍형 일중독자', '폭식적 일중독자', '배려적 일중독자' 네 가지로 나누 어 설명할 수 있다. 첫 번째로 '지속적인 일중독자'는 매일 야근도 불사하고, 휴일이나 주말에도 일 을 놓지 못하는 유형이다. 이러한 유형의 일중독자는 완벽에 대해 기준을 높게 잡고 있기 때문에 본인은 물론이고 주변 동료에게도 완벽을 강요한다. 두 번째로 '주의결핍형 일중독자'는 모두가 안 될 것 같다고 만류하는 일이나, 한 번에 소화할 수 없을 만큼 많은 업무를 담당하는 유형이다. 이러 한 유형의 일중독자는 완벽하게 일을 해내고 싶다는 부담감 등으로 인해 결국 업무를 제대로 마무리 하지 못하는 경우가 대부분이다. 세 번째로 '폭식적 일중독자'는 음식을 과다 섭취하는 폭식처럼 일 을 한 번에 몰아서 하는 유형이다. 간단히 보면 이러한 유형은 일중독과는 거리가 멀다고 생각할 수 있지만, 일을 완벽하게 해내고 싶다는 사고에 사로잡혀 있으나 두려움에 선뜻 일을 시작하지 못 한다는 점에서 일중독 중 하나로 간주한다. 마지막으로 '배려적 일중독자'는 다른 사람의 업무 등에 지나칠 정도로 책임감을 느끼는 유형이다.

이렇듯 일중독자란 일에 지나치게 집착하는 사람으로 생각할 수도 있지만 일중독인 사람들은 일로 인해 자신의 자존감이 올라가고, 가치가 매겨진다 생각하기도 한다. 그러나 이러한 일중독자가 단순 히 업무에 많은 시간을 소요하는 사람이라는 인식은 재고할 필요가 있다.

① 장기적인 계획을 세워 업무를 수행하는 A사원
② K사원의 업무에 책임감을 느끼며 괴로워하는 B대리
③ 마감 3일 전에 한꺼번에 일을 몰아서 하는 C주임
④ 휴일이나 주말에도 집에서 업무를 수행하는 D사원
⑤ 혼자서 소화할 수 없는 양의 업무를 자발적으로 담당한 E대리

※ 다음 글의 밑줄 친 빈칸에 들어갈 내용으로 가장 적절한 것을 고르시오. [12~14]

12

MZ세대 직장인을 중심으로 '조용한 사직'이 유행하고 있다. '조용한 사직'이라는 신조어는 2022년 7월 한 미국인이 SNS에 소개하면서 큰 호응을 얻은 것으로 실제로 퇴사하진 않지만 최소한의 일만 하는 업무 태도를 말한다. 실제로 MZ세대 직장인은 적당히 하자는 생각으로 주어진 업무는 하되 더 찾아서 하거나 스트레스 받을 수준으로 많은 일을 맡지 않고, 사내 행사도 꼭 필요할 때만 참여해 일과 삶을 철저히 분리하고 있다.

한 채용플랫폼의 설문조사 결과에 따르면 직장인 10명 중 7명이 '월급 받는 만큼만 일하면 끝'이라고 답했고, 20대 응답자 중 78.5%, 30대 응답자 중 77.1%가 '받은 만큼만 일한다.'고 답했다. 설문조사 결과 연령대가 높아질수록 그 비율은 감소해 젊은 층을 중심으로 이 같은 인식이 확산하고 있음을 짐작할 수 있다.

이러한 인식이 확산하는 데는 인플레이션으로 인한 임금 감소, '돈을 많이 모아도 집 한 채를 살 수 있을까?' 등 전반적인 경제적 불만이 기저에 있다고 전문가들은 말했다. 또 MZ세대가 '노력에 상응하는 보상을 받고 있는지'에 민감하게 반응하는 특성을 가지고 있는 것도 한 몫 하고 있다.

문제점은 이러한 '조용한 사직' 분위기가 기업의 전반적인 생산성 저하로 이어지고 있는 것이다. 이에 맞서 기업도 '조용한 사직'으로 대응해 게으른 직원에게 업무를 주지 않는 '조용한 해고'를 하는 상황이 발생하고 있다. 이에 전문가들은 MZ세대 직장인을 나태하다고 구분 짓는 사고방식은 잘못되었다고 지적하며, 기업 차원에서는 "＿＿＿＿＿＿＿＿＿＿＿＿＿＿＿＿＿＿＿＿＿＿＿＿"이, 개인 차원에서는 "스스로 일과 삶을 잘 조율하는 현명함을 만드는 것"이 필요하다고 언급했다.

① 젊은 세대의 채용을 신중히 하는 것
② 직원이 일한 만큼 급여를 올려주는 것
③ 젊은 세대가 함께할 수 있도록 분위기를 만드는 것
④ 젊은 세대의 특성을 이해하고 온전히 받아들이는 것
⑤ 직원이 스트레스를 받지 않게 적당량의 업무를 배당하는 것

무엇보다도 전통은 문화적 개념이다. 문화는 복합 생성을 그 본질로 한다. 그 복합은 질적으로 유사한 것끼리는 짧은 시간에 무리 없이 융합되지만, 이질적일수록 그 혼융의 역사적 기간과 길항이 오래 걸리는 것은 사실이다. 그러나 전통이 그 주류에 있어서 이질적인 것은 교체가 더디다 해서 전통을 단절된 것으로 볼 수는 없는 것이다. 오늘은 이미 하나의 문화적 전통을 이룬 서구의 전통도, 희랍·로마 이래 장구한 역사로써 헬레니즘과 히브리즘의 이질적 전통이 융합된 것임은 이미 다 아는 상식 아닌가.

지금은 끊어졌다는 우리의 고대 이래의 전통도 알고 보면 샤머니즘, 선교, 불교, 도교, 유교에 실학파를 통해 받아들인 천주교적 전통까지 혼합된 것이고, 그것들 사이에는 유사한 것도 있었지만 상당히 이질적인 것이 교차하여 겯고 튼 끝에 이루어진 전통이요, 그것은 어느 것이나 '우리화'시켜 받아들임으로써 우리의 전통이 되었던 것이다. 이런 의미에서 보자면 오늘날 일시적 전통의 혼미를 전통의 단절로 속단하고 이를 전통 부정의 논거로 삼는 것은 허망된 논리이다. _____ _____ 그러므로 전통의 혼미란 곧 주체 의식의 혼미란 뜻에 지나지 않는다. 전통 탐구의 현대적 의의는 바로 문화의 기본적 주체 의식의 각성과 시대적 가치관의 검토, 이 양자의 관계에 대한 탐구의 요구에 다름 아니다.

① 끊어지고 바뀌고 붙고 녹는 것을 계속하면서 그것을 일관하는 것이 전통이란 것이다.

② 전통은 대체로 그 사회 및 그 사회의 구성원인 개인의 몸에 배어 있는 것이다.

③ 우리 민족 문화의 전통은 부단한 창조 활동 속에서 이어 온 것이다.

④ 전통은 물론 과거로부터 이어 온 것을 말한다.

⑤ 전통은 우리의 현실에 작용하는 경우가 있다.

14

스트레스는 만병의 근원이란 말이 나돌고 있다. 정말로 스트레스는 의학적인 만병의 근원으로, 우리에게 신체적 해가 되는 일 자체보다도 이를 극복해 나가는 고통스런 과정이 더 문제인 것 같다. 허나 살아가면서 아무리 큰 스트레스를 겪더라도 시간이 경과함에 따라 점차로 망각의 세계로 흘려보내게 되는 것은 천만다행스러운 일이 아닐 수 없다. 개인적 차이야 있겠지만 고독한 개별 존재로 살아가면서 겪는 삶의 갈등에서 '세월이 약이다.'라는 우리 속담의 역할은 우리에게 참으로 큰 위안을 준다. 과거 기억의 집착에서 빨리 벗어나는 것은 진정으로 필요한 일이며, 이러한 자각의 과정이야말로 결국 혼자인 자신을 성찰할 좋은 기회가 된다. 그러니 이런 의미의 건망증이야 하느님이 우리에게 주신 좋은 선물 가운데 하나가 아니겠는가.

이와 같은 공리적인 건망증과는 달리, 우리 속담에 _____는 말과 같이 순간적인 건망증은 우리 생활에 웃음을 주는 활력소가 된다. 주부가 손에 고무장갑을 끼고 장갑을 찾는다든가, 안경을 쓴 채 안경을 찾으러 이리저리 다니는 일 따위의 일이야 주변에서 흔히 목격할 수 있는 일이다. 영국의 명재상이면서 끽연가인 처칠이 파이프를 물고 파이프를 찾았다든가, 혹은 18세기 영국의 문명 비평가였던 사무엘 존슨이 자신의 결혼식 날을 잊고 그 시간에 서재에서 집필하고 있었다는 일화도 정말로 우리를 웃음 짓게 하는 유쾌한 건망증이다.

의학적으로 대충 50대를 전후하여 기억 세포의 사멸로 기억력이 점차로 쇠퇴하여지기 시작한다고 한다. 이제 이순(耳順)의 나이를 넘어서다 보니, 주변 친구들을 만나면 늙는다는 타령과 함께 건망증을 소재로 한담(閑談)의 공간을 채우는 경우가 많아지게 되었다. 한 번은 건망증을 화제로 한자리에서, 지우(知友)가 이젠 하도 잊어버리는 일이 많더니 급기야 잊지 않으려 적어 놓은 메모까지도 잊어 못 찾게 되었노라고 한숨을 짓는 것을 보고 나는 빙그레 웃어 주었다. 그리고 이 말을 해주었다. 그 자체가 바로 자연이고 순리인 것이라고. 잊지 않으려고 억지로 노력하는 일도 하나의 집착인 것이라고.

① 우물에 가 숭늉 찾는다
② 장님 코끼리 말하듯 한다
③ 업은 아이 삼 년을 찾는다
④ 소문 난 잔치에 먹을 것 없다
⑤ 소경이 개천 나무란다

다음 문단을 논리적 순서대로 바르게 나열한 것은?

(가) 물론 이전과 달리 노동 시장에서 여성이라서 채용하지 않는 식의 직접적 차별은 많이 감소했지만 실질적으로 고학력 여성들이 면접 과정에서 많이 탈락하거나 회사에 들어가고 나서도 승진을 잘 하지 못하고 있다. 이는 여성이 육아 휴직 등을 사용하는 경우가 많아 회사가 여성을 육아와 가사를 신경 써야 하는 존재로 간주해 여성의 생산성을 낮다고 판단하고 있기 때문이다.

(나) 한국은 직종(occupation), 직무(job)와 사업장(establishment)이 같은 남녀 사이의 임금 격차 또한 다른 국가들에 비해 큰 것으로 나타났는데, 영국의 한 보고서의 따르면 한국은 조사국 14개국 중 직종, 직무, 사업장별 남녀 임금 격차에서 상위권에 속했다. 즉, 한국의 경우 같은 직종에 종사하며 같은 직장에 다니면서 같은 업무를 수행하더라도 성별에 따른 임금 격차가 다른 국가들에 비해 상대적으로 높다는 이야기다.

(다) OECD가 공개한 '성별 간 임금 격차(gender wage gap)'에 따르면 지난해 기준 OECD 38개 회원국들의 평균 성별 임금격차는 12%였다. 이 중 한국의 성별 임금격차는 31.1%로 조사국들 중 가장 컸으며, 이는 남녀 근로자를 각각 연봉 순으로 줄 세울 때 정중앙인 중위 임금을 받는 남성이 여성보다 31.1%를 더 받았다는 뜻에 해당한다. 한국은 1996년 OECD 가입 이래 26년 동안 줄곧 회원들 중 성별 임금 격차 1위를 차지해 왔다.

(라) 이처럼 한국의 남녀 사이의 성별 임금 격차가 크게 유지되는 이유로 노동계와 여성계는 연공서 열제와 여성 경력 단절을 꼽고 있다. 이에 대해 A교수는 노동 시장 문화에는 여성 경력 단절이 일어나도록 하는 여성 차별이 있어, 여성이 중간에 떨어져 나가거나 승진을 못하는 것이 너무나 자연스러운 일처럼 보여진다고 말했다.

이에 정부는 여성 차별적 노동 문화의 체질을 바꾸기 위해서는 정책적으로 여성에게만 혜택을 더 주는 것으로 보이는 시혜적 정책은 지양하되 여성 정책이 여성한테 무언가를 해주기보다는 남녀 간 평등을 촉진하는 방향으로 나아갈 수 있도록 해야 할 것이다.

① (나) – (다) – (가) – (라)
② (나) – (다) – (라) – (가)
③ (나) – (라) – (다) – (가)
④ (다) – (나) – (가) – (라)
⑤ (다) – (나) – (라) – (가)

Easy

01 다음은 우리나라 건강보험 재정 현황에 대한 자료이다. 이에 대한 설명으로 옳지 않은 것은?

〈건강보험 재정 현황〉

(단위 : 조 원)

구분		2016년	2017년	2018년	2019년	2020년	2021년	2022년	2023년
수입		32.0	37.0	42.0	45.0	48.5	55.0	55.5	56.0
	보험료 등	27.5	32.0	36.5	39.4	42.2	44.0	44.5	48.0
	정부지원	4.5	5.0	5.5	5.6	6.3	11.0	11.0	8.0
지출		35.0	36.0	40.0	42.0	44.0	51.0	53.5	56.0
	보험급여비	33.5	34.2	37.2	37.8	40.5	47.3	50.0	52.3
	관리운영비 등	1.5	1.8	2.8	4.2	3.5	3.7	3.5	3.7
수지율(%)		109	97	95	93	91	93	96	100

※ 수지율(%) $= \dfrac{(지출)}{(수입)} \times 100$

① 2016년 대비 2023년 건강보험 수입의 증가율과 건강보험 지출의 증가율의 차이는 15%p이다.

② 2017년부터 건강보험 수지율이 전년 대비 감소하는 해에는 정부지원 수입이 전년 대비 증가하였다.

③ 2021년 보험료 등이 건강보험 수입에서 차지하는 비율은 75% 이상이다.

④ 건강보험 수입과 지출의 전년 대비 증감 추이는 2017년부터 2023년까지 같다.

⑤ 건강보험 지출 중 보험급여비가 차지하는 비중은 2018년과 2019년 모두 95% 이상이다.

02 다음은 학년별 온라인수업 수강방법에 대한 자료이다. 이에 대한 〈보기〉의 설명 중 옳은 것을 모두 고르면?

〈학년별 온라인수업 수강방법〉

(단위 : %)

구분		스마트폰	태블릿PC	노트북	PC
학년	초등학생	7.2	15.9	34.4	42.5
	중학생	5.5	19.9	36.8	37.8
	고등학생	3.1	28.5	38.2	30.2
성별	남학생	10.8	28.1	30.9	30.2
	여학생	3.8	11.7	39.1	45.4

보기

ㄱ. 초등학생에서 중학생, 고등학생으로 올라갈수록 스마트폰과 PC의 이용률은 감소하고, 태블릿 PC와 노트북의 이용률은 증가한다.
ㄴ. 초·중·고등학생의 노트북과 PC의 이용률의 차이는 고등학생이 가장 작다.
ㄷ. 태블릿PC의 남학생·여학생 이용률의 차이는 노트북의 남학생·여학생 이용률의 2배이다.

① ㄱ

② ㄱ, ㄴ

③ ㄱ, ㄷ

④ ㄴ, ㄷ

⑤ ㄱ, ㄴ, ㄷ

03 다음은 지역별 의료인력 분포 현황을 나타낸 자료이다. 이에 대한 설명으로 옳지 않은 것은?(단, 광역시는 지역분류에서 도에 포함한다)

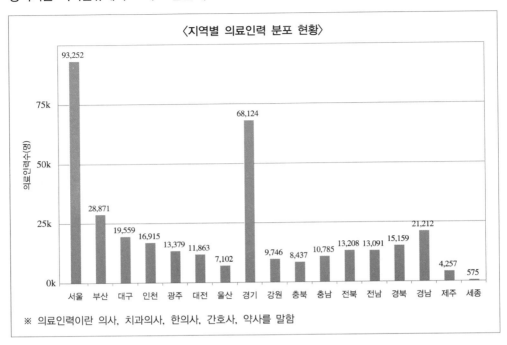

〈지역별 의료인력 분포 현황〉

※ 의료인력이란 의사, 치과의사, 한의사, 간호사, 약사를 말함

① 의료인력수가 두 번째로 적은 지역은 제주이다.
② 의료인력은 수도권에 편중된 불균형상태를 보이고 있다.
③ 의료인력수가 많을수록 의료인력 비중이 고르다고 말할 수 없다.
④ 전라도 지역에서 광주가 차지하는 비중이 충청도 지역에서 대전이 차지하는 비중보다 크다.
⑤ 서울과 경기를 제외한 나머지 지역 중 의료인력수가 가장 많은 지역과 가장 적은 지역의 차는 경남의 의료인력수보다 크다.

04 다음은 2023년 공항철도 여객 수송실적에 대한 자료이다. 이에 대한 설명으로 옳은 것은?

〈2023년 공항철도 여객 수송실적〉

(단위 : 천 명)

월	수송인원	승차인원	유입인원
1월	5,822	2,843	2,979
2월	5,520	2,703	( )
3월	6,331	3,029	3,302
4월	6,237	3,009	3,228
5월	6,533	3,150	3,383
6월	6,361	3,102	3,259
7월	6,431	3,164	3,267
8월	( )	3,103	3,617
9월	6,333	2,853	3,480
10월	6,875	3,048	3,827
11월	6,717	( )	3,794
12월	6,910	3,010	3,900

※ 유입인원 : 다른 철도를 이용하다가 공항철도로 환승하여 최종 종착지에 내린 승객의 수
※ 수송인원=승차인원+유입인원

① 2023년 공항철도의 수송인원은 매월 증가하고 있다.
② 2023년 3분기 공항철도 총 수송인원은 1,950만 명 이상이다.
③ 2월 공항철도 유입인원은 1월에 비해 16만 2천 명 감소하였다.
④ 11월은 승차인원이 가장 적은 달로, 6월보다 18만 1천 명 더 적었다.
⑤ 8월은 수송인원이 가장 많았던 달로, 12월보다 19만 명 더 많았다.

05 다음은 2019년부터 2023년까지 20대 남녀의 흡연율과 음주율에 대한 그래프이다. 이에 대한 〈보기〉의 설명 중 옳은 것을 모두 고르면?

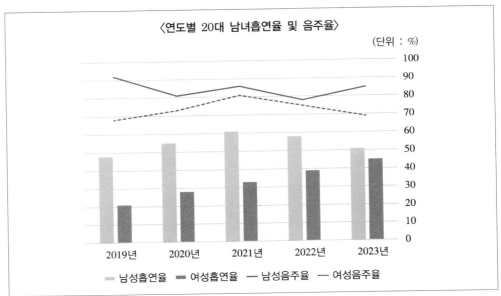

ㄱ. 남성과 여성의 흡연율은 동일한 추이를 보인다.
ㄴ. 남성흡연율이 가장 낮은 연도와 여성흡연율이 가장 낮은 연도는 동일하다.
ㄷ. 남성은 음주율이 가장 낮은 해에 흡연율도 가장 낮다.
ㄹ. 2021년 남성과 여성의 음주율 차이는 10%p 이상이다.

① ㄱ
② ㄴ
③ ㄷ, ㄹ
④ ㄱ, ㄴ
⑤ ㄴ, ㄷ

06 다음은 2023년 정부지원금 수혜자 200명을 대상으로 조사한 자료이다. 이에 대한 설명으로 옳지 않은 것은?(단, 소수점 첫째 자리에서 버림한다)

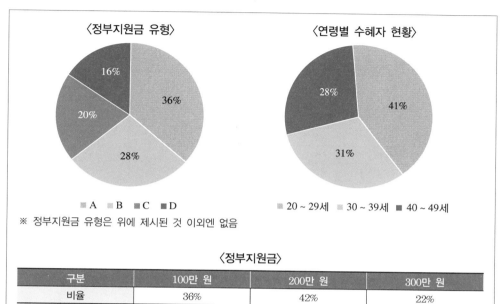

〈정부지원금 유형〉

16% 36% 20% 28%

■ A ■ B ■ C ■ D

〈연령별 수혜자 현황〉

28% 41% 31%

■ 20 ~ 29세 ■ 30 ~ 39세 ■ 40 ~ 49세

※ 정부지원금 유형은 위에 제시된 것 이외엔 없음

〈정부지원금〉

구분	100만 원	200만 원	300만 원
비율	36%	42%	22%

※ 정부지원금은 유형별로 100만 원, 200만 원, 300만 원씩 지급되며 중복수혜는 불가능함
※ 제시된 자료는 한 사람당 정부지원금 수령 총금액임

① 정부지원금에 들어간 총비용은 37,000만 원 이상이다.
② 정부지원금 A유형의 수령자가 모두 20대라고 할 때, 전체 20대 중 정부지원금 A유형의 수령자가 차지하는 비율은 85%이다.
③ 모든 20대가 정부지원금을 200만 원 받았다고 할 때, 200만 원 수령자 중 20대가 차지하는 비율은 95% 이상이다.
④ 정부지원금 수혜자 수가 2배이고, 수혜자 현황 비율이 동일하다면, 정부지원금에 들어간 비용도 2배이다.
⑤ 정부지원금 A유형의 지원금은 모두 100만 원으로 동일하다고 할 때, B, C, D유형에 들어간 총비용은 30,000만 원이다.

07 다음은 지역별 마약류 단속에 대한 자료이다. 이에 대한 설명으로 옳은 것은?

〈지역별 마약류 단속 건수〉

(단위 : 건, %)

구분	대마	마약	향정신성의약품	합계	비중
서울	49	18	323	390	22.1
인천·경기	55	24	552	631	35.8
부산	6	6	166	178	10.1
울산·경남	13	4	129	146	8.3
대구·경북	8	1	138	147	8.3
대전·충남	20	4	101	125	7.1
강원	13	0	35	48	2.7
전북	1	4	25	30	1.7
광주·전남	2	4	38	44	2.5
충북	0	0	21	21	1.2
제주	0	0	4	4	0.2
합계	167	65	1,532	1,764	100.0

※ 수도권 : 서울, 인천, 경기
※ 마약류는 대마, 마약, 향정신성의약품으로만 구성됨

① 대마 단속 전체 건수는 마약 단속 전체 건수의 3배 이상이다.
② 수도권의 마약류 단속 건수는 마약류 단속 전체 건수의 50% 이상이다.
③ 마약 단속 건수가 없는 지역은 5곳이다.
④ 향정신성의약품 단속 건수는 대구·경북 지역이 광주·전남 지역의 4배 이상이다.
⑤ 강원 지역은 향정신성의약품 단속 건수가 대마 단속 건수의 3배 이상이다.

08 다음 표는 주요 국가별 자국 영화 점유율을 나타낸 자료이다. 이에 대한 설명으로 옳지 않은 것은?

〈주요 국가별 자국 영화 점유율〉

(단위 : %)

구분	2020년	2021년	2022년	2023년
한국	50	42	48	46
일본	47	51	58	53
영국	28	31	16	25
프랑스	36	45	36	35
미국	90	91	92	91

① 자국 영화 점유율에서 프랑스가 한국을 앞지른 해는 2021년뿐이다.
② 4년간 자국 영화 점유율이 매년 꾸준히 상승한 국가는 하나도 없다.
③ 2020년 대비 2023년 자국 영화 점유율이 가장 많이 하락한 국가는 한국이다.
④ 2022년 자국 영화 점유율이 해당 국가의 4년간 통계에서 가장 높은 경우의 국가는 절반이 넘는다.
⑤ 2021년을 제외하고 프랑스, 영국의 자국 영화 점유율 순위는 매년 같다.

다음은 세계 게임 시장 규모에 대한 자료이다. 이에 대한 설명으로 옳은 것은?

〈세계 게임 시장 규모〉

(단위 : 백만 달러)

구분	2018년	2019년	2020년	2021년	2022년	2023년
게임광고	2,842	3,194	3,565	3,957	4,375	4,749
소셜 / 캐주얼게임	15,981	17,338	18,624	19,912	21,315	22,519
애플리케이션	13,094	14,486	15,809	17,135	18,577	19,816
웹브라우저	2,887	2,852	2,815	2,777	2,738	2,703
콘솔게임	26,381	27,488	28,601	29,671	30,779	31,851
디지털	4,915	5,614	6,363	7,117	7,933	8,750
오프라인	19,563	19,518	19,422	19,272	19,099	18,895
온라인	1,903	2,356	2,816	3,282	3,747	4,206
PC 게임	25,573	27,386	28,920	30,442	32,072	34,058
디지털	3,108	3,370	3,587	3,730	3,878	4,142
오프라인	2,286	2,186	2,086	1,986	1,886	1,786
온라인	20,179	21,830	23,247	24,726	26,308	28,130
합계	70,777	75,406	79,710	83,982	88,541	93,177

① 세계 게임 시장 규모는 2023년까지 연평균 약 5.7%씩 성장하여 93억 1,770만 달러로 확대되었다.

② 전년 대비 2023년의 게임광고 분야는 다른 분야에 비해 규모면에서는 비중이 매우 낮으나, 성장률은 두 번째로 높다.

③ 소셜 / 캐주얼게임은 2021년에 시장 규모가 급증하였다.

④ 콘솔게임 및 PC 게임의 오프라인 판매가 점차 감소하는 추이를 보인다.

⑤ 2023년 시장 규모를 비교하면 PC 게임이 가장 많은 비중을 차지하고 있으며, 그 다음 순위로는 소셜 / 캐주얼게임이다.

10 다음은 민간 분야 사이버 침해사고 발생현황에 대한 자료이다. 이에 대한 〈보기〉의 설명 중 옳지 않은 것을 모두 고르면?

〈민간 분야 사이버 침해사고 발생현황〉

(단위 : 건)

구분	2020년	2021년	2022년	2023년
홈페이지 변조	650	900	600	390
스팸릴레이	100	90	80	40
기타 해킹	300	150	170	165
단순 침입시도	250	300	290	175
피싱 경유지	200	430	360	130
전체	1,500	1,870	1,500	900

PART 3

보기

ㄱ. 단순 침입시도 분야의 침해사고는 매년 스팸릴레이 분야의 침해사고 건수의 2배 이상이다.
ㄴ. 2020년 대비 2023년 침해사고 건수가 50% 이상 감소한 분야는 2개 분야이다.
ㄷ. 2022년 홈페이지 변조 분야의 침해사고 건수가 차지하는 비중은 35% 이상이다.
ㄹ. 2021년 대비 2023년은 모든 분야의 침해사고 건수가 감소하였다.

① ㄱ, ㄴ   ② ㄱ, ㄹ
③ ㄴ, ㄷ   ④ ㄴ, ㄹ
⑤ ㄷ, ㄹ

11 S미술관의 올해 신입사원 수는 작년보다 남자는 50% 증가하고, 여자는 40% 감소하여 60명이다.
작년의 전체 신입사원 수가 55명이었을 때, 올해 입사한 여자 신입사원 수는?

① 11명   ② 12명
③ 13명   ④ 14명
⑤ 15명

12 S사에 근무하는 A, B사원은 프로젝트를 맡게 되었다. A사원이 혼자 프로젝트를 끝내려면 4일,
B사원은 12일이 걸린다고 할 때, 같이 일하면 며칠 만에 끝나는가?

① 1일   ② 2일
③ 3일   ④ 4일
⑤ 5일

13 흰색 탁구공 7개와 노란색 탁구공 5개가 들어 있는 주머니에서 4개의 탁구공을 동시에 꺼낼 때,
흰색 탁구공이 노란색 탁구공보다 많을 확률은?

① $\dfrac{10}{33}$ ② $\dfrac{14}{33}$

③ $\dfrac{17}{33}$ ④ $\dfrac{20}{33}$

⑤ $\dfrac{23}{33}$

14 원가가 2,000원인 아이스크림에 $a\%$의 이익을 더해서 정가를 정했다. 그러나 아이스크림이 팔리지 않아서 $a\%$의 절반만큼을 할인율로 정해 할인 판매하였더니 개당 이익이 240원이었다. 이때 a의 값은?

① 30

② 32

③ 36

④ 40

⑤ 42

15 어떤 공원의 트랙 모양의 산책로를 걷는데 민주는 시작 지점에서 분속 40m의 속력으로 걷고, 같은 지점에서 세희는 분속 45m의 속력으로 서로 반대 방향으로 걷고 있다. 출발한 지 40분 후에 둘이 두 번째로 마주치게 된다고 할 때, 산책로의 길이는?

① 1,320m

② 1,400m

③ 1,550m

④ 1,700m

⑤ 1,750m

16 농도가 다른 두 소금물 A와 B를 각각 100g씩 섞으면 10%의 소금물이 되고, 소금물 A를 100g, 소금물 B를 300g 섞으면 9%의 소금물이 된다. 소금물 A의 농도는?

① 10%

② 12%

③ 14%

④ 16%

⑤ 18%

17 0에서 9까지의 수가 각각 적힌 10장의 카드에서 두 장을 뽑아 두 자리 정수를 만들 때, 3의 배수가 되는 경우의 수는?

① 23가지

② 25가지

③ 27가지

④ 29가지

⑤ 31가지

18 놀이공원 S랜드는 연간 회원제 시스템을 운영 중이다. 비회원은 매표소에서 자유이용권 1장을 20,000원에 구매할 수 있고, 회원은 자유이용권 1장을 20% 할인된 가격에 구매할 수 있다. 회원 가입비가 50,000원이라 할 때, 회원 가입한 것이 이익이려면 S랜드를 연간 최소 몇 번 이용해야 하는가?(단, 회원 1인당 1회 방문 시 자유이용권 1장을 구매할 수 있다)

① 11회   ② 12회

③ 13회   ④ 14회

⑤ 15회

Hard

19 학생회장을 포함한 학생 4명과 A~H교수 8명 중 위원회를 창설하기 위한 대표 5명을 뽑으려고 한다. 학생회장과 A교수가 동시에 위원회 대표가 될 수 없을 때, 위원회를 구성할 수 있는 경우의 수는?(단, 교수와 학생의 구성 비율은 고려하지 않는다)

① 588가지   ② 602가지

③ 648가지   ④ 658가지

⑤ 672가지

20 A계열사와 B계열사의 제품 생산량의 비율은 3 : 7이고, 각각의 불량률은 2%, 3%이다. 신제품 생산을 위해서 부품을 선정했을 때, 그 부품이 B계열사의 불량품일 확률은?

① $\dfrac{13}{21}$ ② $\dfrac{7}{8}$

③ $\dfrac{7}{9}$ ④ $\dfrac{13}{15}$

⑤ $\dfrac{15}{17}$

※ 다음 제시된 도형의 규칙을 보고 ?에 들어갈 도형으로 알맞은 것을 고르시오. [1~5]

01

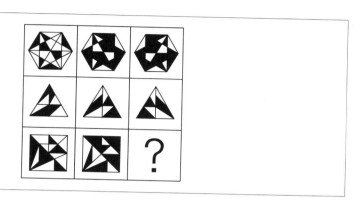

①

②

③

④

⑤

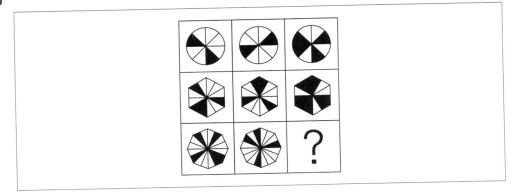

①

②

③

④

⑤

03

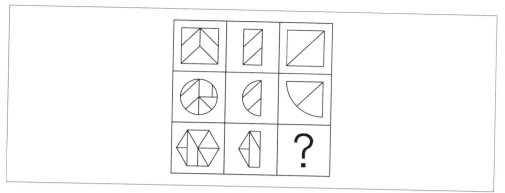

①

②

③

④

⑤

Easy

04

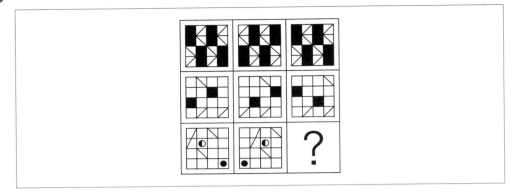

①

②

③

④

⑤

05

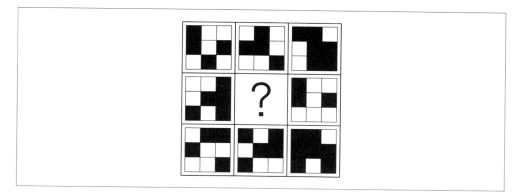

①

②

③

④

⑤

Hard

06

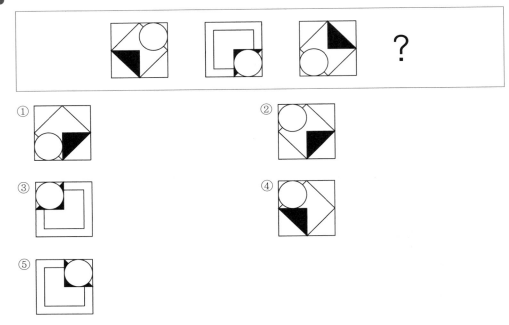

① 　　　　　　　　　　　　②

③ 　　　　　　　　　　　　④

⑤

07

   ?

①

②

③

④

⑤

08

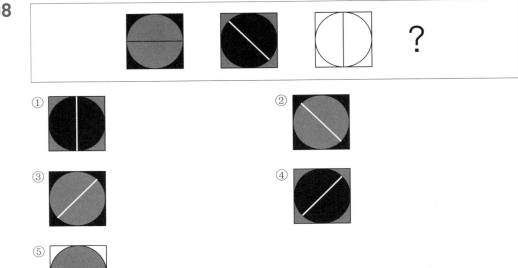

①
②
③
④
⑤

09

10

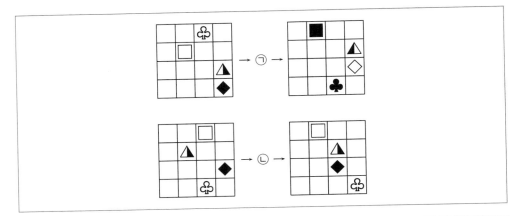

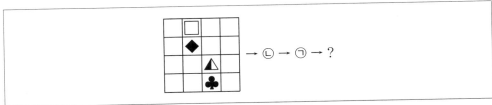

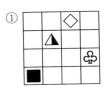

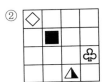

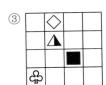

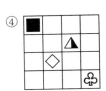

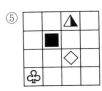

11 다음 기호들은 일정한 규칙에 따라 도형을 변화시킨다. 〈보기〉의 규칙을 찾고 ?에 들어갈 도형으로 알맞은 것을 고르면?

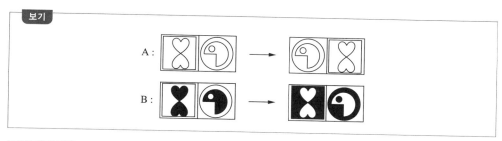

①

②

③

④

⑤

12 다음 제시된 도형의 규칙을 이용하여 (A), (B)에 들어갈 도형으로 알맞은 것을 고르면?

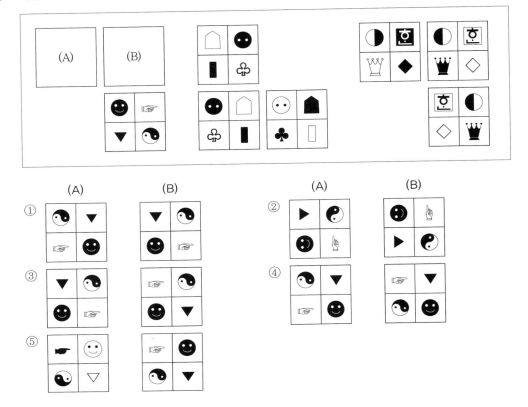

13 다음은 두 도형을 완전히 겹쳐지게 하여 새로운 도형을 만드는 과정을 나타낸 것이다. ?에 들어갈
도형으로 알맞은 것은?(단, 도형은 회전이 가능하다)

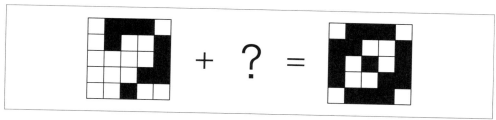

①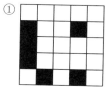

②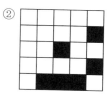

③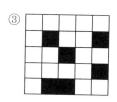

④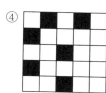

⑤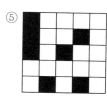

14 다음 기호들은 일정한 규칙에 따라 도형을 변화시킨다. 주어진 도형을 도식에 따라 변화시켰을 때 결과로 알맞은 것은?

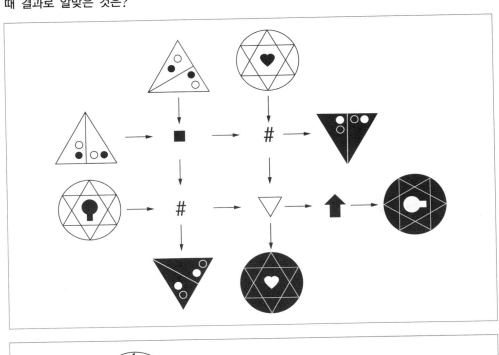

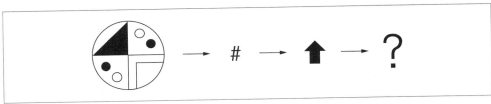

①

②

③

④

⑤

15 다음 제시된 도형의 규칙을 보고 ?에 들어갈 도형으로 알맞은 것은?

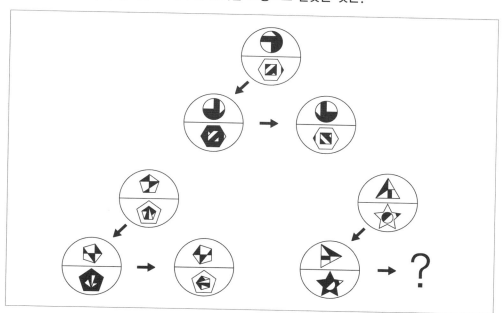

①

②

③

④

⑤

01 언어력

※ 다음 글의 내용으로 가장 적절한 것을 고르시오. [1~3]

01

극의 진행과 등장인물의 대사 및 감정 등을 관객에게 설명했던 변사가 등장한 것은 1900년대이다. 미국이나 유럽에서도 변사가 있었지만, 그 역할은 미미했을 뿐더러 그마저도 자막과 반주 음악이 등장하면서 점차 소멸하였다. 하지만 주로 동양권, 특히 한국과 일본에서는 변사의 존재가 두드러졌다. 한국에서 변사가 본격적으로 등장한 것은 극장가가 형성된 1910년부터인데, 한국 최초의 변사는 우정식으로, 단성사를 운영하던 박승필이 내세운 인물이었다. 그 후 김덕경, 서상호, 김영환, 박응면, 성동호 등이 변사로 활약했으며 당시 영화 흥행의 성패를 좌우할 정도로 그 비중이 컸다. 단성사, 우미관, 조선 극장 등의 극장은 대개 5명 정도의 변사를 전속으로 두었으며 2명 또는 3명이 교대로 무대에 올라, 한 영화를 담당하였다. 4명 또는 8명의 변사가 한 무대에 등장하여 영화의 대사를 교환하는 일본과는 달리, 한국에서는 한 명의 변사가 영화를 설명하는 방식을 취하였으며, 영화가 점점 장편화 되면서부터는 2명 또는 4명이 번갈아 무대에 등장하는 방식으로 바뀌었다. 변사는 악단의 행진곡을 신호로 무대에 등장하였으며, 소위 전설(前說)을 하였는데 전설이란 활동사진을 상영하기 전에 그 개요를 앞서 설명하는 것이었다. 전설이 끝나면 활동사진을 상영하고 해설을 시작하였다. 변사는 전설과 해설 이외에도 막간극을 공연하기도 했는데 당시 영화관에는 영사기가 대체로 한 대밖에 없었기 때문에 필름을 교체하는 시간을 이용하여 코믹한 내용을 공연하였다.

① 한국 최초의 변사는 단성사를 운영하던 박승필이다.
② 한국과는 달리 일본에서는 변사가 막간극을 공연했다.
③ 한국에 극장가가 형성되기 시작한 것은 1900년경이었다.
④ 한국은 영화의 장편화로 무대에 서는 변사의 수가 늘어났다.
⑤ 자막과 반주 음악의 등장으로 변사의 중요성이 더욱 높아졌다.

OECD에 따르면 평균 수면시간이 프랑스는 8시간 50분, 미국은 8시간 38분, 영국은 8시간 13분이 며, 우리나라는 7시간 49분으로 OECD 회원국 중 한국인의 수면시간이 가장 적다. 사회 특성상 다 른 국가에 비해 근무 시간이 많아 수면시간이 짧은 것도 문제지만, 수면의 질 또한 낮아지고 있어 문제가 심각하다.

최근 수면장애 환자가 급격히 증가하는 추세다. 국민건강보험공단에 따르면 수면장애로 병원을 찾은 환자는 2010년 46만 1,000명에서 2015년 72만 1,000명으로 5년 새 56% 이상 급증했다. 당시 병원 을 찾은 사람이 70만 명을 넘었다면, 현재 수면장애로 고통받는 사람은 더 많을 것으로 추산된다.

수면장애는 단순히 잠을 이루지 못하는 불면증뿐 아니라 충분한 수면을 취했음에도 낮 동안 각성을 유지하지 못하는 기면증(과다수면증), 잠들 무렵이면 다리가 쑤시거나 저리는 증상, 코골이와 동반 되어 수면 중에 호흡이 멈춰 숙면을 취하지 못하는 수면무호흡증 등 수면의 양과 질 저하로 생긴 다양한 증상을 모두 포괄한다. 수면장애는 학습장애, 능률 저하는 물론이고 교통사고 등 안전사고, 정서장애, 사회 적응 장애의 원인이 될 수 있다. 방치하게 되면 지병이 악화되고 심근경색증, 뇌졸 중 등 심각한 병을 초래하기도 한다.

수면장애 환자는 여성이 42만 7,000명으로 남성(29만 1,000명)보다 1.5배 정도 더 많다. 여성은 임신과 출산, 폐경과 함께 찾아오는 갱년기 등 생체주기에 따른 영향으로 전 연령에서 수면장애가 보다 빈번하게 나타나는 경향을 보이는 것으로 보고된다. 특히 폐경이 되면 여성호르몬인 에스트로 겐이 줄어들면서 수면과 관련이 있는 아세틸콜린 신경전달 물질의 분비 역시 저하되어 체내 시계가 혼란스러움을 느끼게 돼 밤에 잘 잠들지 못하거나 자주 깨며 새벽에 일찍 일어나는 등 여러 형태의 불면증이 동반된다.

또 연령별로는 40・50대 중・장년층이 36.6%로 가장 큰 비중을 차지했고, 이에 비해 20・30대는 17.3%로 나타났다. 흔히 나이가 들면 생체시계에 변화가 생겨 깊은 잠은 비교적 줄어들고 꿈 수면 이 나타나는 시간이 빨라지게 돼 상대적으로 얕은 수면과 꿈 수면이 많아지게 된다.

① 한국인의 수면시간은 근무 시간보다 짧다.

② 수면장애 환자는 20・30대에 가장 많다.

③ 수면장애 환자는 여성보다 남성이 더 많다.

④ 한국인의 수면의 질이 낮아지고 있다.

⑤ 여성의 경우 에스트로겐의 증가가 불면증에 영향을 미친다.

03

포화지방산에서 나타나는 탄소 결합 형태는 연결된 탄소끼리 모두 단일 결합하는 모습을 띤다. 이때 각각의 탄소에는 수소가 두 개씩 결합한다. 이 결합 형태는 지방산 분자의 모양을 일자형으로 만들어 이웃하는 지방산 분자들이 조밀하게 연결될 수 있으므로, 분자 간 인력이 높아 지방산 분자들이 단단하게 뭉치게 된다. 이 인력을 느슨하게 만들려면 많은 열에너지가 필요하다. 따라서 이 지방산을 함유한 지방은 녹는점이 높아 상온에서 고체로 존재하게 된다. 그리고 이 지방산 분자에는 탄소 사슬에 수소가 충분히 결합되어, 수소가 분자 내에 포화되어 있으므로 포화지방산이라 부르며, 이것이 들어 있는 지방을 포화지방이라고 한다. 포화지방은 체내의 장기 주변에 쌓여 장기를 보호하고 체내에 저장되어 있다가 에너지로 전환되어 몸에 열량을 내는 데 이용된다. 그러나 이 지방이 저밀도 단백질과 결합하면, 콜레스테롤이 혈관 내부에 쌓여 혈액의 흐름을 방해하고 혈관 내부의 압력을 높여 심혈관계 질병을 유발하는 것으로 알려져 있다.

① 포화지방산에서 나타나는 탄소 결합은 각각의 탄소에 수소가 두 개씩 결합하므로 다중 결합한다고 할 수 있다.
② 탄소에 수소가 두 개씩 결합하는 형태는 열에너지가 많아서 지방산 분자들이 단단하게 뭉치게 된다.
③ 포화지방이 체내에 저장되면 콜레스테롤이 혈관 내부에 쌓여 흐름을 방해하고 혈관 내부의 압력을 높여 질병을 유발하므로 몸에 좋지 않다.
④ 분자 간 인력을 느슨하게 하면 지방산 분자들의 연결이 조밀해진다.
⑤ 포화지방은 포화지방산이 들어 있는 지방을 가리킨다.

04

길을 걷고, 한강을 달리고, 손을 흔들고, 책장을 넘기는 이와 같은 인체의 작은 움직임(주파수 2
~5Hz)도 스마트폰이나 웨어러블(안경, 시계, 의복 등과 같이 신체에 작용하는 제품) 기기들의 전
기 에너지원으로 사용될 수 있다. 이러한 인체의 움직임처럼 버려지는 운동 에너지로부터 전기를
생산하는 기술을 '에너지 하베스팅(Harvesting, 수확)'이라 한다.

최근 과학 기술의 발전과 더불어 피트니스·헬스케어 모니터링 같은 다기능 휴대용·웨어러블 스마
트 전자기기가 일상생활에서 많이 사용되고 있다. 동시에 사물인터넷(IoT)의 발달로 센서의 사용
또한 크게 늘고 있다. 이러한 스마트 전자기기 및 센서들은 소형, 경량, 이동성 및 내구성을 갖춘
전원 공급원이 반드시 필요하다.

교체 및 충전식 전기 화학 배터리는 전원을 공급하기에는 탁월하지만 수명이 짧다. 또한 재충전 및
교체가 어렵다. 나아가 배터리 폐기로 인한 환경오염을 유발한다는 단점도 있다. 그러나 인체 움직
임과 같은 작은 진동에너지 기반의 친환경 에너지 하베스팅 기술은 스마트폰 및 웨어러블 스마트기
기를 위한 지속 가능한 반영구적 전원으로서 활용될 수 있다.

진동은 우리의 일상생활에 존재하며 버려지는 가장 풍부한 기계적 움직임 중 하나다. 진동은 여러
유형과 넓은 범위의 주파수 및 진폭을 가지고 있다. 기계적 진동원은 움직이는 인체, 자동차, 진동
구조물, 물이나 공기의 흐름에 의한 진동 등 모두를 포함한다. 따라서 진동에너지를 효율적으로 수
확하고 이를 전기에너지로 변환하기 위해서는 에너지 하베스팅 소자를 진동의 특성에 맞도록 설계
해 제작해야 한다.

기계적 진동에너지 수집은 몇 가지 변환 메커니즘에 의해 이루어진다. 가장 활발하게 연구가 이루어
지고 있는 진동 기반 에너지 하베스팅 기술에는 압전기력, 전자기력, 마찰전기 에너지 등이 활용된
다. 압전기력 기반은 압전 효과를 이용하여 기계적 진동에너지를 전기 에너지로 변환하는 기술이다.
압전 소재와 기타 적절한 기판을 사용하여 제작되며, 높은 출력 전압을 발생시키지만 발생된 전류는
상대적으로 낮다. 전자기력 기반은 코일과 자석 사이의 상대적 움직임으로부터 얻어지는 기전력(패
러데이의 유도법칙)을 이용하여 전기를 생산하는 기술이다. 낮은 주파수의 기계적 에너지를 전기에
너지로 변환하는 매우 효율적인 방법이다. 마찰전기 기반은 맥스웰의 변위 전류를 이용하여 전기를
생산하는 기술이다. 저주파 진동 범위에서 높은 출력 전압을 수확하는 데 매우 효율적이다.

① 3Hz의 소량의 주파수도 전자기기의 에너지원으로 사용될 수 있다.

② 디지털 기술이 발달함에 따라 센서의 사용은 감소하는 추세이다.

③ 전기를 충전해야 하는 배터리 기술은 사용 기간이 짧다는 단점을 가지고 있다.

④ 물이나 공기의 흐름 역시 진동원의 하나가 될 수 있다.

⑤ 패러데이의 유도법칙을 이용하면 낮은 주파수의 에너지를 효율적으로 사용할 수 있다.

비트코인은 지폐나 동전과 달리 물리적인 형태가 없는 온라인 가상화폐(디지털 통화)로, 디지털 단위인 '비트(Bit)'와 '동전(Coin)'을 합친 용어다. 나카모토 사토시라는 가명의 프로그래머가 빠르게 진전되는 온라인 추세에 맞춰 갈수록 기능이 떨어지는 달러화, 엔화, 원화 등과 같은 기존의 법화(Legal Tender)를 대신할 새로운 화폐를 만들겠다는 발상에서 2009년 비트코인을 처음 개발했다. 특히 2009년은 미국발(發) 금융위기가 한창이던 시기여서 미연방준비제도(Fed)가 막대한 양의 달러를 찍어내 시장에 공급하는 양적완화가 시작된 해로, 달러화 가치 하락 우려가 겹치면서 비트코인이 대안 화폐로 주목받기 시작했다.

비트코인의 핵심은 정부나 중앙은행, 금융회사 등 어떤 중앙집중적 권력의 개입 없이 작동하는 새로운 화폐를 창출하는 데 있다. 그는 인터넷에 남긴 글에서 "국가 화폐의 역사는 (화폐의 가치를 떨어뜨리지 않을 것이란) 믿음을 저버리는 사례로 충만하다."고 비판했다.

비트코인은 은행을 거치지 않고 개인과 개인이 직접 돈을 주고받을 수 있도록 '분산화된 거래장부' 방식을 도입했다. 시스템상에서 거래가 이뤄질 때마다 공개된 장부에는 새로운 기록이 추가된다. 이를 '블록체인'이라고 한다. 블록체인에 저장된 거래기록이 맞는지 확인해 거래를 승인하는 역할을 맡은 사람을 '채굴자'라고 한다. 컴퓨팅 파워와 전기를 소모해 어려운 수학 문제를 풀어야 하는 채굴자의 참여를 독려하기 위해 비트코인 시스템은 채굴자에게 새로 만들어진 비트코인을 주는 것으로 보상한다. 채굴자는 비트코인을 팔아 이익을 남길 수 있지만, 채굴자 간 경쟁이 치열해지거나 비트코인 가격이 폭락하면 어려움에 처한다.

비트코인은 완전한 익명으로 거래된다. 컴퓨터와 인터넷만 되면 누구나 비트코인 계좌를 개설할 수 있다. 이 때문에 비트코인은 돈세탁이나 마약거래에 사용되는 문제점도 드러나고 있다. 또 다른 특징은 통화 공급량이 엄격히 제한된다는 점이다. 현재 10분마다 25개의 새 비트코인이 시스템에 추가되지만 21만 개가 발행될 때마다 반감돼 앞으로 10분당 추가되는 비트코인은 12.5개, 6.25개로 줄다가 0으로 수렴한다. 비트코인의 총 발행량은 2,100만 개로 정해져 있다. 이는 중앙은행이 재량적으로 통화공급량을 조절하면 안 된다는 미국의 경제학자 밀턴 프리드먼 주장과 연결돼있다. 다만 비트코인은 소수점 8자리까지 분할할 수 있어 필요에 따라 통화량을 늘릴 수 있는 여지를 남겨놨다. 가상화폐 지갑회사 블록체인인포에 따르면 2017년 12월 7일까지 채굴된 비트코인은 1,671만 개 정도로 채굴 한도 2,100만 개의 80%가 채굴된 셈이다.

사용자들은 인터넷에서 내려 받은 '지갑' 프로그램을 통해 인터넷뱅킹으로 계좌이체 하듯 비트코인을 주고받을 수 있다. 또한, 인터넷 환전사이트에서 비트코인을 구매하거나 현금화할 수 있으며 비트코인은 소수점 여덟 자리까지 단위를 표시해 사고팔 수 있다.

① 비트코인은 희소성을 가지고 있다.
② 비트코인은 가상화폐로 온라인상에서만 사용 가능하다.
③ 비트코인을 얻기 위해서는 시간과 노력이 필요하다.
④ 비트코인과 기존 화폐의 큰 차이점 중 하나는 통화발행주체의 존재 여부이다.
⑤ 비트코인은 돈세탁이나 마약거래에 이용되기도 한다.

다음 글에서 설명한 '즉흥성'과 관련 있는 내용을 〈보기〉에서 모두 고르면?

우리나라의 전통 음악은 대체로 크게 정악과 속악으로 나뉜다. 정악은 왕실이나 귀족들이 즐기던 음악이고, 속악은 일반 민중들이 가까이 하던 음악이다. 개성을 중시하고 자유분방한 감정을 표출하는 한국인의 예술 정신은 정악보다는 속악에 잘 드러나 있다. 우리 속악의 특징은 한 마디로 즉흥성이라는 개념으로 집약될 수 있다. 판소리나 산조에 '유파(流派)'가 자꾸 형성되는 것은 모두 즉흥성이 강하기 때문이다. 즉흥으로 나왔던 것이 정형화되면 그 사람의 대표 가락이 되는 것이고, 그것이 독특한 것이면 새로운 유파가 형성되기도 하는 것이다.

물론 즉흥이라고 해서 음악가가 제멋대로 하는 것은 아니다. 곡의 일정한 틀은 유지하면서 그 안에서 변화를 주는 것이 즉흥 음악의 특색이다. 판소리 명창이 무대에 나가기 전에 "오늘 공연은 몇 분으로 할까요?"하고 묻는 것이 그런 예다. 이때 창자는 상황에 맞추어 얼마든지 곡의 길이를 조절할 수 있는 것이다. 이것은 서양 음악에서는 어림없는 일이다. 그나마 서양 음악에서 융통성을 발휘할 수 있다면 4악장 가운데 한 악장만 연주하는 것 정도이지, 각 악장에서 조금씩 뽑아 한 곡을 만들어 연주할 수는 없다. 그러나 한국 음악에서는, 특히 속악에서는 연주 장소나 주문자의 요구 혹은 연주자의 상태에 따라 악기도 하나면 하나로만, 둘이면 둘로 연주해도 별문제가 없다. 거문고나 대금 하나만으로도 얼마든지 연주할 수 있다. 전혀 이상하지도 않다. 그렇지만 베토벤의 운명 교향곡을 바이올린이나 피아노만으로 연주하는 경우는 거의 없을 뿐만 아니라, 연주를 하더라도 어색하게 들릴 수밖에 없다.

즉흥과 개성을 중시하는 한국의 속악 가운데 대표적인 것이 시나위다. 현재의 시나위는 19세기 말에 완성되었으나 원형은 19세기 훨씬 이전부터 연주되었을 것으로 추정된다. 시나위의 가장 큰 특징은 악보 없는 즉흥곡이라는 것이다. 연주자들이 모여 아무 사전 약속도 없이 "시작해 볼까"하고 연주하기 시작한다. 그러니 처음에는 서로가 맞지 않는다. 불협음 일색이다. 그렇게 진행되다가 중간에 호흡이 맞아 떨어지면 협음을 낸다. 그러다가 또 각각 제 갈 길로 가서 혼자인 것처럼 연주한다. 이게 시나위의 묘미다. 불협음과 협음이 오묘하게 서로 들어맞는 것이다.

그런데 이런 음악은 아무나 하는 게 아니다. 즉흥곡이라고 하지만 '초보자(初步者)'들은 꿈도 못 꾸는 음악이다. 기량이 뛰어난 경지에 이르러야 가능한 음악이다. 그래서 요즈음은 시나위를 잘 할 수 있는 사람들이 별로 없다고 한다. 요즘에는 악보로 정리된 시나위를 연주하는 경우가 대부분인데, 이것은 시나위 본래의 취지에 어긋난다. 악보로 연주하면 박제된 음악이 되기 때문이다.

요즘 음악인들은 시나위 가락을 보통 '허튼 가락'이라고 한다. 이 말은 말 그대로 '즉흥 음악'으로 이해된다. 미리 짜 놓은 일정한 형식이 없이 주어진 장단과 연주 분위기에 몰입해 그때그때의 감흥을 자신의 음악성과 기량을 발휘해 연주하는 것이다. 이럴 때 즉흥이 튀어 나온다. 시나위는 이렇듯 즉흥적으로 흐드러져야 맛이 난다. 능청거림, 이것이 시나위의 음악적 모습이다.

보기

ㄱ. 주어진 상황에 따라 임의로 곡의 길이를 조절하여 연주한다.
ㄴ. 장단과 연주 분위기에 몰입해 새로운 가락으로 연주한다.
ㄷ. 연주자들 간에 사전 약속 없이 연주하지만 악보의 지시는 따른다.
ㄹ. 감흥을 자유롭게 표현하기 위해 일정한 틀을 철저히 무시한 채 연주한다.

① ㄱ, ㄴ ② ㄱ, ㄷ
③ ㄴ, ㄷ ④ ㄴ, ㄹ
⑤ ㄷ, ㄹ

쾌락주의는 모든 쾌락이 그 자체로서 가치가 있으며 쾌락의 증가와 고통의 감소를 통해 최대의 쾌락을 산출하는 행위를 올바른 것으로 간주하는 윤리설이다. 쾌락주의에 따르면 쾌락만이 내재적 가치를 지니며, 모든 것은 이러한 쾌락을 기준으로 가치 평가되어야 한다.

그런데 쾌락주의자는 단기적이고 말초적인 쾌락만을 추구함으로써 결국 고통에 빠지게 된다는 오해를 받기도 한다. 하지만 쾌락주의적 삶을 순간적이고 감각적인 쾌락만을 추구하는 방탕한 삶과 동일시하는 것은 옳지 않다. 쾌락주의는 일시적인 쾌락의 극대화가 아니라 장기적인 쾌락의 극대화를 목적으로 하므로 단기적, 말초적 쾌락만을 추구하는 것은 아니다. 예를 들어 사회적 성취가 장기적으로 더 큰 쾌락을 가져다준다면 쾌락주의자는 단기적 쾌락보다는 사회적 성취를 우선으로 추구한다. 또한 쾌락주의는 쾌락 이외의 것은 모두 무가치한 것으로 본다는 오해를 받기도 한다. 하지만 쾌락주의가 쾌락만을 가치 있는 것으로 보는 것은 아니다. 세상에는 쾌락 말고도 가치 있는 것들이 있으며, 심지어 고통조차도 가치 있는 것으로 볼 수 있다. 발이 불구덩이에 빠져서 통증을 느껴 곧바로 발을 빼낸 상황을 생각해 보자. 이때의 고통은 분명히 좋은 것임에 틀림없다. 만약 고통을 느끼지 못했다면, 불구덩이에 빠진 발을 꺼낼 생각을 하지 못해서 큰 부상을 당했을 수도 있기 때문이다. 물론 이때 고통이 가치 있다는 것은 도구인 의미에서 그런 것이지, 그 자체가 목적이라는 의미는 아니다.

쾌락주의는 고통을 도구가 아닌 목적으로 추구하는 것을 이해할 수 없다고 본다. 금욕주의자가 기꺼이 감내하는 고통조차도 종교적·도덕적 성취와 만족을 추구하기 위한 도구인 것이지 고통 그 자체가 목적인 것은 아니기 때문이다. 대부분의 세속적 금욕주의자들은 재화나 명예와 같은 사회적 성취를 위해 당장의 쾌락을 포기하며 종교적 금욕주의자들은 내세의 성취를 위해 현세의 쾌락을 포기하는데, 그것이 사회적 성취이든 내세적 성취이든지 간에 모두 광의의 쾌락을 추구하고 있는 것이다.

① 과연 쾌락이나 고통만으로 가치를 규정할 수 있는가?
② 쾌락의 원천은 다양한데, 서로 다른 쾌락을 같은 것으로 볼 수 있는가?
③ 쾌락의 질적 차이를 인정한다면, 이질적인 쾌락을 어떻게 서로 비교할 수 있는가?
④ 순간적이고 감각적인 쾌락만을 추구하는 삶을 쾌락주의적 삶이라고 볼 수 있는가?
⑤ 식욕의 충족에서 비롯된 쾌락과 사회적 명예의 획득에서 비롯된 쾌락은 같은 것인가?

08 다음 글 뒤에 이어질 내용으로 가장 적절한 것은?

테레민이라는 악기는 손을 대지 않고 연주하는 악기이다. 이 악기를 연주하기 위해 연주자는 허리 높이쯤에 위치한 상자 앞에 선다. 오른손은 상자에 수직으로 세워진 안테나 주위에서 움직인다. 오른손의 엄지와 집게손가락으로 고리를 만들고 손을 흔들면서 나머지 손가락을 하나씩 펴면 안테나에 손이 닿지 않고서도 음이 들린다. 이때 들리는 음은 피아노 건반을 눌렀을 때 나는 것처럼 정해진 음이 아니고 현악기를 연주하는 것과 같은 연속음이며, 소리는 손과 손가락의 움직임에 따라 변한다. 왼손은 손가락을 펼친 채로 상자에서 수평으로 뻗은 안테나 위에서 서서히 오르내리면서 소리를 조절한다.

오른손으로는 수직 안테나와의 거리에 따라 음고(音高)를 조절하고 왼손으로는 수평 안테나와의 거리에 따라 음량을 조절한다. 따라서 오른손과 수직 안테나는 음고를 조절하는 회로에 속하고 수평 안테나는 음량을 조절하는 또 다른 회로에 속한다. 이 두 회로가 하나로 합쳐지면서 두 손의 움직임에 따라 음고와 음량을 변화시킬 수 있다.

어떻게 테레민에서 다른 음고의 음이 발생되는지 알아보자. 음고를 조절하는 회로는 가청주파수 범위 바깥의 주파수를 갖는 서로 다른 두 개의 음파를 발생시킨다. 이 두 개의 음파 사이에 존재하는 주파수의 차이 값에 의해 가청주파수를 갖는 새로운 진동이 발생하는데 그것으로 소리를 만든다. 가청주파수 범위 바깥의 주파수 중 하나는 고정된 주파수를 갖고 다른 하나는 연주자의 손 움직임에 따라 주파수가 바뀐다. 이렇게 발생한 주파수의 변화에 의해 진동이 발생되고 이 진동의 주파수는 가청주파수 범위 내에 있기 때문에 그 진동을 증폭시켜 스피커로 보내면 소리가 들린다.

① 왼손의 손가락 모양에 따라 음고가 바뀌는 원리
② 수직 안테나에 손이 닿으면 소리가 발생하는 원리
③ 수평 안테나와 왼손 사이의 거리에 따라 음량이 조절되는 원리
④ 음고를 조절하는 회로에서 가청주파수의 진동이 발생하는 원리
⑤ 오른손 손가락으로 가상의 피아노 건반을 눌러 음량을 변경하는 원리

Easy

09 다음 글의 중심 내용으로 가장 적절한 것은?

'노블레스 오블리주(Noblesse Oblige)'는 높은 지위에 맞는 도덕적 의무감을 일컫는 말이다. 높든 낮든 사람들은 모두 지위를 가지고 이 사회를 살아가고 있다. 그러나 '노블레스 오블리주'는 '높은 지위'를 강조하고, 그것도 사회를 이끌어 가는 지도층에 속하는 사람들의 지위를 강조한다. 지도층은 '엘리트층'이라고도 하고 '상층'이라고도 한다. 좀 부정적 의미로는 '지배층'이라고도 한다. '노블레스 오블리주'는 지도층의 지위에 맞는 도덕적 양심과 행동을 이르는 말로, 사회의 중요 덕목으로 자주 인용된다.

그렇다면 지도층만 도덕적 의무감이 중요하고 일반 국민의 도덕적 의무감은 중요하지 않다는 말인가? 물론 그럴 리도 없고 그렇지도 않다. 도덕적 의무감은 지위가 높든 낮든 다 중요하다. '사회는 도덕 체계다.'라는 말처럼, 사회가 존속하고 지속되는 것은 기본적으로는 법 때문이 아니라 도덕 때문이다. 한 사회 안에서 수적으로 얼마 안 되는 '지도층'의 도덕성만이 문제될 수는 없다. 화합하는 사회, 인간이 존중되는 사회는 국민 전체의 도덕성이 더 중요하다.

그런데도 왜 '노블레스 오블리주'인가? 왜 지도층만의 도덕적 의무감을 특히 중요시하는가? 이유는 명백하다. 우리식 표현으로는 윗물이 맑아야 아랫물이 맑기 때문이다. 서구식 주장으로는 지도층이 '도덕적 지표(指標)'가 되기 때문이다. 그런데 우리식의 표현이든 서구식의 주장이든 이 두 생각이 사회에서 그대로 적용되는 것은 아니다. 사회에서는 위가 맑아도 아래가 부정한 경우가 비일비재(非一非再)하다. 또한 도덕적 실천에서는 지도층이 꼭 절대적 기준이 되는 것도 아니다. 완벽한 기준은 세상 어디에도 존재하지 않는다. 단지 건전한 사회를 만드는 데 어느 방법이 높은 가능성을 지니느냐, 어느 것이 효과적인 방법만이 있을 뿐이다. 우리식 표현이든 서구식 생각이든 두 생각이 공통적으로 갖는 의미는 지도층의 도덕적 의무감이 일반 국민을 도덕 체계 속으로 끌어들이는 데 가장 효과적이며 효율적인 방법이라는 것에 있다. 그래서 '노블레스 오블리주'이다.

① 노블레스 오블리주의 기원
② 노블레스 오블리주의 한계
③ 노블레스 오블리주의 적용범위
④ 노블레스 오블리주가 필요한 이유
⑤ 노블레스 오블리주의 장점과 단점

10 다음 글을 읽고 추론할 수 있는 내용으로 가장 적절한 것은?

> 사람과 동물처럼 우리 몸을 구성하는 세포도 자의적으로 죽음을 선택하기도 한다. 그렇다면 왜 세포는 죽음을 선택할까? 소위 '진화'의 관점으로 본다면 개별 세포도 살기 위해 발버둥 쳐야 마땅한데 스스로 죽기로 결정한다니 역설적인 이야기처럼 들린다. 세포가 죽음을 선택하는 이유는 자신이 죽는 것이 전체 개체에 유익하기 때문이다. 도대체 '자의적'이란 말을 붙일 수 있는 세포의 죽음은 어떤 것일까?
>
> 세포의 '자의적' 죽음이 있다는 말은 '타의적' 죽음도 있다는 말일 것이다. 타의적인 죽음은 네크로시스(Necrosis), 자의적인 죽음은 아포토시스(Apoptosis)라고 부른다. 이 두 죽음은 그 과정과 형태에서 분명한 차이를 보인다. 타의적인 죽음인 네크로시스는 세포가 손상돼 어쩔 수 없이 죽음에 이르는 과정을 말한다. 세포 안팎의 삼투압 차이가 수만 배까지 나면 세포 밖의 물이 세포 안으로 급격하게 유입돼 세포가 터져 죽는다. 마치 풍선에 바람을 계속 불어넣으면 '펑!' 하고 터지듯이 말이다. 이때 세포의 내용물이 쏟아져 나와 염증 반응을 일으킨다. 이러한 네크로시스는 정상적인 발생 과정에서는 나타나지 않고 또한 유전자의 발현이나 새로운 단백질의 생산도 필요 없다.
>
> 반면 자의적인 죽음인 아포토시스는 유전자가 작동해 단백질을 만들어 내면 세포가 스스로 죽기로 결정하고 생체 에너지인 ATP를 적극적으로 소모하면서 죽음에 이르는 과정을 말한다. 네크로시스와는 정반대로 세포는 쪼그라들고, 세포 내의 DNA는 규칙적으로 절단된다. 그 다음 쪼그라들어 단편화된 세포 조각들을 주변의 식세포가 시체 처리하듯 잡아먹는 것으로 과정이 종료된다.
>
> 인체 내에서 아포토시스가 일어나는 경우는 크게 두 가지다. 하나는 발생과 분화의 과정 중에 불필요한 부분을 없애기 위해서 일어난다. 사람은 태아의 손이 발생할 때 몸통에서 주걱 모양으로 손이 먼저 나온 후에 손가락 위치가 아닌 나머지 부분의 세포들이 사멸해서 우리가 보는 일반적인 손 모양을 만든다. 이들은 이미 죽음이 예정돼 있다고 해서 이런 과정을 PCD(Programed Cell Death)라고 부른다.
>
> 다른 하나는 세포가 심각하게 훼손돼 암세포로 변할 가능성이 있을 때 전체 개체를 보호하기 위해 세포는 죽음을 선택한다. 즉, 방사선, 화학 약품, 바이러스 감염 등으로 유전자 변형이 일어나면 세포는 이를 감지하고 자신이 암세포로 변해 전체 개체에 피해를 입히기 전에 스스로 죽음을 결정한다. 이때 아포토시스 과정에 문제가 있는 세포는 죽지 못하고 암세포로 변한다. 과학자들은 이와 같은 아포토시스와 암의 관계를 알게 되자 암세포의 죽음을 유발하는 물질을 이용해 항암제를 개발하려는 연구를 진행하고 있다.
>
> 흥미로운 것은 외부로부터 침입한 세균 등을 죽이는 역할의 T − 면역 세포(Tk Cell)도 아포토시스를 이용한다는 사실이다. 세균이 몸 안에 침입하면 T − 면역 세포는 세균에 달라붙어서 세균의 세포벽에 구멍을 뚫고 아포토시스를 유발하는 물질을 집어넣는다. 그러면 세균은 원치 않는 죽음을 맞이하게 되는 것이다.

① 손에 난 상처가 회복되는 것은 네크로시스와 관련이 있다.
② 우리 몸이 일정한 형태를 갖추게 된 것은 아포토시스와 관련이 있다.
③ 아포토시스를 이용한 항암제는 세포의 유전자 변형을 막는 역할을 한다.
④ 화학 약품은 네크로시스를 일으켜 암세포로 진행되는 것을 막는 역할을 한다.
⑤ T − 면역 세포가 아포토시스를 통해 세균을 죽이는 과정에서 염증을 발생시킨다.

11 다음 글을 읽고 추론할 수 있는 내용으로 적절하지 않은 것은?

> 멜서스는 『인구론』에서 인구는 기하급수적으로 증가하지만 식량은 산술급수적으로 증가한다고 주장했다. 먹지 않고 살 수 있는 인간은 없는 만큼, 이것이 사실이라면 어떤 방법으로든 인구 증가는 억제될 수밖에 없다. 그 어떤 방법에 포함되는 가장 유력한 항목이 바로 기근, 전쟁, 전염병이다. 식량이 부족해지면 사람들이 굶어 죽거나, 병들어 죽게 된다는 것이다. 이런 불행을 막으려면 인구 증가를 미리 억제해야 한다. 따라서 멜서스의 이론은 사회적 불평등을 해소하려는 모든 형태의 이상주의 사상과 사회운동에 대한 유죄 선고 판결문이었다. 멜서스가 보기에 인간의 평등과 생존권을 옹호하는 모든 사상과 이론은 '자연법칙에 위배되는 유해한' 것이었다. 사회적 불평등과 불공정을 비판하는 이론은 존재하지 않는 자연법적 권리를 존재한다고 착각하는 데에서 비롯된 망상의 산물일 뿐이었다. 그러나 멜서스의 주장은 빗나간 화살이었다. 멜서스의 주장 이후 유럽 산업국 노동자의 임금은 자꾸 올라가 최저 생존 수준을 현저히 넘어섰지만 인구가 기하급수적으로 증가하지는 않았다. 그리고 멜서스는 '하루 벌어 하루 먹고사는 하류계급'은 성욕을 억제하지 못해서 임신과 출산을 조절할 수 없다고 했지만, 그가 그 이론을 전개한 시점에서 유럽 산업국의 출산율은 이미 감소하고 있었다.

① 멜서스에게 인구 증가는 국가 부흥의 증거이다.

② 멜서스는 인구 증가를 막기 위해 적극적인 억제방식을 주장한다.

③ 멜서스는 사회구조를 가치 있는 상류계급과 가치 없는 하류계급으로 나눴을 것이다.

④ 대중을 빈곤에서 구해내는 방법을 찾는 데 열중했던 당대 진보 지식인과 사회주의자들에게 비판받았을 것이다.

⑤ 멜서스의 주장은 비록 빗나가긴 했지만, 인구구조의 변화에 동반되는 사회현상을 관찰하고, 그 원리를 논증했다는 점은 학문적으로 평가받을 부분이 있다.

12

소독이란 물체의 표면 및 그 내부에 있는 병원균을 죽여 전파력 또는 감염력을 없애는 것이다. 이때, 소독의 가장 안전한 형태로는 멸균이 있다. 멸균이란 대상으로 하는 물체의 표면 또는 그 내부에 분포하는 모든 세균을 완전히 죽여 무균의 상태로 만드는 조작으로, 살아있는 세포뿐만 아니라 포자, 박테리아, 바이러스 등을 완전히 파괴하거나 제거하는 것이다.

물리적 멸균법은 열, 햇빛, 자외선, 초단파 따위를 이용하여 균을 죽여 없애는 방법이다. 열(Heat)에 의한 멸균에는 건열 방식과 습열 방식이 있는데, 건열 방식은 소각과 건식오븐을 사용하여 멸균하는 방식이다. 건열 방식이 활용되는 예로는 미생물 실험실에서 사용하는 많은 종류의 기구를 물 없이 멸균하는 것이 있다. 이는 습열 방식을 활용했을 때 유리를 포함하는 기구가 파손되거나 금속 재질로 이루어진 기구가 습기에 의해 부식할 가능성을 보완한 방법이다. 그러나 건열 방식은 습열 방식에 비해 멸균 속도가 느리고 효율이 떨어지며, 열에 약한 플라스틱이나 고무제품은 대상물의 변성이 이루어져 사용할 수 없다. 예를 들어 많은 세균의 내생포자는 습열 멸균 온도 조건(121℃)에서는 5분 이내에 사멸되나, 건열 방식을 활용할 경우 이보다 더 높은 온도(160℃)에서도 약 2시간 정도가 지나야 사멸되는 양상을 나타낸다. 반면, 습열 방식은 바이러스, 세균, 진균 등의 미생물들을 손쉽게 사멸시킨다. 습열은 효소 및 구조단백질 등의 필수 단백질의 변성을 유발하고, 핵산을 분해하며 세포막을 파괴하여 미생물을 사멸시킨다. 끓는 물에 약 10분간 노출하면 대개의 영양세포나 진핵포자를 충분히 죽일 수 있으나, 100℃의 끓는 물에서는 세균의 내생포자를 사멸시키지는 못한다. 따라서 물을 끓여서 하는 열처리는 ＿＿＿＿＿＿＿＿＿＿＿＿＿＿＿＿＿ 멸균을 시키기 위해서는 100℃가 넘는 온도(일반적으로 121℃)에서 압력(약 1.1kg/cm^2)을 가해 주는 고압증기멸균기를 이용한다. 고압증기멸균기는 물을 끓여 증기를 발생시키고 발생한 증기와 압력에 의해 멸균을 시키는 장치이다. 고압증기멸균기 내부가 적정 온도와 압력(121℃, 약 1.1kg/cm^2)에 이를 때까지 뜨거운 포화 증기를 계속 유입시킨다. 해당 온도에서 포화 증기는 15분 이내에 모든 영양세포와 내생포자를 사멸시킨다. 고압증기멸균기에 의해 사멸되는 미생물은 고압에 의해서라기보다는 고압 하에서 수증기가 얻을 수 있는 높은 온도에 의해 사멸되는 것이다.

① 더 많은 세균을 사멸시킬 수 있다.
② 멸균 과정에서 더 많은 비용이 소요된다.
③ 멸균 과정에서 더 많은 시간이 소요된다.
④ 소독을 시킬 수는 있으나, 멸균을 시킬 수는 없다.
⑤ 멸균을 시킬 수는 있으나, 소독을 시킬 수는 없다.

일반적으로 물체, 객체를 의미하는 프랑스어 오브제는 라틴어에서 유래된 단어로, 어원적으로는 앞으로 던져진 것을 의미한다. 미술에서 대개 인간이라는 '주체'와 대조적인 '객체'로서의 대상을 지칭할 때 사용되는 오브제가 미술사 전면에 나타나게 된 것은 입체주의 이후이다.

20세기 초 입체파 화가들이 화면에 나타나는 공간을 자연의 모방이 아닌 독립된 공간으로 인식하기 시작하면서 회화는 재현미술로서의 단순한 성격을 벗어나기 시작한다. 즉, '미술은 그 자체가 실재이다. 또한 그것은 객관세계의 계시 혹은 창조이지 그것의 반영이 아니다.'라는 세잔의 사고에 의하여 공간의 개방화가 시작된 것이다. 이는 평면에 실제 사물이 부착되는 콜라주 양식의 탄생과 함께 일상의 평범한 재료들이 회화와 자연스레 연결되는 예술과 비예술의 결합으로 차츰 변화하게 된다. 이러한 오브제의 변화는 다다이즘과 쉬르리얼리즘에서 '일용의 기성품과 자연물 등을 원래의 그 기능이나 있어야 할 장소에서 분리하고, 그대로 독립된 작품으로서 제시하여 일상적 의미와는 다른 상징적·환상적인 의미를 부여하는' 것으로 일반화된다. 그리고 동시에, 기존 입체주의에서 단순한 보조수단에 머물렀던 오브제를 캔버스와 대리석의 대체하는 확실한 표현방법으로 완성시켰다.

이후 오브제는 그저 예술가가 지칭하는 것만으로도 우리의 일상생활과 환경 그 자체가 곧 예술작품이 될 수 있음을 주장한다. _____ 거기에서 더 나아가 오브제는 일상의 오브제를 다양하게 전환시켜 다양성과 대중성을 내포하고, 오브제의 진정성과 상징성을 제거하는 팝아트에서 다시 한 번 새롭게 변화하기에 이른다.

① 화려하게 채색된 소변기를 통해 일상성에 환상적인 의미를 부여한 것이다.

② 무너진 베를린 장벽의 조각을 시내 한복판에 장식함으로써 예술과 비예술이 결합한 것이다.

③ 평범한 세면대일지라도 예술가에 의해 오브제로 정해진다면 일상성을 간직한 미술과 일치되는 것이다.

④ 폐타이어나 망가진 금관악기 등으로 제작된 자동차를 통해 일상의 비일상화를 나타낸 것이다.

⑤ 기존의 수프 통조림을 실크 스크린으로 동일하게 인쇄하여 손쉽게 대량생산되는 일상성을 풍자하는 것이다.

14 다음 글의 서술상 특징으로 가장 적절한 것은?

현대의 도시에서는 정말 다양한 형태를 가진 건축물들을 볼 수 있다. 형태뿐만 아니라 건물 외벽에 주로 사용된 소재 또한 유리나 콘크리트 등 다양하다. 이렇듯 현대에는 몇 가지로 규정하는 것이 아예 불가능할 만큼 다양한 건축양식이 존재한다. 그러나 다양하고 복잡한 현대의 건축양식에 비해 고대의 건축양식은 매우 제한적이었다.

그리스 시기에는 주주식, 주열식, 원형식 신전을 중심으로 몇 가지의 공통된 건축양식을 보인다. 이러한 신전 중심의 그리스 건축양식은 시기가 지나면서 다른 건축물에 영향을 주었다. 신전에만 쓰이던 건축양식이 점차 다른 건물들의 건축에도 사용이 되며 확대되었던 것이다. 대표적으로 그리스 연못은 신전에 쓰이던 기둥의 양식들을 바탕으로 회랑을 구성하기도 하였다.

헬레니즘 시기를 맞이하면서 건축양식을 포함하여 예술 분야가 더욱 발전하며 고대 그리스 시기에 비해 다양한 건축양식이 생겨났다. 뿐만 아니라 건축 기술이 발달하면서 조금 더 다양한 형태의 건축이 가능해졌다. 다층구조나 창문이 있는 벽을 포함한 건축양식 등 필요에 따라서 실용적이고 실측적인 건축양식이 나오기 시작한 것이다. 또한 연극의 유행으로 극장이나 무대 등의 건축양식도 등장하기 시작하였다.

로마 시대에 이르러서는 원형 경기장이나 온천, 목욕탕 등 특수한 목적을 가진 건축물들에도 아름다운 건축양식이 적용되었다. 현재에도 많은 사람들이 관광지로서 찾을 만큼, 로마시민들의 위락시설들에는 다양하고 아름다운 건축양식들이 적용되었다.

① 역사적 순서대로 주제의 변천에 대해서 서술하고 있다.
② 전문가의 말을 인용하여 신뢰도를 높이고 있다.
③ 비유적인 표현 방법을 사용하여 문학적인 느낌을 주고 있다.
④ 현대에서 찾을 수 있는 건축물의 예시를 들어 독자의 이해를 돕고 있다.
⑤ 시대별 건축양식의 장단점을 분석하고 있다.

15 다음 문단을 논리적 순서대로 바르게 나열한 것은?

(가) 나무를 가꾸기 위해서는 처음부터 여러 가지를 고려해 보아야 한다. 심을 나무의 생육조건, 나무의 형태, 성목이 되었을 때의 크기, 꽃과 단풍의 색, 식재지역의 기후와 토양 등을 종합적으로 생각하고 심어야 한다. 나무의 생육조건은 저마다 다르기 때문에 지역의 환경조건에 적합한 나무를 선별하여 환경에 적응하도록 해야 한다. 동백나무와 석류, 홍가시나무는 남부지방에 키우기 적합한 나무로 알려져 있지만 지구온난화로 남부수종의 생육한계선이 많이 북상하여 중부지방에서도 재배가 가능한 나무도 있다. 부산의 도로 중앙분리대에서 보았던 잎이 붉은 홍가시나무는 여주의 시골집 마당 양지바른 곳에서 3년째 잘 적응하고 있다.

(나) 더불어 나무의 특성을 외면하고 주관적인 해석에 따라 심었다가는 훗날 낭패를 보기 쉽다. 물을 좋아하는 수국 곁에 물을 싫어하는 소나무를 심었다면 둘 중 하나는 살기 어려운 환경이 조성된다. 나무를 심고 가꾸기 위해서는 전체적인 밑그림을 그려보고 생태적 특징을 살펴본 후에 심는 것이 바람직하다.

(다) 나무들이 밀집해있으면 나무들끼리의 경쟁은 물론 바람길과 햇빛의 방해로 성장은 고사하고 병충해에 시달리기 쉽다. 또한 나무들은 성장속도가 다르기 때문에 항상 다 자란 나무의 모습을 상상하며 나무들 사이의 공간 확보를 염두에 두어야 한다. 그러나 묘목을 심고 보니 듬성듬성한 공간을 메꾸기 위하여 자꾸 나무를 심게 되는 실수를 저지른다.

(라) 식재계획의 시작은 장기적인 안목으로 적재적소의 원칙을 염두에 두고 나무를 선정해야 한다. 식물은 햇빛, 물, 바람의 조화를 이루면 잘 산다고 하지 않는가. 그래서 나무의 특성 중에서 햇볕을 좋아하는지 그늘을 좋아하는지, 물을 좋아하는지 여부를 살펴보는 것이 중요하다. 어린 묘목을 심을 경우 실수하는 것은 나무가 자랐을 때의 생육공간을 생각하지 않고 촘촘하게 심는 것이다.

① (가) − (나) − (다) − (라)
② (가) − (나) − (라) − (다)
③ (가) − (다) − (나) − (라)
④ (가) − (라) − (나) − (다)
⑤ (가) − (라) − (다) − (나)

01 다음은 2018 ~ 2023년 관광통역 안내사 자격증 취득 현황에 대한 자료이다. 이에 대한 〈보기〉의 설명 중 옳지 않은 것을 모두 고르면?

〈관광통역 안내사 자격증 취득 현황〉

(단위 : 명)

취득연도	영어	일어	중국어	불어	독어	스페인어	러시아어	베트남어	태국어
2018년	150	353	370	2	2	1	5	2	3
2019년	165	270	698	2	2	2	3	-	12
2020년	235	245	1,160	3	4	3	5	4	8
2021년	380	265	2,469	3	2	4	6	14	35
2022년	345	137	1,963	7	3	4	5	5	17
2023년	460	150	1,350	6	2	3	6	5	15
합계	1,735	1,420	8,010	23	15	17	30	30	90

보기

ㄱ. 영어와 스페인어 관광통역 안내사 자격증 취득자 수는 2019년부터 2023년까지 매년 증가하였다.

ㄴ. 2023년 중국어 관광통역 안내사 자격증 취득자 수는 일어 관광통역 안내사 자격증 취득자 수의 9배이다.

ㄷ. 2020년과 2021년의 태국어 관광통역 안내사 자격증 취득자 수 대비 베트남어 관광통역 안내사 자격증 취득자 수의 비율 차이는 10%p이다.

ㄹ. 불어 관광통역 안내사 자격증 취득자 수와 독어 관광통역 안내사 자격증 취득자 수는 2019년부터 2023년까지 전년 대비 증감 추이가 같다.

① ㄱ, ㄴ

② ㄱ, ㄹ

③ ㄴ, ㄹ

④ ㄱ, ㄷ, ㄹ

⑤ ㄴ, ㄷ, ㄹ

02 다음은 2014 ~ 2023년 범죄별 발생건수에 대한 자료이다. 이에 대한 설명으로 옳은 것은?

〈2014 ~ 2023년 범죄별 발생건수〉

(단위 : 천 건)

구분	2014년	2015년	2016년	2017년	2018년	2019년	2020년	2021년	2022년	2023년
사기	282	272	270	266	242	235	231	234	241	239
절도	366	356	371	354	345	319	322	328	348	359
폭행	139	144	148	149	150	155	161	158	155	156
방화	5	4	2	1	2	5	2	4	5	3
살인	3	11	12	13	13	15	16	12	11	14

① 2014 ~ 2023년 동안 범죄별 발생건수의 순위는 매년 동일하다.

② 2014 ~ 2023년 동안 발생한 방화의 총 발생건수는 3만 건 미만이다.

③ 2015 ~ 2023년 동안 전년 대비 사기 범죄건수 증감추이는 폭행의 경우와 반대이다.

④ 2016년 전체 범죄발생건수 중 절도가 차지하는 비율은 50% 이상이다.

⑤ 2014년 대비 2023년 전체 범죄발생건수 감소율은 5% 이상이다.

03 다음은 S사 서비스 센터에서 A지점의 만족도를 조사한 자료이다. 이에 대한 설명으로 옳지 않은 것은?

〈서비스 만족도 조사 결과〉

만족도	응답자 수(명)	비율(%)
매우 만족	(A)	20%
만족	33	22%
보통	(B)	(C)
불만족	24	16%
매우 불만족	15	(D)
합계	150	100%

① 방문 고객 150명을 대상으로 은행서비스 만족도를 조사하였다.

② 응답한 고객 중 30명이 본 지점의 서비스를 '매우 만족'한다고 평가하였다.

③ 내방 고객의 약 $\frac{1}{3}$이 본 지점의 서비스 만족도를 '보통'으로 평가하였다.

④ '불만족' 이하 구간이 26%의 비중을 차지하였다.

⑤ 고객 중 $\frac{1}{5}$이 '매우 불만족'으로 평가하였다.

04 다음은 2020 ~ 2023년 소비자물가지수 지역별 동향을 나타낸 자료이다. 이에 대한 설명으로 옳지 않은 것은?

〈소비자물가지수 지역별 동향〉

(단위 : %)

지역명	등락률				지역명	등락률			
	2020년	2021년	2022년	2023년		2020년	2021년	2022년	2023년
전국	2.2	1.3	1.3	0.7	충북	2.0	1.2	1.2	-0.1
서울	2.5	1.4	1.6	1.3	충남	2.4	1.2	0.5	0.2
부산	2.4	1.5	1.3	0.8	전북	2.2	1.2	1.1	0
대구	2.4	1.6	1.4	1.0	전남	2.0	1.4	1.0	0
인천	2.0	1.0	0.9	0.2	경북	2.0	1.2	1.0	0
경기	2.2	1.2	1.2	0.7	경남	1.9	1.3	1.4	0.6
강원	2.0	1.1	0.7	0	제주	1.2	1.4	1.1	0.6

① 2020년부터 부산의 등락률은 하락하고 있다.

② 2020 ~ 2023년 동안 모든 지역의 등락률이 하락했다.

③ 2020년에 등락률이 두 번째로 낮은 곳은 경남이다.

④ 2022년에 등락률이 가장 높은 곳은 서울이다.

⑤ 2023년에 등락률이 가장 낮은 곳은 충북이다.

05 다음은 우리나라의 쌀 생산량 및 1인당 소비량을 나타낸 자료이다. 이에 대한 〈보기〉의 설명 중 옳은 것을 모두 고르면?

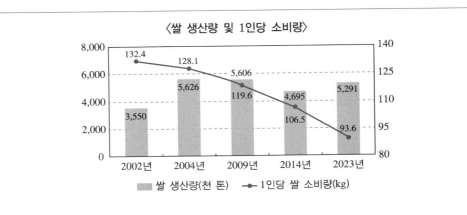

〈1인당 쌀 소비량〉

(단위 : kg, 천 명)

구분	2002년	2004년	2009년	2014년	2015년	2016년	2017년	2018년	2023년
전체	132.4	128.1	119.6	106.5	104.9	102.4	99.2	96.9	93.6
농가	150.7	164.3	160.5	149.2	148.6	146.3	143.7	141.3	139.9
비농가	125.5	118.1	112.1	101.3	99.8	97.4	94.5	92.4	89.2
인구	−	40,806	42,824	44,609	45,300	45,991	46,425	46,858	47,000

보기

ㄱ. 전체 쌀 소비량 중 50% 이상이 농가에서 소비되어 왔다.
ㄴ. 2023년 전체 쌀 소비량은 약 440만 톤이다.
ㄷ. 2014년에는 쌀 생산량이 쌀 소비량보다 적었다.

① ㄱ
② ㄱ, ㄴ
③ ㄱ, ㄷ
④ ㄴ, ㄷ
⑤ ㄱ, ㄴ, ㄷ

06 다음은 2022년 1월, 6월, 12월에 20대부터 70대를 대상으로 조사한 A ~ E정당의 지지율과 응답자에 대한 자료이다. 이에 대한 설명으로 옳지 않은 것은?

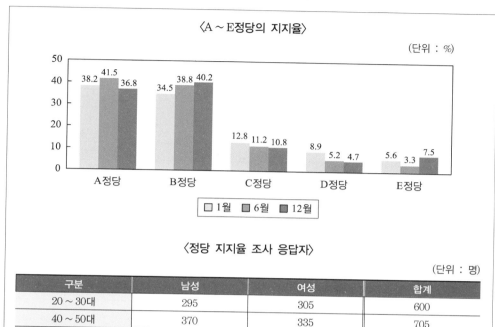

〈A ~ E정당의 지지율〉

(단위 : %)

〈정당 지지율 조사 응답자〉

(단위 : 명)

구분	남성	여성	합계
20 ~ 30대	295	305	600
40 ~ 50대	370	335	705
60 ~ 70대	330	365	695

※ 모든 응답자는 A ~ E정당 중에서 한 정당만 지지함
※ 2022년 1월, 6월, 12월 응답자 인원은 모두 동일함

① 지지율 증감추이가 동일한 정당은 C와 D이다.

② 응답기간 중 A정당과 B정당의 지지율의 합은 항상 70% 이상이다.

③ 지지율이 하위인 두 정당의 지지율 합은 항상 C정당의 지지율보다 낮다.

④ 2022년 6월 조사에서 A정당과 B정당을 지지하는 모든 연령대의 인원수 차이는 54명이다.

⑤ 2022년 1월 조사에서 20대부터 50대까지 응답자가 모두 A, B, C정당 중 한 곳을 지지했다면, 이 중 B정당의 지지자 수는 최소 285명이다.

07 다음은 어린이 안전지킴이집 현황에 대한 자료이다. 이에 대한 〈보기〉의 설명 중 옳지 않은 것을 모두 고르면?

〈어린이 안전지킴이집 현황〉

(단위 : 개)

구분		2019년	2020년	2021년	2022년	2023년
선정위치별	유치원	2,151	1,731	1,516	1,381	1,373
	학교	10,799	9,107	7,875	7,700	7,270
	아파트단지	2,730	2,390	2,359	2,460	2,356
	놀이터	777	818	708	665	627
	공원	1,044	896	893	958	918
	통학로	6,593	7,040	7,050	7,348	7,661
	합계	24,094	21,982	20,401	20,512	20,205
선정업소 형태별	24시 편의점	3,013	2,653	2,575	2,528	2,542
	약국	1,898	1,708	1,628	1,631	1,546
	문구점	4,311	3,840	3,285	3,137	3,012
	상가	9,173	7,707	6,999	6,783	6,770
	기타	5,699	6,074	5,914	6,433	6,335
	합계	24,094	21,982	20,401	20,512	20,205

보기

ㄱ. 선정위치별 어린이 안전지킴이집의 경우 통학로를 제외한 모든 곳에서 매년 감소하고 있다.
ㄴ. 선정업소 형태별 어린이 안전지킴이집 중 2019년 대비 2023년에 가장 많이 감소한 업소는 상가이다.
ㄷ. 2022년 대비 2023년의 학교 안전지킴이집의 감소율은 2022년 대비 2023년의 유치원 안전지킴이집의 감소율의 10배 이상이다.
ㄹ. 2023년 선정업소 형태별 안전지킴이집 중에서 24시 편의점의 개수가 차지하는 비중은 2022년보다 감소하였다.

① ㄱ, ㄴ
② ㄱ, ㄹ
③ ㄴ, ㄷ
④ ㄱ, ㄴ, ㄹ
⑤ ㄱ, ㄷ, ㄹ

다음은 상품군별 온라인쇼핑 거래액에 대한 자료이다. 이에 대한 설명으로 옳지 않은 것은?

〈상품군별 온라인쇼핑 거래액〉

(단위 : 억 원)

구분	2022년 9월		2023년 9월	
	온라인		온라인	
		모바일		모바일
합계	50,000	30,000	70,000	42,000
컴퓨터 및 주변기기	2,450	920	3,700	1,180
가전·전자·통신기기	5,100	2,780	7,000	3,720
소프트웨어	50	10	50	10
서적	1,000	300	1,300	500
사무·문구	350	110	500	200
음반·비디오·악기	150	65	200	90
의복	5,000	3,450	6,000	4,300
신발	750	520	1,000	760
가방	900	640	1,500	990
패션용품 및 액세서리	900	580	1,500	900
스포츠·레저용품	1,450	1,000	2,300	1,300
화장품	4,050	2,970	5,700	3,700
아동·유아용품	2,200	1,500	2,400	1,900
음·식료품	6,200	4,500	11,500	7,600
생활·자동차용품	5,500	3,340	6,700	4,500
가구	1,300	540	1,850	1,000
애완용품	250	170	400	300
여행 및 예약서비스	9,000	4,360	11,000	5,800
각종 서비스 및 기타	1,400	1,330	3,000	1,750

① 2023년 9월 온라인쇼핑 거래액은 7조 원으로 전년 동월 대비 40% 증가했다.

② 2023년 9월 온라인쇼핑 거래액 중 모바일쇼핑 거래액은 4조 2,000억 원으로 전년 동월 대비 40% 증가했다.

③ 2023년 9월 모바일 거래액 비중은 전체 온라인쇼핑 거래액의 60%를 차지한다.

④ 2023년 9월 온라인쇼핑 거래액이 전년 동월보다 낮아진 상품군이 있다.

⑤ 2023년 9월 온라인쇼핑 중 모바일 거래액의 비중이 가장 작은 상품군은 소프트웨어이다.

09 다음은 농산물 수입 실적을 나타낸 자료이다. 이에 대한 설명으로 옳지 않은 것은?

〈농산물 수입 실적〉

(단위 : 만 톤, 천만 달러)

구분		2018년	2019년	2020년	2021년	2022년	2023년
농산물 전체	물량	2,450	2,510	2,595	3,160	3,250	3,430
	금액	620	810	1,175	1,870	1,930	1,790
곡류	물량	1,350	1,270	1,175	1,450	1,480	1,520
	금액	175	215	305	475	440	380
과실류	물량	65	75	65	105	95	130
	금액	50	90	85	150	145	175
채소류	물량	40	75	65	95	90	110
	금액	30	50	45	85	80	90

① 2023년 농산물 전체 수입 물량은 2018년 대비 40% 증가하였다.

② 곡류의 수입 물량은 지속적으로 줄어들었지만, 수입 금액은 지속적으로 증가하였다.

③ 2023년 과실류의 수입 금액은 2018년 대비 250% 급증하였다.

④ 곡류, 과실류, 채소류 중 2018년 대비 2023년에 수입 물량이 가장 많이 증가한 것은 곡류이다.

⑤ 2019 ~ 2023년 동안 과실류와 채소류 수입 금액의 전년 대비 증감 추이는 같다.

10 다음은 OECD 주요 국가별 삶의 만족도 및 관련 지표에 대한 자료이다. 이에 대한 설명으로 옳지 않은 것은?

〈OECD 주요 국가별 삶의 만족도 및 관련 지표〉

(단위 : 점, %, 시간)

구분	삶의 만족도	장시간 근로자 비율	여가·개인 돌봄시간
덴마크	7.6	2.1	16.1
아이슬란드	7.5	13.7	14.6
호주	7.4	14.2	14.4
멕시코	7.4	28.8	13.9
미국	7.0	11.4	14.3
영국	6.9	12.3	14.8
프랑스	6.7	8.7	15.3
이탈리아	6.0	5.4	15.0
일본	6.0	22.6	14.9
한국	6.0	28.1	14.9
에스토니아	5.4	3.6	15.1
포르투갈	5.2	9.3	15.0
헝가리	4.9	2.7	15.0

※ 장시간 근로자 비율은 전체 근로자 중 주 50시간 이상 근무한 근로자의 비율임

① 삶의 만족도가 가장 높은 국가는 장시간 근로자 비율이 가장 낮다.
② 한국의 장시간 근로자 비율은 삶의 만족도가 가장 낮은 국가의 장시간 근로자 비율의 10배 이상이다.
③ 삶의 만족도가 한국보다 낮은 국가들의 장시간 근로자 비율의 평균은 이탈리아의 장시간 근로자 비율보다 높다.
④ 여가·개인 돌봄 시간이 가장 긴 국가와 가장 짧은 국가의 삶의 만족도 차이는 0.3점 이하이다.
⑤ 장시간 근로자 비율이 미국보다 낮은 국가들의 여가·개인 돌봄시간은 모두 미국의 여가·개인 돌봄시간보다 길다.

11 10km를 달리는 시합에서 출발 후 1시간 이내에 결승선을 통과해야 기념품을 받을 수 있다. 출발 후 처음 12분을 8km/h로 달렸다면, 남은 거리를 적어도 얼마의 평균 속력으로 달려야 기념품을 받을 수 있는가?

① 10.5km/h
② 11km/h
③ 11.5km/h
④ 12km/h
⑤ 12.5km/h

12 남자 4명, 여자 4명으로 이루어진 팀에서 2명의 팀장을 뽑으려고 한다. 이때 팀장 2명이 모두 남자로만 구성될 확률은?

① $\dfrac{2}{7}$

② $\dfrac{3}{7}$

③ $\dfrac{1}{14}$

④ $\dfrac{3}{14}$

⑤ $\dfrac{5}{14}$

13 S중학교 학생 10명의 혈액형을 조사하였더니 A형, B형, O형인 학생이 각각 2명, 3명, 5명이었다. 이 10명의 학생 중에서 임의로 2명을 뽑을 때, 혈액형이 서로 다를 경우의 수는?

① 19가지

② 23가지

③ 27가지

④ 31가지

⑤ 35가지

Easy

14 농도가 20%인 설탕물 400g에 각설탕 10개를 넣었더니 농도 25%의 설탕물이 되었다. 각설탕 3개의 무게는?

① 7g

② 8g

③ $\dfrac{5}{2}$ g

④ $\dfrac{8}{3}$ g

⑤ 10g

15 S사에서는 점심시간에 사내 방송을 통해 10초짜리 음악 a곡, 20초짜리 음악 b곡, 30초짜리 음악 4곡으로 총 20곡을 구성하여 6분 동안 재생한다. 이때, $(a \times b)$의 값은?(단, 음악과 음악 사이에는 시간 공백은 없다)

① 24

② 28

③ 48

④ 60

⑤ 64

16 어느 볼펜 조립 작업장에서 근무하는 갑 ~ 병의 6시간 동안 총작업량은 435개였다. 을의 작업속도가 갑의 1.2배이고, 병의 작업속도가 갑의 0.7배라면, 갑이 한 시간 동안 조립하는 볼펜의 개수는?(단, 각 작업자의 작업속도는 일정하다)

① 23개

② 24개

③ 25개

④ 26개

⑤ 27개

17 갑은 곰 인형 100개를 만드는 데 4시간, 을은 25개를 만드는 데 10시간이 걸린다. 이들이 함께 일을 하면 각각 원래 능력보다 20% 효율이 떨어진다. 이들이 함께 곰 인형 132개를 만드는 데 걸리는 시간은?

① 5시간

② 6시간

③ 7시간

④ 8시간

⑤ 9시간

18 사과 1개를 정가로 판매하면 개당 600원의 이익을 얻는다. 이 사과를 정가에서 20% 할인하여 6개 판매한 매출액과 정가에서 400원씩 할인하여 8개 판매한 매출액이 같을 때, 이 상품의 정가는?

① 500원   ② 700원

③ 900원   ④ 1,000원

⑤ 1,200원

19 서로 다른 소설책 7권과 시집 5권이 있다. 이 중에서 소설책 3권과 시집 2권을 선택하는 경우의 수는?

① 350가지   ② 360가지

③ 370가지   ④ 380가지

⑤ 390가지

Hard

20 S사에서는 사회 나눔 사업의 일환으로 마케팅부에서 5팀, 총무부에서 2팀을 구성해 어느 요양 시설에서 7팀 모두가 하루에 한 팀씩 7일 동안 봉사활동을 하려고 한다. 7팀의 봉사 활동 순번을 임의로 정할 때, 첫 번째 날 또는 일곱 번째 날에 총무부 소속 팀이 봉사활동을 하게 될 확률은 $\dfrac{b}{a}$ 이다. 이때, $(a-b)$의 값은?(단, a와 b는 서로소이다)

① 4   ② 6

③ 8   ④ 10

⑤ 12

※ 다음 제시된 도형의 규칙을 보고 ?에 들어갈 도형으로 알맞은 것을 고르시오. [1~5]

Hard

01

①
⇧	⇦	⇨
⇧	⇩	⇨
⇩	⇩	⇦

②
⇦	⇧	⇦
⇦	⇨	⇩
⇦	⇩	⇩

③
⇦	⇨	⇦
⇦	⇩	⇨
⇧	⇧	⇦

④
⇨	⇧	⇩
⇦	⇦	⇧
⇦	⇧	⇧

⑤
⇩	⇨	⇦
⇦	⇨	⇦
⇨	⇨	⇧

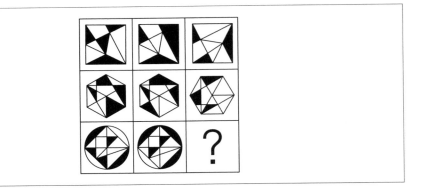

①

②

③

④

⑤

03

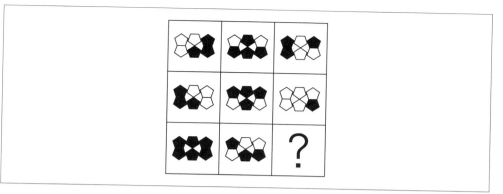

①

②

③

④

⑤

PART 3

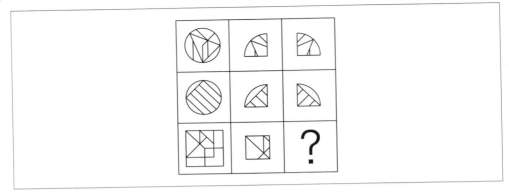

①

②

③

④

⑤

05

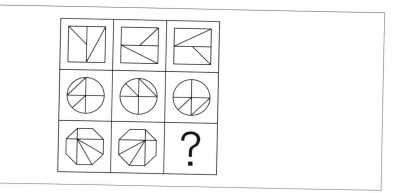

①

②

③

④

⑤

※ 다음 도형 또는 내부의 기호들은 일정한 패턴을 가지고 변화한다. 다음 중 ?에 들어갈 도형으로 가장
알맞은 것을 고르시오. [6~8]

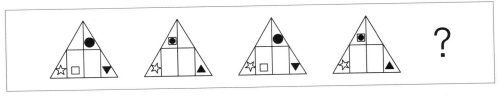

①   ②

③   ④

⑤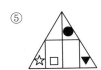

07

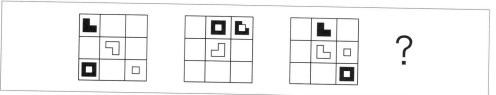

①

②

③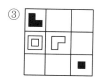

④

⑤

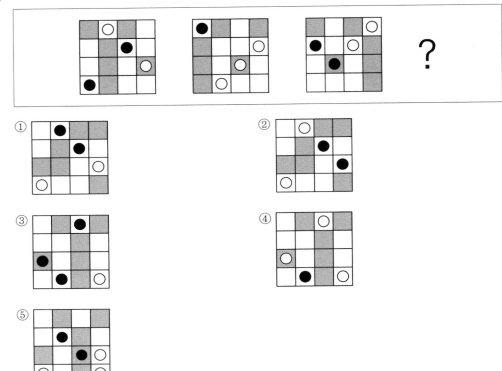

※ 다음 기호들은 일정한 규칙에 따라 도형을 변화시킨다. 기호에 해당하는 규칙을 파악하여 ?에 들어갈 알맞은 도형을 고르시오. [9~10]

09

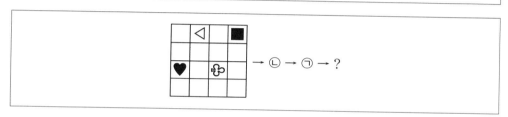

①
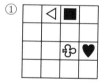

②

③
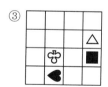

④
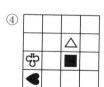

⑤

10

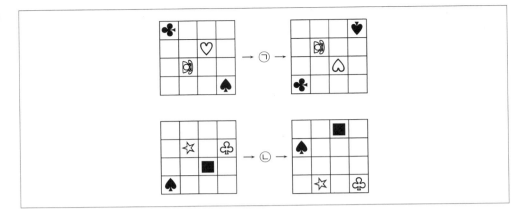

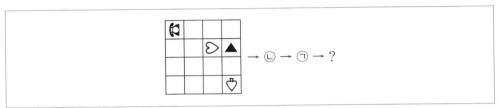

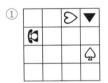 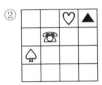

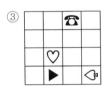 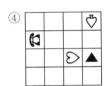

Hard

11 다음 숫자는 일정한 규칙에 따라 도형을 변화시킨다. 제시된 도형의 규칙을 보고 ?에 들어갈 도형으로 알맞은 것을 고르면?(단, 해당 규칙이 적용되는 사각형 내부의 사각형도 함께 규칙을 적용한다)

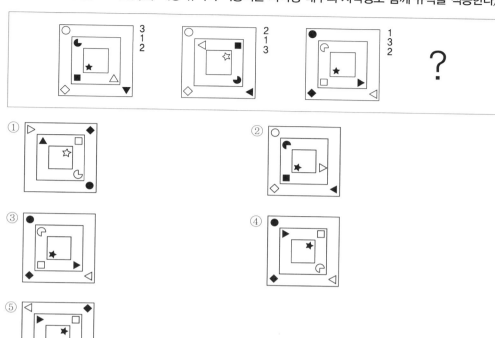

12 다음 제시된 도형의 규칙을 보고 〈조건〉에 따라 ?에 들어갈 도형으로 알맞은 것을 고르면?

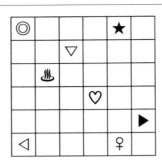

- 규칙 1 : 각 도형은 1초마다 아래로 한 칸씩 이동한다.
- 규칙 2 : 바닥에 닿은 도형은 더 이상 내려가지 않는다.

3초 후 → 180° 회전 → 2초 후 → ?

①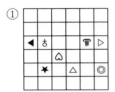

②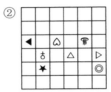

③

④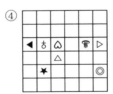

⑤

13 다음 기호들은 일정한 규칙에 따라 도형을 변화시킨다. 〈보기〉의 규칙을 찾고 ?에 들어갈 도형으로 알맞은 것을 고르면?

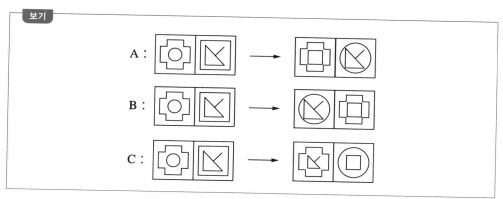

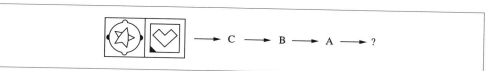

① 　　　　　②

③ 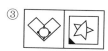　　　　　④

⑤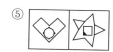

오른쪽에 위치한 원은 행 또는 전체에 적용되는 일정한 규칙을 표시한다. 제시된 도형의 규칙을 이용하여 (A), (B), (C)에 들어갈 도형으로 알맞은 것을 고르면?

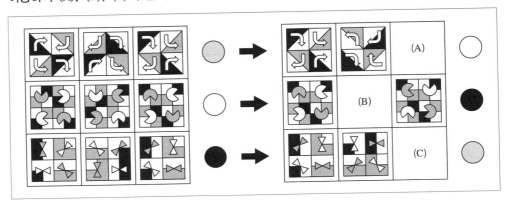

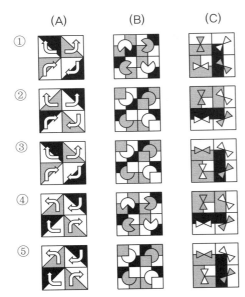

	(A)	(B)	(C)
①			
②			
③			
④			
⑤			

15 다음 제시된 도형의 규칙을 보고 (A), (B)에 들어갈 도형으로 알맞은 것은?

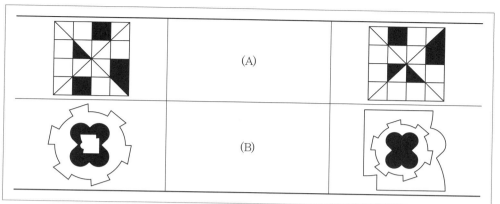

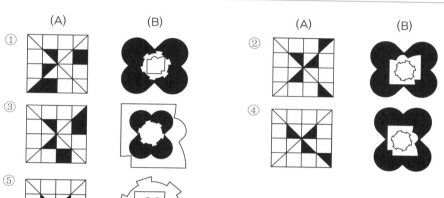

우리가 해야할 일은 끊임없이 호기심을 갖고
새로운 생각을 시험해보고 새로운 인상을 받는 것이다.

- 월터 페이퍼 -

PART 4

인성검사

01 S-OIL 인성검사

인성검사는 S-OIL의 인재상에 적합한 인재인지 평가하는 테스트로, 지원자의 개인 성향이나 인성에 관한 질문으로 구성되어 있다.

(1) **문항 수** : 421문항

(2) **응시시간** : 60분

(3) **출제유형** : 질문에 대하여 '① 전혀 그렇지 않다, ② 그렇지 않다, ③ 보통이다, ④ 그렇다, ⑤ 매우 그렇다' 중 한 개를 각각 선택 후 각 문항을 비교하여 상대적으로 자신의 성격과 가장 가까운 문항 '하나' 와 가장 거리가 먼 문장 '하나'를 선택하는 유형이다.

질문	답안 1					답안 2	
	①	②	③	④	⑤	멀다	가깝다
A. 나는 팀원들과 함께 일하는 것을 좋아한다.	□	□	□	□	☑	□	☑
B. 나는 새로운 방법을 시도하는 것을 선호한다.	□	□	☑	□	□	□	□
C. 나는 수리적인 자료들을 제시하여 결론을 도출한다.	□	☑	□	□	□	☑	□

S-OIL 인성검사의 특징은 3문항 모두 좋은 내용이 나오거나 나쁜 내용이 나오기 때문에 가치관의 비교를 빠른 시간 안에 계속 해야 한다는 것이다. 그렇기 때문에 막연히 좋은 문항은 높은 점수를, 나쁜 문항은 낮은 점수를 매기다보면 가치관이 불분명해지거나 일관성이 없어 보이게 되고, 그렇게 되면 채용담당자에게 좋지 않은 영향을 끼치게 된다.

인성검사에서 가장 중요한 것은 솔직한 답변이다. 지금까지 경험을 통해서 축적되어 온 생각과 행동을 허구 없이 솔직하게 기재하는 것이다. 예를 들어, "나는 타인의 물건을 훔치고 싶은 충동을 느껴본 적이 있다."라는 질문에 지원자는 많은 생각을 하게 된다. 유년기에 또는 성인이 되어서도 타인의 물건을 훔치는 일을 한 적이 없더라도, 훔치고 싶은 마음의 충동은 누구나 조금이라도 느껴 보았을 것이다. 그런데 이 질문에 고민을 하는 지원자는 "예"라고 답하면 검사결과에 자신이 사회적으로 문제가 있는 사람으로 나오지 않을까 하는 생각에 "아니요"라는 답을 기재하게 된다. 이런 솔직하지 않은 답은 답안의 신뢰와 타당성 척도에 좋지 않은 점수를 주게 된다.

일관성 있는 답 역시 중요하다. 인성검사의 수많은 문항 중에는 비슷한 내용의 질문이 여러 개 숨어 있는 경우가 많다. 이러한 질문들은 지원자의 솔직한 답변과 심리적인 상태를 알아보기 위한 것이다. 가령 "나는 유년시절 타인의 물건을 훔친 적이 있다."라는 질문에 "예"라고 답했는데, "나는 유년시절 타인의 물건을 훔쳐보고 싶은 충동을 느껴본 적이 있다."라는 질문에는 "아니요"라고 답을 기재한다면 어떻겠는가. 일관성 없이 '대충 기재하자.'라는 식의 무성의한 답안이 되거나, 정신적으로 문제가 있는 사람으로 보일 수 있다.

인성검사는 수많은 문항을 풀어야 하기 때문에 피검사자들은 지루함과 따분함, 반복되는 질문에 의한 인내 상실 등이 나타날 수 있다. 인내를 가지고 솔직하게 내 생각을 대답하는 것이 무엇보다 중요한 요령이 될 것이다.

(1) 충분한 휴식으로 불안을 없애고 정서적인 안정을 취한다. 심신이 안정되어야 자신의 마음을 표현할 수 있다.

(2) 생각나는 대로 솔직하게 응답한다. 자신을 너무 과대포장하지도, 너무 비하시키지도 마라. 답변을 꾸며서 하면 앞뒤가 맞지 않게끔 구성돼 있어 불리한 평가를 받게 되므로 솔직하게 답하도록 한다.

(3) 검사문항에 대해 지나치게 생각해서는 안 된다. 지나치게 몰두하면 엉뚱한 답변이 나올 수 있으므로 불필요한 생각은 삼간다.

(4) 검사시간에 너무 신경 쓸 필요는 없다. 인성검사는 시간제한이 없는 경우가 많으며 시간제한이 있다 해도 충분한 시간이다.

(5) 인성검사는 대개 문항 수가 많기에 자칫 건너뛰는 경우가 있는데, 가능한 한 모든 문항에 답해야 한다. 응답하지 않은 문항이 많을 경우 평가자가 정확한 평가를 내리지 못해 불리한 평가를 내릴 수 있기 때문이다.

※ 각 문항을 읽고, ① ~ ⑤ 중 자신에게 맞는 것을 선택하시오. 그리고 3문항 중 자신의 성격과 가장 먼 문항(멀다)과 가까운 문항(가깝다)을 하나씩 선택하시오(① 전혀 그렇지 않다, ② 그렇지 않다, ③ 보통이다, ④ 그렇다, ⑤ 매우 그렇다). [1~75]

※ 인성검사는 정답이 따로 없는 유형의 검사이므로 결과지를 제공하지 않습니다.

01

질문	답안 1					답안 2	
	①	②	③	④	⑤	멀다	가깝다
A. 사물을 신중하게 생각하는 편이라고 생각한다.	□	□	□	□	□	□	□
B. 포기하지 않고 노력하는 것이 중요하다.	□	□	□	□	□	□	□
C. 자신의 권리를 주장하는 편이다.	□	□	□	□	□	□	□

02

질문	답안 1					답안 2	
	①	②	③	④	⑤	멀다	가깝다
A. 노력의 여하보다 결과가 중요하다.	□	□	□	□	□	□	□
B. 자기주장이 강하다.	□	□	□	□	□	□	□
C. 어떠한 일이 있어도 출세하고 싶다.	□	□	□	□	□	□	□

03

질문	답안 1					답안 2	
	①	②	③	④	⑤	멀다	가깝다
A. 다른 사람의 일에 관심이 없다.	□	□	□	□	□	□	□
B. 때로는 후회할 때도 있다.	□	□	□	□	□	□	□
C. 진정으로 마음을 허락할 수 있는 사람은 없다.	□	□	□	□	□	□	□

04

질문	답안 1					답안 2	
	①	②	③	④	⑤	멀다	가깝다
A. 한번 시작한 일은 반드시 끝을 맺는다.	□	□	□	□	□	□	□
B. 다른 사람들이 하지 못하는 일을 하고 싶다.	□	□	□	□	□	□	□
C. 좋은 생각이 떠올라도 실행하기 전에 여러모로 검토한다.	□	□	□	□	□	□	□

05

질문	답안 1					답안 2	
	①	②	③	④	⑤	멀다	가깝다
A. 다른 사람에게 항상 움직이고 있다는 말을 듣는다.	□	□	□	□	□	□	□
B. 옆에 사람이 있으면 싫다.	□	□	□	□	□	□	□
C. 친구들과 남의 이야기를 하는 것을 좋아한다.	□	□	□	□	□	□	□

06

질문	답안 1					답안 2	
	①	②	③	④	⑤	멀다	가깝다
A. 모두가 싫증을 내는 일에도 혼자서 열심히 한다.	☐	☐	☐	☐	☐	☐	☐
B. 완성된 것보다 미완성인 것에 흥미가 있다.	☐	☐	☐	☐	☐	☐	☐
C. 능력을 살릴 수 있는 일을 하고 싶다.	☐	☐	☐	☐	☐	☐	☐

07

질문	답안 1					답안 2	
	①	②	③	④	⑤	멀다	가깝다
A. 번화한 곳에 외출하는 것을 좋아한다.	☐	☐	☐	☐	☐	☐	☐
B. 다른 사람에게 자신이 소개되는 것을 좋아한다.	☐	☐	☐	☐	☐	☐	☐
C. 다른 사람보다 쉽게 우쭐해진다.	☐	☐	☐	☐	☐	☐	☐

08

질문	답안 1					답안 2	
	①	②	③	④	⑤	멀다	가깝다
A. 다른 사람의 감정에 민감하다.	☐	☐	☐	☐	☐	☐	☐
B. 남을 배려하는 마음씨가 있다는 말을 듣는다.	☐	☐	☐	☐	☐	☐	☐
C. 사소한 일로 우는 일이 많다.	☐	☐	☐	☐	☐	☐	☐

09

질문	답안 1					답안 2	
	①	②	③	④	⑤	멀다	가깝다
A. 통찰력이 있다고 생각한다.	☐	☐	☐	☐	☐	☐	☐
B. 몸으로 부딪혀 도전하는 편이다.	☐	☐	☐	☐	☐	☐	☐
C. 감정적으로 될 때가 많다.	☐	☐	☐	☐	☐	☐	☐

10

질문	답안 1					답안 2	
	①	②	③	④	⑤	멀다	가깝다
A. 타인에게 간섭받는 것을 싫어한다.	☐	☐	☐	☐	☐	☐	☐
B. 신경이 예민한 편이라고 생각한다.	☐	☐	☐	☐	☐	☐	☐
C. 난관에 봉착해도 포기하지 않고 열심히 한다.	☐	☐	☐	☐	☐	☐	☐

11

질문	답안 1					답안 2	
	①	②	③	④	⑤	멀다	가깝다
A. 해야 할 일은 신속하게 처리한다.	☐	☐	☐	☐	☐	☐	☐
B. 매사에 느긋하고 차분하다.	☐	☐	☐	☐	☐	☐	☐
C. 끙끙거리며 생각할 때가 있다.	☐	☐	☐	☐	☐	☐	☐

12

질문	답안 1					답안 2	
	①	②	③	④	⑤	멀다	가깝다
A. 하나의 취미를 오래 지속하는 편이다.	☐	☐	☐	☐	☐	☐	☐
B. 낙천가라고 생각한다.	☐	☐	☐	☐	☐	☐	☐
C. 일주일의 예정을 만드는 것을 좋아한다.	☐	☐	☐	☐	☐	☐	☐

13

질문	답안 1					답안 2	
	①	②	③	④	⑤	멀다	가깝다
A. 자신의 의견을 상대에게 잘 주장하지 못한다.	☐	☐	☐	☐	☐	☐	☐
B. 좀처럼 결단하지 못하는 경우가 있다.	☐	☐	☐	☐	☐	☐	☐
C. 행동으로 옮기기까지 시간이 걸린다.	☐	☐	☐	☐	☐	☐	☐

14

질문	답안 1					답안 2	
	①	②	③	④	⑤	멀다	가깝다
A. 돌다리도 두드리며 건너는 타입이라고 생각한다.	☐	☐	☐	☐	☐	☐	☐
B. 굳이 말하자면 시원시원하다.	☐	☐	☐	☐	☐	☐	☐
C. 토론에서 이길 자신이 있다.	☐	☐	☐	☐	☐	☐	☐

15

질문	답안 1					답안 2	
	①	②	③	④	⑤	멀다	가깝다
A. 쉽게 침울해진다.	☐	☐	☐	☐	☐	☐	☐
B. 쉽게 싫증을 내는 편이다.	☐	☐	☐	☐	☐	☐	☐
C. 도덕 / 윤리를 중시한다.	☐	☐	☐	☐	☐	☐	☐

16

질문	답안 1					답안 2	
	①	②	③	④	⑤	멀다	가깝다
A. 매사에 신중한 편이라고 생각한다.	☐	☐	☐	☐	☐	☐	☐
B. 실행하기 전에 재확인할 때가 많다.	☐	☐	☐	☐	☐	☐	☐
C. 반대에 부딪혀도 자신의 의견을 바꾸는 일은 없다.	☐	☐	☐	☐	☐	☐	☐

17

질문	답안 1					답안 2	
	①	②	③	④	⑤	멀다	가깝다
A. 전망을 세우고 행동할 때가 많다.	☐	☐	☐	☐	☐	☐	☐
B. 일에는 결과가 중요하다고 생각한다.	☐	☐	☐	☐	☐	☐	☐
C. 다른 사람으로부터 지적받는 것은 싫다.	☐	☐	☐	☐	☐	☐	☐

18

질문	답안 1					답안 2	
	①	②	③	④	⑤	멀다	가깝다
A. 다른 사람에게 위해를 가할 것 같은 기분이 들 때가 있다.	☐	☐	☐	☐	☐	☐	☐
B. 인간관계가 폐쇄적이라는 말을 듣는다.	☐	☐	☐	☐	☐	☐	☐
C. 친구들로부터 줏대 없는 사람이라는 말을 듣는다.	☐	☐	☐	☐	☐	☐	☐

19

질문	답안 1					답안 2	
	①	②	③	④	⑤	멀다	가깝다
A. 누구와도 편하게 이야기할 수 있다.	☐	☐	☐	☐	☐	☐	☐
B. 다른 사람을 싫어한 적은 한 번도 없다.	☐	☐	☐	☐	☐	☐	☐
C. 리더로서 인정을 받고 싶다.	☐	☐	☐	☐	☐	☐	☐

20

질문	답안 1					답안 2	
	①	②	③	④	⑤	멀다	가깝다
A. 기다리는 것에 짜증내는 편이다.	☐	☐	☐	☐	☐	☐	☐
B. 지루하면 마구 떠들고 싶어진다.	☐	☐	☐	☐	☐	☐	☐
C. 남과 친해지려면 용기가 필요하다.	☐	☐	☐	☐	☐	☐	☐

21

질문	답안 1					답안 2	
	①	②	③	④	⑤	멀다	가깝다
A. 사물을 과장해서 말한 적은 없다.	□	□	□	□	□	□	□
B. 항상 천재지변을 당하지는 않을까 걱정하고 있다.	□	□	□	□	□	□	□
C. 어떤 일이 있어도 의욕을 가지고 열심히 하는 편이다.	□	□	□	□	□	□	□

22

질문	답안 1					답안 2	
	①	②	③	④	⑤	멀다	가깝다
A. 그룹 내에서 누군가의 주도 하에 따라가는 경우가 많다.	□	□	□	□	□	□	□
B. 내성적이라고 생각한다.	□	□	□	□	□	□	□
C. 모르는 사람과 이야기하는 것은 용기가 필요하다.	□	□	□	□	□	□	□

23

질문	답안 1					답안 2	
	①	②	③	④	⑤	멀다	가깝다
A. 집에서 가만히 있으면 기분이 우울해진다.	□	□	□	□	□	□	□
B. 당황하면 갑자기 땀이 나서 신경 쓰일 때가 있다.	□	□	□	□	□	□	□
C. 차분하다는 말을 듣는다.	□	□	□	□	□	□	□

24

질문	답안 1					답안 2	
	①	②	③	④	⑤	멀다	가깝다
A. 어색해지면 입을 다무는 경우가 많다.	□	□	□	□	□	□	□
B. 융통성이 없는 편이다.	□	□	□	□	□	□	□
C. 이유도 없이 화가 치밀 때가 있다.	□	□	□	□	□	□	□

25

질문	답안 1					답안 2	
	①	②	③	④	⑤	멀다	가깝다
A. 자질구레한 걱정이 많다.	□	□	□	□	□	□	□
B. 다른 사람을 의심한 적이 한 번도 없다.	□	□	□	□	□	□	□
C. 지금까지 후회를 한 적이 없다.	□	□	□	□	□	□	□

26

질문	답안 1					답안 2	
	①	②	③	④	⑤	멀다	가깝다
A. 무슨 일이든 자신을 가지고 행동한다.	□	□	□	□	□	□	□
B. 자주 깊은 생각에 잠긴다.	□	□	□	□	□	□	□
C. 가만히 있지 못할 정도로 불안해질 때가 많다.	□	□	□	□	□	□	□

27

질문	답안 1					답안 2	
	①	②	③	④	⑤	멀다	가깝다
A. 스포츠 선수가 되고 싶다고 생각한 적이 있다.	□	□	□	□	□	□	□
B. 유명인과 서로 아는 사람이 되고 싶다.	□	□	□	□	□	□	□
C. 연예인에 대해 동경한 적이 없다.	□	□	□	□	□	□	□

28

질문	답안 1					답안 2	
	①	②	③	④	⑤	멀다	가깝다
A. 휴일은 세부적인 예정을 세우고 보낸다.	□	□	□	□	□	□	□
B. 잘하지 못하는 것이라도 자진해서 한다.	□	□	□	□	□	□	□
C. 이유도 없이 다른 사람과 부딪힐 때가 있다.	□	□	□	□	□	□	□

29

질문	답안 1					답안 2	
	①	②	③	④	⑤	멀다	가깝다
A. 타인의 일에는 별로 관여하고 싶지 않다고 생각한다.	□	□	□	□	□	□	□
B. 의견이 다른 사람과는 어울리지 않는다.	□	□	□	□	□	□	□
C. 주위의 영향을 받기 쉽다.	□	□	□	□	□	□	□

30

질문	답안 1					답안 2	
	①	②	③	④	⑤	멀다	가깝다
A. 지인을 발견해도 만나고 싶지 않을 때가 많다.	□	□	□	□	□	□	□
B. 굳이 말하자면 자의식 과잉이다.	□	□	□	□	□	□	□
C. 몸을 움직이는 것을 좋아한다.	□	□	□	□	□	□	□

31

질문	답안 1					답안 2	
	①	②	③	④	⑤	멀다	가깝다
A. 무슨 일이든 생각해 보지 않으면 만족하지 못한다.	☐	☐	☐	☐	☐	☐	☐
B. 다수의 반대가 있더라도 자신의 생각대로 행동한다.	☐	☐	☐	☐	☐	☐	☐
C. 지금까지 다른 사람의 마음에 상처준 일이 없다.	☐	☐	☐	☐	☐	☐	☐

32

질문	답안 1					답안 2	
	①	②	③	④	⑤	멀다	가깝다
A. 실행하기 전에 재고하는 경우가 많다.	☐	☐	☐	☐	☐	☐	☐
B. 완고한 편이라고 생각한다.	☐	☐	☐	☐	☐	☐	☐
C. 작은 소리도 신경 쓰인다.	☐	☐	☐	☐	☐	☐	☐

33

질문	답안 1					답안 2	
	①	②	③	④	⑤	멀다	가깝다
A. 다소 무리를 하더라도 피로해지지 않는다.	☐	☐	☐	☐	☐	☐	☐
B. 다른 사람보다 고집이 세다.	☐	☐	☐	☐	☐	☐	☐
C. 성격이 밝다는 말을 듣는다.	☐	☐	☐	☐	☐	☐	☐

34

질문	답안 1					답안 2	
	①	②	③	④	⑤	멀다	가깝다
A. 다른 사람이 부럽다고 생각한 적이 한 번도 없다.	☐	☐	☐	☐	☐	☐	☐
B. 자신의 페이스를 잃지 않는다.	☐	☐	☐	☐	☐	☐	☐
C. 굳이 말하자면 이상주의자다.	☐	☐	☐	☐	☐	☐	☐

35

질문	답안 1					답안 2	
	①	②	③	④	⑤	멀다	가깝다
A. 가능성에 눈을 돌린다.	☐	☐	☐	☐	☐	☐	☐
B. 튀는 것을 싫어한다.	☐	☐	☐	☐	☐	☐	☐
C. 방법이 정해진 일은 안심할 수 있다.	☐	☐	☐	☐	☐	☐	☐

36

질문	답안 1					답안 2	
	①	②	③	④	⑤	멀다	가깝다
A. 매사에 감정적으로 생각한다.	□	□	□	□	□	□	□
B. 스케줄을 짜고 행동하는 편이다.	□	□	□	□	□	□	□
C. 지나치게 합리적으로 결론짓는 것은 좋지 않다.	□	□	□	□	□	□	□

37

질문	답안 1					답안 2	
	①	②	③	④	⑤	멀다	가깝다
A. 다른 사람의 의견에 귀를 기울인다.	□	□	□	□	□	□	□
B. 사람들 앞에 잘 나서지 못한다.	□	□	□	□	□	□	□
C. 임기응변에 능하다.	□	□	□	□	□	□	□

38

질문	답안 1					답안 2	
	①	②	③	④	⑤	멀다	가깝다
A. 꿈을 가진 사람에게 끌린다.	□	□	□	□	□	□	□
B. 직감적으로 판단한다.	□	□	□	□	□	□	□
C. 틀에 박힌 일은 싫다.	□	□	□	□	□	□	□

39

질문	답안 1					답안 2	
	①	②	③	④	⑤	멀다	가깝다
A. 친구가 돈을 빌려달라고 하면 거절하지 못한다.	□	□	□	□	□	□	□
B. 어려움에 처한 사람을 보면 원인을 생각한다.	□	□	□	□	□	□	□
C. 매사에 이론적으로 생각한다.	□	□	□	□	□	□	□

40

질문	답안 1					답안 2	
	①	②	③	④	⑤	멀다	가깝다
A. 혼자 꾸준히 하는 것을 좋아한다.	□	□	□	□	□	□	□
B. 튀는 것을 좋아한다.	□	□	□	□	□	□	□
C. 굳이 말하자면 보수적이라 생각한다.	□	□	□	□	□	□	□

41

질문	답안 1					답안 2	
	①	②	③	④	⑤	멀다	가깝다
A. 다른 사람과 만났을 때 화제에 부족함이 없다.	☐	☐	☐	☐	☐	☐	☐
B. 그때그때의 기분으로 행동하는 경우가 많다.	☐	☐	☐	☐	☐	☐	☐
C. 현실적인 사람에게 끌린다.	☐	☐	☐	☐	☐	☐	☐

42

질문	답안 1					답안 2	
	①	②	③	④	⑤	멀다	가깝다
A. 병이 아닌지 걱정이 들 때가 있다.	☐	☐	☐	☐	☐	☐	☐
B. 자의식 과잉이라는 생각이 들 때가 있다.	☐	☐	☐	☐	☐	☐	☐
C. 막무가내라는 말을 들을 때가 많다.	☐	☐	☐	☐	☐	☐	☐

43

질문	답안 1					답안 2	
	①	②	③	④	⑤	멀다	가깝다
A. 푸념을 한 적이 없다.	☐	☐	☐	☐	☐	☐	☐
B. 수다를 좋아한다.	☐	☐	☐	☐	☐	☐	☐
C. 부모에게 불평을 한 적이 한 번도 없다.	☐	☐	☐	☐	☐	☐	☐

44

질문	답안 1					답안 2	
	①	②	③	④	⑤	멀다	가깝다
A. 친구들이 나를 진지한 사람으로 생각하고 있다.	☐	☐	☐	☐	☐	☐	☐
B. 엉뚱한 생각을 잘한다.	☐	☐	☐	☐	☐	☐	☐
C. 이성적인 사람이라는 말을 듣고 싶다.	☐	☐	☐	☐	☐	☐	☐

45

질문	답안 1					답안 2	
	①	②	③	④	⑤	멀다	가깝다
A. 예정에 얽매이는 것을 싫어한다.	☐	☐	☐	☐	☐	☐	☐
B. 굳이 말하자면 장거리주자에 어울린다고 생각한다.	☐	☐	☐	☐	☐	☐	☐
C. 여행을 가기 전에는 세세한 계획을 세운다.	☐	☐	☐	☐	☐	☐	☐

46

질문	답안 1					답안 2	
	①	②	③	④	⑤	멀다	가깝다
A. 굳이 말하자면 기가 센 편이다.	□	□	□	□	□	□	□
B. 신중하게 생각하는 편이다.	□	□	□	□	□	□	□
C. 계획을 생각하기보다는 빨리 실행하고 싶어 한다.	□	□	□	□	□	□	□

47

질문	답안 1					답안 2	
	①	②	③	④	⑤	멀다	가깝다
A. 자신을 쓸모없는 인간이라고 생각할 때가 있다.	□	□	□	□	□	□	□
B. 아는 사람을 발견해도 피해버릴 때가 있다.	□	□	□	□	□	□	□
C. 앞으로의 일을 생각하지 않으면 진정이 되지 않는다.	□	□	□	□	□	□	□

48

질문	답안 1					답안 2	
	①	②	③	④	⑤	멀다	가깝다
A. 격렬한 운동도 그다지 힘들어하지 않는다.	□	□	□	□	□	□	□
B. 무슨 일이든 먼저 해야 이긴다고 생각한다.	□	□	□	□	□	□	□
C. 예정이 없는 상태를 싫어한다.	□	□	□	□	□	□	□

49

질문	답안 1					답안 2	
	①	②	③	④	⑤	멀다	가깝다
A. 잘하지 못하는 게임은 하지 않으려고 한다.	□	□	□	□	□	□	□
B. 다른 사람에게 의존적이 될 때가 많다.	□	□	□	□	□	□	□
C. 대인관계가 귀찮다고 느낄 때가 있다.	□	□	□	□	□	□	□

50

질문	답안 1					답안 2	
	①	②	③	④	⑤	멀다	가깝다
A. 장래의 일을 생각하면 불안해질 때가 있다.	□	□	□	□	□	□	□
B. 가만히 있지 못할 정도로 침착하지 못할 때가 있다.	□	□	□	□	□	□	□
C. 침울해지면 아무것도 손에 잡히지 않는다.	□	□	□	□	□	□	□

51

질문	답안 1					답안 2	
	①	②	③	④	⑤	멀다	가깝다
A. 새로운 일에 처음 한 발을 좀처럼 떼지 못한다.	☐	☐	☐	☐	☐	☐	☐
B. 다른 사람이 나를 어떻게 생각하는지 궁금할 때가 많다.	☐	☐	☐	☐	☐	☐	☐
C. 미리 행동을 정해두는 경우가 많다.	☐	☐	☐	☐	☐	☐	☐

52

질문	답안 1					답안 2	
	①	②	③	④	⑤	멀다	가깝다
A. 혼자 생각하는 것을 좋아한다.	☐	☐	☐	☐	☐	☐	☐
B. 다른 사람과 대화하는 것을 좋아한다.	☐	☐	☐	☐	☐	☐	☐
C. 하루의 행동을 반성하는 경우가 많다.	☐	☐	☐	☐	☐	☐	☐

53

질문	답안 1					답안 2	
	①	②	③	④	⑤	멀다	가깝다
A. 어린 시절로 돌아가고 싶을 때가 있다.	☐	☐	☐	☐	☐	☐	☐
B. 인생에서 중요한 것은 높은 목표를 갖는 것이다.	☐	☐	☐	☐	☐	☐	☐
C. 거창한 일을 해보고 싶다.	☐	☐	☐	☐	☐	☐	☐

54

질문	답안 1					답안 2	
	①	②	③	④	⑤	멀다	가깝다
A. 작은 일에 신경 쓰지 않는다.	☐	☐	☐	☐	☐	☐	☐
B. 동작이 기민한 편이다.	☐	☐	☐	☐	☐	☐	☐
C. 소외감을 느낄 때가 있다.	☐	☐	☐	☐	☐	☐	☐

55

질문	답안 1					답안 2	
	①	②	③	④	⑤	멀다	가깝다
A. 혼자 여행을 떠나고 싶을 때가 자주 있다.	☐	☐	☐	☐	☐	☐	☐
B. 눈을 뜨면 바로 일어난다.	☐	☐	☐	☐	☐	☐	☐
C. 항상 활력이 있다.	☐	☐	☐	☐	☐	☐	☐

56

질문	답안 1					답안 2	
	①	②	③	④	⑤	멀다	가깝다
A. 싸움을 한 적이 없다.	☐	☐	☐	☐	☐	☐	☐
B. 끈기가 강하다.	☐	☐	☐	☐	☐	☐	☐
C. 변화를 즐긴다.	☐	☐	☐	☐	☐	☐	☐

57

질문	답안 1					답안 2	
	①	②	③	④	⑤	멀다	가깝다
A. 굳이 말하자면 혁신적이라고 생각한다.	☐	☐	☐	☐	☐	☐	☐
B. 사람들 앞에 나서는 데 어려움이 없다.	☐	☐	☐	☐	☐	☐	☐
C. 스케줄을 짜지 않고 행동하는 편이다.	☐	☐	☐	☐	☐	☐	☐

58

질문	답안 1					답안 2	
	①	②	③	④	⑤	멀다	가깝다
A. 학구적이라는 인상을 주고 싶다.	☐	☐	☐	☐	☐	☐	☐
B. 조직 안에서는 우등생 타입이라고 생각한다.	☐	☐	☐	☐	☐	☐	☐
C. 이성적인 사람 밑에서 일하고 싶다.	☐	☐	☐	☐	☐	☐	☐

59

질문	답안 1					답안 2	
	①	②	③	④	⑤	멀다	가깝다
A. 정해진 절차에 따르는 것을 싫어한다.	☐	☐	☐	☐	☐	☐	☐
B. 경험으로 판단한다.	☐	☐	☐	☐	☐	☐	☐
C. 틀에 박힌 일을 싫어한다.	☐	☐	☐	☐	☐	☐	☐

60

질문	답안 1					답안 2	
	①	②	③	④	⑤	멀다	가깝다
A. 그때그때의 기분으로 행동하는 경우가 많다.	☐	☐	☐	☐	☐	☐	☐
B. 시간을 정확히 지키는 편이다.	☐	☐	☐	☐	☐	☐	☐
C. 융통성이 있다.	☐	☐	☐	☐	☐	☐	☐

61

질문	답안 1					답안 2	
	①	②	③	④	⑤	멀다	가깝다
A. 이야기하는 것을 좋아한다.	□	□	□	□	□	□	□
B. 모임에서는 소개를 받는 편이다.	□	□	□	□	□	□	□
C. 자신의 의견을 밀어붙인다.	□	□	□	□	□	□	□

62

질문	답안 1					답안 2	
	①	②	③	④	⑤	멀다	가깝다
A. 현실적이라는 이야기를 듣는다.	□	□	□	□	□	□	□
B. 계획적인 행동을 중요하게 여긴다.	□	□	□	□	□	□	□
C. 창의적인 일을 좋아한다.	□	□	□	□	□	□	□

63

질문	답안 1					답안 2	
	①	②	③	④	⑤	멀다	가깝다
A. 모임에서는 소개를 하는 편이다.	□	□	□	□	□	□	□
B. 조직 안에서는 독자적으로 움직이는 편이다.	□	□	□	□	□	□	□
C. 정해진 절차가 바뀌는 것을 싫어한다.	□	□	□	□	□	□	□

64

질문	답안 1					답안 2	
	①	②	③	④	⑤	멀다	가깝다
A. 일을 선택할 때에는 인간관계를 중시한다.	□	□	□	□	□	□	□
B. 굳이 말하자면 현실주의자이다.	□	□	□	□	□	□	□
C. 지나치게 온정을 표시하는 것은 좋지 않다고 생각한다.	□	□	□	□	□	□	□

65

질문	답안 1					답안 2	
	①	②	③	④	⑤	멀다	가깝다
A. 상상력이 있다는 말을 듣는다.	□	□	□	□	□	□	□
B. 틀에 박힌 일은 너무 딱딱해서 싫다.	□	□	□	□	□	□	□
C. 다른 사람이 나를 어떻게 생각하는지 신경 쓰인다.	□	□	□	□	□	□	□

66

질문	답안 1					답안 2	
	①	②	③	④	⑤	멀다	가깝다
A. 사람들 앞에서 잘 이야기하지 못한다.	☐	☐	☐	☐	☐	☐	☐
B. 친절한 사람이라는 말을 듣고 싶다.	☐	☐	☐	☐	☐	☐	☐
C. 일을 선택할 때에는 일의 보람을 중시한다.	☐	☐	☐	☐	☐	☐	☐

67

질문	답안 1					답안 2	
	①	②	③	④	⑤	멀다	가깝다
A. 뉴스보다 신문을 많이 본다.	☐	☐	☐	☐	☐	☐	☐
B. 시간을 분 단위로 나눠 쓴다.	☐	☐	☐	☐	☐	☐	☐
C. 아이디어 회의 중 모든 의견은 존중되어야 한다.	☐	☐	☐	☐	☐	☐	☐

68

질문	답안 1					답안 2	
	①	②	③	④	⑤	멀다	가깝다
A. 주위 사람에게 인사하는 것이 귀찮다.	☐	☐	☐	☐	☐	☐	☐
B. 남의 의견을 절대 참고하지 않는다.	☐	☐	☐	☐	☐	☐	☐
C. 남의 말을 호의적으로 받아들인다.	☐	☐	☐	☐	☐	☐	☐

69

질문	답안 1					답안 2	
	①	②	③	④	⑤	멀다	가깝다
A. 광고를 보면 그 물건을 사고 싶다.	☐	☐	☐	☐	☐	☐	☐
B. 컨디션에 따라 기분이 잘 변한다.	☐	☐	☐	☐	☐	☐	☐
C. 많은 사람 앞에서 말하는 것이 서툴다.	☐	☐	☐	☐	☐	☐	☐

70

질문	답안 1					답안 2	
	①	②	③	④	⑤	멀다	가깝다
A. 열등감으로 자주 고민한다.	☐	☐	☐	☐	☐	☐	☐
B. 부모님에게 불만을 느낀다.	☐	☐	☐	☐	☐	☐	☐
C. 칭찬도 나쁘게 받아들이는 편이다.	☐	☐	☐	☐	☐	☐	☐

71

질문	답안 1					답안 2	
	①	②	③	④	⑤	멀다	가깝다
A. 친구 말을 듣는 편이다.	□	□	□	□	□	□	□
B. 자신의 입장을 잊어버릴 때가 있다.	□	□	□	□	□	□	□
C. 실패해도 또다시 도전한다.	□	□	□	□	□	□	□

72

질문	답안 1					답안 2	
	①	②	③	④	⑤	멀다	가깝다
A. 휴식시간에도 일하고 싶다.	□	□	□	□	□	□	□
B. 여간해서 흥분하지 않는 편이다.	□	□	□	□	□	□	□
C. 혼자 지내는 시간이 즐겁다.	□	□	□	□	□	□	□

73

질문	답안 1					답안 2	
	①	②	③	④	⑤	멀다	가깝다
A. 손재주는 비교적 있는 편이다.	□	□	□	□	□	□	□
B. 계산에 밝은 사람은 꺼려진다.	□	□	□	□	□	□	□
C. 공상이나 상상을 많이 하는 편이다.	□	□	□	□	□	□	□

74

질문	답안 1					답안 2	
	①	②	③	④	⑤	멀다	가깝다
A. 창조적인 일을 하고 싶다.	□	□	□	□	□	□	□
B. 규칙적인 것이 싫다.	□	□	□	□	□	□	□
C. 남을 지배하는 사람이 되고 싶다.	□	□	□	□	□	□	□

75

질문	답안 1					답안 2	
	①	②	③	④	⑤	멀다	가깝다
A. 새로운 변화를 싫어한다.	□	□	□	□	□	□	□
B. 급진적인 변화를 좋아한다.	□	□	□	□	□	□	□
C. 규칙을 잘 지킨다.	□	□	□	□	□	□	□

배우기만 하고 생각하지 않으면 얻는 것이 없고,
생각만 하고 배우지 않으면 위태롭다.

- 공자 -

PART 5

면접

01 면접 주요사항

면접의 사전적 정의는 면접관이 지원자를 직접 만나보고 인품(人品)이나 언행(言行) 따위를 시험하는 일로, 흔히 필기시험 후에 최종적으로 심사하는 방법이다.

최근 주요 기업의 인사담당자들을 대상으로 채용 시 면접이 차지하는 비중을 설문조사했을 때, 50 ~ 80% 이상이라고 답한 사람이 전체 응답자의 80%를 넘었다. 이와 대조적으로 지원자들을 대상으로 취업 시험에서 면접을 준비하는 기간을 물었을 때, 대부분의 응답자가 2 ~ 3일 정도라고 대답했다.

지원자가 일정 수준의 스펙을 갖추기 위해 자격증 시험과 토익을 치르고 이력서와 자기소개서까지 쓰다 보면 면접까지 챙길 여유가 없는 것이 사실이다. 그리고 서류전형과 인적성검사를 통과해야만 면접을 볼 수 있기 때문에 자연스럽게 면접은 취업시험 과정에서 그 비중이 작아질 수밖에 없다. 하지만 아이러니하게도 실제 채용 과정에서 면접이 차지하는 비중은 절대적이라고 해도 과언이 아니다.

기업들은 채용 과정에서 토론 면접, 인성 면접, 프레젠테이션 면접, 역량 면접 등의 다양한 면접을 실시한다. 1차 커트라인이라고 할 수 있는 서류전형을 통과한 지원자들의 스펙이나 능력은 서로 엇비슷하다고 판단되기 때문에 서류상 보이는 자격증이나 토익 성적보다는 지원자의 인성을 파악하기 위해 면접을 더욱 강화하는 것이다. 일부 기업은 의도적으로 압박 면접을 실시하기도 한다. 지원자가 당황할 수 있는 질문을 던져서 그것에 대한 지원자의 반응을 살펴보는 것이다.

면접은 다르게 생각한다면 '나는 누구인가'에 대한 물음에 해답을 줄 수 있는 가장 현실적이고 미래적인 경험이 될 수 있다. 취업난 속에서 자격증을 취득하고 토익 성적을 올리기 위해 앞만 보고 달려온 지원자들은 자신에 대해서 고민하고 탐구할 수 있는 시간을 평소 쉽게 가질 수 없었을 것이다. 자신을 잘 알고 있어야 자신에 대해서 자신감 있게 말할 수 있다. 대체로 사람들은 자신에게 관대한 편이기 때문에 스스로에 대해서 어떤 기대와 환상을 가지고 있는 경우가 많다. 하지만 면접은 제삼자에 의해 개인의 능력을 객관적으로 평가받는 시험이다. 어떤 지원자들은 다른 사람에게 자신을 표현하는 것을 어려워한다. 평소에 잘 사용하지 않는 용어를 내뱉으면서 거창하게 자신을 포장하는 지원자도 많다. 면접에서 가장 기본은 자기 자신을 면접관에게 알기 쉽게 표현하는 것이다.

이러한 표현을 바탕으로 자신이 앞으로 하고자 하는 것과 그에 대한 이유를 설명해야 한다. 최근에는 자신감을 향상시키거나 말하는 능력을 높이는 학원도 많기 때문에 얼마든지 자신의 단점을 극복할 수 있다.

1. 자기소개의 기술

자기소개를 시키는 이유는 면접자가 지원자의 자기소개서를 압축해서 듣고, 지원자의 첫인상을 평가할 시간을 가질 수 있기 때문이다. 면접을 위한 워밍업이라고 할 수 있으며, 첫인상을 결정하는 과정이므로 매우 중요한 순간이다.

(1) 정해진 시간에 자기소개를 마쳐야 한다.

쉬워 보이지만 의외로 지원자들이 정해진 시간을 넘기거나 혹은 빨리 끝내서 면접관에게 지적을 받는 경우가 많다. 본인이 면접을 받는 마지막 지원자가 아닌 이상, 정해진 시간을 지키지 않는 것은 수많은 지원자를 상대하기에 바쁜 면접관과 대기 시간에 지친 다른 지원자들에게 불쾌감을 줄 수 있다.

또한 회사에서 시간관념은 절대적인 것이므로 반드시 자기소개 시간을 지켜야 한다. 말하기는 1분에 200자 원고지 2장 분량의 글을 읽는 만큼의 속도가 가장 적당하다. 이를 A4 용지에 10point 글자 크기로 작성하면 반 장 분량이 된다.

(2) 간단하지만 신선한 문구로 자기소개를 시작하자.

요즈음 많은 지원자가 이 방법을 사용하고 있기 때문에 웬만한 소재의 문구가 아니면 면접관의 관심을 받을 수 없다. 이러한 문구는 시대적으로 유행하는 광고 카피를 패러디하는 경우와 격언 등을 인용하는 경우, 그리고 지원한 회사의 IC나 경영이념, 인재상 등을 사용하는 경우 등이 있다. 지원자는 이러한 여러 문구 중에 자신의 첫인상을 북돋아 줄 수 있는 것을 선택해서 말해야 한다. 자신의 이름을 문구 속에 적절하게 넣어서 말한다면 좀 더 효과적인 자기소개가 될 것이다.

(3) 무엇을 먼저 말할 것인지 고민하자.

면접관이 많이 던지는 질문 중 하나가 지원동기이다. 그래서 성장기를 바로 건너뛰고, 지원한 회사에 들어오기 위해 대학에서 어떻게 준비했는지를 설명하는 자기소개가 대세이다.

(4) 면접관의 호기심을 자극해 관심을 불러일으킬 수 있게 말하라.

면접관에게 질문을 많이 받는 지원자의 합격률이 반드시 높은 것은 아니지만, 질문을 전혀 안 받는 것보다는 좋은 평가를 기대할 수 있다. 지원한 분야와 관련된 수상 경력이나 프로젝트 등을 말하는 것도 좋다. 이는 지원자의 업무 능력과 직접 연결되는 것이므로 효과적인 자기 홍보가 될 수 있다. 일부 지원자들은 자신만의 특별한 경험을 이야기하는데, 이때는 그 경험이 보편적으로 사람들의 공감대를 얻을 수 있는 것인지 다시 생각해봐야 한다.

(5) 마지막 고개를 넘기가 가장 힘들다.

첫 단추도 중요하지만, 마지막 단추도 중요하다. 하지만 왠지 격식을 따지는 인사말은 지나가는 인사말 같고, 다르게 하자니 예의에 어긋나는 것 같은 기분이 든다. 이때는 처음에 했던 자신만의 문구를 다시 한 번 말하는 것도 좋은 방법이다. 자연스러운 끝맺음이 될 수 있도록 적절한 연습이 필요하다.

2. 1분 자기소개 시 주의사항

(1) 자기소개서와 자기소개가 똑같다면 감점일까?

아무리 자기소개서를 외워서 말한다 해도 자기소개가 자기소개서와 완전히 똑같을 수는 없다. 자기소개서의 분량이 더 많고 회사마다 요구하는 필수 항목들이 있기 때문에 굳이 고민할 필요는 없다. 오히려 자기소개서의 내용을 잘 정리한 자기소개가 더 좋은 결과를 만들 수 있다. 하지만 자기소개서와 상반된 내용을 말하는 것은 적절하지 않다. 지원자의 신뢰성이 떨어진다는 것은 곧 불합격을 의미하기 때문이다.

(2) 말하는 자세를 바르게 익혀라.

지원자가 자기소개를 하는 동안 면접관은 지원자의 동작 하나하나를 관찰한다. 그렇기 때문에 바른 자세가 중요하다는 것은 우리가 익히 알고 있다. 하지만 문제는 무의식적으로 나오는 습관 때문에 자세가 흐트러져 나쁜 인상을 줄 수 있다는 것이다. 이러한 습관을 고칠 수 있는 가장 좋은 방법은 캠코더 등으로 자신의 모습을 담는 것이다. 거울을 사용할 경우에는 시선이 자꾸 자기 눈과 마주치기 때문에 집중하기 힘들다. 하지만 촬영된 동영상은 제삼자의 입장에서 자신을 볼 수 있기 때문에 많은 도움이 된다.

(3) 정확한 발음과 억양으로 자신 있게 말하라.

지원자의 모양새가 아무리 뛰어나도, 목소리가 작고 발음이 부정확하면 큰 감점을 받는다. 이러한 모습은 지원자의 좋은 점에까지 악영향을 끼칠 수 있다. 직장을 흔히 사회생활의 시작이라고 말하는 시대적 정서에서 사람들과 의사소통을 하는 데 문제가 있다고 판단되는 지원자는 부적절한 인재로 평가될 수밖에 없다.

3. 대화법

전문가들이 말하는 대화법의 핵심은 '상대방을 배려하면서 이야기하라.'는 것이다. 대화는 나와 다른 사람의 소통이다. 내용에 대한 공감이나 이해가 없다면 대화는 더 진전되지 않는다.

베스트셀러 『카네기 인간관계론』의 작가인 철학자 카네기가 말하는 최상의 대화법은 자신의 경험을 토대로 이야기하는 것이다. 즉, 살아오면서 직접 겪은 경험이 상대방의 관심을 끌 수 있는 가장 좋은 이야깃거리인 것이다. 특히, 어떤 일을 이루기 위해 노력하는 과정에서 겪은 실패나 희망에 대해 진솔하게 얘기한다면 상대방은 어느새 당신의 편에 서서 그 이야기에 동조할 것이다.

독일의 사업가이자 동기부여 트레이너인 위르겐 힐러의 연설법 중 가장 유명한 것은 '시즐(Sizzle)'을 잡는 것이다. 시즐이란, 새우튀김이나 돈가스가 기름에서 지글지글 튀겨질 때 나는 소리이다. 즉, 자신의 말을 듣고 시즐처럼 반응하는 상대방의 감정에 적절하게 대응하라는 것이다.

말을 시작한 지 10 ~ 15초 안에 상대방의 '시즐'을 알아차려야 한다. 자신의 이야기에 대한 상대방의 첫 반응에 따라 말하기 전략도 달라져야 한다. 첫 이야기의 반응이 미지근하다면 가능한 한 그 이야기를 빨리 마무리하고 새로운 이야깃거리를 생각해내야 한다. 길지 않은 면접 시간 내에 몇 번 오지 않는 대답의 기회를 살리기 위해서 보다 전략적이고 냉철해야 하는 것이다.

4. 차림새

(1) 구두

면접에 어떤 옷을 입어야 할지를 며칠 동안 고민하면서 정작 구두는 면접 보는 날 현관을 나서면서 즉흥적으로 신고 가는 지원자들이 많다. 구두를 보면 그 사람의 됨됨이를 알 수 있다고 한다. 면접관 역시 이러한 것을 놓치지 않기 때문에 지원자는 자신의 구두에 더욱 신경을 써야 한다. 스타일의 마무리는 발끝에서 이루어지는 것이다. 아무리 멋진 옷을 입고 있어도 구두가 어울리지 않는다면 전체 스타일이 흐트러지기 때문이다.

정장용 구두는 디자인이 깔끔하고, 에나멜 가공처리를 하여 광택이 도는 페이턴트 가죽 소재 제품이 무난하다. 검정 계열 구두는 회색과 감색 정장에, 브라운 계열의 구두는 베이지나 갈색 정장에 어울린다. 참고로 구두는 오전에 사는 것보다 발이 충분히 부은 상태인 저녁에 사는 것이 좋다. 마지막으로 당연한 일이지만 반드시 면접을 보는 전날 구두 뒤축이 닳지는 않았는지 확인하고 구두에 광을 내 둔다.

(2) 양말

양말은 정장과 구두의 색상을 비교해서 골라야 한다. 특히 검정이나 감색의 진한 색상의 바지에 흰 양말을 신는 것은 시대에 뒤처지는 일이다. 일반적으로 양말의 색깔은 바지의 색깔과 같아야 한다. 또한 양말의 길이도 신경 써야 한다. 바지를 입을 경우, 의자에 바르게 앉거나 다리를 꼬아서 앉을 때 다리털이 보여서는 안 된다. 반드시 긴 정장 양말을 신어야 한다.

(3) 정장

지원자는 평소에 정장을 입을 기회가 많지 않기 때문에 면접을 볼 때 본인 스스로도 옷을 어색하게 느끼는 경우가 많다. 옷을 불편하게 느끼기 때문에 자세마저 불안정한 지원자도 볼 수 있다. 그러므로 면접 전에 정장을 입고 생활해보는 것도 나쁘지는 않다.

일반적으로 면접을 볼 때는 상대방에게 신뢰감을 줄 수 있는 남색 계열의 옷이나 어떤 계절이든 무난하고 깔끔해보이는 회색 계열의 정장을 많이 입는다. 정장은 유행에 따라서 재킷의 디자인이나 버튼의 개수가 바뀌기 때문에 너무 오래된 옷을 입어서 다른 사람의 옷을 빌려 입고 나온 듯한 인상을 주어서는 안 된다.

(4) 헤어스타일과 메이크업

헤어스타일에 자신이 없다면 미용실에 다녀오는 것도 좋은 방법이다. 또한 자신에게 어울리는 메이크업을 하는 것도 괜찮다. 메이크업은 상대에 대한 예의를 갖추는 것이므로 지나치게 화려한 메이크업이 아니라면 보다 준비된 지원자처럼 보일 수 있다.

5. 첫인상

취업을 위해 성형수술을 받는 사람들에 대한 이야기는 더 이상 뉴스거리가 되지 않는다. 그만큼 많은 사람이 좁은 취업문을 뚫기 위해 이미지 향상에 신경을 쓰고 있다. 이는 면접관에게 좋은 첫인상을 주기 위한 것으로, 지원서에 올리는 증명사진을 이미지 프로그램을 통해 수정하는 이른바 '사이버 성형'이 유행하는 것과 같은 맥락이다. 실제로 외모가 채용 과정에서 영향을 끼치는가에 대한 설문조사에서도 60% 이상의 인사담당자들이 그렇다고 답변했다.

하지만 외모와 첫인상을 절대적인 관계로 이해하는 것은 잘못된 판단이다. 외모가 첫인상에서 많은 부분을 차지하지만, 외모 외에 다른 결점이 발견된다면 그로 인해 장점들이 가려질 수도 있다. 이러한 현상은 아래에서 다시 논하겠다.

첫인상은 말 그대로 한 번밖에 기회가 주어지지 않으며 몇 초 안에 결정된다. 첫인상을 결정짓는 요소 중 시각적인 요소가 80% 이상을 차지한다. 첫눈에 들어오는 생김새나 복장, 표정 등에 의해서 결정되는 것이다. 면접을 시작할 때 자기소개를 시키는 것도 지원자별로 첫인상을 평가하기 위해서이다. 첫인상이 중요한 이유는 만약 첫인상이 부정적으로 인지될 경우, 지원자의 다른 좋은 면까지 거부당하기 때문이다. 이러한 현상을 심리학에서는 초두효과(Primacy Effect)라고 한다.

그래서 한 번 형성된 첫인상은 여간해서 바꾸기 힘들다. 이는 첫인상이 나중에 들어오는 정보까지 영향을 주기 때문이다. 첫인상의 정보가 나중에 들어오는 정보 처리의 지침이 되는 것을 심리학에서는 맥락효과 (Context Effect)라고 한다. 따라서 평소에 첫인상을 좋게 만들기 위한 노력을 꾸준히 해야만 하는 것이다. 좋은 첫인상이 반드시 외모에만 집중되는 것은 아니다. 오히려 깔끔한 옷차림과 부드러운 표정 그리고 말과 행동 등에 의해 전반적인 이미지가 만들어진다. 누구나 이러한 것 중에 한두 가지 단점을 가지고 있다. 요즈음은 이미지 컨설팅을 통해서 자신의 단점들을 보완하는 지원자도 있다. 특히, 표정이 밝지 않은 지원자는 평소 웃는 연습을 의식적으로 하여 면접을 받는 동안 계속해서 여유 있는 표정을 짓는 것이 중요하다. 성공한 사람들은 인상이 좋다는 것을 명심하자.

1. 면접의 유형

과거 천편일률적인 일대일 면접과 달리 면접에는 다양한 유형이 도입되어 현재는 "면접은 이렇게 보는 것이다."라고 말할 수 있는 정해진 유형이 없어졌다. 그러나 대기업 면접에서는 현재까지는 집단 면접과 다대일 면접이 진행되고 있으므로 어느 정도 유형을 파악하여 사전에 대비가 가능하다. 면접의 기본인 단독 면접부터, 다대일 면접, 집단 면접의 유형과 그 대책에 대해 알아보자.

(1) 단독 면접

단독 면접이란 응시자와 면접관이 1대1로 마주하는 형식을 말한다. 면접위원 한 사람과 응시자 한 사람이 마주 앉아 자유로운 화제를 가지고 질의응답을 되풀이하는 방식이다. 이 방식은 면접의 가장 기본적인 방법으로 소요시간은 10 ~ 20분 정도가 일반적이다.

① 장점

필기시험 등으로 판단할 수 없는 성품이나 능력을 알아내는 데 가장 적합하다고 평가받아 온 면접방식으로 응시자 한 사람 한 사람에 대해 여러 면에서 비교적 폭넓게 파악할 수 있다. 응시자의 입장에서는 한 사람의 면접관만을 대하는 것이므로 상대방에게 집중할 수 있으며, 긴장감도 다른 면접방식에 비해서는 적은 편이다.

② 단점

면접관의 주관이 강하게 작용해 객관성을 저해할 소지가 있으며, 면접 평가표를 활용한다 하더라도 일면적인 평가에 그칠 가능성을 배제할 수 없다. 또한 시간이 많이 소요되는 것도 단점이다.

> **단독 면접 준비 Point**
>
> 단독 면접에 대비하기 위해서는 평소 1대1로 논리 정연하게 대화를 나눌 수 있는 능력을 기르는 것이 중요하다. 그리고 면접장에서는 면접관을 선배나 선생님 혹은 아버지를 대하는 기분으로 면접에 임하는 것이 부담도 훨씬 적고 실력을 발휘할 수 있는 방법이 될 것이다.

(2) 다대일 면접

다대일 면접은 일반적으로 가장 많이 사용되는 면접방법으로 보통 2 ~ 5명의 면접관이 1명의 응시자에게 질문하는 형태의 면접방법이다. 면접관이 여러 명이므로 다각도에서 질문을 하여 응시자에 대한 정보를 많이 알아낼 수 있다는 점 때문에 선호하는 면접방법이다.

하지만 응시자의 입장에서는 질문도 면접관에 따라 각양각색이고 동료 응시자가 없으므로 숨 돌릴 틈도 없게 느껴진다. 또한 관찰하는 눈도 많아서 조그만 실수라도 지나치는 법이 없기 때문에 정신적 압박과 긴장감이 높은 면접방법이다. 따라서 응시자는 긴장을 풀고 한 시험관이 묻더라도 면접관 전원을 향해 대답한다는 기분으로 또박또박 대답하는 자세가 필요하다.

① 장점

　　면접관이 집중적인 질문과 다양한 관찰을 통해 응시자가 과연 조직에 필요한 인물인가를 완벽히 검증할 수 있다.

② 단점

　　면접시간이 보통 10 ～ 30분 정도로 좀 긴 편이고 응시자에게 지나친 긴장감을 조성하는 면접방법이다.

> **다대일 면접 준비 Point**
>
> 질문을 들을 때 시선은 면접위원을 향하고 다른 데로 돌리지 말아야 하며, 대답할 때에도 고개를 숙이거나 입속에서 우물거리는 소극적인 태도는 피하도록 한다. 면접위원과 대등하다는 마음가짐으로 편안한 태도를 유지하면 대답도 자연스러운 상태에서 좀 더 충실히 할 수 있고, 이에 따라 면접위원이 받는 인상도 달라진다.

(3) 집단 면접

　　집단 면접은 다수의 면접관이 여러 명의 응시자를 한꺼번에 평가하는 방식으로 짧은 시간에 능률적으로 면접을 진행할 수 있다. 각 응시자에 대한 질문내용, 질문횟수, 시간배분이 똑같지는 않으며, 모두에게 같은 질문이 주어지기도 하고, 각각 다른 질문을 받기도 한다.

　　또한 어떤 응시자가 한 대답에 대한 의견을 묻는 등 그때그때의 분위기나 면접관의 의향에 따라 변수가 많다. 집단 면접은 응시자의 입장에서는 개별 면접에 비해 긴장감은 다소 덜한 반면에 다른 응시자들과의 비교가 확실하게 나타나므로 응시자는 몸가짐이나 표현력·논리성 등이 결여되지 않도록 자신의 생각이나 의견을 솔직하게 발표하여 집단 속에 묻히거나 밀려나지 않도록 주의해야 한다.

① 장점

　　집단 면접의 장점은 면접관이 응시자 한 사람에 대한 관찰시간이 상대적으로 길고, 비교 평가가 가능하기 때문에 결과적으로 평가의 객관성과 신뢰성을 높일 수 있다는 점이며, 응시자는 동료들과 함께 면접을 받기 때문에 긴장감이 다소 덜하다는 것을 들 수 있다. 또한 동료가 답변하는 것을 들으며, 자신의 답변 방식이나 자세를 조정할 수 있다는 것도 큰 이점이다.

② 단점

　　응답하는 순서에 따라 응시자마다 유리하고 불리한 점이 있고, 면접위원의 입장에서는 각각의 개인적인 문제를 깊게 다루기가 곤란하다는 것이 단점이다.

> **집단 면접 준비 Point**
>
> 너무 자기 과시를 하지 않는 것이 좋다. 대답은 자신이 말하고 싶은 내용을 간단명료하게 말해야 한다. 내용이 없는 발언을 한다거나 대답을 질질 끄는 태도는 좋지 않다. 또 말하는 중에 내용이 주제에서 벗어나거나 자기중심적으로만 말하는 것도 피해야 한다. 집단 면접에 대비하기 위해서는 평소에 설득력을 지닌 자신의 논리력을 계발하는 데 힘써야 하며, 다른 사람 앞에서 자신의 의견을 조리 있게 개진할 수 있는 발표력을 갖추는 데에도 많은 노력을 기울여야 한다.
> • 실력에는 큰 차이가 없다는 것을 기억하라.
> • 동료 응시자들과 서로 협조하라.
> • 답변하지 않을 때의 자세가 중요하다.
> • 개성 표현은 좋지만 튀는 것은 위험하다.

(4) 집단 토론식 면접

집단 토론식 면접은 집단 면접과 형태는 유사하지만 질의응답이 아니라 응시자들끼리의 토론이 중심이 되는 면접방법으로 최근 들어 급증세를 보이고 있다. 이는 공통의 주제에 대해 다양한 견해들이 개진되고 결론을 도출하는 과정, 즉 토론을 통해 응시자의 다양한 면에 대한 평가가 가능하다는 집단 토론식 면접의 장점이 널리 확산된 데 따른 것으로 보인다. 사실 집단 토론식 면접을 활용하면 주제와 관련된 지식 정도와 이해력, 판단력, 설득력, 협동성은 물론 리더십, 조직 적응력, 적극성과 대인관계 능력 등을 쉽게 파악할 수 있다.

토론식 면접에서는 자신의 의견을 명확히 제시하면서도 상대방의 의견을 경청하는 토론의 기본자세가 필수적이며, 지나친 경쟁심이나 자기 과시욕은 접어두는 것이 좋다. 또한 집단 토론의 목적이 결론을 도출해 나가는 과정에 있다는 것을 감안하여 무리하게 자신의 주장을 관철시키기보다 오히려 토론의 질을 높이는 데 기여하는 것이 좋은 인상을 줄 수 있다는 점을 알아야 한다. 취업 희망자들은 토론식 면접이 급속도로 확산되는 추세임을 감안해 특히 철저한 준비를 해야 한다. 평소에 신문의 사설이나 매스컴 등의 토론 프로그램을 주의 깊게 보면서 논리 전개방식을 비롯한 토론 과정을 익히도록 하고, 친구들과 함께 간단한 주제를 놓고 토론을 진행해 볼 필요가 있다. 또한 사회·시사문제에 대해 자기 나름대로의 관점을 정립해두는 것도 꼭 필요하다.

(5) PT 면접

PT 면접, 즉 프레젠테이션 면접은 최근 들어 집단 토론 면접과 더불어 그 활용도가 점차 커지고 있다. PT 면접은 기업마다 특성이 다르고 인재상이 다른 만큼 인성 면접만으로는 알 수 없는 지원자의 문제해결 능력, 전문성, 창의성, 기본 실무능력, 논리성 등을 관찰하는 데 중점을 두는 면접으로, 지원자 간의 변별력이 높아 대부분의 기업에서 적용하고 있으며, 확산되는 추세이다.

면접 시간은 기업별로 차이가 있지만, 전문지식, 시사성 관련 주제를 제시한 다음, 보통 20 ~ 50분 정도 준비하여 5분가량 발표할 시간을 준다. 면접관과 지원자의 단순한 질의응답식이 아닌, 주제에 대해 일정 시간 동안 지원자의 발언과 발표하는 모습 등을 관찰하게 된다. 정확한 답이나 지식보다는 논리적 사고와 의사표현력이 더 중시되기 때문에 자신의 생각을 어떻게 설명하느냐가 매우 중요하다.

PT 면접에서 같은 주제라도 직무별로 평가요소가 달리 나타난다. 예를 들어, 영업직은 설득력과 의사소통 능력에 중점을 둘 수 있겠고, 관리직은 신뢰성과 창의성 등을 더 중요하게 평가한다.

PT 면접 준비 Point

- 면접관의 관심과 주의를 집중시키고, 발표 태도에 유의한다.
- 모의 면접이나 거울 면접을 통해 미리 점검한다.
- PT 내용은 세 가지 정도로 정리해서 말한다.
- PT 내용에는 자신의 생각이 담겨 있어야 한다.
- 중간에 자문자답 방식을 활용한다.
- 평소 지원하는 업계의 동향이나 직무에 대한 전문지식을 쌓아둔다.
- 부적절한 용어 사용이나 무리한 주장 등은 하지 않는다.

2. 면접의 실전 대책

(1) 면접 대비사항

① 지원 회사에 대한 사전지식을 충분히 준비한다.

필기시험에서 합격 또는 서류전형에서의 합격통지가 온 후 면접시험 날짜가 정해지는 것이 보통이다. 이때 수험자는 면접시험을 대비해 사전에 자기가 지원한 계열사 또는 부서에 대해 폭넓은 지식을 준비할 필요가 있다.

> **지원 회사에 대해 알아두어야 할 사항**
>
> - 회사의 연혁
> - 회장 또는 사장의 이름, 출신학교, 관심사
> - 회장 또는 사장이 요구하는 신입사원의 인재상
> - 회사의 사훈, 사시, 경영이념, 창업정신
> - 회사의 대표적 상품, 특색
> - 업종별 계열회사의 수
> - 해외지사의 수와 그 위치
> - 신 개발품에 대한 기획 여부
> - 자기가 생각하는 회사의 장단점
> - 회사의 잠재적 능력개발에 대한 제언

② 충분한 수면을 취한다.

충분한 수면으로 안정감을 유지하고 첫 출발의 상쾌한 마음가짐을 갖는다.

③ 얼굴을 생기 있게 한다.

첫인상은 면접에 있어서 가장 결정적인 당락요인이다. 면접관에게 좋은 인상을 줄 수 있도록 화장하는 것도 필요하다. 면접관들이 가장 좋아하는 인상은 얼굴에 생기가 있고 눈동자가 살아 있는 사람, 즉 기가 살아 있는 사람이다.

④ 아침에 인터넷 뉴스를 읽고 간다.

그날의 뉴스가 질문 대상에 오를 수가 있다. 특히 경제면, 정치면, 문화면 등을 유의해서 볼 필요가 있다.

> **출발 전 확인할 사항**
>
> 이력서, 자기소개서, 성적증명서, 졸업(예정)증명서, 지갑, 신분증(주민등록증), 손수건, 휴지, 볼펜, 메모지 등을 준비하자.

(2) 면접 시 옷차림

면접에서 옷차림은 간결하고 단정한 느낌을 주는 것이 가장 중요하다. 색상과 디자인 면에서 지나치게 화려한 색상이나, 노출이 심한 디자인은 자칫 면접관의 눈살을 찌푸리게 할 수 있다. 단정한 차림을 유지하면서 자신만의 독특한 멋을 연출하는 것, 지원하는 회사의 분위기를 파악했다는 센스를 보여주는 것 또한 코디네이션의 포인트이다.

복장 점검

- 구두는 잘 닦여 있는가?
- 옷은 깨끗이 다려져 있으며 스커트 길이는 적당한가?
- 손톱은 길지 않고 깨끗한가?
- 머리는 흐트러짐 없이 단정한가?

---

(3) 면접요령

① 첫인상을 중요시한다.

상대에게 인상을 좋게 주지 않으면 어떠한 얘기를 해도 이쪽의 기분이 충분히 전달되지 않을 수 있다. 예를 들어, '저 친구는 표정이 없고 무엇을 생각하고 있는지 전혀 알 길이 없다.'처럼 생각되면 최악의 상태이다. 우선 청결한 복장, 바른 자세로 침착하게 들어가야 한다. 건강하고 신선한 이미지를 주어야 하기 때문이다.

② 좋은 표정을 짓는다.

얘기를 할 때의 표정은 중요한 사항의 하나다. 거울 앞에서 웃는 연습을 해본다. 웃는 얼굴은 상대를 편안하게 하고, 특히 면접 등 긴박한 분위기에서는 천금의 값이 있다 할 것이다. 그렇다고 하여 항상 웃고만 있어서는 안 된다. 자기의 할 얘기를 진정으로 전하고 싶을 때는 진지한 얼굴로 상대의 눈을 바라보며 얘기한다. 면접을 볼 때 눈을 감고 있으면 마이너스 이미지를 주게 된다.

③ 결론부터 이야기한다.

자기의 의사나 생각을 상대에게 정확하게 전달하기 위해서 먼저 무엇을 말하고자 하는가를 명확히 결정해 두어야 한다. 대답을 할 경우에는 결론을 먼저 이야기하고 나서 그에 따른 설명과 이유를 덧붙이면 논지(論旨)가 명확해지고 이야기가 깔끔하게 정리된다.

한 가지 사실을 이야기하거나 설명하는 데는 3분이면 충분하다. 복잡한 이야기라도 어느 정도의 길이로 요약해서 이야기하면 상대도 이해하기 쉽고 자기도 정리할 수 있다. 긴 이야기는 오히려 상대를 불쾌하게 할 수가 있다.

④ 질문의 요지를 파악한다.

면접 때의 이야기는 간결성만으로는 부족하다. 상대의 질문이나 이야기에 대해 적절하고 필요한 대답을 하지 않으면 대화는 끊어지고 자기의 생각도 제대로 표현하지 못하여 면접자로 하여금 수험생의 인품이나 사고방식 등을 명확히 파악할 수 없게 한다. 무엇을 묻고 있는지, 무슨 이야기를 하고 있는지 그 요점을 정확히 알아내야 한다.

1. 자기 자신을 겸허하게 판단하라.
2. 지원한 회사에 대해 100% 이해하라.
3. 실전과 같은 연습으로 감각을 익히라.
4. 단답형 답변보다는 구체적으로 이야기를 풀어나가라.
5. 거짓말을 하지 말라.
6. 면접하는 동안 대화의 흐름을 유지하라.
7. 친밀감과 신뢰를 구축하라.
8. 상대방의 말을 성실하게 들으라.
9. 근로조건에 대한 이야기를 풀어나갈 준비를 하라.
10. 끝까지 긴장을 풀지 말라.

01 S-OIL 면접 유형

S-OIL은 '회사 비전 실현에 동참할 진취적인 사람, 국제적 감각과 자질을 가진 사람, 자율과 팀워크를 중시하는 사람, 건전한 가치관과 윤리의식을 가진 사람'을 인재상으로 하고 있다. 회사가 원하는 인재를 발굴하기 위해 S-OIL은 면접을 통해 지원자의 인성 및 태도, 조직적합도, 자질 및 전공지식, 실무능력 등을 종합적으로 평가한다.

S-OIL 면접은 1차 면접과 2차 면접으로 진행된다. 1차 면접은 역량 / 인성 면접과 PT 면접을 보며, 2차 면접은 임원 면접이다.

1. 1차 면접

① **면접방식** : 다대일 면접
② **면접시간** : 역량 / 인성 면접의 경우 30분, PT 면접은 5 ~ 10분 정도이다.
③ **면접내용**

역량 / 인성 면접의 경우 지원자가 회사 인재상과 역량에 부합하는지를 보고, PT 면접의 경우 발표력과 논리성을 본다. 주로 회사와 전공에 대한 내용을 물어보고, 자기소개서 위주의 질문을 한다. PT 면접은 시간이 짧은 만큼 어려운 주제가 아닌 간단한 전공 관련한 주제 3개 중 본인이 자유롭게 선택할 수 있다.

2. 2차 면접(임원 면접)

① **면접방식** : 다대다 면접
② **면접시간** : 20분
③ **면접내용**

자기소개서를 바탕으로 한 질문이 주어지며 주로 인성을 본다. 이슈가 되었던 사회문제, S-OIL에 얼마나 관심이 있는가 정도를 본다.

(1) 역량 / 인성 면접

- S-OIL의 인재상과 비전을 말해보고 본인과 부합한지 말해 보시오.
- S-OIL의 경쟁사는 어디라고 생각하는지 말해 보시오.
- S-OIL의 기존 사업에 대해 말해 보시오.
- S-OIL에 지원하게 된 동기를 말해 보시오.
- 자기소개를 해 보시오.
- 갈등을 해소시킨 경험이 있나요? 있다면 말해 보시오.
- 대학원에 가지 않은 이유가 있나요?
- 본인의 장점 및 단점을 3가지 말해 보시오.
- 학점이 좋지 않은데, 성실하지 않은 건가요?
- 살면서 가장 어려웠던 일과 그것을 극복했던 방법에 대해 말해 보시오.
- 본인이 S-OIL에 기여할 수 있는 점은 무엇이라고 생각하는가?
- 프로젝트를 하는 데 있어 중요한 건 무엇이라고 생각하는가?
- 인생에서 가장 중요하다고 생각하는 것과 그 이유에 대해서 말해 보시오.
- S-OIL에 대해 아는 것이 있다면 말해 보시오.
- 인생에서 가장 큰 성취감을 느낀 적이 있는가? 있다면 말해 보시오.
- 본인의 전공이 지원한 직무에 적합한가?
- 베어링에 대해서 설명하시오.
- 저항, 전압, 전류의 관계를 설명하시오.
- 다이오드 시퀀스에 대해서 설명하시오.
- 휴대전화 배터리 직렬 / 병렬로 연결했을 때의 차이점은 무엇인가?
- 위험물 4류에 대해서 설명하시오.
- 학교생활 중 다른 사람들과 마찰을 겪었던 경험을 말해 보시오.
- 상압증류와 감압증류의 차이에 대해 설명해 보시오.
- 따로 준비해 온 것이 있다면 해 보시오.
- 마지막으로 할 말이 있다면 말해 보시오.
- 조직에서 사람들 간 마찰이 생길 때 어떻게 해결하는가?
- 평행기어에 대해 설명해 보시오.
- 모멘트가 무엇인지 설명해 보시오.
- 석유 제조과정과 원유 유통과정을 설명해 보시오.
- 탄성과 소성에 대해 설명해 보시오.
- 디젤과 가솔린의 차이에 대해 알고 있는가?
- 범용 기계에 대해 설명해 보시오.
- 성공과 실패의 기준에 대해 말해 보시오.
- 거주지와 근무지가 꽤 먼데 왜 지원하였는가?
- 지원한 직무에서 필요한 능력은 무엇이라 생각하는가?

(2) PT 면접

- 석유제품의 국내 / 해외시장의 상황에 따라 판매의 비중을 조절하는 방법에 대해 발표하시오.
- 해당 제품의 판매전략에 대해 발표하시오.
- 정유4사의 추세는 무엇인가?
- 변압기의 원리와 결선방식에 대해 설명해 보시오.
- PID제어에 대해 설명해 보시오.
- 아레니우스 식을 설명해 보시오.
- 증류탑에서 환류비가 증가했을 때 효과에 대해 말해 보시오.

(3) 임원 면접

- 자기소개를 해 보시오.
- 지원동기를 말해 보시오.
- S-OIL하면 떠오르는 이미지는?
- 10년 후, 20년 후 S-OIL에서의 자신의 모습은?
- 타 전공인데 지원 분야에 어떻게 적용할 수 있겠는가?
- 자신의 인생에서 가장 큰 영향을 준 사람과 그 이유를 말해 보시오.
- 상사가 부당한 지시를 내린다면 어떻게 대응할 것인가?
- 취미가 무엇인가?
- 10년 뒤 S-OIL은 무엇을 하고 있겠는가?
- S-OIL에 반드시 입사해야 하는 이유를 말해 보시오.
- 영업 혹은 마케팅이 무엇이라고 생각하는가?
- 전공에 관련된 기업이 아닌 우리 기업에 지원한 이유는 무엇인가?
- 내가 기대하였던 직무와 다른 직무를 맡게 된다면 어떻게 할 것인가?
- 우리 기업 외에도 지원한 다른 기업은 어디인가?
- 우리 기업으로 이직하려는 이유는 무엇인가?

인생이란 결코 공평하지 않다.
이 사실에 익숙해져라.

- 빌 게이츠 -

앞선 정보 제공! 도서 업데이트

언제, 왜 업데이트될까?

도서의 학습 효율을 높이기 위해 자료를 추가로 제공할 때!
공기업 · 대기업 필기시험에 변동사항 발생 시 정보 공유를 위해!
공기업 · 대기업 채용 및 시험 관련 중요 이슈가 생겼을 때!

01 시대에듀 도서
www.sdedu.co.kr/book
홈페이지 접속

02 상단 카테고리
「도서업데이트」
클릭

03 해당
기업명으로
검색

참고자료, 시험 개정사항 등 정보 제공으로 학습효율을 높여 드립니다.

시대에듀
대기업 인적성검사 시리즈

신뢰와 책임의 마음으로 수험생 여러분에게 다가갑니다.

대기업 인적성 "기본서" 시리즈

대기업 취업 기초부터 합격까지! 취업의 문을 여는
Master Key!

S

2025
최신판

판매량
1위
YES24 S-OIL
부문

S-OIL
에쓰오일
온라인 인적성검사

정답 및 해설

최신기출유형+모의고사 5회

편저 | SDC(Sidae Data Center)

형분석 및 모의고사로
최종합격까지
한 권으로
마무리!

SDC
SDC는 시대에듀 데이터 센터의 약자로
약 30만 개의 NCS·적성 문제 데이터를
바탕으로 최신 출제경향을 반영하여
문제를 출제합니다.

시대에듀

PART 1
2개년 기출복원문제

끝까지 책임진다! 시대에듀!

QR코드를 통해 도서 출간 이후 발견된 오류나 개정법령, 변경된 시험 정보, 최신기출문제, 도서 업데이트 자료 등이 있는지 확인해 보세요! 시대에듀 합격 스마트 앱을 통해서도 알려 드리고 있으니 구글 플레이나 앱 스토어에서 다운받아 사용하세요. 또한, 파본 도서인 경우에는 구입하신 곳에서 교환해 드립니다.

01 언어력

01	02	03	04	05	06				
⑤	②	③	②	④	⑤				

01   정답 ⑤

제시문에서 케인스는 절대소득가설을 통해 소비를 결정하는 요인들 중에 가장 중요한 것은 현재의 소득이라고 주장했으므로 ⑤는 적절하지 않은 설명이다.

02   정답 ②

다리뼈는 연골세포의 세포분열로 인해 뼈대의 성장이 일어난다.

[오답분석]
① 사춘기 이후 호르몬에 의한 뼈의 길이 성장은 일어나지 않는다.
③ 뼈끝판의 세포층 중 뼈대의 경계면에 있는 세포층이 아닌 뼈끝과 경계면에 있는 세포층에서만 세포분열이 일어난다.
④ 남성호르몬인 안드로겐은 사춘기 여자에게서도 분비된다.
⑤ 뇌에서 분비하는 성장호르몬은 뼈에 직접적으로 도움을 준다.

03   정답 ③

제시문은 행위별수가제에 대한 것으로 환자, 의사, 건강보험 재정 등 많은 곳에서 한계점이 있다고 설명하면서 건강보험 고갈을 막기 위해 다양한 지불방식을 도입하는 등 구조적인 개편이 필요함을 설명하고 있다. 따라서 제시문의 주제로 '행위별수가제의 한계점'이 가장 적절하다.

04   정답 ②

수직 계열화에서 사용자 중심으로 산업 패러다임이 변화되고 있음을 제시하는 (나)문단이 가장 먼저 오는 것이 적절하며, 그 다음으로 가스경보기를 예로 들어 수평적 연결에 대해 설명하는 (다)문단이 적절하다. 그 뒤를 이어 이러한 수평적 연결이 사물인터넷 서비스로 새롭게 성장한다는 (가)문단이, 마지막으로는 다양해지는 사물인터넷 서비스에 대해 설명하는 (라)문단 순으로 나열하는 것이 가장 적절하다.

05   정답 ④

대중문화가 대중을 사회 문제로부터 도피하게 하거나 사회 질서에 순응하게 하는 역기능을 수행하여 혁명을 불가능하게 만든다는 내용이다. 따라서 이 주장에 대한 반박은 대중문화가 순기능을 한다는 태도여야 한다. 하지만 ④는 현대 대중문화의 질적 수준에 대한 평가에 대한 내용이므로 연관성이 없다.

06   정답 ⑤

초기의 독서는 낭독이 보편적이었고, 12세기 무렵 책자형 책이 두루마리 책을 대체하면서 묵독이 가능하게 되었다. 따라서 책자형 책의 출현으로 낭독의 확산이 아닌 묵독의 확산이 가능해졌다고 할 수 있다.

[오답분석]
①・②・③ 세 번째 문단에서 확인할 수 있다.
④ 제시문 전체에서 확인할 수 있다.

02   수리력

01	02	03	04	05	06				
③	②	⑤	③	③	④				

01

정답 ③

2015년 대비 2023년 장르별 공연 건수의 증가율은 다음과 같다.

- 양악 : $\dfrac{460-250}{250} \times 100 = 84\%$

- 국악 : $\dfrac{238-68}{68} \times 100 = 250\%$

- 무용 : $\dfrac{138-60}{60} \times 100 = 130\%$

- 연극 : $\dfrac{180-60}{60} \times 100 = 200\%$

따라서 2015년 대비 2023년 공연 건수의 증가율이 가장 높은 장르는 국악이다.

오답분석

① 2019년과 2022년에는 연극 공연 건수가 국악 공연 건수보다 많았다.
② 2021년의 무용 공연 건수가 제시되어 있지 않으므로 연극 공연 건수가 무용 공연 건수보다 많아진 것이 2022년부터인지 판단할 수 없으므로 옳지 않은 설명이다.
④ 2022년에 비해 2023년에 공연 건수가 가장 많이 증가한 장르는 국악이다.
⑤ 2018년까지는 양악 공연 건수가 국악, 무용, 연극 공연 건수의 합보다 많았지만, 2019년 이후에는 양악 공연 건수가 국악, 무용, 연극 공연 건수의 합보다 적어졌다. 또한, 2021년에는 무용 공연 건수 자료가 집계되지 않아 양악의 공연 건수가 다른 공연 건수의 합보다 많은지 적은지 판단할 수 없으므로 옳지 않은 설명이다.

02

정답 ②

2023년 3/4분기에도 감소하였다.

오답분석

① 조회 서비스 이용 실적은 817 → 849 → 886 → 1,081 → 1,100으로 매 분기 계속 증가하였다.
③ 2023년 2/4분기 조회 서비스 이용 실적은 849천 건이고, 전 분기의 이용 실적은 817천 건이므로 849-817=32, 즉 3만 2천 건 증가하였다.
④ 2024년 1/4분기의 조회 서비스 이용 실적은 자금 이체 서비스 이용 실적의 $\dfrac{1,100}{25} = 44$배로 40배 이상이다.
⑤ 모바일 뱅킹 서비스 이용 실적의 전 분기 대비 증가율이 가장 높은 분기는 21.8%인 2023년 4/4분기이다.

03

정답 ⑤

미국의 총점은 4.2+1.9+5.0+4.3=15.4점으로 프랑스의 총점 5.0+2.8+3.4+3.7=14.9점보다 높다.

오답분석

① 기술력 분야에서는 프랑스가 제일 높다.
② 시장지배력 분야의 점수는 일본이 1.7점으로 3.4점인 프랑스보다 낮다.
③ 브랜드파워 분야에서 각국 점수 중 최댓값과 최솟값의 차이는 4.3-1.1=3.2점이다.
④ 성장성 분야에서 점수가 가장 높은 국가는 한국이고, 시장지배력 분야에서 점수가 가장 높은 국가는 미국이다.

04

정답 ③

ⅰ) 피겨 경기 대진표의 경우의 수 : $_4C_2 \times _2C_2 \times \dfrac{1}{2!}$
  =3가지

ⅱ) 쇼트트랙 경기 대진표의 경우의 수 : $_8C_2 \times _6C_2 \times _4C_2 \times _2C_2 \times \dfrac{1}{4!}$ =105가지

따라서 두 경기 대진표의 경우의 수의 합은 3+105=108가지이다.

05

정답 ③

주사위의 눈의 합이 7이 나오는 경우의 수 : (1, 6), (2, 5), (3, 4), (4, 3), (5, 2), (6, 1) → 6가지

ⅰ) 주사위의 눈의 합이 7이 나올 확률 : $\dfrac{6}{36} = \dfrac{1}{6}$

ⅱ) 동전이 둘 다 앞면이 나올 확률 : $\dfrac{1}{2} \times \dfrac{1}{2} = \dfrac{1}{4}$

∴ $\dfrac{1}{6} \times \dfrac{1}{4} = \dfrac{1}{24}$

따라서 주사위의 눈의 합이 7이 나오면서 동전이 둘 다 앞면이 나올 확률은 $\dfrac{1}{24}$ 이다.

06

정답 ④

같은 양의 물건을 k라고 하면 갑, 을, 병 한 사람이 하루에 사용하는 양은 각각 $\dfrac{k}{30}$, $\dfrac{k}{60}$, $\dfrac{k}{40}$ 이며, 세 사람이 함께 하루 동안 사용하는 양은 $\dfrac{k}{30} + \dfrac{k}{60} + \dfrac{k}{40} = \dfrac{9k}{120} = \dfrac{3k}{40}$ 이다.

세 사람에게 나누어 줄 물건의 양을 합하면 $3k$이며, $3k$의 물건을 세 사람이 하루에 사용하는 양으로 나누면 $3k \div \dfrac{3k}{40} = 40$이다.

따라서 세 사람이 함께 모두 사용하는 데 걸리는 시간은 40일이다.

03 도형추리

01	02	03	04						
③	①	①	③						

01

정답 ③

규칙은 가로로 적용된다.
첫 번째 도형을 반으로 나눴을 때 왼쪽이 두 번째 도형이고,
오른쪽을 y축으로 대칭하며 시계 방향으로 90° 회전한 것이
세 번째 도형이다.

02

정답 ①

정사각형 4개의 칸을 기준으로 바깥쪽에 있는 직각삼각형은
정사각형의 변을 따라 시계 방향으로 90° 회전하며 시계 방향
으로 한 칸씩 이동한다. 오각형은 정사각형 4개의 칸 안에서
180° 회전하며 시계 반대 방향으로 한 칸씩 이동한다. 회색
칸은 시계 방향으로 한 칸씩 이동하며, 이때 오각형이 회색
칸에 있으면 색 반전한다.

03

정답 ①

• ㉠ : 모든 도형을 시계 방향으로 90° 회전 후, 위쪽으로 1칸씩
  이동
• ㉡ : 모든 도형을 좌우 대칭한 후, 오른쪽으로 2칸씩 이동

04

정답 ③

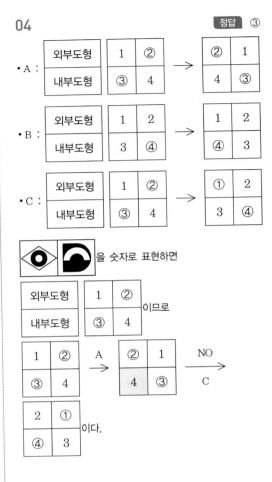

4 · S-OIL 온라인 인적성검사

01 언어력

01	02	03	04	05	06	07	08	09	10
③	③	①	⑤	⑤	④	②	⑤	③	③
11	12								
①	⑤								

01
정답 ③

제시문은 세습 무당 집안 출신의 남자들이 조선 후기의 사회적 분위기에 힘입어 돈을 벌기 위해 소리판을 벌이기 시작하였고, 자신의 명성과 소득을 위해 대중이 좋아할 만한 소리를 발굴하고 개발하였다는 내용을 핵심으로 하고 있다.

02
정답 ③

제시문의 중심 내용은 나이 계산법 방식이 세 가지가 혼재되어 있어 그로 인한 '나이 불일치'로 행정서비스 및 계약상의 혼선과 법적 다툼이 발생해 이를 해소하고자 나이 방식을 하나로 통합하자는 것이다. 또한 이에 덧붙여 나이 방식이 통합되어도 일상에는 변화가 없으며 일부 법에 대해서는 기존 방식이 유지될 수 있다고 하였다. 따라서 ③이 제시문의 주제로 가장 적절하다.

[오답분석]
① 마지막 문단의 '연 나이를 채택해 또래 집단과 동일한 기준을 적용하는 것이 오히려 혼선을 막을 수 있으며 법 집행의 효율성이 담보'라는 내용에서 일부 법령은 연 나이 계산법을 유지한다는 것을 알 수 있으나, 해당 내용이 제시문의 전체를 다루고 있다고 보기는 어렵다.
② 세 번째 문단에 따르면 나이 불일치가 야기한 혼선과 법적 다툼이 우리나라 나이 계산법으로 인한 문제가 아니라 나이 계산법 방식이 세 가지가 혼재되어 있어 발생하는 문제라고 하였다.
④ 나이 계산법 혼용에 따른 분쟁 해결 방안을 다루기보다는 이러한 분쟁이 발생하지 않도록 나이 계산법을 하나로 통일하자는 내용을 다루고 있다.

⑤ 다섯 번째 문단의 '법적·사회적 분쟁이 크게 줄어들 것으로 기대하고 있지만 국민 전체가 일상적으로 체감하는 변화는 크지 않을 것'이라는 내용으로 보아 나이 계산법의 변화로 달라지는 행정 서비스는 크게 없을 것으로 보이며, 이를 제시문의 전체적인 주제로 보기는 적절하지 않다.

03
정답 ①

세 번째 문단에서 과거제 출신의 관리들이 공동체에 대한 소속감이 낮고 출세 지향적이었다는 내용을 확인할 수 있다.

[오답분석]
② 첫 번째 문단에서 고영무는 관료제의 상층에는 능력주의적 제도를 유지하되, 지방관인 지현들은 그 지위를 평생 유지시켜 주고 세습의 길까지 열어 놓는 방안을 제안했다고 했으므로 적절하지 않다.
③ 첫 번째 문단에서 황종희가 '벽소'와 같은 옛 제도를 되살리는 방법으로 과거제를 보완하자고 주장했다는 내용을 볼 수 있다. 따라서 벽소는 과거제를 없애고자 등장한 새로운 제도가 아니라 과거제를 보완하고자 되살린 옛 제도이므로 적절하지 않다.
④ 두 번째 문단에서 과거제는 학습 능력 이외의 인성이나 실무 능력을 평가할 수 없다는 이유로 시험의 익명성에 대한 회의도 있었다고 하였으므로 적절하지 않다.
⑤ 세 번째 문단에서 과거제를 통해 임용된 관리들은 승진을 위해서 빨리 성과를 낼 필요가 있었다. 그러나 지역 사회를 위해 장기적인 정책을 추진하기보다 가시적이고 단기적인 결과만을 중시하는 부작용을 가져왔다고 하였으므로 적절하지 않다.

04
정답 ⑤

얼렌 증후군 환자들은 사물이 흐릿해지면서 두세 개로 보이는 것과 같은 시각적 왜곡을 경험한다. 이들은 어두운 곳에서 책을 보고 싶어 하는 경우가 많다고 한 내용을 보아 밝은 곳에서 난독증 증상이 더 심해진다는 것을 알아낼 수 있다.

[오답분석]
① 난독증은 지능에는 문제가 없으며, 단지 언어활동에만 문제가 있는 질환이기 때문에 지능에 문제가 있는 사람에게서 주로 나타난다고 보기 어렵다.

② 문자열을 전체로는 처리하지 못하고 하나씩 취급하여 전체 문맥을 이해하지 못하는 것 역시 난독증의 증상 중 하나이다.

③ 지능과 시각, 청각이 모두 정상임에도 난독증을 경험하는 경우가 있는 것으로 밝혀졌다.

④ 난독증의 원인 중 하나인 얼렌 증후군은 시신경 세포가 정상인보다 적은 경우에 발견되는데, 보통 유전의 영향을 많이 받는다.

05

정답 ⑤

정의로운 국가라면 국가가 사회 구성원 모두 평등권을 되도록 폭넓게 누리도록 보장해야 한다는 정의의 원칙은 좌파와 우파 모두에게 널리 받아들여진 생각이다.

오답분석

① 좌우 진영은 이미 사회정의의 몇 가지 기본 원칙에 서로 합의했다.

② 상속으로 생겨난 재산의 불평등 문제는 개인이 통제할 수 없는 요인으로 발생한 것이므로, 상속의 혜택을 받은 이들에게 불평등 문제를 해결하라고 요구하는 것은 바람직하지 않다.

③ 좌파는 불평등과 재분배의 문제에 강력한 정부의 개입이 필요하다고 주장하나, 이와 달리 우파는 정부 개입을 통한 재분배의 규모가 크지 않아야 한다고 주장한다.

④ 좌파와 우파의 대립은 불평등이 왜 생겨났으며, 그것을 어떻게 해소할 것인가를 다루는 사회경제 이론은 다른 데서 비롯되었다.

06

정답 ④

제시문의 마지막 문단에 따르면 반(反)본질주의에서 본질은 관습적으로 부여하는 의미를 표현한 것에 불과하며, 단지 인간의 가치가 투영된 것에 지나지 않는 것이므로 ④가 가장 적절하다.

07

정답 ②

파리기후변화협약은 3년간 탈퇴가 금지되어 2019년 11월 3일까지는 탈퇴 통보가 불가능하다는 내용을 통해 해당 협약은 2016년 11월 4일에 발효되었음을 알 수 있다. 따라서 파리기후변화협약은 2015년 12월 제21차 유엔기후변화협약 당사국총회에서 채택되었을 뿐, 2015년 12월 3일에 발효된 것은 아니다.

오답분석

① 파리기후변화협약은 2020년 만료 예정인 교토의정서를 대체하여 2021년부터의 기후변화 대응을 담은 국제협약이므로 교토의정서는 2020년 12월에 만료되는 것을 알 수 있다.

③ 파리기후변화협약에서 개발도상국은 절대량 방식의 감축 목표를 유지해야 하는 선진국과 달리 절대량 방식과 배출 전망치 대비 방식 중 하나를 채택할 수 있다. 우리나라의 감축 목표는 2030년 배출 전망치 대비 37%의 감축이므로 개발도상국에 해당하는 것을 알 수 있다.

④ 파리기후변화협약은 채택 당시 195개의 당사국 모두가 협약에 합의하였으나, 2020년 11월 4일 미국이 공식 탈퇴함에 따라 현재 194개국이 합의한 상태임을 알 수 있다.

⑤ 파리기후변화협약은 온실가스 감축 의무가 선진국에만 있었던 교토의정서와 달리 환경 보존에 대한 의무를 전 세계의 국가들이 함께 부담하도록 하였다.

08

정답 ⑤

제시문에 따르면 작업으로서의 일과 고역으로서의 일의 구별은 단순히 지적 노고와 육체적 노고의 차이에 의해 결정되지 않는다. 구별의 근본적 기준은 인간의 존엄성과 관련되므로 작업으로서의 일은 자의적·창조적 활동이 되며, 고역으로서의 일은 타의적·기계적 활동이 된다. 따라서 작업과 고역을 지적 노동과 육체적 노동으로 각각 구분한 ⑤는 적절하지 않다.

오답분석

① 고역은 상품 생산만을 목적으로 하며, 작업은 상품 생산을 통한 작품 창작을 목적으로 한다. 따라서 작업과 고역 모두 생산 활동이라는 목적을 지닌다.

② 작업은 자의적인 활동이며, 고역은 타의에 의해 강요된 활동이다.

③ 작업은 창조적인 활동이며, 고역은 기계적인 활동이다.

④ 작업과 고역을 구별하는 근본적 기준은 그것이 인간의 존엄성을 높이는 것이냐, 아니면 타락시키는 것이냐에 있다.

09

정답 ③

스마트미터는 신재생에너지가 보급되기 위해 필요한 스마트 그리드의 기초가 되는 부분이다. 에너지 공급자와 사용자를 양방향 데이터 통신으로 연결해 검침 및 정보제공 역할을 하여 발전소와 소비자 모두 필요한 정보를 모니터링하는 시스템일 뿐, 직접 에너지를 생산하는 신재생에너지는 아니다.

10

정답 ③

제시문은 사회복지의 역할을 긍정하며 사회복지 찬성론자의 입장을 설명하고 있다. 사회 발전을 위한 사회 복지가 오히려 장애가 될 수 있다는 점을 주장하며 반박하고 있다.

오답분석

① 사회복지는 소외 문제를 해결하고 예방하기 위하여 사회 구성원들이 각자의 사회적 기능을 원활하게 수행하게 한다.
② 사회복지는 삶의 질을 향상시키는 데 필요한 제반 서비스를 제공하는 행위와 그 과정을 의미한다.
④ 현대 사회가 발전함에 따라 생기는 문제의 기저에는 경제 성장과 사회 분화 과정에서 나타나는 불평등과 불균형이 있다.
⑤ 찬성론자들은 병리 현상을 통해 생겨난 희생자들을 방치하게 되면 사회 통합은 물론 지속적 경제 성장에 막대한 지장을 초래할 것이라고 주장한다.

11

정답 ①

치명적인 이빨이나 발톱을 가진 동물들은 살상 능력이 크기 때문에 자신의 종에 대한 공격을 제어할 억제 메커니즘이 필요했고, 그것이 진화의 과정에 반영되었다고 했으므로 적절한 추론이다.

오답분석

② · ③ 인간은 신체적으로 미약한 힘을 지녔기 때문에 자신의 힘만으로 자기 종을 죽인다는 것이 어려웠을 뿐 공격성은 학습이나 지능과 관계가 없다.
④ 인간의 공격적인 본능은 긍정적인 측면과 부정적인 측면을 모두 포함해서 오늘날 인류를 있게 한 중요한 요소이다.
⑤ 인간은 진화가 아닌 기술의 발달로 살상 능력을 지니게 되었다.

12

정답 ⑤

KCNK13채널이 도파민을 촉진하는 활동을 차단할 수 있다면 폭음을 막을 수 있다고 하였으나 약을 개발하였는지는 제시문을 통해 추론할 수 없다.

오답분석

① 뇌는 알코올이 흡수되면 도파민을 분출하고, 도파민은 보상을 담당하는 화학 물질로 뇌에 보상을 받고 있다는 신호를 보내 음주 행위를 계속하도록 만든다.
② 실험 결과 KCNK13채널을 15% 축소한 쥐가 보통의 쥐보다 30%나 더 많은 양의 알코올을 폭음하였다.
③ 이전에는 도파민이 어떤 경로를 거쳐 VTA에 도달하는지 알 수 없었으나, 일리노이대 후성유전학 알코올 연구센터에서 이를 밝혀냈다.
④ VTA에 도파민이 도달하면 신경세포 활동이 급격히 증가하면서 활발해지고 이는 보상을 얻기 위해 알코올 섭취를 계속하게 만들 수 있다.

01	02	03	04	05	06	07	08	09	10	11	12								
④	④	④	②	③	③	②	③	④	④	①	④								

01

정답 ④

유효슈팅 대비 골의 비율은 울산이 $\frac{18}{60} \times 100 = 30\%$, 상주가 $\frac{12}{30} \times 100 = 40\%$로 상주가 울산보다 높다.

오답분석

① 슈팅 개수의 상위 3개 구단은 '전북, 울산, 대구'이나 유효슈팅 개수의 상위 3개 구단은 '전북, 울산, 포항'이다.

② 경기당 평균 슈팅 개수가 가장 많은 구단은 18개로 전북이고, 가장 적은 구단은 7개로 서울이므로 그 차이는 18−7=11개이다. 또한 경기당 평균 유효슈팅 개수가 가장 많은 구단은 12개로 전북이고, 가장 적은 구단은 3개로 서울이므로 그 차이는 12−3=9개이므로 전자가 더 크다.

③ 골의 개수가 적은 하위 두 팀은 9개인 포항과 10개인 서울로 골 개수의 합은 9+10=19개이다. 이는 전체 골 개수인 18+27+12+9+12+10+12=100개의 $\frac{19}{100} \times 100 = 19\%$이므로 15% 이상이다.

⑤ 슈팅 대비 골의 비율은 전북이 $\frac{27}{108} \times 100 = 25\%$, 성남이 $\frac{12}{60} \times 100 = 20\%$로 그 차이는 25−20=5%p로 10%p 이하이다.

02

정답 ④

월별 A국 이민자 수에 대한 B국 이민자 수의 비는 다음과 같다.

• 2022년 12월 : $\frac{2,600}{3,400} ≒ 0.76$

• 2023년 1월 : $\frac{2,800}{3,800} ≒ 0.73$

• 2023년 2월 : $\frac{2,800}{4,000} ≒ 0.7$

따라서 A국 이민자 수에 대한 B국 이민자 수의 비는 2022년 12월이 가장 크다.

오답분석

① 3,400×0.75=2,550명이므로 B국 이민자 수는 A국 이민자 수의 75% 이상이다.

② 3,800−2,800=1,000명이고 $\frac{1,000}{3,800} \times 100 ≒ 26.3\%$이므로 B국 이민자 수는 A국 이민자 수의 33% 미만이다.

③ 2023년 2월 두 국가의 이민자 수 평균은 $\frac{4,000+2,800}{2} = 3,400$명이므로 A국 이민자 수는 평균보다 600명 더 많다.

⑤ 월별 두 국가의 이민자 수의 차이는 다음과 같다.
   • 2022년 12월 : 3,400−2,600=800명
   • 2023년 1월 : 3,800−2,800=1,000명
   • 2023년 2월 : 4,000−2,800=1,200명
   따라서 이민자 수 차이는 2023년 2월이 가장 크다.

03

ㄱ. 자료를 통해 2차 구매 시 1차와 동일한 제품을 구매하는 사람들이 다른 어떤 제품을 구매하는 사람들보다 높은 것을 알 수 있다.

ㄷ. 1차에서 C를 구매한 사람들은 전체 구매자들(541명) 중 37.7%(204명)로 가장 많았고, 2차에서 C를 구매한 사람들도 전체 구매자들 중 42.7%(231명)로 가장 많았다.

[오답분석]

ㄴ. 1차에서 A를 구매한 뒤 2차에서 C를 구매한 사람들은 44명, 반대로 1차에서 C를 구매한 뒤 2차에서 A를 구매한 사람들은 17명이므로 전자의 경우가 더 많다.

04

매년 A, B, C 각 학과의 입학자와 졸업자의 차이는 13명으로 일정하다. 따라서 빈칸에 들어갈 값은 $58-13=45$이다.

05

월평균 매출액이 35억 원이므로 연 매출액은 $35 \times 12 = 420$억 원이며, 연 매출액은 상반기와 하반기 매출액을 합한 금액이다. 상반기의 월평균 매출액은 26억 원이므로 상반기 총매출액은 $26 \times 6 = 156$억 원이고, 하반기 총매출액은 $420-156=264$억 원이다. 따라서 하반기 평균 매출액은 $264 \div 6 = 44$억 원이며, 상반기 때보다 $44-26=18$억 원 증가하였다.

06

2023년 1분기 방문객 수는 2022년 1분기 방문객 수 대비 2.8% 감소하였으므로 $1,810,000 \times (1-0.028)=1,759,320 \fallingdotseq 1,760,000$명이다. 방문객 수 비율은 2021년이 100이므로 $\frac{1,760,000}{1,750,000} \times 100 \fallingdotseq 100$이다.

07

2022년도 휴대전화 스팸 수신량은 2021년보다 $0.34-0.33=0.01$통 많으며, 2023년에는 2021년보다 $0.33-0.32=0.01$통이 적다.
따라서 증가량과 감소량이 0.01통으로 같음을 알 수 있으므로 옳은 설명이다.

[오답분석]

① 2021년부터 2023년까지 휴대전화 스팸 수신량은 2022년도 증가하고 다음 해에 감소했으나 이메일 스팸 수신량은 계속 감소했으므로 옳지 않은 설명이다.

③ 전년 대비 이메일 스팸 수신량 감소율은 2021년에 $\frac{1.48-1.06}{1.48} \times 100 \fallingdotseq 28.4\%$, 2022년에 $\frac{1.06-1.00}{1.06} \times 100 \fallingdotseq 5.7\%$로 2021년 감소율이 2022년의 약 5배이므로 옳지 않은 설명이다.

④ 이메일 수팸수신량이 가장 많은 해는 2020년이 맞지만 휴대전화 스팸 수신량이 가장 적은 해는 2023년이므로 옳지 않은 설명이다.

⑤ 2019년의 이메일 스팸 수신량은 1.16통으로 2019년 휴대전화 스팸 수신량의 2.5배인 약 1.33통보다 적으므로 옳지 않은 설명이다.

08

정답 ③

X고등학교가 Y고등학교에 비해 진학률이 낮은 대학은 C대학과 D대학이다.

오답분석

① X고등학교와 Y고등학교의 진학률 1위 대학은 C대학으로 동일하다.
② X고등학교와 Y고등학교의 진학률 5위 대학은 각각 D대학과 B대학으로 다르다.
④ X고등학교와 Y고등학교의 E대학교 진학률 차이는 $26-20=6$%p이다.
⑤ Y고등학교 대학 진학률 중 가장 높은 대학의 진학률은 41%, 가장 낮은 대학의 진학률은 9%로 그 차이는 32%p이다.

09

정답 ④

• 흰 구슬을 먼저 뽑고, 검은 구슬을 뽑을 확률 : $\dfrac{4}{10} \times \dfrac{6}{9} = \dfrac{4}{15}$

• 검은 구슬을 먼저 뽑고, 흰 구슬을 뽑을 확률 : $\dfrac{6}{10} \times \dfrac{4}{9} = \dfrac{4}{15}$

$\therefore \dfrac{4}{15} + \dfrac{4}{15} = \dfrac{8}{15}$

따라서 흰 구슬, 검은 구슬을 각각 1개씩 뽑을 확률은 $\dfrac{8}{15}$ 이다.

10

정답 ④

A, B, C에 해당되는 청소 주기 6, 8, 9일의 최소공배수는 $2 \times 3 \times 4 \times 3 = 72$이다. 따라서 9월은 30일, 10월은 31일까지 있으므로 9월 10일에 청소를 하고 72일 이후인 11월 21일에 세 사람이 같이 청소하게 된다.

11

정답 ①

같은 부서 사람이 옆자리로 함께 앉아야 하므로 먼저 부서를 한 묶음으로 생각하고 세 부서를 원탁에 배치하는 경우는 $2!=2$가지이고, 각 부서 사람끼리 자리를 바꾸는 경우의 수는 $2! \times 2! \times 3! = 2 \times 2 \times 3 \times 2 = 24$가지이다.
따라서 조건에 맞게 7명이 앉을 수 있는 경우의 수는 $2 \times 24 = 48$가지이다.

12

정답 ④

같은 시간 동안 혜영이와 지훈이의 이동거리의 비가 3 : 4이므로 속력의 비 또한 3 : 4이다.

따라서 혜영이의 속력을 x/min이라 하면 지훈이의 속력은 $\dfrac{4}{3}x$/min이다.

같은 지점에서 같은 방향으로 출발하여 다시 만날 때 두 사람의 이동거리의 차이는 1,800m이다.

$\dfrac{4}{3}x \times 15 - x \times 15 = 1,800$

$\rightarrow 5x = 360$

$\therefore x = 360$

따라서 혜영이가 15분 동안 이동한 거리는 $360 \times 15 = 5,400$m이고 지훈이가 15분 동안 이동한 거리는 $480 \times 15 = 7,200$m이므로 두 사람의 이동거리의 합은 $5,400 + 7,200 = 12,600$m이다.

03 도형추리

01	02	03	04	05	06	07	08											
⑤	④	③	④	④	②	③	④											

01

정답 ⑤

규칙은 가로로 적용된다.
첫 번째 도형을 상하로 대칭한 것이 두 번째 도형이고, 이를 시계 방향으로 90° 회전하면 세 번째 도형이 된다.

02

정답 ④

규칙은 세로로 적용된다.
첫 번째 도형을 시계 반대 방향으로 90° 회전한 것이 두 번째 도형이고, 이를 좌우 반전시킨 것이 세 번째 도형이다.

03

정답 ③

규칙은 세로로 적용된다.
첫 번째 도형을 시계 방향으로 45° 회전한 것이 두 번째 도형이고, 이를 좌우 반전시킨 것이 세 번째 도형이다.

04

정답 ④

규칙은 가로로 적용된다.
첫 번째 도형을 시계 방향으로 45° 회전한 것이 두 번째 도형이고, 이를 색 반전한 것이 세 번째 도형이다.

05

정답 ④

정사각형 4개가 합쳐진 도형을 가장 큰 도형이라고 할 때, 가장 큰 도형 안에서 가운데 하트 모양은 시계 방향으로 90° 회전하면서 색반전하고 있다. 그리고 꺽쇠 모양의 도형은 가장 큰 도형 안에서 시계 방향으로 한 칸씩 이동하면서, 시계 반대 방향으로 90° 회전하고 있다. 가장 큰 도형의 정사각형 4개 중에 회색 칸은 시계 반대 방향으로 한 칸씩 이동하고 있다.

06

정답 ②

정사각형 4개가 합쳐진 도형을 가장 큰 도형이라고 할 때, 가장 큰 도형의 바깥쪽 도형인 화살표 모양의 도형은 가장 큰 도형의 변을 따라서 시계 방향으로 한 칸씩 이동하며, 시계 방향으로 90° 회전한다. 그리고 다른 바깥쪽 도형인 직각삼각형 모양의 도형은 가장 큰 도형의 변을 따라서 시계 반대 방향으로 한 칸씩 이동하면서 시계 반대 방향으로 90° 회전하며 한 칸씩 이동할 때마다 색 반전이 이루어진다. 가장 큰 도형의 안쪽 도형인 정삼각형 모양의 도형은 가장 큰 도형 안에서 시계 방향으로 한 칸씩 움직이며, 다른 안쪽 도형인 십자가 모양의 도형은 가장 큰 도형 안에서 시계 반대 방향으로 한 칸씩 움직인다.

07

- ㉠ : 홀수 행은 아래쪽으로 1칸씩 이동, 짝수 행은 위쪽으로 1칸씩 이동
- ㉡ : 모든 도형을 색 반전 후, 왼쪽으로 1칸씩 이동

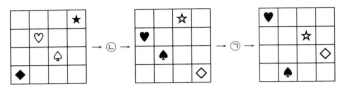

08

- ㉠ : 모든 도형을 180° 회전 후, 왼쪽으로 1칸씩 이동
- ㉡ : 모든 도형을 왼쪽으로 1칸씩 이동 후, 위쪽으로 1칸씩 이동

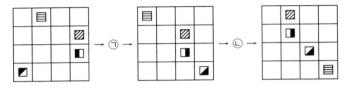

PART 2

대표기출유형

대표기출유형 01 기출응용문제

01
정답 ③

제시문을 통해 알 수 없는 내용이다.

오답분석

①은 두 번째 문장에서, ②·⑤는 마지막 문장에서, ④는 세 번째와 네 번째 문장에서 각각 확인할 수 있다.

02
정답 ④

아이들이 따뜻한 구들에 누워 자는 것이 습관이 되어 사지의 활동량이 적어 발육이 늦어진 것이지, 체온을 높였기 때문에 발육이 늦어진 것은 아니다.

오답분석

①·② 두 번째 문단 두 번째 줄에서 확인할 수 있다.
③ 두 번째 문단 세 번째 줄을 통해 알 수 있다.
⑤ 두 번째 문단 네 번째 줄을 통해 알 수 있다.

03
정답 ⑤

세 번째 문단을 볼 때 타인으로부터 특정 블록이 완성되어 전파된 경우, 채굴 중이었던 특정 블록을 포기하고 타인의 블록을 채택한 후 다음 순서의 블록을 채굴하는 것이 가장 합리적이다.

오답분석

① 선거를 하듯 노드 투표를 통해 과반수의 지지를 받은 블록체인이 살아남아 승자가 되는 방식으로 블록체인 네트워크 참여자들은 장부의 일치성을 유지시켜 나간다.
② 특정 숫자 값을 산출하는 행위를 채굴이라 하고 이 숫자 값을 가장 먼저 찾아내서 전파한 노드 참가자에게 비트코인과 같은 보상이 주어진다.
③ 네트워크에 분산해 장부에 기록하고 참가자가 그 장부를 공동관리하는 분산원장 방식이 중앙집중형 거래 기록보관 방식보다 보안성이 높다.
④ 블록체인의 일치성은 이처럼 개별 참여자가 자기의 이익을 최대로 얻기 위해 더 긴 블록체인으로 갈아타게 되면서 유지되는 것이다.

대표기출유형 02 기출응용문제

01

정답 ⑤

제시문은 근대건축물이 방치되고 있는 상황과 함께 지속적인 관리의 필요성을 설명하고 있다. 또한 기존 관리 체계의 한계점을 지적하며, 이를 위한 해결책으로 공공의 역할을 강조하고 있다.

02

정답 ②

제시문은 유전자 치료를 위해 프로브와 겔 전기영동법을 통해 비정상적인 유전자를 찾아내는 방법을 설명하고 있다.

03

정답 ②

제시문은 사회보장제도가 무엇인지 정의하고 있으므로 제목으로 사회보장제도의 의의가 가장 적절하다.

오답분석

① 두 번째 문단에서만 사회보험과 민간보험의 차이점을 언급하고 있다.
③ 우리나라만의 사회보장에 대한 설명은 아니다.
④ 대상자를 언급하고는 있지만 제시문의 전체적인 제목으로는 적절하지 않다.
⑤ 소득보장에 대해서는 언급하고 있지 않다.

04

정답 ⑤

제시문에서는 현대 사회의 소비 패턴이 '보이지 않는 손' 아래의 합리적 소비에서 벗어나 과시 소비가 중심이 되었으며, 그 이면에는 소비를 통해 자신의 물질적 부를 표현함으로써 신분을 과시하려는 욕구가 있다고 설명하고 있다.

대표기출유형 03 기출응용문제

01

정답 ②

제시문에 따르면 자제력이 있는 사람은 합리적 선택에 따라 행위를 하고, 합리적 선택에 따르는 행위는 모두 자발적 행위라고 했다. 따라서 자제력이 있는 사람은 자발적으로 행위를 한다.

02

정답 ②

제시문에 따르면 가해자의 징벌을 위해 부과되는 것은 벌금이다.

오답분석

① 불법 행위를 감행하기 쉬운 상황일수록 이를 억제하는 데에는 금전적 제재 수단이 효과적이다.
③ 벌금은 형사적 제재이고 과징금은 행정적 제재이다. 두 제재는 서로 목적이 다르므로 한 가지 행위에 대해 동시 적용이 가능하다.
④ 우리나라에서는 기업의 불법 행위에 대해 손해 배상 소송이 제기되거나 벌금이 부과되는 경우는 드물며, 과징금 등 행정적 제재 수단이 억제 기능을 수행하는 경우가 많다.
⑤ 행정적 제재인 과징금은 국가에 귀속되므로 피해자에게 직접적인 도움이 되지는 못한다.

03

제시문에 따르면 수정주의는 미국의 경제적 동기에 의해 냉전이 발생했다고 보며, 탈수정주의 역시 경제와 더불어 안보 문제를 고려해서 파악해야 한다고 주장한다.

오답분석

① · ② 탈수정주의는 책임이 양쪽 모두에게 있다고 보는 입장이다.
③ 전통주의는 소련의 팽창 정책을 냉전의 원인으로 본다.
④ 수정주의는 소련이 적극적인 팽창 정책을 펼칠 능력이 없었다고 주장한다.

04

제시문에 따르면 아재 개그를 잘하기 위해서는 타고나는 언어 감각이 좋아야 한다고 말하고 있다.

오답분석

① 아재 개그는 청자가 결국 다른 곳에 가서 그것을 전달한다는 점에서 어느 정도의 파급력을 가진 것으로 볼 수 있다.
② 아재 개그는 여러 번 생각하면 웃긴 경우도 많다고 하였다.
③ 너무 많이 아재 개그를 하면 사람들의 반응이 차가울 수 있다고 하였다.
④ 제시문에서 예시로 든 '친구가 군대에서 전역했어요.'는 발음의 유사성을 활용한 아재 개그이며, 동음이의어는 오래 전부터 개그의 소재가 되었다고 하였다.

대표기출유형 04 　 기출응용문제

01

빈칸 뒤에서 민화는 필력보다 소재와 그것에 담긴 뜻이 더 중요한 그림이었다고 설명하고 있으므로 민화는 작품의 기법보다 작품의 의미를 중시했음을 알 수 있다. 따라서 빈칸에 들어갈 문장은 ②가 가장 적절하다.

02

탄소배출권거래제는 의무감축량을 초과 달성했을 경우 초과분을 거래할 수 있는 제도이다. 따라서 온실가스의 초과 달성분을 구입 혹은 매매할 수 있음을 추측할 수 있으며, 빈칸 이후 문단에서도 탄소배출권을 일종의 현금화가 가능한 자산으로 언급함으로써 이러한 추측을 돕고 있다. 그러므로 빈칸에 들어갈 내용으로 ④가 가장 적절하다.

오답분석

① 청정개발체제에 대한 설명이다.
② 제시문에는 탄소배출권거래제가 가장 핵심적인 유연성체제라고는 언급되어 있지 않다.
③ 제시문에서 탄소배출권거래제가 6대 온실가스 중 특히 이산화탄소를 줄이는 것을 중요시한다는 내용은 확인할 수 없다.
⑤ 탄소배출권거래제가 탄소배출권이 사용되는 배경이라고는 볼 수 있으나, 다른 감축의무국가를 도움으로써 탄소배출권을 얻을 수 있다는 내용은 제시문에서 확인할 수 없다.

03

미세먼지의 경우 최소 10μm 이하의 먼지로 정의되고 있지만, 황사의 경우 주로 지름 20μm 이하의 모래로 구분하되 통념적으로는 입자 크기로 구분하지 않는다. 따라서 10μm 이하의 황사의 경우 크기만으로 미세먼지와 구분 짓기는 어렵다.

오답분석

①·⑤ 제시문을 통해서 알 수 없는 내용이다.
③ 미세먼지의 역할에 대한 설명을 찾을 수 없다.
④ 제시문에서 설명하는 황사와 미세먼지의 근본적인 구별법은 구성성분의 차이이다.

04

빈칸 앞 내용은 왼손보다 오른손을 선호하는 이유에 대한 가설을 제시하고, 이러한 가설이 근본적인 설명을 하지 못한다고 말한다. 그러면서 빈칸 뒷부분에서 글쓴이는 왼손이 아닌 '오른손만을 선호'하는 이유에 대한 자신의 생각을 드러내고 있다. 즉 앞의 가설대로 단순한 기능 분담이라면 먹는 일에 왼손을 사용하는 사회도 존재해야 하는데, 그렇지 않기 때문에 반박하고 있음을 추론해볼 수 있으므로 빈칸에는 사람들이 오른손만 선호하고 왼손을 선호하지 않는다는 주장이 나타나야 한다. 따라서 빈칸에 들어갈 내용으로는 ①이 가장 적절하다.

대표기출유형 01   기출응용문제

01

정답 ④

A, B기차의 속력은 일정하며 두 기차가 터널 양 끝에서 동시에 출발하면 $\frac{1}{3}$ 지점에서 만난다고 했으므로 두 기차 중 하나는 다른 기차 속력의 2배인 것을 알 수 있다. 또한, A기차보다 B기차가 터널을 통과하는 시간이 짧으므로 B기차의 속력이 더 빠르다. A기차의 길이를 xm, 속력을 ym/s라고 하면, B기차의 속력은 $2y$m/s이다.

$570 + x = 50 \times y \cdots \text{㉠}$
$570 + (x - 60) = 23 \times 2y \cdots \text{㉡}$
㉠과 ㉡을 연립하면
$60 = 4y \longrightarrow y = 15$
이를 ㉠에 대입하면
$x = 50 \times 15 - 570 \longrightarrow x = 180$
따라서 A기차의 길이는 180m이다.

02

정답 ②

나래가 자전거를 탈 때의 속력을 $x$km/h, 진혁이가 걷는 속력을 $y$km/h라고 하자.
$1.5(x - y) = 6 \cdots \text{㉠}$
$x + y = 6 \cdots \text{㉡}$
㉠과 ㉡을 연립하면
$\therefore \ x = 5, \ y = 1$
따라서 나래의 속력은 5km/h이다.

03

정답 ④

5곳의 배송지에 배달을 할 때, 첫 배송지와 마지막 배송지 사이에는 4번의 이동이 있다. 총 80분(=1시간 20분)이 걸렸으므로 1번 이동 시에 평균적으로 20분이 걸린다.
따라서 12곳에 배달을 하려면 11번의 이동을 해야 하므로 $20 \times 11 = 220$분=3시간 40분이 걸릴 것이다.

01

처음에 덜어내 버린 설탕물의 양을 xg이라고 하자.

$$\frac{\frac{5}{100}\times(500-x)+\frac{12}{100}\times300}{(500-x)+300}\times100=8$$

$$\rightarrow \frac{2,500-5x+3,600}{800-x}=8$$

$$\rightarrow 2,500-5x+3,600=8\times(800-x)$$

$$\rightarrow 6,100-5x=6,400-8x$$

$$\rightarrow 3x=300$$

$$\therefore x=100$$

따라서 처음에 덜어내 버린 설탕물의 양은 100g이다.

02

용질이 녹아있는 용액의 농도는 다음과 같이 구한다.

$$농도=\frac{(용질의\ 양)}{(용액의\ 양)}\times100$$

농도는 25%이고, 코코아 분말이 녹아있는 코코아 용액은 700mL이므로, 코코아 분말의 양은 $700\times0.25=175$mL이다.
따라서 코코아에는 코코아 분말 175g이 들어있다.

03

증발하기 전 농도가 15%인 소금물의 양을 xg이라고 하자.
이 소금물의 소금의 양은 $0.15x$g이고, 5% 증발했으므로 증발한 후의 소금물의 양은 $0.95x$g이다. 또한, 농도가 30%인 소금물의 소금의 양은 $200\times0.3=60$g이다.

$$\frac{0.15x+60}{0.95x+200}=0.2$$

$$\rightarrow 0.15x+60=0.2(0.95x+200)$$

$$\rightarrow 0.15x+60=0.19x+40$$

$$\rightarrow 0.04x=20$$

$$\therefore x=500$$

따라서 증발 전 농도가 15%인 소금물의 양은 500g이다.

01

정답 ④

지하철이 A, B, C역에 동시에 도착하였다가 다시 동시에 도착하는 데까지 걸리는 시간은 3, 2, 4의 최소공배수인 12분이다. 따라서 세 지하철역에서 5번째로 지하철이 동시에 도착한 시각은 $12 \times 4 = 48$분 후인 5시 18분이다.

02

정답 ②

한 팀이 15분 작업 후 도구 교체에 걸리는 시간이 5분이므로 작업을 새로 시작하는데 걸리는 시간은 20분이다. 다른 한 팀은 30분 작업 후 바로 다른 작업을 시작하므로 작업을 새로 시작하는데 걸리는 시간은 30분이다.

따라서 두 팀은 60분마다 작업을 동시에 시작하므로 오후 1시에 작업을 시작해서 세 번째로 동시에 작업을 시작하는 시각은 3시간 후인 오후 4시이다.

03

정답 ②

A트럭의 적재량을 a톤이라 하자. 하루에 두 번, 즉 $2a$톤씩 12일 동안 192톤을 옮기므로 A는 $2a \times 12 = 192$가 성립한다. 따라서 A트럭의 적재량은 $a = \dfrac{192}{24} = 8$톤이다. A트럭과 B트럭이 동시에 운행했을 때는 8일이 걸렸으므로 A트럭이 옮긴 양은 $8 \times 2 \times 8 =$ 128톤이며, B트럭은 8일 동안 $192 - 128 = 64$톤을 옮기므로 B트럭의 적재량은 $\dfrac{64}{2 \times 8} = 4$톤이다.

B트럭과 C트럭을 같이 운행했을 때 16일 걸렸다면 B트럭이 16일 동안 옮긴 양은 $16 \times 2 \times 4 = 128$톤이며, C트럭은 64톤을 같은 기간 동안 옮겼다. 따라서 C트럭의 적재량은 $\dfrac{64}{2 \times 16} = 2$톤이다.

01

정답 ②

주희의 용돈을 x원이라고 하자.

$x - 0.4x - \{(x - 0.4x) \times 0.5\} = 60,000$

$\rightarrow 0.3x = 60,000$

$\therefore x = 200,000$

따라서 주희의 용돈은 200,000원이다.

02

정답 ④

주문한 피자, 치킨, 햄버거 개수를 각각 x, y, z개라고 하자(x, y, $z \geq 1$).

$x + y + z = 10 \cdots \bigcirc$

또한 주문한 치킨 개수의 2배만큼 피자를 주문했으므로

$x = 2y \cdots \bigcirc$

㉠과 ㉡을 연립하면

$3y + z = 10$이고, 이를 만족하는 경우는 $(y, z) = (1, 7)$, $(2, 4)$, $(3, 1)$이고, $x = 2, 4, 6$이다.

따라서 x, y, z 각각의 총 금액은 다음과 같다.

피자	치킨	햄버거	총 금액
2개	1개	7개	$10,000 \times 2 + 7,000 \times 1 + 5,000 \times 7 = 62,000$원
4개	2개	4개	$10,000 \times 4 + 7,000 \times 2 + 5,000 \times 4 = 74,000$원
6개	3개	1개	$10,000 \times 6 + 7,000 \times 3 + 5,000 \times 1 = 86,000$원

따라서 가장 큰 주문 금액과 적은 금액의 차이는 $86,000 - 62,000 = 24,000$원이다.

03

정답 ④

작년 교통비를 x원, 숙박비를 y원이라 하자.
$1.15x + 1.24y = 1.2(x + y) \cdots \bigcirc$
$x + y = 36 \cdots \bigcirc$
$\bigcirc$과 $\bigcirc$을 연립하면 $x = 16$, $y = 20$이다.
따라서 올해 숙박비는 $20 \times 1.24 = 24.8$만 원이다.

대표기출유형 05   기출응용문제

01

정답 ①

맨 앞에 할아버지와 맨 뒤에 할머니를 제외한 5명이 일렬로 서는 경우의 수를 구하면 다음과 같다.
$5! = 5 \times 4 \times 3 \times 2 \times 1 = 120$가지
따라서 할아버지가 맨 앞, 할머니가 맨 뒤에 위치할 때, 나머지 가족들이 일렬로 서서 가족사진을 찍는 경우의 수는 120가지이다.

02

정답 ⑤

중복조합(서로 다른 n개 중 r개를 선택하되 중복을 허용하고 순서를 고려하지 않는 조합, $_n\mathrm{H}_r = {}_{(n+r-1)}\mathrm{C}_r$)을 이용하여 구한다.
빨간색 공의 경우 남자아이 2명에게 1개씩 나누어 주고, 나머지 3개를 5명의 아이들에게 나누어 주는 경우의 수는 다음과 같다.
$_5\mathrm{H}_3 = {}_{(5+3-1)}\mathrm{C}_3 = {}_7\mathrm{C}_3 = \dfrac{7 \times 6 \times 5}{3 \times 2} = 35$가지
노란색 공의 경우 여자아이 3명에게 1개 이상 같은 개수를 나눠 주는 방법은 하나로 1개씩밖에 주지 못하기 때문에 공은 2개가 남는다. 남은 노란색 공은 남자아이에게만 나눠주므로 2명에게 2개의 공을 나눠주는 경우의 수는 다음과 같다.
$_2\mathrm{H}_2 = {}_{(2+2-1)}\mathrm{C}_2 = {}_3\mathrm{C}_2 = 3$가지
따라서 유치원생들에게 공을 나눠줄 수 있는 경우의 수는 총 $35 \times 3 = 105$가지이다.

03

정답 ⑤

토너먼트 경기는 대진표에 따라 한 번 진 사람은 탈락하고, 이긴 사람이 올라가서 우승자를 정하는 방식이다. 16명이 경기를 하면 처음에는 8번의 경기가 이루어지고, 다음은 4번, 2번, 1번의 경기가 차례로 진행된다.
따라서 총 $8 + 4 + 2 + 1 = 15$번의 경기가 진행된다.

01

정답 ③

두 수의 곱이 짝수인 경우는 (짝수, 홀수), (홀수, 짝수), (짝수, 짝수)이고, 두 수의 곱이 홀수인 경우는 (홀수, 홀수)이다.

a, b의 곱이 짝수일 확률은 $1-(a, b$의 곱이 홀수일 확률)이다. 따라서 a와 b의 곱이 짝수일 확률은 $1-\left(\dfrac{1}{3}\times\dfrac{2}{5}\right)=\dfrac{13}{15}$ 이다.

02

정답 ④

ⅰ) 두 사원이 1 ~ 9층에 내리는 경우의 수 : $9\times9=81$가지

ⅱ) A가 1 ~ 9층에 내리는 경우의 수 : 9가지

B는 A가 내리지 않은 층에서 내려야 하므로 B가 내리는 경우의 수는 8가지이다.

따라서 두 사원이 서로 다른 층에 내릴 확률은 $\dfrac{9\times8}{81}=\dfrac{8}{9}$ 이다.

03

정답 ②

A과목과 B과목을 선택한 학생의 비율이 각각 전체의 40%, 60%이고, A과목을 선택한 학생 중 여학생은 30%, B과목을 선택한 학생 중 여학생은 40%이므로 다음과 같은 식이 성립한다.

ⅰ) A과목을 선택한 여학생의 비율 : $0.4\times0.3=0.12$

ⅱ) B과목을 선택한 여학생의 비율 : $0.6\times0.4=0.24$

따라서 구하고자 하는 확률은 $\dfrac{0.24}{0.12+0.24}=\dfrac{2}{3}$ 이다.

01

정답 ④

B빌라 월세+한 달 교통비=$250,000+2.1\times2\times20\times1,000=334,000$원

따라서 B빌라에서 33만 4천 원으로 살 수 있다.

오답분석

① C아파트가 편도 거리 1.82km로 교통비가 가장 적게 든다.

② 각각의 한 달 금액은 A빌라 392,000원, B빌라 334,000원, C아파트 372,800원으로 모두 40만 원으로 가능하다.

③ A빌라는 한 달 금액이 392,000원이고, C아파트는 372,800원으로 A빌라보다 19,200원 덜 든다.

⑤ B빌라에 두 달 살 때 668,000원이고, A빌라와 C아파트를 합한 금액은 764,800원이므로 적절하지 않다.

02

정답 ④

2017 ~ 2022년 평균 지진 발생 횟수는 $(42+52+56+93+49+44)\div6=56$회이다. 2023년에 발생한 지진은 2017 ~ 2022년 평균 지진 발생 횟수에 비해 $492\div56\fallingdotseq8.8$배 증가했으므로 옳은 설명이다.

오답분석

① 2018년보다 2019년에 지진 횟수는 증가했지만 최고 규모는 감소했다.

② 2020년의 지진 발생 횟수는 93회이고 2019년의 지진 발생 횟수는 56회이다. 2020년에는 2019년보다 지진이 $93-56=37$회 더 발생했다.

③ 2021 ~ 2022년 동안 지진 횟수는 감소했다.

⑤ 2023년에 일어난 규모 5.8의 지진이 2017년 이후 우리나라에서 발생한 지진 중 가장 강력한 규모이다.

03

정답 ②

ㄱ. 응답자 2,000명 중 남성을 x명, 여성을 y명이라고 하면, 주유 할인을 선택한 응답자는 $2,000 \times 0.2 = 400$명이므로 $0.18x + 0.22y = 400$으로 나타낼 수 있다.

$x + y = 2,000 \cdots$ ㉠

$0.18x + 0.22y = 400 \cdots$ ㉡

㉠과 ㉡을 연립하여 풀면 $x = 1,000$, $y = 1,000$으로 남성과 여성의 비율이 동일함을 알 수 있다.

ㄹ. 가장 많은 남성 응답자(24%)가 영화관 할인을 선택하였으며, 여성 역시 가장 많은 응답자(23%)가 영화관 할인을 선택하였다.

[오답분석]

ㄴ. 남성의 경우 응답자의 18%인 180명이 편의점 할인을 선택하였고, 여성의 경우 7%인 70명이 편의점 할인을 선택하였다. 따라서 편의점 할인 서비스는 여성보다 남성 응답자가 더 선호하는 것을 알 수 있다.

ㄷ. 남성 응답자 수는 1,000명이므로 온라인 쇼핑 할인을 선택한 남성은 $1,000 \times 0.1 = 100$명이다.

04

정답 ②

ㄱ. 습도가 70%일 때, 연간소비전력량이 가장 적은 제습기는 A(790kWh)이다.

ㄷ. 제습기 E의 연간소비전력량(660kWh)은 습도가 50%일 때 제습기 B의 연간소비전력량(640kWh)보다 많다.

[오답분석]

ㄴ. 습도 60%일 때의 연간소비전력량이 가장 많은 제습기는 D지만 습도 70%일 때에는 E이므로 순서는 동일하지 않다.

ㄹ. E의 경우 40%일 때 연간소비전력량의 1.5배는 $660 \times 1.5 = 990$kWh이고, 80%일 때는 970kWh이므로 1.5배 미만이다.

대표기출유형 08 기출응용문제

01

정답 ②

미술과 수학을 신청한 학생의 비율 차이는 $16 - 14 = 2\%$p이고, 신청한 전체 학생은 200명이므로 수학을 선택한 학생 수는 미술을 선택한 학생 수보다 $200 \times 0.02 = 4$명 더 적다.

02

정답 ①

6명 중 두 번째로 키가 큰 사람은 '연준'이며, 연준이의 몸무게는 4번째로 가볍다.

03

가중평균은 원값에 해당되는 가중치를 곱한 총합을 가중치의 합으로 나눈 것을 말한다. A의 가격을 a만 원이라고 가정하여 가중평균에 대한 방정식을 구하면 다음과 같다.

$$\frac{(a \times 30) + (70 \times 20) + (60 \times 30) + (65 \times 20)}{30 + 20 + 30 + 20} = 66$$

$$\rightarrow \frac{30a + 4,500}{100} = 66$$

$$\rightarrow 30a = 6,600 - 4,500$$

$$\rightarrow a = \frac{2,100}{30}$$

$$\therefore \ a = 70$$

따라서 A의 가격은 70만 원이다.

04

정답 ④

정상가로 A ~ C과자를 2봉지씩 구매할 수 있는 금액은 $(1,500 + 1,200 + 2,000) \times 2 = 4,700 \times 2 = 9,400$원이다. 이 금액으로 A ~ C과자를 할인된 가격으로 2봉지씩 구매하고 남은 금액은 $9,400 - \{(1,500 + 1,200) \times 0.8 + 2,000 \times 0.6\} \times 2 = 9,400 - 3,360 \times 2 = 9,400 - 6,720 = 2,680$원이다.

따라서 남은 금액으로 A과자를 $\frac{2,680}{1,500 \times 0.8} = 2.23$, 즉 2봉지 더 구매할 수 있다.

도형추리

대표기출유형 01 　**기출응용문제**

01

정답 ①

규칙은 세로로 적용된다.
첫 번째 도형과 두 번째 도형의 겹치는 부분을 제외하면 세 번째 도형이다.

02

정답 ③

규칙은 가로로 적용된다.
첫 번째 도형과 두 번째 도형을 합친 후, 겹치는 부분까지 색칠한 것이 세 번째 도형이다.

03

정답 ④

규칙은 세로로 적용된다.
첫 번째 도형을 180° 회전시킨 도형이 두 번째 도형이고, 두 번째 도형을 색 반전시킨 도형이 세 번째 도형이다.

대표기출유형 02 　**기출응용문제**

01

정답 ④

첫 번째 도형을 기준으로 3번째와 4번째 행 왼쪽 하단에 있는 두 개의 사각형은 대각선 방향으로 반복하여 대칭하고 있으며, 1번째 행 오른쪽에 색칠된 사각형은 시계 방향으로 90° 회전하고 있다.

02

정답 ④

원 안의 흰색 도형은 시계 반대 방향으로 90°씩 회전하면서 이동하고, 원 안의 검은색 도형은 시계 방향으로 90°씩 회전하면서 이동한다.

03

정답 ③

가장 큰 도형과 내부도형은 시계 방향으로 90°씩 회전하고, 외부도형은 가장 큰 도형의 회전과 관계없이 시계 반대 방향으로 가장 큰 도형의 변을 한 칸씩 이동한다.

01

- ㉠ : 모든 도형을 시계 방향으로 90° 회전 후, 위쪽으로 1칸씩 이동
- ㉡ : 모든 도형을 좌우 대칭한 후 왼쪽으로 2칸씩 이동

 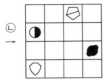 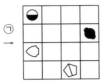

02

- ㉠ : 모든 도형을 시계 방향으로 90° 회전 후, 위쪽으로 1칸씩 이동
- ㉡ : 모든 도형을 좌우 대칭한 후 왼쪽으로 2칸씩 이동

 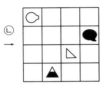 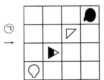

PART 3

최종점검 모의고사

01 언어력

01	02	03	04	05	06	07	08	09	10
②	③	①	②	②	②	②	①	②	①
11	12	13	14	15					
⑤	②	⑤	③	②					

01
정답 ②

제시문은 중세 유럽에서 유래된 로열티 제도가 산업 혁명부터 현재까지 지적 재산권에 대한 보호와 가치 확보를 위해 발전되었음을 설명하고 있다. 따라서 가장 적절한 제목은 '로열티 제도의 유래와 발전'이다.

02
정답 ③

제시문에서는 4단계로 나뉘는 감염병 위기경보 수준을 설명하며 각 단계에 따라 달라지는 정부의 주요 대응 활동에 대해 이야기하고 있다. 따라서 제목으로 가장 적절한 것은 ③이다.

03
정답 ①

제시문의 첫 번째 문단에서는 '사회적 자본'이 늘어나면 정치 참여도가 높아진다는 주장을 하였고, 두 번째 문단에서는 '사회적 자본'의 개념을 사이버공동체에 도입하였으나 현실과 잘 맞지 않는다고 하면서 '사회적 자본'의 한계를 서술했다. 그리고 마지막 문단에서는 이와 같은 사회적 자본만으로는 정치 참여가 늘어나기 어렵고 이른바 '정치적 자본'의 매개를 통해서만이 가능하다는 주장을 하고 있다. 따라서 ①이 제시문의 주제로 가장 적절하다.

04
정답 ②

제시문은 코젤렉의 '개념사'에 대한 정의와 특징에 대한 글이다. 따라서 (라) 개념에 대한 논란과 논쟁 속에서 등장한 코젤렉의 '개념사' - (가) 코젤렉의 '개념사'와 개념에 대한 분석 - (나) 개념에 대한 추가적인 분석 - (마) '개념사'에 대한 추가적인 분석 - (다) '개념사'의 목적과 코젤렉의 주장 순으로 나열하는 것이 가장 적절하다.

05
정답 ②

제시된 단락은 신탁 원리의 탄생 배경인 12세기 영국의 상황에 대해 이야기하고 있다. 따라서 이어지는 단락은 (가) 신탁 제도의 형성과 위탁자, 수익자, 수탁자의 관계 등장 - (다) 불안정한 지위의 수익자 - (나) 적극적인 권리 행사가 허용되지 않는 연금 제도에 기반한 신탁 원리 - (라) 연금 운용 권리를 현저히 약화시키는 신탁 원리와 그 대신 부여된 수탁자 책임의 문제점 순으로 나열하는 것이 가장 적절하다.

06
정답 ②

제시문에서 합통과 추통은 참도 있지만 오류도 있다고 말하고 있다. 그리고 다음 문장에서 더욱 많으면 맞지 않은 경우가 있기 때문이라는 이유를 제시하고 있으므로, 앞 문장에는 합통 또는 추통으로 분별 또는 유추하는 것이 위험이 많다는 내용이 빈칸에 들어갈 내용으로 가장 적절하다.

07
정답 ②

제시문에 따르면 아리스토텔레스는 스스로 결정하는 일에 참여할 때 교육적 효과가 가장 두드러진다고 하였다. 따라서 빈칸에는 도덕적 결정의 상황에 실제로 참여해 보는 직접적 경험이 중요하다는 내용이 들어가는 것이 가장 적절하다.

08
정답 ①

제시문의 내용만으로는 알 수 없는 내용이다.

[오답분석]
② 첫 번째 문단에서 미국 텍사스 지역에서 3D 프린터 건축 기술을 이용한 주택이 완공되었음을 알 수 있다.
③ 네 번째 문단에서 코로나19 사태로 인한 인력 수급난을 해소할 수 있음을 알 수 있다.
④ 두 번째 문단에서 전통 건축 기술에 비해 3D 프린터 건축 기술은 건축 폐기물 및 CO_2 배출량 감소 등 환경오염이 적음을 알 수 있다.
⑤ 마지막 문단에서 우리나라의 3D 프린터 건축 기술은 아직 제도적 한계와 기술적 한계가 있음을 알 수 있다.

09

르네상스 이후 서구인의 야만인 담론은 이전과는 달리 현실적 구체성을 띠고 있지만 전통적인 야만인관에 의해 각색되는 것은 여전하다.

10

정답 ①

먼 바다에서 지진해일의 파고는 수십 cm 이하이지만 얕은 바다에서는 급격하게 높아진다.

오답분석

② 해안의 경사 역시 암초, 항만 등과 마찬가지로 지진해일을 변형시키는 요인이 된다.
③ 화산폭발로 인해 발생하는 건 맞지만 파장이 긴 파도를 지진해일이라 한다.
④ 지진해일이 해안가에 가까워질수록 파도가 강해지는 것은 맞지만, 속도는 시속 45 ~ 60km까지 느려진다.
⑤ 태평양에서 발생한 지진해일은 발생 하루 만에 발생지점에서 지구의 반대편까지 이동할 수 있다.

11

정답 ⑤

슈퍼문일 때는 지구와 달의 거리가 35만 7,000km 정도로 가까워지며, 이때 지구에서 보름달을 바라보는 시각도는 0.56도로 커지므로 0.49의 시각도보다 크다는 내용은 적절하다.

오답분석

① 달이 지구에 가까워지면 달의 중력이 더 강하게 작용하여, 달을 향한 쪽의 해수면이 평상시보다 더 높아진다. 즉, 지구와 달의 거리에 따라 해수면의 높이가 달라지므로 서로 관계가 있다.
② 케플러의 행성운동 제1법칙에 따라 태양계의 모든 행성은 태양을 중심으로 타원 궤도로 돈다. 따라서 지구도 태양을 타원 궤도로 돌기 때문에 지구에서 태양까지의 거리는 항상 일정하지 않을 것이다.
③ 달의 중력 때문에 높아진 해수면이 지구의 자전을 방해하게 되고, 이 때문에 지구의 자전 속도가 느려져 100만 년에 17초 정도씩 길어진다고 하였으므로 지구의 자전 속도는 점점 느려지고 있다.
④ 달이 지구에 가까워지면 평소 달이 지구를 당기는 힘보다 더 강하게 지구를 당긴다. 따라서 이와 반대로 달이 지구에서 멀어지면 지구를 당기는 달의 힘은 약해질 것이다.

12

정답 ②

제시문의 필자는 3R 원칙을 강조하며 가장 필수적이고 최저한의 동물실험이 필요악임을 주장하고 있다. 특히 '보다 안전한 결과를 도출해내기 위한 동물실험은 필요악이며, 이러한 필수적인 의약실험조차 금지하려 한다는 것은 기술 발전 속도를 늦춰 약이 필요한 누군가의 고통을 감수하자는 이기적인 주장'이라는 대목을 통해 약이 필요한 이들을 위한 의약실험에 초점을 맞추고 있음을 확인할 수 있다. 따라서 ②의 주장처럼 생명과 큰 관련이 없는 동물실험을 비판의 근거로 삼는 것은 적절하지 않다.

13

정답 ⑤

제시문에서는 인간에게 사회성과 반사회성이 공존하고 있다고 설명하고 있으며 이 중 반사회성이 없다면 재능을 꽃피울 수 없다고 하였다. 따라서 사회성만으로도 자신의 재능을 키울 수 있다는 주장인 ⑤가 반론이 될 수 있다.

14

정답 ③

레일리 산란의 세기는 보랏빛이 가장 강하지만 우리 눈은 보랏빛보다 파란빛을 더 잘 감지하기 때문에 하늘이 파랗게 보이는 것이다. 따라서 ③은 추론할 수 없는 내용이다.

오답분석

①·②는 첫 번째 문단, ⑤는 마지막 문단의 내용을 통해 추론할 수 있다.
④ 빛의 진동수는 파장과 반비례하고, 레일리 산란의 세기는 파장의 네제곱에 반비례한다. 즉, 빛의 진동수가 2배가 되면 파장은 1/2배가 되고, 레일리 산란의 세기는 $2^4 = 16$배가 된다.

15

정답 ②

테크핀의 발전 원인에는 국내의 높은 IT 인프라, 전자상거래 확산, 규제 완화 등이 있다.

오답분석

① 핀테크와 테크핀의 부정적인 영향으로 혜택의 불균형이 있다.
③ 핀테크는 금융기관이, 테크핀은 ICT 기업이 주도한다.
④ 테크핀의 발전은 핀테크의 발전을 야기하였다.
⑤ 테크핀은 금융보다 기술을 강조한다.

01	02	03	04	05	06	07	08	09	10	11	12	13	14	15	16	17	18	19	20
④	③	③	④	④	②	③	④	⑤	③	④	④	⑤	①	⑤	③	⑤	③	③	⑤

01

정답 ④

곡물별 2021년과 2022년의 소비량 변화는 다음과 같다.
- 소맥 : | 680−697 | =17백만 톤
- 옥수수 : | 860−880 | =20백만 톤
- 대두 : | 240−237 | =3백만 톤

따라서 소비량의 변화가 가장 작은 곡물은 대두이다.

오답분석

① 제시된 자료를 통해 2023년에 모든 곡물의 생산량과 소비량이 다른 해에 비해 많았음을 알 수 있다.

② 2023년의 곡물별 생산량 대비 소비량의 비중을 구하면 다음과 같다.

- 소맥 : $\frac{735}{750} \times 100 = 98\%$

- 옥수수 : $\frac{912}{950} \times 100 = 96\%$

- 대두 : $\frac{247}{260} \times 100 = 95\%$

따라서 2023년에 생산량 대비 소비량의 비중이 가장 낮았던 곡물은 대두이다.

③ 제시된 자료를 통해 확인할 수 있다.

⑤ • 2021년 전체 곡물 생산량 : 695+885+240=1,820백만 톤
  • 2023년 전체 곡물 생산량 : 750+950+260=1,960백만 톤
  따라서 2021년과 2023년의 전체 곡물 생산량의 차이는 1,960−1,820=140백만 톤이다.

02

정답 ③

남자가 소설을 대여한 횟수는 60회이고, 여자가 소설을 대여한 횟수는 80회이므로 $\frac{60}{80} \times 100 = 75\%$이다.

오답분석

① 40세 미만의 전체 대여 횟수는 120회, 40세 이상의 전체 대여 횟수는 100회이므로 옳은 설명이다.

② 소설 전체 대여 횟수는 140회, 비소설 전체 대여 횟수는 80회이므로 옳은 설명이다.

④ 40세 이상의 전체 대여 횟수는 100회이고, 그중 소설 대여는 50회이므로 $\frac{50}{100} \times 100 = 50\%$이다.

⑤ 40세 미만의 전체 대여 횟수는 120회이고, 그중 비소설 대여는 30회이므로 $\frac{30}{120} \times 100 = 25\%$이다.

03

정답 ③

- 2016 · 2017년의 평균= $\frac{826.9+806.9}{2}$ =816.9만 명

- 2022 · 2023년의 평균= $\frac{796.3+813.0}{2}$ =804.65만 명

따라서 두 평균의 차이는 816.9−804.65=12.25만 명이다.

04

E과제에 대한 전문가 3의 점수는 $70 \times 5 - (100 + 40 + 70 + 80) = 60$점이고, A ~ E과제의 평균점수와 최종점수를 구하면 다음과 같다.

구분	평균점수	최종점수
A과제	$\dfrac{100+70+60+50+80}{5}=72$점	$\dfrac{70+60+80}{3}=70$점
B과제	$\dfrac{80+60+40+60+60}{5}=60$점	$\dfrac{60+60+60}{3}=60$점
C과제	$\dfrac{60+50+100+90+60}{5}=72$점	$\dfrac{60+90+60}{3}=70$점
D과제	$\dfrac{80+100+90+70+40}{5}=76$점	$\dfrac{80+90+70}{3}=80$점
E과제	70점	$\dfrac{60+70+80}{3}=70$점

따라서 평균점수와 최종점수가 같은 과제는 B, E이다.

05

ㄴ. 2022년, 2023년 모두 30대 이상의 여성이 남성보다 비중이 높다.
ㄷ. 2023년도 40대 남성의 비중은 22.1%로 다른 나이대보다 비중이 높다.

오답분석

ㄱ. 2022년도에는 20대 남성이 30대 남성보다 1인 가구 비중이 더 높았지만, 2023년도에는 20대 남성이 30대 남성보다 1인 가구의 비중이 더 낮았다. 따라서 20대 남성이 30대 남성보다 1인 가구의 비중이 더 높은지는 알 수 없다.
ㄹ. 2년 이내 1인 생활의 종료를 예상하는 1인 가구의 비중은 2022년도에는 증가하였으나, 2023년도에는 감소하였다.

06

제시된 그래프에서 선의 기울기가 가파른 구간은 2014 ~ 2015년, 2015 ~ 2016년, 2018 ~ 2019년이다. 2015년, 2016년, 2019년 물이용부담금 총액의 전년 대비 증가폭을 구하면 다음과 같다.
• 2015년 : $6,631 - 6,166 = 465$억 원
• 2016년 : $7,171 - 6,631 = 540$억 원
• 2019년 : $8,108 - 7,563 = 545$억 원
따라서 물이용부담금 총액이 전년 대비 가장 많이 증가한 해는 2019년이다.

오답분석

ㄱ. 제시된 자료를 통해 확인할 수 있다.
ㄷ. 2023년 금강유역 물이용부담금 총액 : $8,661 \times 0.2 = 1,732.2$억 원
  ∴ 2023년 금강유역에서 사용한 물의 양 : $1,732.2$억 원 $\div 160$원$/\text{m}^3 \fallingdotseq 10.83$억$\text{m}^3$
ㄹ. 2023년 물이용부담금 총액의 전년 대비 증가율 : $\dfrac{8,661 - 8,377}{8,377} \times 100 \fallingdotseq 3.39\%$

07

월간 용돈을 5만 원 미만으로 받는 비율은 중학생 90%, 고등학생 60%로, 중학생이 고등학생보다 높다.

① 전체에서 금전출납부의 기록, 미기록 비율은 각각 30%, 70%로, 기록 안 하는 비율이 기록하는 비율보다 높다.
② 용돈을 받는 남학생과 여학생의 비율은 각각 83%, 86%로, 여학생의 비율이 남학생의 비율보다 높다.
④ 용돈을 받지 않는 중학생과 고등학생의 비율은 각각 12%와 20%로, 고등학생의 비율이 중학생의 비율보다 높다.
⑤ 고등학생 전체 인원을 100명이라고 한다면, 그중에 용돈을 받는 학생은 80명이다. 80명 중에 월간 용돈을 5만 원 이상 받는 학생의 비율은 40%이므로 $80 \times 0.4 = 32$명이다.

08

- 2021년 전년 대비 감소율 : $\frac{20-15}{20} \times 100 = 25\%$
- 2022년 전년 대비 감소율 : $\frac{15-12}{15} \times 100 = 20\%$

따라서 2021년과 2022년의 경제 분야 투자규모의 전년 대비 감소율의 차이는 5%p이다.

① 2023년 총지출을 a억 원이라고 가정하면, $a \times 0.05 = 16$억 원 → $a = \frac{16}{0.05} = 320$, 총지출은 320억 원이므로 300억 원 이상이다.
② 2020년 경제 분야 투자규모의 전년 대비 증가율은 $\frac{20-16}{16} \times 100 = 25\%$이다.
③ 2019 ~ 2023년 동안 경제 분야에 투자한 금액은 $16+20+15+12+16 = 79$억 원이다.
⑤ 2020 ~ 2023년 동안 경제 분야 투자규모의 전년 대비 증감 추이는 '증가 – 감소 – 감소 – 증가'이고, 총지출 대비 경제 분야 투자규모 비중의 경우 '증가 – 증가 – 감소 – 감소'이다.

09

여자 흡연율의 전년도와의 차이를 정리하면 다음과 같다.

구분	2019년	2020년	2021년	2022년	2023년
여자 흡연율(%)	7.4	7.1	6.8	6.9	7.3
전년도 대비 차이(%p)	–	−0.3	−0.3	+0.1	+0.4

따라서 가장 많은 차이를 보이는 해는 2023년이다.

① 2019년부터 2023년까지 계속 감소하고 있다.
② 2021년까지 감소하다가 이후 증가하고 있다.
③ 남자와 여자의 흡연율 차이를 정리하면 다음과 같다.

구분	2019년	2020년	2021년	2022년	2023년
남자 흡연율(%)	48.7	46.2	44.3	42.2	40.7
여자 흡연율(%)	7.4	7.1	6.8	6.9	7.3
남자·여자 흡연율 차이(%p)	41.3	39.1	37.5	35.3	33.4

따라서 남자와 여자의 흡연율 차이는 감소하고 있다.
④ 남자 흡연율의 전년도와의 차이를 정리하면 다음과 같다.

구분	2019년	2020년	2021년	2022년	2023년
남자 흡연율(%)	48.7	46.2	44.3	42.2	40.7
전년도 대비 차이(%p)	–	−2.5	−1.9	−2.1	−1.5

따라서 가장 많은 차이를 보이는 해는 2020년이다.

10

26 ~ 30세 응답자 수는 50명으로, 그중 4회 이상 방문한 응답자 수는 5+3=8명이다. 따라서 비율은 $\frac{8}{50} \times 100$=16%로 10% 이상이다.

오답분석

① 주어진 자료는 방문횟수를 구간으로 구분했기 때문에 31 ~ 35세 응답자의 1인당 평균 방문횟수를 정확히 구할 수 없다. 그러나 구간별 최솟값으로 평균을 계산해보면 {1, 1, 1, 2, 2, 2, 2, 4, 4, 6} → (평균)=$\frac{25}{10}$=2.5이므로 1인당 평균 방문횟수가 2회 이상이라는 것을 알 수 있다.

② 전체 응답자 수는 120명이고, 그중 20 ~ 25세 응답자 수는 60명이다. 따라서 비율은 $\frac{60}{120} \times 100$=50%이다.

④ 전체 응답자 수는 120명이고, 그중 직업이 학생 또는 공무원인 응답자 수는 54명이다. 따라서 비율은 $\frac{54}{120} \times 100$=45%로 50% 미만이다.

⑤ 31 ~ 35세 응답자 중 1회 방문한 응답자 비율은 $\frac{3}{10} \times 100$=30%로, 26 ~ 30세 응답자 중 1회 방문한 응답자 비율인 $\frac{12}{50} \times 100$ =24%보다 6%p 높다.

11

• 4번 중 2번은 10점을 쏠 확률 : $_4C_2 \times (\frac{1}{5})^2 = \frac{6}{25}$

• 남은 2번은 10점을 쏘지 못할 확률 : $_2C_2 \times (\frac{4}{5})^2 = \frac{16}{25}$

$\therefore \frac{6}{25} \times \frac{16}{25} = \frac{96}{625}$

따라서 4번 중 2번은 10점, 남은 2번은 10점을 쏘지 못할 확률은 $\frac{96}{625}$ 이다.

12

거스름돈 없이 물건 값 23,000원을 낼 수 있는 방법은 다음과 같다.
(10,000×2, 1,000×3), (10,000×1, 5,000×2, 1,000×3), (10,000×1, 5,000×1, 1,000×8),
(5,000×4, 1,000×3), (5,000×3, 1,000×8)
따라서 돈을 낼 수 있는 경우의 수는 총 5가지이다.

13

회사에서부터 식당까지의 거리를 $x$km라고 하자.

은이가 이동한 시간은 $\frac{x}{3}$ 시간이고, 연경이가 이동한 시간은 $\frac{x}{3} - \frac{1}{6} = \frac{x}{4}$ 시간이므로 x=2이다.

효진이의 속력을 $y$km/h라 하면 다음과 같은 식이 성립한다.

$\frac{2}{y} + \frac{1}{12} = \frac{2}{3} \rightarrow \frac{2}{y} = \frac{7}{12}$

$\therefore y = \frac{24}{7}$

따라서 효진이의 속력은 $\frac{24}{7}$ km/h이다.

14

올라간 거리를 $x$km라 하면 내려온 거리는 $(x+2)$km이고, 올라간 시간과 내려간 시간이 같으므로 다음과 같은 식이 성립한다.

$\dfrac{x}{4}=\dfrac{x+2}{6}$ → $3x=2(x+2)$

$\therefore x=4$

따라서 세빈이가 내려올 때 걸린 시간은 $\dfrac{4+2}{6}=1$시간이다.

15

50g을 덜어낸 뒤 남아있는 소금물의 양은 50g이고, 농도는 20%이다. 이때 남아있는 소금의 양은 다음과 같다.

(소금의 양)=(농도)×(남아있는 소금물의 양)$=\dfrac{20}{100}\times 50=10$g

농도를 10%로 만들기 위해 더 넣은 물의 양을 xg이라고 하면 농도에 대한 식은 다음과 같다.

$\dfrac{10}{50+x}\times 100=10$%

$\therefore x=50$

따라서 더 넣은 물의 양은 50g이다.

16

ⅰ) 서로 다른 8개의 컵 중 4개를 선택하는 경우의 수 : $_8C_4=\dfrac{8\times 7\times 6\times 5}{4\times 3\times 2\times 1}=70$가지

ⅱ) 4개의 컵을 식탁 위에 원형으로 놓는 경우의 수 : $(4-1)!=3!=6$가지

따라서 서로 다른 8개의 컵 중에서 4개만 원형으로 놓는 경우의 수는 $70\times 6=420$가지이다.

17

작년 사원 수에서 줄어든 인원은 올해 진급한 사원(12%)과 퇴사한 사원(20%)이므로 이를 합하면 $400\times(0.12+0.2)=128$명이며, 작년 사원에서 올해도 사원인 사람은 $400-128=272$명이다. 또한 올해 사원 수는 작년 사원 수에서 6% 증가했으므로 $400\times 1.06=424$명이 된다.

따라서 올해 채용한 신입사원은 $424-272=152$명임을 알 수 있다.

18

ⅰ) 7명의 학생이 원탁에 앉는 경우의 수 : $(7-1)!=6!$가지

ⅱ) 7명의 학생 중 여학생 3명이 원탁에 이웃해서 앉는 경우의 수 : $[(5-1)!\times 3!]$가지

$\therefore$ 7명의 학생 중 여학생 3명이 원탁에 이웃해서 앉는 확률 : $\dfrac{4!\times 3!}{6!}=\dfrac{1}{5}$

따라서 구하고자 하는 확률은 $\dfrac{1}{5}$이다.

19

전체 일의 양을 1이라고 하고, A ~ C가 하루에 할 수 있는 일의 양을 각각 $\dfrac{1}{a}$, $\dfrac{1}{b}$, $\dfrac{1}{c}$ 라고 하자.

$\dfrac{1}{a}+\dfrac{1}{b}=\dfrac{1}{12}$ ⋯ ㉠

$\dfrac{1}{b}+\dfrac{1}{c}=\dfrac{1}{6}$ ⋯ ㉡

$\dfrac{1}{c}+\dfrac{1}{a}=\dfrac{1}{18}$ ⋯ ㉢

㉠, ㉡, ㉢을 모두 더한 다음 2로 나누면 3명이 하루에 할 수 있는 일의 양을 구할 수 있다.

$\dfrac{1}{a}+\dfrac{1}{b}+\dfrac{1}{c}=\dfrac{1}{2}\left(\dfrac{1}{12}+\dfrac{1}{6}+\dfrac{1}{18}\right)=\dfrac{1}{2}\left(\dfrac{3+6+2}{36}\right)=\dfrac{11}{72}$

따라서 72일 동안 3명이 끝낼 수 있는 일의 양은 $\dfrac{11}{72}\times 72=11$이므로 전체 일의 양의 11배이다.

20

두 제품 A와 B의 원가를 각각 a원, b원이라고 하자.

$a+b=50,000$ ⋯ ㉠

$(a\times 0.1+b\times 0.12)\times 5=28,200 \rightarrow 5a+6b=282,000$ ⋯ ㉡

㉠과 ㉡을 연립하면 $b=282,000-50,000\times 5=32,000$

따라서 B의 원가는 32,000원이다.

01	02	03	04	05	06	07	08	09	10	11	12	13	14	15					
①	③	③	④	②	④	④	③	②	④	①	①	②	②	②					

01

정답 ①

규칙은 세로로 적용된다.
첫 번째 도형과 두 번째 도형의 꼭짓점 수를 합한 도형의 꼭짓점 수가 세 번째 도형이다.

02

정답 ③

규칙은 세로로 적용된다.
첫 번째 도형과 두 번째 도형을 겹쳤을 때의 도형이 세 번째 도형이다.

03

정답 ③

규칙은 가로로 적용된다.
첫 번째 도형과 두 번째 도형을 합친 후, 겹치는 부분을 색칠한 도형이 세 번째 도형이다.

04

정답 ④

규칙은 세로로 적용된다.
첫 번째 도형을 색 반전시킨 도형이 두 번째 도형이고, 두 번째 도형을 x축 대칭시킨 도형이 세 번째 도형이다.

05

정답 ②

규칙은 세로로 적용된다.
첫 번째 도형과 두 번째 도형을 합친 것이 세 번째 도형이다.

06

정답 ④

흰색 도형은 아래로 1칸씩 내려오면서 시계 방향으로 90° 회전하며 검은색 도형은 위로 1칸씩 올라가면서 시계 반대 방향으로 90° 회전한다. 이 때 같은 칸에서 도형끼리 만나게 되면 검은색 십자가 모양으로 바뀌며 십자가 모양 이후에는 합쳐지기 이전의 도형으로 다시 분리되어 1칸씩 움직이며 각각 시계 방향 및 반대 방향으로 90° 회전하게 된다.

07

정답 ④

정사각형 4개의 칸에 있는 작은 원들은 시계 방향으로 이동하고 있으며, 정사각형 4개의 칸은 시계 반대 방향으로 한 칸씩 이동한다. 이동이 끝난 후 회색 칸에 있는 작은 원은 한 개 늘어나게 된다.

08

정답 ③

정사각형 5개의 칸 중 흰색 칸 안에 있는 도형은 사각형 변을 따라 모서리 쪽으로 시계 방향으로 이동하며 시계 반대 방향으로 90° 회전한다. 또한 회색 칸 안에 있는 도형은 시계 반대 방향으로 이동하며 시계 방향으로 90° 회전한다. 검은색 칸 안에 있는 도형은 시계 방향으로 이동하며 180° 회전한다.

09

정답 ②

- ■ : 색 반전
- ○ : 180° 회전
- ☆ : 시계 방향으로 90° 회전
- □ : 좌우 대칭

10

정답 ④

- ㉠ : 각 도형 시계 방향으로 90° 회전
- ㉡ : 전체 시계 방향으로 90° 회전

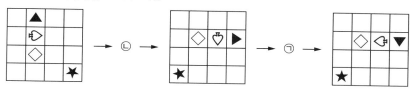

11

정답 ①

- ㉠ : 검은색 도형만 색 반전
- ㉡ : 각 도형 위쪽으로 한 칸 이동

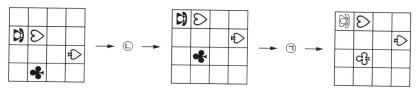

12

정답 ①

- A : 색 반전
- B : 상하 반전(도형의 위치 고정)
- C : 도형의 좌우 위치 변경(도형의 색상 고정)

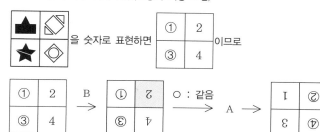

13

정답 ②

- A : 왼쪽 외부 도형과 오른쪽 내부 도형 위치 변경

외부도형	①	②	③	④	$\rightarrow$	2	②	4	④
내부도형	1	2	3	4		1	①	3	③

- B : 왼쪽 외부 도형과 오른쪽 외부 도형 위치 변경

외부도형	①	②	③	④	$\rightarrow$	②	①	④	③
내부도형	1	2	3	4		1	2	3	4

- C : 오른쪽 외부 도형과 오른쪽 내부 도형 위치 변경

외부도형	①	②	③	④	$\rightarrow$	①	2	③	4
내부도형	1	2	3	4		1	②	3	④

외부도형	①	②	③	④	$\xrightarrow{\quad}$ B	②	①	④	③	$\xrightarrow{\text{No}}$ A	2	①	4	③
내부도형	1	2	3	4		1	2	3	4		1	②	3	④

Yes $\xrightarrow{\quad}$ B	①	2	③	4
	1	②	3	④

14

정답 ②

왼쪽 도형에 ?를 겹쳤을 때, 오른쪽 도형이 되려면 이 필요하다.

따라서 이를 시계 방향으로 90° 회전시킨 ②가 답이 된다.

15

정답 ②

- 위 칸 – 도형을 시계 방향으로 45° 회전 후, 좌우 대칭
- 아래 칸 – 도형을 시계 반대 방향으로 90° 회전 후, 좌우 대칭

01 언어력

01	02	03	04	05	06	07	08	09	10
③	⑤	①	④	③	①	④	②	⑤	④

11	12	13	14	15
①	③	①	③	⑤

01
정답 ③

제시문에 따르면 종교적·주술적 성격의 동물은 대개 초자연적인 강대한 힘을 가지고 인간 세계를 지배하거나 수호하는 신적인 존재이다.

오답분석
① 미술 작품 속에 등장하는 동물에는 해태나 봉황 등 인간의 상상에서 나온 동물도 적지 않다.
② 미술 작품에 등장하는 동물은 성격에 따라 구분할 수 있으나, 이 구분은 엄격한 것이 아니다.
④ 인간의 이지가 발달함에 따라 신적인 기능이 감소한 종교적·주술적 동물은 신이 아닌 인간에게 봉사하는 존재로 전락한다.
⑤ 신의 위엄을 뒷받침하고 신을 도와 치세의 일부를 분담하기 위해 이용되는 동물들은 현실 이상의 힘을 가진다.

02
정답 ⑤

제시문에 따르면 대나무는 '약용'을 비롯해 다양한 생활용품으로 사용되었다.

오답분석
① 죽의 장막은 조선이 아닌 중국의 별명이다.
② 대나무는 전 세계 500여 종이 있으며 한국, 중국, 일본 등 아시아 전 지역에 고루 분포하고 있지만, 특히 우리나라에 많이 분포하고 있는지의 여부는 확인할 수 없다.
③ 우리 조상들은 대나무의 꼿꼿한 기상을 사랑했으며, 청초한 자태와 은은한 향기는 사군자 중 난초에 대한 설명이다.
④ 대나무의 원산지에 대해서는 제시문에 드러나 있지 않다.

03
정답 ①

프리드먼의 '우주는 극도의 고밀도 상태에서 시작돼 점차 팽창하면서 밀도가 낮아졌다.'라는 이론과 르메트르의 '우주가 원시 원자들의 폭발로 시작됐다.'라는 이론은 서로 성립하는 이론이다. 따라서 프리드먼의 이론과 르메트르의 이론은 양립할 수 없는 관계라는 설명은 적절하지 않다.

04
정답 ④

제시문은 인간이 직립보행을 계기로 후각이 생존에 상대적으로 덜 영향을 주게 되면서, 시각을 발달시키는 대신 후각을 현저히 퇴화시켰다는 사실을 설명하고 있다. 다만 후각은 여전히 감정과 긴밀히 연계되어 있고 관련 기억을 불러일으킨다는 사실을 언급하며 마무리하고 있다. 따라서 인간은 후각을 퇴화시켜 부수적인 기능으로 남겨두었다는 것이 주제로 가장 적절하다.

05
정답 ③

제시문은 우리나라가 지식 기반 산업 위주의 사회로 바뀌면서 내부 노동시장에 의존하던 인력 관리 방식이 외부 노동시장에서의 채용으로 변화함에 따라 지식 격차에 의한 소득 불평등과 국가 간 경제적 불평등 현상이 심화되고 있다고 설명하고 있다.

오답분석
① 정보통신 기술을 통해, 전 지구적 노동시장이 탄생하여 기업을 비롯한 사회 조직들이 국경을 넘어 인력을 충원하고 재화와 용역을 구매하고 있다고 언급했다. 하지만 이러한 국가 간 노동 인력의 이동이 가져오는 폐해에 대해서는 언급하고 있지 않다.
② 지식 기반 경제로의 이행은 지식 격차에 의한 소득 불평등 심화 현상을 일으킨다. 하지만 이것에 대한 해결책은 언급하고 있지 않다.
④ 생산 기능은 저개발국으로 이전되고 연구 개발 기능은 선진국으로 모여들어 정보 격차가 확대되고 있다. 하지만 국가 간의 격차 축소 정책의 필요성은 언급하고 있지 않다.
⑤ 사회 불평등 현상은 지식 기반 산업 위주로 변화하는 국가에서 나타나거나 나라와 나라 사이에서 나타나기도 한다. 따라서 제시문에서 언급한 내용이지만 전체 주제를 포괄하고 있지 않으므로 적절하지 않다.

PART 3

06

제시문은 현대 회화의 새로운 경향을 설명하고 있으며 대상의 사실적 재현에서 벗어나고자 하는 경향이 형태와 색채의 해방을 가져온다는 점에 주목하여 서술하고 있다. 그리고 마지막 문단에서 의미 정보와 미적 정보의 개념을 끌어들여 현대 회화는 형식 요소 자체가 지닌 아름다움을 중시하는 미적 정보 전달을 위주로 한다는 것을 밝히고 있다.

07

재생 에너지 사업이 기하급수적으로 늘어남에 따라 전력계통 설비의 연계용량 부족 문제가 또 발생하였는데, 이것은 설비 보강만으로는 해결하기 어렵기 때문에 최소부하를 고려한 설비 운영 방식으로 해결하고자 하였다.

오답분석

① 탄소 중립을 위해 재생 에너지 발전 작업이 추진되고 있다고 하였으므로 합리적인 추론이다.
② 재생 에너지의 예시로 태양광이 제시되었다.
③ 재생 에너지 확충으로 인해 기존 송배전 전력 설비가 과부하되는 문제가 있다고 하였다.
⑤ 최소부하를 고려한 설비 운영 개념을 도입해 변전소나 배전선로 증설 없이 재생 에너지 접속허용용량을 확대하는 방안이 있다고 하였다.

08

질소가 무조건 많이 함유된 것이 좋은 비료가 아니라 탄소와 질소의 비율이 잘 맞는 것이 중요하다.

오답분석

① 비료를 만드는 데 발생하는 열로 유해 미생물을 죽일 수 있다고 언급하였다.
③ 커피박을 이용해서 비료를 만들면 환경 보호뿐 아니라 커피박을 폐기하는 데 필요한 비용을 절약할 수 있기 때문에 경제적으로도 이득이라고 할 수 있다.
④ 제시문에서 비료에서 중요한 요소로 질소를 언급하고 있고, 유기 비료이기 때문에 유기물의 함량 또한 중요하다. 따라서 질소와 유기물 함량을 분석하고 있기에 중요한 고려 요소라고 할 수 있다.
⑤ 부재료로 언급된 것 중에서 한약재 찌꺼기가 가장 질소 함량이 높다고 하였다.

09

경험론자들은 인식의 근원을 오직 경험에서만 찾을 수 있다고 주장한다. 따라서 파르메니데스의 주장과 대비된다.

오답분석

① 파르메니데스는 존재론의 의의를 존재라는 개념을 시간적, 물리적인 감각적 대상으로 보는 것이 아니라, 예리한 인식으로 파악하는 로고스와 같은 것이라고 주장했으므로 적절한 내용이다.
② 플라톤은 이데아를 감각 세계의 너머에 있는 실재이자 모든 사물의 원형으로 파악하고 있다. 이는 파르메니데스의 존재 개념과 유사하며, 제시문에서도 언급되어 있듯이 파르메니데스에 대한 플라톤의 평가에서 파르메니데스에게 영향을 받았음을 알 수 있다.
③ '감각적으로 지각할 수 있는 세계 전체를 기만적인 것으로 치부하고 유일하게 실재하는 것은 존재라고 생각했다.'는 내용을 통해 파르메니데스는 지각 및 감성보다 이성 및 지성을 우위에 두었을 것이라 추론할 수 있다.
④ 파르메니데스는 '예리한 인식에는 감각적 지각이 필요 없다고 주장'하면서 '존재는 로고스에 의해 인식되며, 로고스와 같은 것이라고 했다.'는 내용을 통해 추론할 수 있다.

10

제시문은 한글 맞춤법 총칙 제1항의 내용을 소개하면서 이를 통해 한글 맞춤법의 원리를 개괄적으로 설명하고 있다. 따라서 한글 맞춤법 총칙 제1항이 어떤 의미를 가지고 있는지 예를 통해 분석하여 소개한 뒤, 표준어를 어떻게 적어야 하는지에 대해 설명하고 있다.

11

A사원은 계획적이고 순차적으로 업무를 수행하므로 효율적인 업무 수행을 하고 있는 것이다.

오답분석

② 다른 사람의 업무에 지나칠 정도로 책임감을 느끼며 괴로워하는 B대리는 제시문에서 '배려적 일중독자'에 해당한다.
③ 음식을 과다 섭취하는 폭식처럼 일을 한 번에 몰아서 하는 C주임은 제시문에서 '폭식적 일중독자'에 해당한다.
④ 휴일이나 주말에도 일을 놓지 못하는 D사원은 제시문에서 '지속적인 일중독자'에 해당한다.
⑤ 한 번에 소화할 수 없을 만큼 많은 업무를 담당하는 E대리는 제시문에서 '주의결핍형 일중독자'에 해당한다.

12

단순히 젊은 세대의 문화만을 존중하거나, 또는 기존 세대의 문화만을 따르는 것이 아닌 두 문화가 어우러질 수 있도록 기업 차원에서 분위기를 만드는 것이 문제의 본질적인 해결법으로 가장 적절하다.

오답분석

① 젊은 세대의 채용을 기피하는 분위기가 생길 수 있으므로 적절하지 않은 방법이다.
② 급여를 받은 만큼만 일하게 되는 악순환이 반복될 것이므로 문제를 해결하는 기업 차원의 방법으로는 적절하지 않다.
④ 젊은 세대의 특성을 받아들이기만 하면, 전반적인 생산성 향상과 같은 기업의 이득은 배제하게 되는 문제점이 발생한다.
⑤ 기업의 전반적인 생산성 향상을 이룰 수 없으므로 기업 차원의 방법으로 적절하지 않다.

13

제시문에서는 '전통'의 의미를 '상당히 이질적인 것이 교차하여 겹고 튼 끝에 이루어진 것', '어느 것이나 우리화시켜 받아들인 것'으로 규정하고, 빈칸 뒷부분에서 '전통의 혼미란 곧 주체 의식의 혼미란 뜻에 지나지 않는다.'라는 주장을 펴고 있으므로 빈칸에는 앞선 내용을 바탕으로 전통에 대해 정의내리는 ①이 적절하다.

14

문맥의 흐름으로 볼 때 빈칸에는 '유쾌한 건망증'의 예가 될 만한 속담이 들어가야 한다. 따라서 빈칸 뒷부분에서 소개되고 있는 일화와 비슷한 성격의 내용이 담긴 속담인 ③이 적절하다.

15

먼저 제시문의 서두는 흥미를 유도하거나 환기시킬 수 있는 내용이 오는 것이 적절하다. 따라서 영국의 보고서의 내용인 (나) 또는 OECD 조사 내용인 (다)가 제시문의 서두에 오는 것이 적절하다. 하지만, (나)의 경우 첫 문장에서의 '또한'이라는 접속사를 통해 앞선 문단이 있었음을 알 수 있다. 따라서 제시문의 서두에 (다) 문단이 오는 것이 가장 적절하다. 다음으로는 (다) 문단에 이어 (나) 문단이 오는 것이 적절하다. 다음으로 이어질 문단은 앞선 문단에서 다룬 성별 간 임금 격차의 이유에 해당하는 (라) 문단이 이어지고 이에 대한 구체적 내용인 (가) 문단 순으로 나열하는 것이 가장 적절하다.

PART 3

01	02	03	04	05	06	07	08	09	10	11	12	13	14	15	16	17	18	19	20
⑤	③	④	③	②	②	②	④	④	④	⑤	③	②	④	④	②	③	③	⑤	③

01

정답　⑤

건강보험 지출 중 보험급여비가 차지하는 비중은 2018년에 $\frac{37.2}{40.0} \times 100 = 93\%$, 2019년에 $\frac{37.8}{42.0} \times 100 = 90\%$로 모두 95% 미만이다.

오답분석

① 2016년 대비 2023년 건강보험 수입의 증가율은 $\frac{56-32}{32} \times 100 = 75\%$이고, 건강보험 지출의 증가율은 $\frac{56-35}{35} \times 100 = 60\%$이다. 따라서 차이는 75%−60%=15%p이다.

② 건강보험 수지율이 전년 대비 감소하는 2017년, 2018년, 2019년, 2020년 모두 정부지원 수입이 전년 대비 증가하였다.

③ 2021년 보험료 등이 건강보험 수입에서 차지하는 비율은 $\frac{44}{55} \times 100 = 80\%$이다.

④ 건강보험 수입과 지출은 매년 전년 대비 증가하고 있으므로 전년 대비 증감 추이는 2017년부터 2023년까지 같다.

02

정답　③

ㄱ. 초등학생에서 중학생, 고등학생으로 올라갈수록 스마트폰(7.2% → 5.5% → 3.1%)과 PC(42.5% → 37.8% → 30.2%)의 이용률은 감소하고, 태블릿PC(15.9% → 19.9% → 28.5%)와 노트북(34.4% → 36.8% → 38.2%)의 이용률은 증가하고 있다.

ㄷ. 태블릿PC와 노트북의 남학생·여학생 이용률의 차이는 다음과 같다.
- 태블릿PC : 28.1−11.7=16.4%p
- 노트북 : 39.1−30.9=8.2%p

따라서 태블릿PC의 남학생·여학생 이용률은 노트북의 16.4÷8.2=2배이다.

오답분석

ㄴ. 초·중·고등학생의 노트북과 PC의 이용률의 차이는 다음과 같다.
- 초등학생 : 42.5−34.4=8.1%p
- 중학생 : 37.8−36.8=1%p
- 고등학생 : 38.2−30.2=8%p

따라서 중학생의 노트북과 PC의 이용률 차이가 가장 작다.

03

- 전라도 지역에서 광주가 차지하는 비중

  13,379(광주)+13,091(전남)+13,208(전북)=39,678명

  → $\dfrac{13,379}{39,678} \times 100 ≒ 33.72\%$

- 충청도 지역에서 대전이 차지하는 비중 11,863(대전)+10,785(충남)+8,437(충북)+575(세종)=31,660명

  → $\dfrac{11,863}{31,660} \times 100 ≒ 37.47\%$

따라서 전라도 지역에서 광주가 차지하는 비중이 충청도 지역에서 대전이 차지하는 비중보다 작다.

[오답분석]

① 의료인력수는 세종이 가장 적으며 두 번째로 적은 곳은 제주이다.
② 의료인력이 수도권 특히 서울, 경기에 편중되어 있으므로 불균형상태를 보이고 있다.
③ 제시된 자료에 의료인력별 수치가 나와 있지 않으므로 의료인력수가 많을수록 의료인력 비중이 고르다고 말할 수는 없다.
⑤ 서울과 경기를 제외한 나머지 지역 중 의료인력수가 가장 많은 지역은 부산(28,871명)이고 가장 적은 지역은 세종(575명)이다.
　따라서 부산과 세종의 의료인력의 차는 28,296명으로 이는 경남(21,212명)보다 크다.

04

2월의 유입인원은 5,520−2,703=2,817천 명으로 1월보다 2,979−2,817=162천 명 감소하였다.

[오답분석]

① 수송인원은 증가와 감소 모두 나타나고 있다.
② 8월의 수송인원은 3,103+3,617=6,702천 명이므로 3분기 수송인원은 6,431+6,720+6,333=19,484천 명이다.
④ 11월의 승차인원은 6,717−3,794=2,923천 명이므로 6월의 승차인원보다 3,102−2,923=179천 명 적다.
⑤ 8월의 수송인원은 6,720천 명이므로 12월의 수송인원인 6,910천 명보다 190천 명 적다.

05

남성흡연율이 가장 낮은 연도는 50% 미만인 2019년이고, 여성흡연율이 가장 낮은 연도도 약 20%인 2019년이다.

[오답분석]

ㄱ. 남성흡연율은 2021년까지 증가하다가 그 이후 감소하지만, 여성의 흡연율은 매년 꾸준히 증가하고 있다.
ㄷ. 남성의 음주율이 가장 낮은 해는 80% 미만인 2022년이지만, 흡연율이 가장 낮은 해는 50% 미만인 2019년이다.
ㄹ. 2021년 남성의 음주율과 여성 음주율이 모두 80% 초과 90% 미만이므로 두 비율의 차이는 10%p 미만이다.

06

정부지원금 유형 A의 수령자는 200×0.36=72명, 20대는 200×0.41=82명이므로 20대 중 정부지원금 유형 A의 수령자가 차지하는 비율은 $\dfrac{72}{82} \times 100 ≒ 87\%$이다.

[오답분석]

① 100×(200×0.36)+200×(200×0.42)+300×(200×0.22)=37,200만 원이다.
③ 20대는 200×0.41=82명이고, 정부지원 수령금을 합산한 금액이 200만 원인 사람은 200×0.42=84명이다. 따라서 200만

　원 수령자 중 20대가 차지하는 비율은 $\dfrac{82}{84} \times 100 ≒ 97\%$이다.
④ 정부지원금 수혜자 수가 2배가 된다면, 총 400명이 될 것이고, 정부지원금에 들어간 총비용은 100×(400×0.36)+200×(400
　×0.42)+300×(400×0.22)=74,400만 원으로 2배가 된다.
⑤ 정부지원금에 들어간 총비용은 ①에 의해 37,200만 원이다. 정부지원금은 유형별 중복수혜가 불가능하다 했으므로, A유형
　수령자는 36%, 100만 원 수령자는 36%로 동일하므로 100만 원을 받은 사람의 총금액은 100×200×0.36=7,200만 원이다.
　따라서 B, C, D 유형에 들어간 총비용은 37,200−7,200=30,000만 원이다.

07

제시된 자료에 의하면 수도권은 서울과 인천·경기를 합한 지역을 의미한다. 따라서 전체 마약류 단속 건수 중 수도권의 마약류 단속 건수의 비중은 22.1+35.8=57.9%이므로 50% 이상이다.

오답분석

① 대마 단속 전체 건수는 167건이고, 마약 단속 전체 건수는 65건이다. 따라서 대마 단속 전체 건수는 마약 단속 전체 건수의 3배인 65×3=195건보다 적다.
③ 마약 단속 건수가 없는 지역은 강원, 충북, 제주로 3곳이다.
④ 대구·경북 지역의 향정신성의약품 단속 건수는 138건이고, 광주·전남 지역의 향정신성의약품 단속 건수는 38건이다. 따라서 향정신성의약품 단속 건수는 대구·경북 지역이 광주·전남 지역의 4배인 38×4=152건보다 적다.
⑤ 강원 지역의 향정신성의약품 단속 건수는 35건이고, 강원 지역의 대마 단속 건수는 13건이다. 따라서 강원 지역은 향정신성의약품 단속 건수가 대마 단속 건수의 3배인 13×3=39건보다 적다.

08

일본, 미국만 해당하므로 전체 국가의 수의 절반이 넘지 않는다.

오답분석

① 2021년에만 프랑스의 자국 영화 점유율이 한국보다 높았다.
② 자료를 통해 쉽게 확인할 수 있다.
③ 2020년 대비 2023년 자국 영화 점유율이 하락한 국가는 한국, 영국, 프랑스이고, 이 중 한국이 4%p로, 가장 많이 하락했다.
⑤ 2021년을 제외하고 프랑스, 영국은 각각 4, 5순위를 차지하고 있다.

09

콘솔게임과 PC 게임의 오프라인 시장 규모의 변화를 살펴보면, 꾸준히 감소하고 있음을 확인할 수 있다.

오답분석

① 자료에 '93,177'로 표시되어 있고, 단위가 '백만 달러'이므로, '931억 7,700만 달러'로 해석하여야 한다.
② 전년 대비 2023년 게임광고 분야의 성장률은 $\frac{4,749-4,375}{4,375}\times100≒8.5\%$로 가장 높다(소셜 / 캐주얼게임 약 5.6%, 콘솔게임 약 3.5%, PC 게임 약 6.2%).
③ 소셜 / 캐주얼게임 분야를 살펴보면 약 13,000백만 달러씩 비슷한 수준의 규모로 매년 증가하고 있다.
⑤ 2023년 세계 게임 시장 규모의 비중을 살펴보면, PC 게임>콘솔게임>소셜 / 캐주얼게임>게임광고 순서임을 알 수 있다.

10

ㄴ. 2020년 대비 2023년 각 분야별 침해사고 건수 감소율은 다음과 같다.

- 홈페이지 변조 : $\frac{390-650}{650}\times100=-40\%$

- 스팸릴레이 : $\frac{40-100}{100}\times100=-60\%$

- 기타 해킹 : $\frac{165-300}{300}\times100=-45\%$

- 단순 침입시도 : $\frac{175-250}{250}\times100=-30\%$

- 피싱 경유지 : $\frac{130-200}{200}\times100=-35\%$

  따라서 50% 이상 감소한 분야는 '스팸릴레이'한 분야이다.
ㄹ. 기타 해킹 분야의 2023년 침해사고 건수는 2021년 대비 증가했으므로 옳지 않은 설명이다.

ㄱ. 자료를 통해 단순 침입시도 분야의 침해사고는 매년 스팸릴레이 분야의 침해사고 건수의 2배 이상인 것을 확인할 수 있다.

ㄷ. 2022년 홈페이지 변조 분야의 침해사고 건수가 차지하는 비중은 $\frac{600}{1,500} \times 100 = 40\%$로, 35% 이상이다.

11

작년에 입사한 남자 신입사원 수를 x명, 여자 신입사원 수를 y명이라고 하자.

$x + y = 55 \cdots \text{㉠}$

$1.5x + 0.6y = 60 \cdots \text{㉡}$

㉠과 ㉡을 연립하면

$\therefore x = 30, \ y = 25$

따라서 올해 여자 신입사원 수는 $25 \times 0.6 = 15$명이다.

12

일의 양을 1이라고 하면 A사원이 하루에 하는 일의 양은 $\frac{1}{4}$이며, B사원은 하루에 $\frac{1}{12}$의 일을 한다. A, B사원이 같이 일을 끝내는 데 걸리는 기간을 x일이라고 하자.

$\left(\frac{1}{4} + \frac{1}{12}\right) \times x = 1 \rightarrow \frac{3+1}{12} \times x = 1$

$\therefore x = \frac{12}{4} = 3$

따라서 A, B사원이 같이 일하며 프로젝트를 끝내는 데 걸리는 기간은 3일이다.

13

탁구공 12개 중에서 4개를 꺼내는 경우의 수는 $_{12}C_4 = 495$가지이다.

흰색 탁구공이 노란색 탁구공보다 많은 경우는 흰색 탁구공 3개, 노란색 탁구공 1개 또는 흰색 탁구공 4개를 꺼내는 경우이다.

ⅰ) 흰색 탁구공 3개, 노란 색 탁구공 1개를 꺼내는 경우의 수 : $_7C_3 \times _5C_1 = 35 \times 5 = 175$가지

ⅱ) 흰색 탁구공 4개를 꺼내는 경우의 수 : $_7C_4 = 35$가지

따라서 구하고자 하는 확률은 $\frac{175 + 35}{495} = \frac{210}{495} = \frac{14}{33}$이다.

14

- 아이스크림의 정가 : $2,000(1 + a\%)$원

- 아이스크림의 할인율 : $\frac{a}{2}\%$

- 할인된 아이스크림의 가격 : $2,000(1 + a\%) \times \left(1 - \frac{a}{2}\%\right)$원

- 아이스크림 1개당 이익 : $2,000(1 + a\%) \times \left(1 - \frac{a}{2}\%\right) - 2,000 = 240$원

$2,000(1 + a\%) \times \left(1 - \frac{a}{2}\%\right) - 2,000 = 240$

$\rightarrow 2,000\left(1 + \frac{a}{100}\right)\left(1 - \frac{a}{200}\right) - 2,000 = 240$

$\rightarrow a^2 - 100a + 2,400 = 0$

$\rightarrow (a - 40)(a - 60) = 0$

$\therefore a = 40$ 또는 60

따라서 40%나 60%를 할인한 경우에 240원의 이익이 발생한다.

15

정답 ④

40분 동안의 민주와 세희의 이동거리는 다음과 같다.
- 민주의 이동거리 : $40 \times 40 = 1,600$m
- 세희의 이동거리 : $45 \times 40 = 1,800$m

산책로의 길이를 xm라 하면 40분 후에 두 번째로 마주친 것이라고 하므로 다음과 같은 방정식이 성립한다.

$1,600 + 1,800 = 2x$

$\rightarrow 2x = 3,400$

$\therefore x = 1,700$

따라서 산책로의 길이는 1,700m이다.

16

정답 ②

소금물 A의 농도를 x%, 소금물 B의 농도를 y% 라고 하면 다음과 같은 방정식이 성립한다.

$\dfrac{x}{100} \times 100 + \dfrac{y}{100} \times 100 = \dfrac{10}{100} \times 200 \rightarrow x + y = 20 \cdots$ ㉠

$\dfrac{x}{100} \times 100 + \dfrac{y}{100} \times 300 = \dfrac{9}{100} \times 400 \rightarrow x + 3y = 36 \cdots$ ㉡

㉠, ㉡을 연립하면 $x = 12$, $y = 8$이다.

따라서 소금물 A의 농도는 12%이다.

17

정답 ③

두 자리 정수 중 3의 배수는 다음과 같다.
- 1□인 경우 : 12, 15, 18 → 3개
- 2□인 경우 : 21, 24, 27 → 3개
- 3□인 경우 : 30, 36, 39 → 3개
- 4□인 경우 : 42, 45, 48 → 3개
- 5□인 경우 : 51, 54, 57 → 3개
- 6□인 경우 : 60, 63, 69 → 3개
- 7□인 경우 : 72, 75, 78 → 3개
- 8□인 경우 : 81, 84, 87 → 3개
- 9□인 경우 : 90, 93, 96 → 3개

따라서 두 자리 정수 중 3의 배수가 되는 경우의 수는 27가지이다.

18

정답 ③

S랜드 연간 이용 횟수를 x회라고 하자.
- 비회원 이용 금액 : $20,000 \times x$
- 회원 이용 금액 : $50,000 + 20,000 \times \left(1 - \dfrac{20}{100}\right) \times x$

$20,000 \times x > 50,000 + 20,000 \times \left(1 - \dfrac{20}{100}\right) \times x$

$\rightarrow 20,000x > 50,000 + 16,000x$

$\rightarrow 4,000x > 50,000$

$\therefore x > 12.5$

따라서 최소 13회를 이용해야 회원 가입한 것이 이익이다.

19

정답 ⑤

위원회를 구성할 수 있는 경우의 수는 학생회장과 A교수가 동시에 뽑히는 경우를 제외한 것과 같다.

전체 인원 12명 중 5명을 뽑는 경우의 수는 $_{12}C_5 = \dfrac{12 \times 11 \times 10 \times 9 \times 8}{5 \times 4 \times 3 \times 2 \times 1} = 792$가지이고, 학생회장과 A교수가 같이 대표로 뽑힐

경우의 수는 12명 중 이 두 명을 제외한 10명에서 3명을 뽑는 경우와 같으므로 $_{10}C_3 = \dfrac{10 \times 9 \times 8}{3 \times 2 \times 1} = 120$가지이다.

따라서 위원회를 구성하는 경우의 수는 $792 - 120 = 672$가지이다.

20

정답 ③

ⅰ) A계열사의 제품이 불량일 확률 : $\dfrac{3}{10} \times \dfrac{2}{100} = \dfrac{6}{1,000}$

ⅱ) B계열사의 제품이 불량일 확률 : $\dfrac{7}{10} \times \dfrac{3}{100} = \dfrac{21}{1,000}$

ⅲ) 불량품인 부품을 선정할 확률 : $\dfrac{6}{1,000} + \dfrac{21}{1,000} = \dfrac{27}{1,000}$

따라서 B계열사의 불량품일 확률은 $\dfrac{(\text{B계열사의 제품이 불량일 확률})}{(\text{불량품인 부품을 선정할 확률})} = \dfrac{21}{27} = \dfrac{7}{9}$ 이다.

PART 3

01	02	03	04	05	06	07	08	09	10	11	12	13	14	15					
②	⑤	③	⑤	②	③	⑤	③	②	①	③	⑤	②	⑤	⑤					

01

정답 ②

규칙은 가로로 적용된다.
첫 번째 도형을 색 반전시킨 도형이 두 번째 도형이고, 두 번째 도형을 y축 대칭시킨 도형이 세 번째 도형이다.

02

정답 ⑤

규칙은 가로로 적용된다.
첫 번째 도형의 색칠된 부분과 두 번째 도형의 색칠된 부분을 합치면 세 번째 도형의 색칠된 부분이 된다.

03

정답 ③

규칙은 가로로 적용된다.
첫 번째 도형을 수직으로 반을 잘랐을 때의 왼쪽 도형이 두 번째 도형이고, 이를 수평으로 반을 잘랐을 때의 아래쪽 도형이 세 번째 도형이다.

04

정답 ⑤

규칙은 가로로 적용된다.
순서에 따라 16칸 안에 있는 모든 도형이 오른쪽으로 한 칸씩 움직인다.

05

정답 ②

도형의 규칙은 가로로 적용된다.
첫 번째 도형과 세 번째 도형을 합쳤을 때 두 번째 도형이 되는데, 겹치는 칸이 모두 색칠되어 있거나 색칠되어 있지 않은 경우 그 칸의 색은 비워두고, 색칠된 칸과 색칠되지 않은 칸이 겹칠 경우 색칠하여 완성한다. 따라서 ?에는 ②가 와야 한다.

06

정답 ③

큰 사각형 안의 작은 사각형은 45° 회전하고, 검은 삼각형은 시계 반대 방향으로 90° 회전하며 흰색 원은 큰 사각형 중심을 기준으로 시계 방향으로 이동한다.

07

정답 ⑤

사각형 안의 이등변삼각형은 시계 반대 방향으로 45° 회전하고, 사각형 안의 직각삼각형은 시계 반대 방향으로 90° 회전하며 사각형 안의 반원은 시계 방향으로 90° 회전한다. 또한 색상은 흰색 → 검은색 → 회색 순서로 순환한다.

08

정답 ③

원은 시계 방향으로 45° 회전하며 색은 회색 → 검은색 → 흰색 순서로 순환하고, 원 안의 선은 검은색과 흰색을 반복한다. 또한 사각형의 색은 검은색 → 회색 → 흰색 순서로 순환한다.

09

- ㉠ : 모든 도형을 시계 방향으로 90° 회전 후, 오른쪽으로 1칸씩 이동
- ㉡ : 모든 도형을 오른쪽으로 1칸씩 이동 후, 위쪽으로 1칸씩 이동

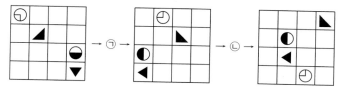

10

- ㉠ : 모든 도형을 색 반전 후, 위쪽으로 1칸씩 이동
- ㉡ : 홀수 행은 왼쪽으로 1칸씩 이동, 짝수 행은 오른쪽으로 1칸씩 이동

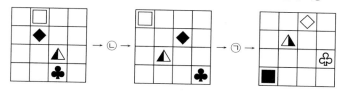

11

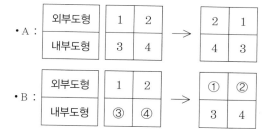

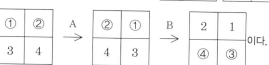

12

- 가로(좌 → 우) : 색 반전
- 세로(위 → 아래) : 좌우 열 교환

13

정답 ②

왼쪽 도형에 ?를 겹쳤을 때 오른쪽 도형이 되려면 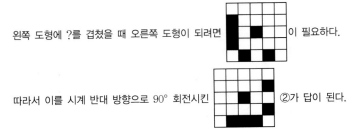 이 필요하다.

따라서 이를 시계 반대 방향으로 90° 회전시킨 ②가 답이 된다.

14

정답 ⑤

- ■ : 상하 대칭
- # : 색 반전
- ▽ : 좌우 대칭
- ↑ : 시계 반대 방향으로 90° 회전

15

정답 ⑤

1) 위쪽 반원
   ① → ② : 도형을 시계 방향으로 90° 회전
   ② → ③ : 도형을 좌우 대칭
2) 아래쪽 반원
   ① → ② : 내부도형 180° 회전 후, 전체 색 반전
   ② → ③ : 외부도형은 좌우 대칭, 내부도형은 시계 방향으로 90° 회전 후, 전체 색 반전

01　언어력

01	02	03	04	05	06	07	08	09	10
④	④	⑤	②	②	①	④	③	④	②
11	12	13	14	15					
①	④	③	①	⑤					

01　　　　정답 ④

'한국에서는 한 명의 변사가 영화를 설명하는 방식을 취하였으며, 영화가 점점 장편화되면서부터는 2명 내지 4명이 번갈아 무대에 등장하는 방식으로 바뀌었다.'라는 내용의 ④가 제시문의 내용으로 가장 적절하다.

오답분석

① 한국 최초의 변사는 우정식으로, 단성사를 운영하던 박승필이 내세운 인물이었다.
② 한국과 일본은 모두 변사의 존재가 두드러졌다.
③ 한국에서 변사가 본격적으로 등장한 것은 극장가가 형성된 1910년부터이다.
⑤ 자막과 반주 음악이 등장하면서 오히려 변사들의 역할이 미미해져 그 수가 줄어들었다.

02　　　　정답 ④

제시문에 따르면 최근 수면장애 환자의 급격한 증가를 통해 한국인의 수면의 질이 낮아지고 있음을 알 수 있다. 현재 한국인의 짧은 수면시간도 문제지만, 수면의 질 저하도 심각한 문제가 되고 있다.

오답분석

① 다른 국가에 비해 근무 시간이 많아 수면시간이 짧은 것일 뿐, 수면시간이 근무 시간보다 짧은지는 알 수 없다.
② 40 · 50대 중 · 장년층 수면장애 환자는 전체의 36.6%로 가장 큰 비중을 차지한다.
③ 수면장애 환자는 여성이 42만 7,000명으로 29만 1,000명의 남성보다 1.5배 정도 더 많다.
⑤ 폐경기 여성의 경우 여성호르몬인 에스트로겐이 줄어들면서 아세틸콜린 신경전달 물질의 분비가 저하됨에 따라 여러 형태의 불면증이 동반된다. 따라서 에스트로겐의 증가가 아닌 감소가 불면증에 영향을 미친다.

03　　　　정답 ⑤

제시문의 '수소가 분자 내에 포화되어 있으므로 포화지방산이라 부르며, 이것이 들어 있는 지방을 포화지방이라고 한다.'라는 내용을 통해 포화지방은 포화지방산이 들어 있는 지방을 가리킴을 알 수 있다.

오답분석

① 포화지방산에서 나타나는 탄소 결합 형태는 연결된 탄소끼리 모두 단일 결합하는 모습을 띠고, 각각의 탄소에 수소가 두 개씩 결합한다.
② 탄소에 수소가 두 개씩 결합하는 형태는 분자 간 인력이 높아 지방산 분자들이 단단하게 뭉치게 되는 것이다. 열에너지가 많아지면 인력이 느슨해진다.
③ 포화지방이 체내에 저장되면 에너지로 전환되어 몸에 열량을 내는 데 이용된다. 몸에 좋지 않은 경우는 저밀도 단백질과 결합하는 경우이다.
④ 분자 간 인력이 높을 때 지방산 분자들이 단단히 뭉치는 것이므로 느슨해지면 그의 반대가 된다.

04　　　　정답 ②

사물인터넷(IoT)의 발달로 센서의 사용 또한 크게 늘고 있다.

오답분석

① 인체의 작은 움직임(주파수 2 ~ 5Hz)도 스마트폰이나 웨어러블(안경, 시계, 의복 등과 같이 신체에 작용하는 제품) 기기들의 전기 에너지원으로 사용될 수 있다.
③ 교체 및 충전식 전기 화학 배터리는 수명이 짧다는 특징을 갖고 있다.
④ 기계적 진동원은 움직이는 인체, 자동차, 진동 구조물, 물이나 공기의 흐름에 의한 진동 등 모두를 포함한다.
⑤ 전자기력 기반은 패러데이의 유도법칙을 이용하여 전기를 생산하며, 낮은 주파수의 기계적 에너지를 전기에너지로 변환하는 매우 효율적인 방법이다.

05

정답 ②

비트코인은 인터넷 환전 사이트에서 구매 가능하며, 현금화할 수 있다.

오답분석

① 비트코인의 총발행량은 2,100만 개로 희소성을 가지고 있으며 2017년 12월 기준 전체의 약 80%가 채굴되었다.
③ 비트코인을 얻기 위해서는 컴퓨팅 파워와 전기를 소모해서 어려운 수학 문제를 풀어야 한다.
④ 비트코인은 통화를 발행하고 통제하는 중앙통제기관이 존재하지 않는 구조이다.
⑤ 컴퓨터와 인터넷만 되면 누구나 비트코인 계좌를 개설할 수 있으며, 이 때문에 비트코인은 돈세탁이나 마약거래에 사용되는 문제점도 드러나고 있다.

06

정답 ①

각각 두 번째 문단과 마지막 문단에서 확인할 수 있다.

오답분석

ㄷ·ㄹ. 네 번째 문단에서 악보로 정리된 시나위를 연주하는 것이 시나위 본래 취지에 어긋난다는 내용과, 두 번째 문단에서 곡의 일정한 틀은 유지한다는 내용을 보면 즉흥성을 잘못 이해한 것을 알 수 있다.

07

정답 ④

제시문의 쾌락주의자들은 최대의 쾌락을 산출하는 행위를 올바른 것으로 간주하고, 쾌락을 기준으로 가치를 평가하였다. 또한 이들은 장기적인 쾌락을 추구하였으며 순간적이고 감각적인 쾌락만을 추구하는 삶은 쾌락주의적 삶으로 여기지 않았다. 따라서 ④는 이러한 쾌락주의자들의 주장에 대한 반박으로 적절하지 않다.

08

정답 ③

제시문은 테레민이라는 악기를 두 손을 이용해 어떻게 연주하는가에 대한 내용이다. 두 번째 문단에서 '오른손으로는 수직 안테나와의 거리에 따라 음고를 조절하고, 왼손으로는 수평 안테나와의 거리에 따라 음량을 조절한다.'고 하였고, 마지막 문단에서는 이에 따라 오른손으로 음고를 조절하는 방법에 대해 설명하고 있다. 따라서 뒤에 이어질 내용으로는 왼손으로 음량을 조절하는 방법이 적절하다.

09

정답 ④

제시문에서는 노블레스 오블리주의 개념을 정의한 후, 이러한 지도층의 도덕적 의무감을 특히 중요시하는 이유가 지도층이 도덕적 지표가 되어 건전한 사회를 만드는 데 효과적으로 기여하기 때문이라고 설명하고 있다.

10

정답 ②

네 번째 문단의 손 모양이 생겨나는 과정을 통해 추론할 수 있는 내용이다.

오답분석

① 몸의 상처가 회복되는 것은 세포의 재생과 관련이 있으므로 적절한 추론이 아니다.
③ 아포토시스를 이용한 항암제는 이미 유전자 변형으로 생겨난 암세포의 죽음을 유발하므로 유전자 변형을 막는다는 추론은 적절하지 않다.
④ 화학 약품은 유전자 변형을 일으키고 오히려 아포토시스가 일어나는 과정을 방해하므로 적절하지 않다.
⑤ 아포토시스는 염증을 발생시키지 않으므로 역시 적절한 추론이 아니다.

11

정답 ①

멜서스는 인구가 증가하면 식량이 부족해지고, 기근, 전쟁, 전염병으로 인구가 조절된다고 주장했으므로 ①은 멜서스와 반대되는 내용으로 적절하지 않다.

오답분석

② 멜서스는 인구 증가에 따른 부작용을 막기 위해 인구 증가를 미리 억제해야 한다고 주장했으므로 멜서스의 인구 억제방식은 적극적임을 알 수 있다.
③ 멜서스는 '하루 벌어 하루 먹고사는 하류계급'으로 노동자를 언급했으며, 또한 하류계급은 '성욕을 참지 못한다.'고 극단적으로 표현한 점을 봐서 사회구조를 상류계급과 하류계급으로 나누었음을 유추할 수 있다.
④ 멜서스는 인간의 평등과 생존권을 옹호하는 모든 사상과 이론은 '자연법칙에 위배되는 유해한' 것으로 주장했기 때문에 당대 대중 빈곤을 위해 노력했던 사람들에게 비판받았을 것임을 유추할 수 있다.
⑤ 멜서스의 주장은 비록 극단적인 편견으로 가득 찬 빗나간 화살이었지만, 인구구조의 변화와 그 사회현상을 새로운 시각으로 접근했다는 점에서 학문적으로 평가받을 수 있다.

12

정답 ④

미생물을 끓는 물에 노출하면 영양세포나 진핵포자는 죽일 수 있으나, 세균의 내생포자는 사멸시키지 못한다. 멸균은 포자, 박테리아, 바이러스 등을 완전히 파괴하거나 제거하는 것이므로 물을 끓여서 하는 열처리 방식으로는 멸균이 불가능함을 알 수 있다. 따라서 빈칸에 들어갈 내용으로는 소독은 가능하지만, 멸균은 불가능하다는 ④가 가장 적절하다.

13
정답 ③

제시문은 오브제의 정의와 변화과정에 대한 글이다. 네 번째 문단의 빈칸 앞에서는 예술가의 선택에 의해 기성품 그 본연의 모습으로 예술작품이 되는 오브제를, 빈칸 이후에는 나아가 진정성과 상징성이 제거된 팝아트에서의 오브제 기법에 대하여 서술하고 있다. 따라서 빈칸에는 예술가의 선택에 의해 기성품 본연의 모습으로 오브제가 되는 ③의 사례가 오는 것이 가장 적절하다.

14
정답 ①

제시문은 건축양식에 대해서 고대 그리스, 헬레니즘, 로마 시대를 순서대로 나열하여 설명하고 있다. 따라서 역사적 순서대로 주제의 변천에 대해서 서술하는 ①이 제시문의 서술상 특징으로 가장 적절하다.

15
정답 ⑤

제시문은 나무를 가꾸기 위해 고려해야 하는 사항에 대해 서술하는 글이다. 고려해야 할 사항들을 나열하고 그중 제일 먼저 생육조건에 대해 설명하는 (가)가 첫 부분으로 적절하다. 그 다음으로 (라)는 나무를 양육할 때 주로 저지르는 실수로 나무 간격을 촘촘하게 심는 것을 언급하고 있다. 따라서 그 이유를 설명하는 (다)가 다음으로 이어지는 것이 옳다. 그리고 (나) 역시 또 다른 식재계획 시 주의점에 대해서 이야기하고 있으므로 (다) 뒤에 나열하는 것이 가장 적절하다.

01	02	03	04	05	06	07	08	09	10	11	12	13	14	15	16	17	18	19	20
②	③	⑤	②	④	③	⑤	④	②	③	①	④	④	②	⑤	③	②	④	①	④

01

정답 ②

ㄱ. 영어 관광통역 안내사 자격증 취득자 수는 2022년에 345명으로 전년 대비 감소하였으며, 스페인어 관광통역 안내사 자격증 취득자 수는 2022년에 전년 대비 동일하였고, 2023년에 3명으로 전년 대비 감소하였다.

ㄹ. 2021년에 불어 관광통역 안내사 자격증 취득자 수는 전년 대비 동일한 반면, 독어 관광통역 안내사 자격증 취득자 수는 전년 대비 감소하였다.

[오답분석]

ㄴ. 2023년 중국어 관광통역 안내사 자격증 취득자 수는 일어 관광통역 안내사 자격증 취득자 수의 $\frac{1,350}{150}=9$배이다.

ㄷ. 2020년과 2021년의 태국어 관광통역 안내사 자격증 취득자 수 대비 베트남어 관광통역 안내사 자격증 취득자 수의 비율은 다음과 같다.

- 2020년 : $\frac{4}{8}\times100=50\%$

- 2021년 : $\frac{14}{35}\times100=40\%$

따라서 2020년과 2021년의 차이는 $50\%-40\%=10\%$p이다.

02

정답 ③

2015 ~ 2023년 동안 전년 대비 사기와 폭행의 범죄건수 증감추이는 다음과 같이 서로 반대이다.

구분	2015년	2016년	2017년	2018년	2019년	2020년	2021년	2022년	2023년
사기	감소	감소	감소	감소	감소	감소	증가	증가	감소
폭행	증가	증가	증가	증가	증가	증가	감소	감소	증가

[오답분석]

① 2015 ~ 2023년 범죄별 발생건수의 1 ~ 5위는 '절도 – 사기 – 폭행 – 살인 – 방화' 순이나 2014년의 경우 '절도 – 사기 – 폭행 – 방화 – 살인' 순으로 다르다.

② 2014 ~ 2023년 동안 발생한 방화의 총 발생건수는 5+4+2+1+2+5+2+4+5+3=33천 건으로 3만 건 이상이다.

④ 2016년 전체 범죄발생건수는 270+371+148+2+12=803천 건이며, 이 중 절도의 범죄건수가 차지하는 비율은 $\frac{371}{803}\times100$ ≒46.2%로 50% 미만이다.

⑤ 2014년 전체 범죄 발생건수는 282+366+139+5+3=795천 건이고, 2023년에는 239+359+156+3+14=771천 건이다. 2014년 대비 2023년 전체 범죄발생건수 감소율은 $\frac{771-795}{795}\times100$ ≒ -3%로 5% 미만이다.

03

'매우 불만족'으로 평가한 고객 수는 전체 150명 중 15명이므로 10%의 비율을 차지한다. 따라서 응답한 전체 고객 중 $\frac{1}{10}$ 이 '매우 불만족'으로 평가했다는 것을 알 수 있다.

[오답분석]

① 응답자의 합계를 확인하면 150명이므로 옳은 설명이다.

② '매우 만족'이라고 평가한 응답자의 비율이 20%이므로, 150×0.2=30명(A)이다.

③ '보통'이라고 평가한 응답자의 수를 역산하여 구하면 48명(B)이고, 비율은 32%(C)이다. 따라서 약 $\frac{1}{3}$ 이라고 볼 수 있다.

④ '불만족' 이하 구간은 '불만족' 16%와 '매우 불만족' 10%의 합인 26%이다.

04

2022년에 서울과 경남의 등락률이 상승했고, 2021년에 제주의 등락률이 상승했으므로 ②가 옳지 않은 설명이다.

[오답분석]

① 2020년부터 부산의 등락률은 2.4% → 1.5% → 1.3% → 0.8%로 하락하고 있다.

③ 2020년에 경남은 제주의 1.2%에 이어 1.9%로 등락률이 두 번째로 낮다.

④ 2022년에 등락률이 가장 높은 곳은 1.6%인 서울이다.

⑤ 2023년에 충북은 등락률이 −0.1%로 가장 낮다.

05

ㄴ. 2023년 전체 쌀 소비량은 93.6kg×4,700만 명≒약 440만 톤임을 알 수 있다.

ㄷ. 2014년 전체 쌀 생산량은 469만 5천 톤인 데 비해, 쌀 소비량은 106.5×44,609,000≒475만 톤이므로, 생산량이 소비량보다 적었다.

[오답분석]

ㄱ. 농가 인구와 비농가 인구의 인구 구성비율을 알 수 없으므로, 1인당 쌀 소비량만으로는 농가에서의 소비량과 비농가에서의 소비량을 서로 비교할 수 없다.

06

응답기간 중 하위 두 정당은 항상 D, E로 같다. 이 두 정당의 조사 지지율의 합과 C정당의 지지율은 다음과 같다.

구분	1월	6월	12월
D·E정당의 지지율 합	8.9+5.6=14.5%	5.2+3.3=8.5%	4.7+7.5=12.2%
C정당	12.8%	11.2%	10.8%

따라서 하위 두 정당의 지지율의 합이 C정당의 지지율보다 낮을 때는 2022년 6월뿐이다.

[오답분석]

① 정당별 2022년 1월, 6월, 12월의 지지율 증감추이는 다음과 같다.
- A정당 : 증가 – 감소
- B정당 : 증가 – 증가
- C정당 : 감소 – 감소
- D정당 : 감소 – 감소
- E정당 : 감소 – 증가

따라서 지지율 증감추이가 동일한 정당은 C와 D이다.

② 응답기간인 2022년 1월, 6월, 12월의 A정당과 B정당의 지지율 합은 다음과 같다.

구분	1월	6월	12월
A, B정당의 지지율 합	38.2+34.5=72.7%	41.5+38.8=80.3%	36.8+40.2=77%

따라서 응답기간 중 A정당과 B정당의 지지율 합은 항상 70% 이상이다.

④ 2022년 6월 조사에서 A정당의 지지율은 41.5%이고, B정당의 지지율은 38.8%이므로 두 지지율의 차이는 $41.5-38.8=2.7$%p 이다. 따라서 총 응답자 수는 $600+705+695=2,000$명이므로 A정당과 B정당을 지지하는 인원수 차이는 $2,000\times0.027=54$ 명이다.

⑤ 2022년 1월 조사에서 20대부터 50대까지의 응답자 수는 총 $600+705=1,305$명이다. 이 중 A정당과 C정당의 전체 지지자가 20~50대이고, 나머지 인원이 B정당을 지지하는 최소 인원이 된다. 따라서 A정당과 C정당의 전체 지지자는 $(2,000\times0.382)+$ $(2,000\times0.128)=764+256=1,020$명이므로 20~50대 응답자 수에서 제외한 $1,305-1,020=285$명이 B정당의 최소 지지 자 수이다.

07

정답 ⑤

ㄱ. 제시된 자료를 통해 아파트단지, 놀이터, 공원의 경우 안전지킴이집의 수는 지속적으로 감소하지 않는다는 것을 알 수 있다.

ㄷ. • 2022년 대비 2023년의 학교 안전지킴이집의 증감률 : $\dfrac{7,270-7,700}{7,700}\times100 ≒ -5.58\%$

• 2022년 대비 2023년의 유치원 안전지킴이집의 증감률 : $\dfrac{1,373-1,381}{1,381}\times100 ≒ -0.58\%$

따라서 $0.58\times10=5.8\%$이므로 2022년 대비 2023년의 학교 안전지킴이집의 감소율은 2022년 대비 2023년의 유치원 안전지 킴이집 감소율의 10배 미만이다.

ㄹ. • 2022년 전체 어린이 안전지킴이집에서 24시 편의점이 차지하는 비중 : $\dfrac{2,528}{20,512}\times100 ≒ 12.32\%$

• 2023년 전체 어린이 안전지킴이집에서 24시 편의점이 차지하는 비중 : $\dfrac{2,542}{20,205}\times100 ≒ 12.58\%$

따라서 증가하였다.

오답분석

ㄴ. 2019년 대비 2023년의 선정업소 형태별 어린이 안전지킴이집 증감폭을 구하면 다음과 같다.
• 24시 편의점 : $2,542-3,013=-471$개
• 약국 : $1,546-1,898=-352$개
• 문구점 : $3,012-4,311=-1,299$개
• 상가 : $6,770-9,173=-2,403$개
• 기타 : $6,335-5,699=636$개
따라서 2019년에 비해 2023년에 가장 많이 감소한 선정업소 형태는 상가이다.

08

정답 ④

2023년 9월 온라인쇼핑 거래액 모두 전년 동월보다 같거나 높다.

오답분석

① 2023년 9월 온라인쇼핑 거래액은 7조 원으로 전년 동월 대비 $\dfrac{70,000-50,000}{50,000}\times100=40\%$ 증가했다.

② 2023년 9월 온라인쇼핑 거래액 중 모바일쇼핑 거래액은 4조 2,000억 원으로 전년 동월 대비 $\dfrac{42,000-30,000}{30,000}\times100=40\%$ 증가했다.

③ 2023년 9월 모바일 거래액 비중은 전체 온라인쇼핑 거래액의 $\dfrac{42,000}{70,000}\times100=60\%$를 차지한다.

⑤ 2023년 9월 온라인쇼핑 중 모바일 거래액의 비중이 가장 작은 상품군은 $\dfrac{10}{50}\times100=20\%$로 소프트웨어이다.

09

정답 ②

곡류의 수입 물량은 2020년과 2021년 사이에 증가하였고, 수입 금액은 2022년과 2023년 사이에 감소하였다.

오답분석

① 2018년 대비 2023년의 농산물 전체 수입 물량은 $\dfrac{3,430-2,450}{2,450} \times 100 = 40\%$ 증가하였다.

③ 2018년 대비 2023년의 과실류 수입 금액은 $\dfrac{175-50}{50} \times 100 = 250\%$ 급증하였다.

④ 곡류, 과실류, 채소류의 2018년과 2023년의 수입 물량 차이를 구하면 다음과 같다.
   - 곡류 : $1,520-1,350=170$만 톤
   - 과실류 : $130-65=65$만 톤
   - 채소류 : $110-40=70$만 톤
   따라서 곡류가 가장 많이 증가했다.

⑤ 2019 ~ 2023년 동안 과실류와 채소류 수입 금액의 전년 대비 증감 추이는 '증가 – 감소 – 증가 – 감소 – 증가'로 같다.

10

정답 ③

삶의 만족도가 한국보다 낮은 국가는 에스토니아, 포르투갈, 헝가리이다. 따라서 세 국가의 장시간 근로자 비율의 평균은 $\dfrac{3.6+9.3+2.7}{3} = 5.2\%$고, 이탈리아의 장시간 근로자 비율인 5.4% 보다 낮기 때문에 적절하지 않은 설명이다.

오답분석

① 삶의 만족도가 가장 높은 국가는 덴마크이며, 덴마크의 장시간 근로자 비율이 가장 낮음을 자료에서 확인할 수 있다.

② 삶의 만족도가 가장 낮은 국가는 헝가리이며, 헝가리의 장시간 근로자 비율은 2.7%이다. $2.7 \times 10 = 27 < 28.1$이므로 한국의 장시간 근로자 비율은 헝가리의 장시간 근로자 비율의 10배 이상이다.

④ 여가·개인 돌봄시간이 가장 긴 국가는 덴마크이고, 여가·개인 돌봄시간이 가장 짧은 국가는 멕시코이다. 따라서 두 국가의 삶의 만족도 차이는 $7.6-7.4=0.2$점이다.

⑤ 장시간 근로자 비율이 미국보다 낮은 국가들은 덴마크, 프랑스, 이탈리아, 에스토니아, 포르투갈, 헝가리이며, 이들 국가의 여가·개인 돌봄시간은 모두 미국의 여가·개인 돌봄시간보다 길다.

11

정답 ①

기념품을 받기 위해 달려야 하는 평균 속력을 x라고 할 때, 다음과 같은 식이 성립한다.

$8 \times \dfrac{12}{60} + x \times \dfrac{48}{60} \geq 10 \rightarrow 96+48x \geq 600$

$\rightarrow 48x \geq 504$

$\therefore x \geq 10.5$

따라서 적어도 평균 10.5km/h로 달려야 기념품을 받을 수 있다.

12

정답 ④

i) 8명 중 팀장 2명을 뽑는 경우의 수 : $_8C_2 = \dfrac{8 \times 7}{2 \times 1} = 28$가지

ii) 남자 4명 중 팀장 2명을 뽑는 경우의 수 : $_4C_2 = \dfrac{4 \times 3}{2 \times 1} = 6$가지

$\dfrac{_4C_2}{_8C_2} = \dfrac{6}{28} = \dfrac{3}{14}$

따라서 팀장 2명이 모두 남자로만 구성될 확률은 $\dfrac{3}{14}$이다.

13

뽑은 2명의 학생의 혈액형이 서로 다를 경우의 수는 10명의 학생 중에서 임의로 2명을 뽑는 경우의 수에서 뽑힌 2명의 학생의 혈액형이 같을 경우의 수를 뺀 값이다.

• 10명의 학생 중에서 임의로 2명을 뽑는 경우의 수 : $_{10}C_2 = 45$가지
• 뽑힌 2명의 학생의 혈액형이 모두 A형인 경우의 수 : $_2C_2 = 1$가지
• 뽑힌 2명의 학생의 혈액형이 모두 B형인 경우의 수 : $_3C_2 = 3$가지
• 뽑힌 2명의 학생의 혈액형이 모두 O형인 경우의 수 : $_5C_2 = 10$가지

따라서 뽑은 2명의 학생의 혈액형이 다를 경우의 수는 $45 - (1 + 3 + 10) = 31$가지이다.

14

각설탕 하나의 무게를 xg이라 하면, 각설탕 10개의 무게는 $10x$g이다.

또한 농도 20%의 설탕물 400g에 들어있던 설탕의 무게와 각설탕 10개의 무게의 합은 농도가 25%인 설탕물 $(400 + 10x)$g에 들어있는 설탕의 무게와 같다. 이를 방정식으로 나타내면 다음과 같다.

$$\frac{20}{100} \times 400 + 10x = \frac{25}{100} \times (400 + 10x)$$

$$\rightarrow 80 + 10x = 100 + 2.5x$$

$$\rightarrow 7.5x = 20$$

$$\therefore x = \frac{8}{3}$$

따라서 각설탕 1개의 무게는 $\frac{8}{3}$g이므로 각설탕 3개의 무게는 $\frac{8}{3} \times 3 = 8$g이다.

15

10초짜리 음악 a곡, 20초짜리 음악 b곡, 30초짜리 음악 4곡으로 6분(=360초) 동안 총 20곡이 재생된다. 이를 방정식으로 나타내면 다음과 같다.

$a + b + 4 = 20 \rightarrow a + b = 16 \cdots \bigcirc$
$10a + 20b + 30 \times 4 = 360 \rightarrow 10a + 20b = 240 \rightarrow a + 2b = 24 \cdots \bigcirc$

두 방정식을 연립하면 $a = 8$, $b = 8$이므로 10초짜리 음악과 20초짜리 음악은 각각 8곡씩 재생된다.

따라서 $a \times b = 8 \times 8 = 64$이다.

16

갑의 한 시간 동안 작업량을 x개라고 한다면, 을과 병의 한 시간 동안 작업량은 각각 $1.2x$개, $0.7x$개이다. 이를 방정식으로 나타내면 다음과 같다.

$6 \times (x + 1.2x + 0.7x) = 435$
$\rightarrow 6 \times 2.9x = 435$
$\rightarrow 17.4x = 435$
$\therefore x = 25$

따라서 갑이 한 시간 동안 조립하는 볼펜은 총 25개이다.

17

정답 ②

갑과 을이 한 시간 동안 만들 수 있는 곰 인형의 수는 각각 $\frac{100}{4}=25$개, $\frac{25}{10}=2.5$개이다.

함께 곰 인형 132개를 만드는 데 걸린 시간을 x시간이라고 하자.

$(25+2.5)\times0.8\times x=132$

$\rightarrow 27.5x=165$

$\therefore x=6$

따라서 곰 인형을 만드는 데 6시간이 걸린다.

18

정답 ④

사과 1개의 정가를 x원이라고 하면, 정가에서 20% 할인한 금액은 $0.8x$원이고, 400원 할인한 금액은 $(x-400)$원이다. 이때, 20% 할인하여 6개를 판매한 매출액과 400원 할인하여 8개를 판매한 매출액이 같다고 하였으므로 다음과 같은 방정식이 성립한다.

$0.8x\times6=8(x-400)$

$\rightarrow 4.8x=8x-3,200$

$\rightarrow 3.2x=3,200$

$\therefore x=1,000$

따라서 정가는 1,000원임을 알 수 있다.

19

정답 ①

ⅰ) 7권의 소설책 중 3권을 선택하는 경우의 수 : $_7\text{C}_3=\dfrac{7\times6\times5}{3\times2\times1}=35$가지

ⅱ) 5권의 시집 중 2권을 선택하는 경우의 수 : $_5\text{C}_2=\dfrac{5\times4}{2\times1}=10$가지

따라서 소설책 3권과 시집 2권을 선택하는 경우의 수는 $35\times10=350$가지이다.

20

정답 ④

첫 번째 날 또는 일곱 번째 날에 총무부 소속 팀이 봉사활동을 하게 될 확률은 1에서 마케팅 소속 팀이 첫 번째 날과 일곱 번째 날에 봉사활동을 반드시 하는 확률을 제외한 것과 같다.

마케팅부의 5팀 중 첫 번째 날과 일곱 번째 날에 봉사활동 할 팀을 배치하는 순서의 경우의 수는 $_5\text{P}_2=5\times4=20$가지이고, 총무부 2팀을 포함한 5팀을 배치하는 경우의 수는 5!가지이므로 총 $20\times5!$가지이다.

첫 번째 날과 일곱 번째 날에 마케팅팀이 봉사활동 하는 확률은 $\dfrac{20\times5!}{7!}=\dfrac{20\times5\times4\times3\times2\times1}{7\times6\times5\times4\times3\times2\times1}=\dfrac{10}{21}$ 이므로 첫 번째 날 또는

일곱 번째 날에 총무부 소속 팀이 봉사활동 하는 확률은 $1-\dfrac{10}{21}=\dfrac{11}{21}$ 이다.

따라서 $a-b=21-11=10$이다.

PART 3

01	02	03	04	05	06	07	08	09	10	11	12	13	14	15					
①	③	③	②	④	⑤	④	④	③	①	①	⑤	③	③	②					

01

정답 ①

규칙은 가로로 적용된다.

첫 번째 도형의 화살표가, 두 번째 도형의 동그라미를 만나면 180° 회전하고 네모를 만나면 시계 방향으로 90° 회전한 것이 세 번째 도형이다.

02

정답 ③

규칙은 가로로 적용된다.

첫 번째 도형의 색칠된 부분과 두 번째 도형의 색칠된 부분이 겹치는 부분만 색칠한 후에 시계 반대 방향으로 90° 회전한 것이 세 번째 도형이다.

03

정답 ③

규칙은 세로로 적용된다.

첫 번째 도형의 가장 좌측과 우측 도형의 색을 반전시킨 것이 두 번째 도형이고, 두 번째 도형의 가운데 윗부분과 가장 우측 도형의 색을 반전시킨 것이 세 번째 도형이다.

04

정답 ②

규칙은 가로로 적용된다.

첫 번째 도형을 상하좌우로 4등분했을 때 왼쪽 위의 도형이 두 번째 도형이고, 이를 y축 대칭시킨 도형이 세 번째 도형이다.

05

정답 ④

규칙은 가로로 적용된다.

첫 번째 도형을 시계 방향으로 90° 회전시킨 것이 두 번째 도형이고, 이를 상하 대칭시킨 것이 세 번째 도형이다.

06

정답 ⑤

도형이 오른쪽의 도형으로 변할 때 ☆은 제자리에서 시계 방향으로 90° 회전, ☐은 상하 이동, ●은 좌우 이동을 하며, ▼은 제자리에서 180° 회전한다. 또한 도형의 자리가 겹쳐질 경우, 꼭짓점의 개수가 적은 도형이 내부에 위치하게 된다. 따라서 ?에 들어갈 도형은 첫 번째 도형 기준으로 ☆은 시계 방향으로 총 360° 회전, ☐, ●, ▼은 그대로이다.

07

정답 ④

도형이 오른쪽의 도형으로 변할 때 ◣은 왼쪽으로 한 칸 이동, ⌐은 제자리에서 시계 방향으로 90° 회전, ◪은 시계 방향으로 세 칸 이동을 하며, ☐은 위쪽으로 두 칸 이동한다. 따라서 ?에 들어갈 도형은 마지막 도형을 기준으로 ◣은 왼쪽으로 한 칸 이동하여 첫 번째 줄에 위치하게 되고 ∟은 제자리에서 시계 방향으로 90° 회전하여 두 번째 줄 두 번째 칸에 위치하게 된다. 또한 ◪은 시계 방향으로 세 칸 이동하여 두 번째 줄 첫 번째 칸에 위치하게 되고, ☐은 위쪽으로 두 칸 이동하여 세 번째 줄 세 번째 칸에 위치한다.

08

정답 ④

흰색 원은 위로 한 칸, 검은색 원은 아래로 한 칸씩 움직인다. 또한 원이 움직인 후에 회색 칸은 왼쪽으로 한 칸씩 움직이며, 회색 칸 위에 있는 원은 색이 반전된다.

09

정답 ③

- ㉠ : 틀 전체를 시계 방향으로 90° 회전
- ㉡ : 검은색 도형만 왼쪽으로 한 칸 이동

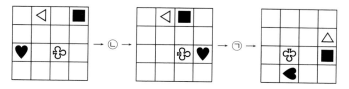

10

정답 ①

- ㉠ : 전체 x축 대칭
- ㉡ : 각 도형 위쪽으로 두 칸 이동

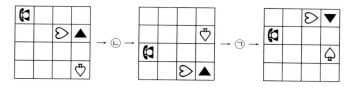

11

정답 ①

- 1 : 원점 대칭
- 2 : 내부 도형 색 반전
- 3 : 내부 도형 시계 방향으로 90° 회전

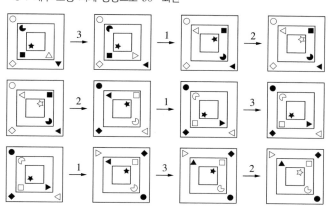

12

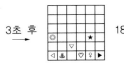 3초 후 → 180° 회전 → 2초 후 →

13

• A :

외부도형	1	2
내부도형	3	4

→

1	3
2	4

• B :

외부도형	1	2
내부도형	3	4

→

3	1
4	2

• C :

외부도형	1	2
내부도형	3	4

→

1	3
4	2

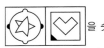 을 숫자로 표현하면

외부도형	1	2
내부도형	3	4

이므로

1	2
3	4

C →

1	3
4	2

B →

4	1
2	3

A →

4	2
1	3

이다.

14

오른쪽에 위치한 원이 각 행의 규칙을 표시한다.
• ○ : 4개 칸의 가장 앞에 위치한 도형을 좌우로 교환하면서 시계 방향으로 90° 회전＋뒤에 위치한 도형 전체가 가운데를 중심으로
  시계 반대 방향으로 90° 회전
• ● : 4개 칸의 가장 앞에 위치한 도형이 시계 반대 방향으로 한 칸씩 이동＋뒤에 위치한 도형이 시계 방향으로 한 칸씩 이동
• ● : 4개 칸의 가장 앞에 위치한 도형을 시계 방향으로 한 칸씩 이동하면서 시계 방향으로 45°씩 회전＋뒤에 위치한 도형이
  시계 방향으로 두 칸씩 이동하면서 좌우 반전

15

• 위 칸 － 검정색을 아래로 두 칸씩 이동
• 아래 칸 － 큰 도형이 가장 작은 도형으로 변환 후, 시계 방향으로 90° 회전－

2025 최신판 시대에듀 S-OIL(에쓰오일)
온라인 인적성검사 최신기출유형 + 모의고사 5회

개정13판1쇄 발행	2025년 03월 20일 (인쇄 2025년 02월 17일)
초 판 발 행	2015년 09월 25일 (인쇄 2015년 08월 31일)
발 행 인	박영일
책 임 편 집	이해욱
편 저	SDC(Sidae Data Center)
편 집 진 행	안희선
표지디자인	하연주
편집디자인	최혜윤 · 장성복
발 행 처	(주)시대고시기획
출 판 등 록	제10-1521호
주 소	서울시 마포구 큰우물로 75 [도화동 538 성지 B/D] 9F
전 화	1600-3600
팩 스	02-701-8823
홈 페 이 지	www.sdedu.co.kr

I S B N	979-11-383-8877-1 (13320)
정 가	24,000원

S-OIL
에쓰오일
온라인 인적성검사

최신기출유형＋모의고사 5회

최신 출제경향 전면 반영

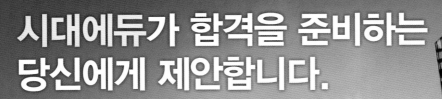

시대에듀가 합격을 준비하는 당신에게 제안합니다.

결심하셨다면 지금 당장 실행하십시오.
시대에듀와 함께라면 문제없습니다.

성공의 기회!
시대에듀를 잡으십시오.

NEXT STEP!

기회란 포착되어 활용되기 전에는 기회인지조차 알 수 없는 것이다.

– 마크 트웨인 –